Maria Montessori
DAS KREATIVE KIND

SCHRIFTEN DES WILLMANN-INSTITUTS
MÜNCHEN-WIEN

Maria Montessori

DAS KREATIVE KIND

DER ABSORBIERENDE GEIST

Herausgegeben und eingeleitet
von
Prof. Dr. Paul Oswald
und
Prof. Dr. Günter Schulz-Benesch

FREIBURG · BASEL · WIEN

Die Übersetzung erfolgte aus dem Italienischen
durch Frau Christine Callori di Vignale
nach der 4. Auflage von „La mente del bambino" (mente assorbente),
Verlag Garzanti, Mailand.
Die Bearbeitung der Herausgeber erfolgte unter Berücksichtigung
des englischen Originals „The Absorbent Mind"
sowie der späteren veränderten niederländischen und englischen Ausgaben.

© Association Montessori, Amsterdam

17. Auflage

Mit vier thematischen Faltblättern und einem Personen- und Sachverzeichnis
Alle Rechte an der deutschen Übersetzung und Bearbeitung vorbehalten

© der deutschen Übersetzung und Bearbeitung
Verlag Herder GmbH, Freiburg im Breisgau 2025
Hermann-Herder-Str. 4, 79104 Freiburg
www.herder.de

Bei Fragen zur Produktsicherheit wenden Sie sich an
produktsicherheit@herder.de

Herstellung: Friedrich Pustet GmbH & Co. KG, Regensburg
Printed in Germany

ISBN 978-3-451-16277-0

Inhalt

Einleitung der Herausgeber...............................	VII
1. Das Kind in der Neugestaltung der Welt................	1
Ungenutzter Reichtum..............................	2
Die vitalen Jahre...................................	4
Der neue Mensch entsteht...........................	6
2. Die Erziehung für das Leben...........................	8
Die Schule und das soziale Leben....................	8
Das Vorschulalter..................................	10
Die Aufgaben der Erziehung und die Gesellschaft.......	11
Das Kind als Baumeister des Menschen................	13
3. Die Perioden des Wachstums...........................	16
Die schöpferische Periode............................	20
Der absorbierende Geist.............................	23
4. Eine neue Orientierung................................	27
Die zwei Leben.....................................	28
5. Das Wunder der Schöpfung............................	31
Die Embryologie...................................	31
6. Embryologie und Verhalten.............................	43
Ein Plan, eine Methode..............................	51
7. Der geistige Embryo..................................	55
Das Kind – Mittel zur Anpassung.....................	57
Psycho-embryonales Leben...........................	62
Geburt und Entwicklung............................	66
„Nebule"...	72
8. Die Eroberung der Unabhängigkeit......................	77
Der Begriff der Reife................................	86
9. Die Betreuung zu Beginn des Lebens....................	90
10. Über die Sprache....................................	100
11. Der Appell der Sprache...............................	108
12. Hindernisse und ihre Folgen...........................	117
13. Bewegung und Gesamtentwicklung....................	126

14. Die Intelligenz und die Hand 134
15. Entwicklung und Nachahmung 142
    Laufen und Erforschen. 145
16. Vom unbewußten Schöpfer zum bewußten Arbeiter 148
17. Weitere Ausarbeitung durch die Kultur und die Einbildungskraft 153
    Spontane Aktivität 153
    Geistige Entwicklung. 160
    Übungen der Sinne und mathematischer Geist 162
    Embryonale Entwürfe 166
18. Der Charakter und seine Fehler bei den Kindern 171
    Natürlicher Aufbau des Charakters 171
    Fehler der starken Kinder 176
    Fehler der schwachen Kinder 176
19. Der soziale Beitrag des Kindes: Normalisierung 180
20. Der Aufbau des Charakters ist eine Eroberung 186
21. Die Sublimierung des Besitzinstinktes 194
22. Soziale Entwicklung 199
    Die Umgebung 199
    Soziales Leben 202
23. Gesellschaft durch Kohäsion 209
    Organisierte Gesellschaft. 211
24. Der Fehler und seine Kontrolle 220
25. Die drei Stufen des Gehorsams 227
26. Die Montessori-Lehrerin und die Disziplin 237
    Das Kind im Zustand der Ungeordnetheit 239
    Der Anruf. 241
    Die scheinbare Ordnung. 242
    Die Disziplin 244
27. Die Vorbereitung der Montessori-Lehrerin 249
28. Die Quelle der Liebe – das Kind 259

Literaturübersicht 268

Personenverzeichnis. 271

Sachverzeichnis 272

Einleitung

Als Maria Montessori 1949 endgültig aus Indien[1] nach Europa zurückkehrte, brachte sie ihr eben dort erschienenes Buch „The Absorbent Mind" (Madras 1949) mit, das man nicht zu Unrecht ihr bedeutendstes Spätwerk und den Niederschlag ihrer Tätigkeit in Indien genannt hat. 1952, im Jahre ihres Todes, erschien in Mailand die italienische Ausgabe unter dem Titel „La mente del bambino", nach der das vorliegende Buch übersetzt ist.

Am Ende ihres Lebens trägt Maria Montessori hier noch einmal die zentralen Ideen vor, denen ihre pädagogische Arbeit von Anfang an gefolgt ist. Entgegen gelegentlichem Anschein ging es ihr niemals nur um didaktische und methodische Vorschläge, so wichtig diese auch im einzelnen sein mochten; immer ging es ihr um die Menschwerdung des Individuums und zugleich um die Humanisierung der Gesellschaft. Während sie in „Entdeckung des Kindes" das Kindergartenalter, in „Schule des Kindes" das Grundschulalter, in „Von der Kindheit zur Jugend" das Jugendalter unter diesem Aspekt betrachtet, wendet sie in dem vorliegenden Buch den Blick vorwiegend auf die früheste Kindheit und versucht, die entscheidende Bedeutung dieser Frühphase für den Aufbau von Person und Gesellschaft aufzuzeigen. Im Brennpunkt ihrer Betrachtung liegt hier „jene Weise der Existenz, welche sie scharfsichtig mit dem Begriff des ‚absorbierenden Geistes‘ bezeichnet hat"[2].

Kraft dieses absorbierenden Geistes vollbringt das Kind in seiner Frühphase das Werk seines personalen Selbstaufbaus. In dieser Hinsicht ist gerade die frühe Kindheit eine „schöpferische Periode" (vgl. S. 20), und jedes

---

[1] Zu ihrem Aufenthalt in Indien während des Zweiten Weltkrieges vgl.: Grundgedanken der Montessori-Pädagogik, hrsg. von P. Oswald und G. Schulz-Benesch, Freiburg i. Br. ⁵1978, S. 154.
[2] F. J. J. Buytendijk, La liberté vécue et la liberté morale dans la conscience enfantine, Revue philosophique, Paris, Jan.–März 1951, S. 7.

Kind ist seiner Natur nach ein kreatives Wesen (und zwar kreativ in einem viel ursprünglicheren Sinn, als er in der gegenwärtigen Diskussion gemeint ist, wenn von kreativen Persönlichkeiten, Prozessen und Produkten die Rede ist)[3], weil es den Aufbau seines Menschseins gleichsam aus dem Nichts heraus selbst leisten muß, ein Werk, an dem es ununterbrochen durch Jahre hin tätig ist und das es doch mit Lust und Freude vollbringt. Hier ist Leistung nicht Last, sondern Lust.

Solches Werk aber kann nur gelingen im Raum der Freiheit, deren Voraussetzung die Unabhängigkeit ist. So wird für Montessori die fortschreitende Unabhängigkeit des Kindes vom Erwachsenen, seine fortschreitende Emanzipation also, zu einem Zentralpunkt aller Erziehungsarbeit; und zwar nicht nur als theoretisches Postulat, sondern gemäß vielfältig und international erprobten Methoden. Aus dieser Erfahrung heraus hat Montessori auch den Mut, es mit der Freiheit zu wagen; denn es hat sich ihr erwiesen, daß Freiheit nicht zum Chaos führt, sofern sie nicht lediglich als „ungeordnete Entfesselung nicht mehr kontrollierter Impulse" (S. 184) verstanden wird. Wo Freiheit die Freiheit zur aktiven Selbstverwirklichung ist, da führt sie zugleich zu einer sonst nicht gekannten Disziplin. Die Kinder haben es Montessori bewiesen, „daß Freiheit und Disziplin zwei Seiten derselben Medaille sind" (S. 257).

Solche Freiheit setzt natürlich den Abbau aller repressiven Erziehungspraktiken und autoritären Herrschaftsstrukturen seitens der Erwachsenen voraus, verlangt aber andererseits gerade nach Autorität in ihrem ursprünglichen Wortsinn und gemäß der existentiellen Hilfsbedürftigkeit des nicht festgelegten Menschenkindes als „Hilfe zum Aufbau" (S. 15), zum Selbstaufbau seines Menschseins nämlich.

Diese Hilfe, im Hinblick auf welche das auf Kultur hin angelegte Menschenkind in absoluter Weise auf die Erwachsenengeneration angewiesen ist, besteht in der Zurüstung einer menschlich durchwalteten Kulturumgebung, in der es all die Gehalte findet, deren es für jenes Aufbauwerk bedarf. Dabei aber reicht das bloße Vorhandensein solcher Gehalte noch keineswegs aus, sondern sie müssen zu beherrschter Bewegung und zu tätiger Auseinandersetzung locken, weil das Kind nur dann zu der meditativen Konzentration kommt, die nach Montessoris vielfältiger Erfahrung Quellpunkt und Stufe fortschreitender Selbstverwirklichung ist. Kinder, die im repressionsfreien Erziehungsraum so zu sich selbst gekommen sind, nor-

---

[3] Vgl. Erika Landau, Psychologie der Kreativität, München-Basel 1969.

malisierte Kinder, wie Montessori sie nennt, erwachen dabei zugleich zu einem sozialen Bewußtsein und werden fähig, ihrer sozialen Entwicklung gemäß „geordnete Gesellschaft" (S. 257) zu erbauen und damit ein tragfähiges Fundament künftiger demokratischer Erwachsenengesellschaft zu legen. (Der Aufweis der Stufen dieser sozialen Entwicklung ist dabei ein besonders interessanter Beitrag Montessoris in diesem Buch.)

In solch einem Lebensraum, wie Montessori ihn hier für die frühe Kindheit entwirft und wie sie ihn in ihren Kinderhäusern und Schulen vielfältig verwirklicht hat, gibt es dann nicht den versteckten oder offenen Krieg zwischen den Generationen; da entartet Freiheit nicht zur Zügellosigkeit und Autorität nicht zur Unterdrückung. Dort hat sich eine „Revolution, frei von jeder Gewalt" (S. 15) vollzogen, die zu einem Miteinander der Generationen geführt hat, das gekennzeichnet ist „von aktivem Frieden, von Gehorsam und Liebe" (S. 248).

Gerade aber kraft seines absorbierenden Geistes ist das Kind nach Montessoris Überzeugung der Garant dieser Liebe und dieses Friedens und damit der Garant einer möglichen „Rettung und Einheit der Menschheit" (S. 267).

Schon bei früheren Gelegenheiten haben wir darauf hingewiesen, daß man Montessoris Schriften nicht wie sorgfältige wissenschaftliche Ausarbeitungen lesen darf. Das letzte große allgemeinere pädagogische Werk, das sie im wörtlichen Sinne geschrieben hatte, war nach einer Äußerung von Herrn Mario Montessori ihre „Autoeducazione nelle scuole elementari", die 1916 erschien (deutsch: „Montessori-Erziehung für Schulkinder", Stuttgart 1926; Neuausgabe: „Schule des Kindes", Freiburg i. Br. 1976). Den religionspädagogischen und mathematisch-didaktischen Schriften sowie einzelnen Aufsätzen liegen auch danach noch Manuskripte zugrunde. Fast alle übrigen bekannten Bücher allgemeineren pädagogischen Inhalts jedoch, eben auch „The Absorbent Mind", stellen Mitschriften frei gehaltener Vorträge dar, die dann mehr oder minder intensiv von ihr – zum Teil mit Hilfe ihrer Freunde und Vertrauten – bearbeitet wurden. So erklärt sich u. a. die Tatsache, daß diese Schriften in verschiedenen Sprachen, d. h. meist in der Sprache des Auditoriums, ihre Erstauflage erfuhren, obwohl Maria Montessori in aller Regel ihre Vorträge in ihrer italienischen Muttersprache hielt.

Die Entstehung des vorliegenden Werkes sei kurz skizziert.

Die in italienischer Sprache auf dem Kursus in Ahmedabad gegen Ende des Zweiten Weltkrieges frei gehaltenen Vorträge wurden dem indischen Auditorium von Herrn Mario Montessori satzweise ins Englische übersetzt. Einer der Zuhörer schrieb mit. Die Mitschrift wurde durchgesehen und mehrere Jahre später schließlich in Madras gedruckt. In Holland wurde nach der Rückkehr Montessoris diese erste Ausgabe im engen Kreise von Mitarbeitern und Freunden kritisch besprochen. Mancherlei Anregungen zu Ergänzungen oder Auslassungen, Zitaten und Fußnoten, kleineren Änderungen und auch hinsichtlich einer durchgehenden sprachlichen Überarbeitung wurden von Frau Montessori aufgenommen und gelangten so in die italienische Übersetzung von 1952. Relativ selbständig scheint die etwa gleichzeitige niederländische Bearbeitung durch Frau Prins-Werker zustande gekommen zu sein, obwohl Bearbeitungsabhängigkeiten zwischen der italienischen und der niederländischen Ausgabe nachzuweisen sind. In der italienischen Ausgabe ist über die angeführten Änderungen durch Frau Montessori und ihre Freunde hinaus auch eine gewisse Bearbeitung in Rücksicht auf die spezielle italienische Situation an einzelnen Stellen nicht zu übersehen. Die zweite englische Auflage, die erst 1959 in Madras erschien, hat schließlich die inzwischen als authentisch erklärte italienische Ausgabe zur Vorlage. Die englische Erstauflage wirkt u. E. sprachlich einfacher, aber auch frischer, unmittelbarer und an einigen Stellen unmißverständlicher als die späteren Überarbeitungen. In den Anmerkungen wird deshalb gelegentlich auf diese erste Ausgabe verwiesen.

Die Eigenart der Schriften Montessoris sollte den Leser, der die Pädagogin und ihr Werk kennenlernen will, nicht stören. Ist doch in ihnen etwas von der Dynamik ständiger Weiterentwicklung enthalten, die Montessoris Lebensarbeit und Lehrweise mehr zum Hinweis als zum Rezept werden ließ. Gewiß ist eine sukzessive Bearbeitung der Montessori-Literatur unter besonderer Berücksichtigung der Erstunterlagen wissenschaftlich notwendig. Wesentlicher erscheint es jedoch, die zuweilen durch Unklarheiten, Einseitigkeiten oder rhetorische Übertreibungen etwas verborgenen Grundintentionen Montessoris zu suchen. Denn hier finden sich, wie wir oben andeuteten, Einsichten und Anregungen von oft überraschender Aktualität. An der Kraft der Wirkung dieser Impulse in der neueren Geschichte der Pädagogik ist nicht zu zweifeln.

Die Herausgeber

1. Das Kind in der Neugestaltung der Welt

Dieses Buch stellt ein Glied in der Entwicklung unseres Gedankens und unseres Werkes zur Verteidigung der großen Kräfte der Kindheit dar.

In der zersplitterten Welt von heute, da man Wege für deren zukünftige Erneuerung sucht, wird die Erziehung allgemein als eines der wirksamsten Mittel dazu angesehen. Denn zweifellos liegt die Menschheit, psychisch gesehen, noch weit unter dem Niveau, das die Zivilisation vorgibt erreicht zu haben.

Auch ich bin der Meinung, daß die Menschheit noch weit davon entfernt ist, die notwendigen Voraussetzungen für diese so leidenschaftlich angestrebte Entwicklung aufzuweisen: Aufbau einer friedlichen, in Eintracht lebenden Gesellschaft und Beseitigung der Kriege. Die Menschen sind noch nicht in der Lage, das Geschehen zu kontrollieren und zu leiten, sondern sind eher dessen Opfer.

Obwohl die Erziehung als eines der Mittel, die Menschheit auf ein höheres Niveau zu heben, anerkannt ist, wird sie jedoch immer noch fast ausschließlich als Erziehung des Geistes auf der Grundlage alter Anschauungen betrachtet, ohne daß man erwägt, erneuernde und schöpferische Kräfte durch sie zu erwecken.

Zweifellos müssen Philosophie und Religion einen großen Beitrag zur Erneuerung leisten. Aber wie viele Philosophen gibt es in der überzivilisierten Welt von heute, wie viele gab es vorher und wie viele wird es in Zukunft geben? Stets gab es hohe Ideale und erhabene Gefühle, und stets wurden diese durch den Unterricht weitervermittelt, aber die Kriege hörten nicht auf. Und würde die Erziehung weiterhin nach den alten Schemata als Wissensvermittlung aufgefaßt, bestünde keine Hoffnung für die Zukunft der Welt. Welchen Wert hat die Wissensvermittlung, wenn die allgemeine Bildung[1] des Menschen selbst vernachlässigt wird? Es existiert unerkannt ein psychisches Sein, eine soziale Personalität, immens durch die Vielzahl der Individuen – eine Weltmacht, die in Betracht gezogen werden muß: Wenn Hilfe und Rettung kommen können, werden sie nur vom Kind ausgehen, denn das Kind ist der Erbauer des Menschen.

Dem Kind sind unbekannte Kräfte mitgegeben, die in eine hellere Zukunft führen können. Wenn wirklich eine Erneuerung angestrebt werden soll, muß die Entwicklung der Potenzen, die im Menschen liegen, Aufgabe der Erziehung sein.

In der modernen Zeit hat das psychische Leben des Neugeborenen großes Interesse erweckt, und einige Psychologen haben die kindliche Entwicklung von den ersten drei Stunden nach der Geburt an beobachtet. Andere sind nach sorgfältigem Studium zu dem Schluß gekommen, daß die ersten zwei Jahre die wichtigsten in der Entwicklung des Menschen sind.

Die Größe der menschlichen Personalität beginnt mit der Geburt des Menschen. Diese merkwürdig mystische Behauptung führt zu einer Schlußfolgerung, die sonderbar erscheinen mag: die Erziehung müßte mit der Geburt beginnen. Aber wie kann ein Kind praktisch kurz nach der Geburt oder im ersten oder zweiten Lebensjahr erzogen werden? Wie soll man einem kleinen Wesen, das unsere Worte nicht versteht und sich nicht einmal recht bewegen kann, Unterricht erteilen? Denken wir nur an Hygiene, wenn wir von der Erziehung kleiner Kinder sprechen? Ganz bestimmt nicht.

In dieser Zeit muß die Erziehung als Hilfe zur Entwicklung der angeborenen psychischen Kräfte des menschlichen Individuums betrachtet werden; das heißt, daß hier die herkömmliche Form der Erziehung durch das Wort nicht angewandt werden kann.

Ungenutzter Reichtum

In letzter Zeit durchgeführte Beobachtungen haben bewiesen, daß das Kleinkind mit einer ihm eigenen, besonderen psychischen Natur ausgestattet ist, was uns dazu zwingt, eine neue Form in der Erziehung zu finden, die das Menschsein selbst betrifft und die noch nie in Erwägung gezogen

---

[1] Bildung (formazione) wird hier als Prozeß verstanden; vgl. M. Montessori, Über die Bildung des Menschen, Freiburg i. Br. 1966; ferner: P. Oswald, Die Anthropologie M. Montessoris, in: Interpretationen zur Anthropologie, hrsg. von J. Speck, Münster i. W. 1970, S. 39 (d. Hrsg.).

wurde. Die wahre lebendige und dynamisch schöpferische Kraft der Kinder blieb über Jahrtausende unbekannt. So wie der Mensch in vergangenen Zeiten über die Erde schritt und später deren Oberfläche bebaute, ohne sich um die riesigen Reichtümer zu kümmern, die in ihren Tiefen versteckt liegen, so schreitet der moderne Mensch in der Kultur voran, ohne die Schätze, die versteckt in der psychischen Welt des Kindes ruhen, zu erkennen.

Von seinen ersten Anfängen an hat der Mensch immerfort diese Energien, deren Existenz einige erst heute zu ahnen beginnen, unterdrückt und vernichtet. So schreibt z. B. Carrel: „Die Zeit der ersten Kindheit ist zweifellos die reichste. Sie muß in jeder nur möglichen und denkbaren Art und Weise durch die Erziehung ausgenutzt werden. Der Verlust dieser Zeit ist unersetzlich. Anstatt die ersten Jahre des Lebens zu vernachlässigen, ist es unsere Pflicht, sie mit der größten Aufmerksamkeit zu pflegen." [2]

Die Menschheit beginnt die Bedeutung dieses noch nicht erschöpften Reichtums zu erkennen; etwas, das weit wertvoller ist als Gold: der Geist des Menschen selbst.

Die ersten beiden Lebensjahre eröffnen einen neuen Horizont und offenbaren Gesetze psychischen Aufbaus, die bis heute unbekannt waren. Durch das Kind selbst wurde uns das Geschenk dieser Offenbarung zuteil; es hat uns seine besondere Psychologie gelehrt, die von der des Erwachsenen ganz verschieden ist. Hier liegt der neue Weg! Die Psychologie wird nicht vom Professor beim Kind angewendet, sondern die Kinder selbst offenbaren dem Gelehrten ihre Psychologie.

All das mag unklar erscheinen, aber es hellt sich auf, sobald wir auf die Einzelheiten eingehen: Das Kind hat einen Geist, der fähig ist, Wissen zu absorbieren, und hat das Vermögen, sich selbst zu bilden; es genügt eine oberflächliche Beobachtung, dies zu beweisen. Das Kind spricht die Sprache der Eltern; das Erlernen einer Sprache aber ist eine große geistige Errungenschaft; keiner hat das Kind unterrichtet, und doch weiß es, perfekt die Substantive, die Verben und die Adjektive zu gebrauchen.

Die Entwicklung der Sprache beim Kind zu studieren ist hochinteressant, und alle, die sich damit beschäftigt haben, stimmen in der Ansicht überein, daß der Gebrauch der Worte und Namen, der ersten Elemente

---

[2] Alexis Carrel, L'homme cet inconnu, Paris 1947, S. 222 (1. Ausgabe 1935). Vgl. deutsche Ausgabe: Der Mensch, das unbekannte Wesen, München 1955; List-Bücher Nr. 45, S. 150 (d. Hrsg.).

der Sprache, in einer bestimmten Periode des Lebens auftritt, als bestünde eine feste Zeitregel für die Äußerung dieser kindlichen Aktivität. Das Kind scheint treu einem ihm von der Natur auferlegten strengen Programm zu folgen. Es tut dies mit einer solchen Pünktlichkeit, daß keine noch so gewissenhaft geführte Schule einen Vergleich aushalten könnte. Diesem Programm folgend, erlernt das Kind die Unregelmäßigkeiten und den syntaktischen Aufbau der Sprache mit unerschütterlichem Fleiß.

Die vitalen Jahre

Jedes Kind hat sozusagen einen wachsamen Lehrmeister in sich, der dieselben Resultate erreicht, gleich in welchem Land es sich befindet. Die einzige Sprache, die der Mensch perfekt erlernt, ist zweifellos die, die er sich in der ersten Periode der Kindheit aneignet, wenn niemand dem Kind Unterricht erteilen kann; nicht nur das: wird das Kind später eine weitere Sprache erlernen, so kann die Hilfe keines Lehrers erreichen, daß es die neue Sprache mit der gleichen Exaktheit spricht wie die, die es in der ersten Kindheit erlernt hat. Eine psychische Kraft unterstützt also hier die Entwicklung des Kindes. Das gilt nicht nur hinsichtlich der Sprache. Mit zwei Jahren ist das Kind in der Lage, alle Personen und Dinge aus seiner Umgebung zu erkennen. Denken wir über diesen Umstand nach, so wird immer deutlicher, daß das Kind ein überwältigendes Werk des Aufbaus vollbringt. Alles, was wir sind, wurde vom Kind erbaut, von dem Kind, das wir selbst in den ersten zwei Jahren unseres Lebens waren. Es handelt sich für das Kind nicht nur darum, alles um sich zu erkennen oder unsere Umwelt zu verstehen und sich ihr anzupassen, sondern darum, daß es dies in einer Zeit bewältigen muß, in der ihm niemand Unterricht erteilen kann. Es muß allein den Komplex herausbilden, der einmal unsere Intelligenz und der Grundriß unseres religiösen Empfindens sowie der besonderen nationalen und sozialen Gefühle sein wird. Es scheint, als habe die Natur jedes Kind vor dem Einfluß menschlicher Intelligenz bewahrt, um der Inspiration seines inneren Lehrmeisters den Vorrang zu lassen und die Möglichkeit, ein vollständiges psychisches Bauwerk zu errichten, bevor die menschliche Intelligenz mit dem Geist des Kindes in Berührung kommt und ihn beeinflussen kann.

Mit drei Jahren hat das Kind bereits die Grundlagen zu seiner menschlichen Personalität gelegt und bedarf jetzt der besonderen Hilfe der schulischen Erziehung. Die Errungenschaften, die es gemacht hat, sind so bedeutend, daß ein Kind, das mit drei Jahren in die Schule kommt[3], bereits ein Mensch ist durch eben diese Eroberungen. Die Psychologen behaupten, daß wir mit unseren Fähigkeiten als Erwachsene im Vergleich zum Kind nur in sechzig Jahren harter Arbeit das erreichen würden, was ein Kind in den ersten drei Jahren seines Lebens erreicht. Diese Psychologen behaupten mit den gleichen Worten wie ich: „Mit drei Jahren ist das Kind bereits ein Mensch", auch wenn sich in dieser Anfangsperiode die einzigartige Fähigkeit des Kindes, aus seiner Umwelt zu absorbieren, noch nicht völlig erschöpft hat.

In unsere ersten Schulen kamen die Kinder mit drei Jahren; niemand konnte sie unterrichten, da sie noch nicht aufnahmefähig waren; dafür gewährten sie uns jedoch außerordentliche Offenbarungen über die Größe des menschlichen Geistes. Unsere Bildungsstätten sind mehr ein „Haus des Kindes" als Schulen im eigentlichen Sinn des Wortes; das heißt, es ist eine für das Kind besonders vorbereitete Umgebung, in der es alle Kultur, die die Umgebung ausstrahlt, aufnimmt, ohne Unterricht zu benötigen. Die Kinder aus den ersten Schulen stammten aus den niedrigsten Volksschichten, und ihre Eltern waren Analphabeten. Und trotzdem konnten die Kinder mit fünf Jahren lesen und schreiben, ohne daß es sie jemand direkt gelehrt hätte[4]. Wenn Besucher der Schule fragten: „Von wem hast du schreiben gelernt?", antworteten die Kinder oft erstaunt: „Gelernt? Ich habe es von niemandem gelernt."

Damals erschien es als ein Wunder, daß Kinder mit viereinhalb Jahren schreiben konnten und daß sie das erreicht hatten, ohne daß sie je den Eindruck hatten, Unterricht erhalten zu haben.

Die Presse begann von einer „spontanen Erwerbung der Bildung" zu sprechen; die Psychologen fragten sich, ob es sich um besondere Kinder handle, und wir selbst blieben lange Zeit verwundert. Erst nach wiederholten Versuchen erlangten wir die Gewißheit, daß alle Kinder ohne Unterschied die Fähigkeit besitzen, Kultur zu „absorbieren". Damals sagten wir uns, wenn Kinder ohne Anstrengung Bildung erwerben können, wollen wir ihnen die Möglichkeit geben, auch andere Bildungsgüter zu „absorbieren". Wir konnten beobachten, wie das Kind weit mehr als Lesen und Schreiben „absorbierte": Botanik, Zoologie, Mathematik,

---

[3] Montessori verwendet, wie es häufig im romanischen Sprachgebrauch geschieht, das Wort Schule gelegentlich auch für den Kindergarten (d. Hrsg.).
[4] Das Lernen mit Hilfe des didaktischen Materials bezeichnet Montessori gelegentlich als „indirekte" Methode (d. Hrsg.).

Geographie erlernte es gleichermaßen leicht, spontan und ohne Anstrengung.

Wir konnten somit feststellen, daß die Erziehung nicht das ist, was der Lehrer vermittelt, sondern ein natürlicher Prozeß, der sich im menschlichen Individuum abwickelt; Erziehung wird nicht nur durch Worte erworben, sondern kraft der Erfahrungen aus der Umgebung. Die Aufgabe des Lehrers ist nicht, zu sprechen, sondern eine Serie von Motiven zur Bildungsaktivität in einer eigens vorbereiteten Umgebung bereitzustellen.

Über vierzig Jahre habe ich in verschiedenen Ländern Erfahrung gesammelt. Sobald die Kinder heranwuchsen, baten mich deren Eltern, weiterhin die Erziehung ihrer größer gewordenen Kinder fortzusetzen. Wir entdeckten so, daß die individuelle Aktivität des Kindes allein seine Entwicklung anregt und vorantreibt: Das gilt sowohl für die Kinder im Vorschulalter als auch für die der Grundschule und der weiterführenden Schulen.

Der neue Mensch entsteht

Vor unseren Augen formte sich ein neues Bild; nicht das Bild einer Schule oder einer Erziehung. Es war der *Mensch*, der vor uns erstand. Der *Mensch* offenbarte seinen wahren Charakter in seiner freien Entwicklung; er bewies seine Größe, als kein geistiger Zwang sein inneres Wirken begrenzte und auf seiner Seele lastete.

Daher vertrete ich die Meinung, daß jede Erziehungsreform auf der Entwicklung der menschlichen Personalität basieren muß. Der Mensch selbst sollte Mittelpunkt der Erziehung werden. Man muß sich stets vor Augen halten, daß der Mensch sich nicht an der Universität entwickelt, sondern daß seine geistige Entwicklung bei der Geburt beginnt und in den ersten drei Jahren am stärksten ist. Diesen ersten Jahren gebührt mehr als allen anderen die wachsamste Sorge. Hält man sich streng an die Regel, so wird das Kind keine Mühe mehr machen, sondern es wird sich als das größte und trostreichste Wunder der Natur offenbaren. Wir werden somit nicht mehr ein Kind vor uns haben, das als kraftloses Wesen betrachtet wird, so etwas wie ein leeres Gefäß, das mit unserem Wissen vollgestopft werden muß, sondern es zeigt sich vor uns in seiner Würde, indem wir in ihm den Schöpfer unserer Intelligenz erblicken, ein Wesen, das, geleitet von einem inneren Lehrmeister, voll Freude und Glück nach einem festen Programm unermüdlich an dem Aufbau dieses Wunders der Natur, dem Menschen, arbeitet. Wir Lehrer können nur zu dem bereits vollbrachten Werk helfen, so wie die Gehilfen ihrem Meister zur Hand gehen. Dann werden wir Zeugen der Entwicklung der menschlichen Seele werden: der Erstehung des *neuen Menschen,* der nicht mehr Opfer des Geschehens, sondern dank seiner klaren Sicht fähig sein wird, die Zukunft der menschlichen Gesellschaft zu meistern und zu formen.

2. Die Erziehung für das Leben

Die Schule und das soziale Leben

Man muß sich von Anfang an darüber klarsein, was wir unter Erziehung für das Leben von der Geburt an verstehen. Deshalb ist es notwendig, auf die Einzelheiten des Problems einzugehen. Vor nicht langer Zeit wies der Führer eines Volkes, Gandhi, auf die Notwendigkeit hin, die Erziehung nicht nur auf die ganze Lebenszeit zu erstrecken, sondern die „Verteidigung des Lebens" zu ihrem Mittelpunkt zu machen. Damit wurde erstmalig eine solche Erklärung vom geistigen und politischen „leader" eines Volkes abgegeben. Die Wissenschaft hingegen hat nicht nur bereits auf diese Notwendigkeit hingewiesen, sondern seit Beginn des Jahrhunderts bewiesen, daß die Idee, die Erziehung auf das ganze Leben auszudehnen, die Möglichkeit eines sicheren Erfolges in sich trägt. Diese Auffassung wurde jedoch bisher von keinem Erziehungsministerium aufgegriffen[5].

Die Erziehung ist heute reich an Methoden, Zwecken und gesellschaftlichen Zielen. Man kann jedoch nicht sagen, daß sie auf das Leben selbst ausgerichtet ist. Unter den vielen offiziellen Erziehungsmethoden in den verschiedenen Ländern macht es sich keine zur Aufgabe, dem Individuum von der Geburt an zu helfen und seine Entwicklung zu beschützen. Die Erziehung in ihrer heutigen Form vernachlässigt sowohl das biologische als auch das soziale Leben. Alle, die in das Bildungswesen eintreten, werden gleichzeitig von der Gesellschaft isoliert. Die Schüler haben die Pflicht, sich der Schulordnung anzugleichen und dem vom Kultusministerium vorgeschriebenen Unterrichtsprogramm zu folgen. Auch in der letzten Vergangenheit hat sich die Schule selbst nicht im geringsten für die sozialen und physischen Voraussetzungen der Schüler interessiert. Wurde die Aufnah-

---

[5] Deutliches Beispiel für den provokativen Redestil Montessoris. Dennoch ist der richtige Kern dieser Anklage nicht zu übersehen; vgl. die heutige Diskussion um die Bildungsprobleme in der BRD (d. Hrsg.).

mefähigkeit eines Schülers durch Unterernährung oder einen Seh- oder Hörfehler herabgesetzt, bekam er sicher auch schlechtere Zensuren. Später wurden physische Defekte beachtet, aber nur vom Standpunkt der physischen Hygiene, während bis heute niemand bedachte, daß der Geist des Schülers durch mangelhafte und ungeeignete Erziehungsmethoden betroffen werden und Schaden erleiden kann. Claparède interessiert sich in seiner *Neuen Erziehung* mehr für die *Menge* der verschiedenen Fächer des Lehrprogramms und strebt deren Reduzierung an, um eine geistige Überanstrengung zu vermeiden. Aber er behandelt nicht das Problem der Art und Weise, mit der Schüler Bildung aufnehmen können, ohne zu ermüden. Der größte Teil der staatlichen Schulen sieht vor allem darauf, daß das Lehrprogramm durchgeführt wird. Werden die Universitätsstudenten durch soziale Mißstände und politische Fragen, die erschütternde Wahrheiten aufzeigen, erregt, heißt es sofort, daß sich junge Menschen nicht mit Politik befassen, sondern erst ihr Studium vollenden sollen. Damit wird erreicht, daß die Intelligenz der jungen Menschen, die die Universität verlassen, so eingeengt ist, daß sie außerstande sind, die Probleme ihrer Zeit zu erkennen und abzuschätzen.

Die Schulen sind dem sozialen, zeitgenössischen Leben völlig fremd, so wie andererseits das Leben mit seinen Problemen vom Bereich der Bildung ausgeschlossen zu sein scheint. Die Welt der Bildung ist eine Art Insel, auf der sich Individuen auf das Leben vorbereiten, indem sie ihm fremd bleiben. Zum Beispiel kann es geschehen, daß ein Universitätsstudent tuberkulosekrank ist und stirbt; ist es nicht traurig, daß die Universität, die Schule, in der er lebt, seine Krankheit ignoriert und dann mit einer offiziellen Vertretung bei seiner Beerdigung erscheint?[6] Es gibt äußerst nervöse Menschen, die bei ihrem Eintritt in die Welt sich selbst zur Last fallen und ihrer Familie und ihren Freunden Sorge bereiten. Die schulischen Behörden sind jedoch nicht verpflichtet, sich für besondere psychologische Fälle zu interessieren[7]. Dieser Mangel hat seine volle Rechtfertigung in den Bestimmungen, die der Schule die Aufgabe zuteilen, sich nur um das Studium und die Examen zu kümmern. Wer diese besteht, erhält ein Diplom oder einen Doktortitel. Das ist heute das Endziel der Schule. Wissenschaftler,

---

[6] Nur in einigen Ländern wurde nach dem Krieg versucht, diese Zustände zu verbessern. In Holland z. B. wurden die Studentensanatorien geschaffen.
[7] Diese scharfe Formulierung trifft die Verhältnisse in unserem Bereich gewiß nicht mehr, dennoch gilt auch für uns, daß die heilpädagogischen Probleme erst in letzter Zeit allgemeiner ins Bewußtsein treten (d. Hrsg.).

die sich mit sozialen Problemen befassen, deuten darauf hin, daß die Absolventen der Schulen und Universitäten nicht nur nicht auf das Leben vorbereitet sind, sondern daß in den meisten Fällen sogar ihre Fähigkeiten vermindert wurden. In den Statistiken steigt die Zahl der Geisteskranken, der Kriminellen und der Individuen, die als „Sonderlinge" bezeichnet werden müssen. Die Soziologen rufen die Schulen dazu auf, ein Mittel gegen soviel Übel zu finden. Die Schule jedoch ist eine Welt für sich, eine Welt, die den sozialen Problemen verschlossen bleibt. Sie ist nicht dazu verpflichtet, diese zu beachten und zu erkennen. Sie ist eine soziale Einrichtung mit zu alter Tradition, als daß ihre Bestimmungen auf amtlichem Weg abgeändert werden könnten. Nur eine Kraft, die von außen einwirkt, kann Wandel schaffen und die Mängel beseitigen, die die Erziehung in all ihren Abschnitten begleiten und dann leider auch das Leben derer begleiten, die die Schule besuchen.

Das Vorschulalter

Was geschieht mit dem Kind von seiner Geburt an bis zum sechsten oder siebten Lebensjahr? Die Schule im eigentlichen Sinne interessiert sich nicht dafür. So wird dieses Alter das Vorschulalter genannt, was soviel bedeutet wie: außerhalb des Bereichs des offiziellen Unterrichts. Was könnte auch die Schule für Neugeborene tun? Dort, wo Einrichtungen für Kinder im Vorschulalter geschaffen wurden, sind diese in seltenen Fällen den zentralen schulischen Behörden oder den Kultusministerien zugeordnet. Sie werden im allgemeinen von den Gemeinden oder von privaten Organisationen getragen, von denen letztere oft wohltätige Zwecke verfolgen. Es besteht kein Interesse für das soziale Problem, das psychische Leben der Kleinen zu schützen; andererseits versichert die Gesellschaft, daß die Kleinkinder der Familie und nicht dem Staat gehören.

Die neue Bedeutung, die man den ersten Lebensjahren beimißt, hat zu keinen besonderen Vorkehrungen geführt. Nur das Familienleben soll dahingehend geändert werden, daß man heute die Erziehung durch die Mutter für wichtig hält. Aber die Familie gehört nicht zur Schule, sondern zur Gesellschaft. Daraus geht hervor, daß die menschliche Personalität oder die Pflege der menschlichen Personalität gespalten ist: Auf der einen Seite steht die Familie, die ein Teil der Gesellschaft ist, jedoch von der Gesellschaft isoliert und vernachlässigt oder ignoriert lebt; auf der anderen Seite die Schule, auch diese losgelöst von der Gesellschaft, und dann die Universität. Es besteht keine Gesamtkonzeption, keine soziale Anregung für das

Leben, sondern es bestehen nur Bruchstücke, die getrennt nebeneinanderstehen. Sie beziehen sich nacheinander oder abwechselnd auf die Schule, die Familie und die als Schule verstandene Universität, die sich mit dem letzten Teil der Erziehung befaßt. Auch die neuen Wissenschaften, die das Übel dieser Isolierung enthüllen, wie die Sozialpsychologie und die Soziologie, sind von der Schule isoliert. Es besteht also kein System, das der Entwicklung des Lebens hilft. Diese Auffassung der Erziehung ist, wie ich schon sagte, nicht neu für die Wissenschaft, aber noch nicht im sozialen Bereich verwirklicht. Zu diesem Schritt muß sich die Gesellschaft in kurzer Zeit entschließen: Der Weg ist bereits vorbereitet, die Kritik hat die Fehler der jetzigen Zustände aufgezeigt, andere haben Abhilfe für die Fehler in den verschiedenen Lebensabschnitten herausgefunden, heute ist alles bereit, um zum Aufbau überzugehen. Die Beiträge der Wissenschaft können mit bereits behauenen Bausteinen verglichen werden, die für diesen Bau bestimmt sind. Nun müssen sich diejenigen finden, die diese Steine aufeinandersetzen, um das neue Bauwerk, das die Gesellschaft so dringend benötigt, zu errichten.

Die Aufgaben der Erziehung und die Gesellschaft

Eine Erziehung, die das Leben als Zentrum betrachtet, verändert alle bisherigen Ideen über die Erziehung. Nicht ein festlegendes Programm, sondern die Kenntnis des menschlichen Lebens muß Ausgangspunkt für die Erziehung sein. Unter diesem Gesichtspunkt gewinnt die Erziehung des Neugeborenen plötzlich große Bedeutung. Das Neugeborene kann zwar nichts tun, und im herkömmlichen Sinne kann man es nichts lehren. Es kann nur Gegenstand von Beobachtungen und Forschungen sein, deren Ziel es ist, die lebenswichtigen Bedingungen ans Licht zu bringen. Wir haben diese Beobachtungen durchgeführt, um die Gesetze des Lebens kennenzulernen; denn wollen wir dem Leben helfen, so ist es erste Voraussetzung, daß wir mit seinen Gesetzen vertraut sind. Uns interessiert jedoch nicht nur die Kenntnis dieser Gesetze. Denn verfolgten wir nur diesen Zweck, blieben wir im Bereich der Psychologie und gingen nicht in den Bereich der Erziehung über.

Die Kenntnis der psychischen Entwicklung des Kindes muß jedoch eine weite Verbreitung finden. Nur dann wird die Erziehung eine neue Autorität erlangen und kann der Gesellschaft sagen: „Dies sind die Gesetze des Lebens; ihr könnt sie nicht ignorieren und müßt sie befolgen, denn sie weisen auf die *Menschenrechte* hin, die gleich sind für die gesamte Menschheit."

Wenn die Gesellschaft eine Pflichterziehung für notwendig erachtet, muß diese in praktischer Form erteilt werden. Wird außerdem anerkannt, daß die Erziehung bei der Geburt beginnen muß, ist die Gesellschaft notwendigerweise verpflichtet, die Gesetze der kindlichen Entwicklung zu kennen. Die Erziehung muß Einfluß auf die Gesellschaft erwerben, anstatt von ihr ignoriert zu werden, und das soziale System wird sich den Notwendigkeiten, die aus dieser neuen Auffassung erwachsen, anpassen müssen: Das Leben muß beschützt werden. Alle sind aufgerufen mitzuarbeiten. Väter und Mütter müssen ihre Verantwortung übernehmen. Sollten der Familie jedoch die notwendigen Mittel fehlen, ist die Gesellschaft verpflichtet, nicht nur den Unterricht zu erteilen, sondern auch die Mittel, die zum Aufziehen der Kinder benötigt werden, bereitzustellen. Wenn Erziehung Pflege des Individuums bedeutet, wenn die Gesellschaft Mittel für die Entwicklung des Kindes für nötig erachtet, über die die Familie nicht verfügt, so muß die Gesellschaft selbst diese Mittel zur Verfügung stellen, so muß der Staat für die Kinder sorgen.

Die Erziehung wird also ihre Autorität in der Gesellschaft geltend machen, von der sie ausgeschlossen war. Wenn die Gesellschaft offensichtlich eine wohltätige Kontrolle über das menschliche Individuum auszuüben hat und wenn die Erziehung als Hilfe für das Leben betrachtet wird, so darf diese Kontrolle niemals Zwang und Druck bedeuten, sondern eine physische und psychische Hilfe für das Leben. Das will heißen, daß der erste Schritt, den die Gesellschaft tun muß, darin besteht, der Erziehung größere Mittel zur Verfügung zu stellen.

Die Bedürfnisse des Kindes im Wachstumsalter waren Gegenstand von Studien, deren Ergebnisse der Gesellschaft mitgeteilt wurden. Nunmehr muß die Gesellschaft bewußt die Verantwortung der Erziehung übernehmen. Letztere wird ihrerseits in fortschreitendem Maße ihre Errungenschaften der Gesellschaft zugute kommen lassen. Die so verstandene Erziehung betrifft nicht nur das Kind und seine Eltern, sondern auch den Staat und das internationale Finanzwesen. Sie wird sowohl zum Anreiz für jedes Mitglied der Gesellschaft als auch Anstoß zur bedeutendsten gesellschaftlichen Reform. Gibt es etwas Unbeweglicheres, Stagnierenderes und Indifferenteres als die Erziehung von heute? Muß ein Land Sparmaßnahmen treffen, ist zweifellos die Erziehung das erste Opfer. Fragt man einen Staatsmann um seine Meinung über die Erziehung, wird er antworten, das sei nicht seine Sache; er habe die Erziehung seiner Kinder seiner Frau anvertraut, damit diese sie ihrerseits der Schule anvertraue. In Zukunft jedoch wird es für einen Staatsmann absolut unmöglich sein, eine solche Antwort zu geben und eine solche Gleichgültigkeit an den Tag zu legen.

Das Kind als Baumeister[8] *des Menschen*

Welche Schlußfolgerungen können wir aus den Berichten der verschiedenen Psychologen ziehen, die das Kind von seinem ersten Lebensjahr an studiert haben? Das Heranwachsen des Individuums darf nicht dem Zufall überlassen werden. Es muß vielmehr wissenschaftlich mit größerer Sorgfalt überwacht werden, um dem Individuum eine bessere Entwicklung zu ermöglichen. Alle sind sich darüber einig, daß das Individuum, dem mehr Pflege und Sorge zuteil wurde, stärker, geistig ausgeglichener und mit energischerem Charakter heranwächst. Mit anderen Worten: Das Kind bedarf außer einer physischen auch einer geistigen Hygiene. Die Wissenschaft hat weitere Entdeckungen gemacht, die die erste Zeit des Lebens betreffen: Das Kind verfügt über größere Energie, als im allgemeinen angenommen wird. Psychisch gesehen, ist das Kind bei seiner Geburt nichts; und nicht nur psychisch, da es bei seiner Geburt keine geordneten Bewegungen durchführen kann und ihm die Quasi-Unbeweglichkeit seiner Glieder nicht gestattet, etwas zu tun. Es kann nicht sprechen, auch wenn es sieht, was um es vorgeht. Nach einer bestimmten Zeit spricht das Kind, läuft und macht eine Eroberung nach der anderen, bis es den Menschen in seiner vollen Größe und Intelligenz aufbaut. Somit setzt sich eine Wahrheit durch: Das Kind ist nicht ein leeres Gefäß, das wir mit unserem Wissen angefüllt haben und das uns so alles verdankt. Nein, das Kind ist der Baumeister des Menschen, und es gibt niemanden, der nicht von dem Kind, das er selbst einmal war, gebildet wurde. Die größeren schöpferischen Energien des Kindes, von denen wir bereits mehrmals gesprochen haben und die das Interesse der Wissenschaftler erweckten, wurden bisher von dem Ideenkomplex, der sich um die Mutterschaft gebildet hat, in den Schatten gestellt. Es hieß: Die Mutter bringt das Kind zur Welt, sie lehrt es sprechen, gehen usw. All dies ist jedoch absolut nicht Werk der Mutter, sondern eine Eroberung des Kindes. Die Mutter trägt das Neugeborene

---

[8] „costruttore", Montessori gebraucht für den Prozeß der spontanen Selbstverwirklichung unbekümmert wechselnd die Termini: formazione, costruzione, creazione (d. Hrsg.).

aus, aber das Neugeborene bringt den Menschen hervor. Stirbt die Mutter, so wächst das Kind dennoch heran und vollbringt den Aufbau des Menschen. Ein indisches Kind, das nach Amerika kommt und dort von Amerikanern aufgezogen wird, erlernt die englische Sprache und nicht die indische. Die Kenntnis der Sprache stammt also nicht von der Mutter, sondern das Kind eignet sich die Sprache sowie die Angewohnheiten und Gebräuche der Menschen an, unter denen es lebt. Es ist also nichts Ererbtes in diesen Eroberungen. Das Kind formt von sich aus den zukünftigen Menschen, indem es seine Umwelt absorbiert.

Eine Anerkennung dieses großen Werkes, das das Kind vollbringt, bedeutet jedoch nicht eine Herabsetzung der elterlichen Autorität; im Gegenteil, sind diese einmal davon überzeugt, nicht Baumeister, sondern Helfer des Aufbaus zu sein, werden sie um so besser ihre Pflicht erfüllen und das Kind mit größerem Weitblick unterstützen. Aber nur wenn diese Hilfe in angemessener Form erteilt wird, kann das Kind einen guten Aufbau vollbringen. Auf diese Weise stützt sich die Autorität der Eltern nicht mehr auf ihre Würde an sich, sondern auf die Hilfe, die sie ihren Kindern zuteil werden lassen. Darin gründet die wahre, große Autorität und Würde der Eltern.

Wir wollen das Kind in der menschlichen Gesellschaft aber auch noch von einem anderen Gesichtspunkt aus betrachten.

Das Bild des Arbeiters in der marxistischen Lehre ist heute Gemeingut des modernen Bewußtseins geworden: der Arbeiter als Erzeuger von Wohlstand und Reichtum, als wesentlicher Mitarbeiter am großen Werk des gesellschaftlichen Lebens. Als solcher wird er von der Gesellschaft im Hinblick auf seine moralischen und ökonomischen Werte anerkannt und hat somit vom moralischen und ökonomischen Standpunkt her das Recht auf Mittel und Materialien, um seine Arbeit durchführen zu können.

Übertragen wir nun diese Idee auf unser Gebiet und werden wir uns bewußt, daß das Kind ein Arbeiter ist, dessen Aufgabe es ist, den Menschen hervorzubringen. Die Eltern stellen zwar diesem Arbeiter die wesentlichen Mittel zum Leben und für seine aufbauende Arbeit zur Verfügung, aber dem sozialen Problem der Kindheit muß eine viel größere Bedeutung beigemessen werden, denn das Kind stellt keinen materiellen Gegenstand her, sondern schafft die Menschheit selbst: nicht eine Rasse, eine Kaste oder eine soziale Gruppe, sondern die gesamte Menschheit. Dieser Tatsache zufolge muß die Gesellschaft dem Kinde Rechnung tragen und seine Rechte anerkennen, indem sie für seine Bedürfnisse aufkommt. Machen wir das

Leben selbst zum Gegenstand unserer Aufmerksamkeit und unseres Studiums, werden wir dem Geheimnis des Menschseins näherkommen und die Macht in unseren Händen haben, die Menschheit zu lenken und ihr zu helfen. Auch wir predigen – in Hinsicht auf die Erziehung – eine Revolution, da durch sie alles, wie wir es heute kennen, geändert werden kann. Ich halte dies für die letzte Revolution: eine gewaltlose, eine unblutige Revolution, die im Gegenteil jede geringste Gewalt ausschließt, da schon eine Spur von Gewalt die Psyche des Kindes zu Tode verletzen würde.

Der Aufbau der menschlichen Normalität[9] muß verteidigt werden: Waren wir nicht stets bemüht, der Entwicklung des Kindes alle Hindernisse aus dem Weg zu räumen und alle Gefahren und Mißverständnisse, die es umgeben, zu beseitigen?

Diese Art der Erziehung soll eine Lebenshilfe sein; eine Erziehung, die bei der Geburt beginnt, die einer Revolution, frei von jeder Gewalt, den Weg bereitet und die alle in einem gemeinsamen Endziel vereint und sie zu einem einzigen Mittelpunkt zieht. Mütter, Väter und Staatsmänner, alle werden sich darüber einig sein, dieses zarte Bauwerk zu respektieren und zu unterstützen, das unter der Leitung eines inneren Lehrmeisters unter psychisch geheimnisvollen Bedingungen errichtet wurde. Dies ist eine neue, leuchtende Hoffnung für die Menschheit. Nicht ein Wiederaufbau, sondern eine Hilfe zum Aufbau, den zu vollenden die menschliche Seele berufen ist, ein Aufbau, der die Entwicklung all der ungeheuren Möglichkeiten des Menschenkindes bedeutet.

[9] Vgl. zum Begriff der Normalität „Über die Bildung des Menschen", S. 47ff., bes. S. 50 (d. Hrsg.).

3. Die Perioden des Wachstums

Einige Psychologen, die die Entwicklung des Kindes und des Jugendlichen von der Geburt bis zum Universitätsalter verfolgt haben, vertreten die Meinung, daß im Laufe der Entwicklung Perioden auftreten, die sich deutlich voneinander unterscheiden. Diese Auffassung, die von W. Stern herkommt, wurde sofort von anderen, insbesondere von Ch. Bühler und ihren Anhängern aufgegriffen. Die Freudsche Schule hingegen hat das Problem von einem anderen Gesichtspunkt aus in beachtenswerter Form entwickelt. Es handelt sich hier um eine neue Auffassung. Bisher war man der Ansicht, daß das menschliche Individuum in seinen ersten Lebensjahren arm an inneren Werten sei und sich erst im Laufe seines Wachstums anreichere; daß das Individuum etwas Kleines, im Zustand der Entwicklung sei, etwas Kleines, das größer wird, jedoch stets seine Form beibehalte. Die Psychologie hat von dieser veralteten Auffassung Abstand genommen und ist heute zur Erkenntnis gelangt, daß in den verschiedenen Perioden des Lebens verschiedene Formen der Psyche und des Geistes existieren[10]. Diese Perioden sind deutlich voneinander unterschieden, und eigenartigerweise stimmen sie mit den verschiedenen Phasen der psychischen Entwicklung überein. Psychisch gesehen, handelt es sich um so schwerwiegende Veränderungen, daß einige Psychologen dafür eine übertreibende Beschreibung versucht haben: „Die Entwicklung ist ein Aufeinanderfolgen von Geburten." In einem bestimmten Lebensabschnitt schwindet eine psychische Individualität, und eine andere wird aus ihr geboren. Die erste dieser Perioden geht von der Geburt bis zum sechsten Lebensjahr. In diesem Abschnitt bleibt die Form des Geistes die gleiche, auch wenn sich die Äußerungen

---

[10] Für weitere Informationen zu diesem Thema und zu den oben angeführten Gesichtspunkten siehe: W. Stern, Psychologie der frühen Kindheit, [1]1914; Ch. Bühler, Kindheit und Jugend, [3]1931; E. Jones, Some Problems of Adolescence, in: Brit. Journ. of Psych., Juli 1922. Vgl. für eine Vertiefung des biologischen Gesichtspunktes die Werke von Arnold Gesell.

in bemerkenswerter Weise unterscheiden. Die Periode von null bis sechs Jahren weist deutlich zwei Unterphasen auf: Die erste, von null bis zu drei Jahren, offenbart eine Form von Geist, zu der der Erwachsene keinen Zugang hat, d. h., er hat keinen direkten Einfluß auf ihn. Daher gibt es auch keine Schulen für die Kinder in diesem Alter. Darauf folgt eine andere Unterphase: Von drei bis sechs Jahren bleibt die Geistesform die gleiche, aber das Kind beginnt in einer bestimmten Weise, beeinflußbar zu werden. Diese Periode ist durch große Veränderungen im menschlichen Individuum gekennzeichnet. Ein überzeugendes Beispiel dafür ist der Unterschied zwischen einem Neugeborenen und einem sechsjährigen Kind. Im Augenblick interessiert es uns nicht, wie diese Veränderung vor sich geht, sondern nur, daß das menschliche Individuum mit sechs Jahren, wie es im allgemeinen heißt, intelligent genug ist, um in die Schule aufgenommen zu werden.

Die nächste Periode geht von sechs bis zwölf Jahren und ist eine Periode des Wachstums ohne Veränderungen. Psychisch gesehen, ist diese Periode ruhig und ausgeglichen, eine Periode der Gesundheit, der Kraft und der Stabilität. „Diese physische und geistige Stabilität", schreibt Ross über die Kinder dieses Alters, „ist das Charakteristikum der fortgeschrittenen Kindheit. Der Bewohner eines fremden Planeten könnte leicht diese kleinen zehnjährigen Wesen für die Erwachsenen des Menschengeschlechtes halten, hätten sie nicht Gelegenheit, die wirklichen Erwachsenen kennenzulernen."[11]

Körperlich ist die Grenze zwischen diesen beiden Perioden durch äußere Veränderungen deutlich gekennzeichnet. Ich nenne hier nur die Tatsache, daß das Kind seine ersten Zähne verliert und die zweiten bekommt.

Die dritte Periode verläuft von zwölf bis achtzehn Jahren und ähnelt in ihren Veränderungen der ersten. Auch diese letzte Periode kann in zwei Unterphasen unterteilt werden: die eine von 12 bis 15 Jahren und die andere von 15 bis 18 Jahren. Diese Periode ist ebenfalls durch Veränderungen des Körpers gekennzeichnet, der die Reife der Entwicklung erreicht. Nach dem 18. Lebensjahr kann der Mensch als voll entwickelt angesehen werden. Bei ihm tritt keine beachtenswerte Veränderung mehr auf. Er wird nur älter.

Sonderbarerweise hat das offizielle Bildungswesen diese verschiedenen psychischen Formen erkannt, als habe es eine dunkle Ahnung davon gehabt. Die erste Periode von der Geburt bis sechs Jahre wurde klar erkannt und von der obligatorischen Erziehung ausgeschlossen, während man be-

---

[11] Siehe J. S. Ross, Groundwork of Educational Psychology, London 1944 ([1]1931), S. 144.

merkte, daß mit sechs Jahren eine solche Veränderung im Kind vorgegangen ist, daß es für schulreif erklärt werden kann. Man hat also erkannt, daß das Kind bereits eine Menge von Dingen weiß, die es ihm erlauben, die Schule zu besuchen. Könnten nämlich die Kinder mit sechs Jahren sich noch nicht orientieren, noch nicht laufen und nicht verstehen, was der Lehrer sagt, wären sie nicht in der Lage, an einem kollektiven Leben teilzunehmen. Das bedeutet, so können wir sagen, eine praktische Anerkennung. Die Erzieher haben jedoch nie in Betracht gezogen, daß sich das Kind geistig entwickelt haben muß, da es bei seiner Geburt zu nichts fähig war, während es jetzt in die Schule gehen, sich orientieren und die Ideen, die ihm vermittelt werden, auffassen kann.

Auch die zweite Periode hat eine unbewußte Anerkennung gefunden, da in vielen Ländern die Kinder im allgemeinen mit zwölf Jahren die Grundschule verlassen und auf die höhere Schule überwechseln. Warum wurde die Periode von sechs bis zwölf Jahre für angemessen gehalten, um den Kindern die ersten Grundbegriffe der Kultur zu vermitteln? Da dies in allen Ländern der Welt geschieht, handelt es sich zweifellos nicht um einen Zufall: Nur eine für alle Kinder gemeinsame psychische Basis kann eine solche Ordnung des Bildungswesens ermöglicht haben, die ohne Zweifel die logische Schlußfolgerung der gemachten Erfahrungen ist.

Es hat sich tatsächlich erwiesen, daß das Kind während dieser Periode der geistigen Arbeit, die die Schule von ihm verlangt, gewachsen ist. Es versteht, was der Lehrer sagt, und hat die notwendige Geduld, um zuzuhören und zu lernen. Während dieser ganzen Zeit ist das Kind beständig in seiner Arbeit und hat eine starke Gesundheit. Daher wird diese Zeit als die günstigste für die Bildung betrachtet. Nach dem 12. Lebensjahr beginnt die höhere Schule, und somit wird offiziell anerkannt, daß mit diesem Jahr ein neues psychisches Stadium für das menschliche Individuum beginnt. Es wurde ebenso erkannt, daß sich dieses Stadium in zwei Phasen äußerst, was durch die Tatsache bestätigt wird, daß sich die höhere Schule in zwei Abschnitte teilt, eine Unter- und eine Oberstufe. Die Unterstufe erstreckt sich etwa über drei und die Oberstufe manchmal über vier Jahre. Die genaue Zahl der Jahre spielt keine besondere Rolle, nur das Aufeinanderfolgen von zwei Phasen auch in der höheren Schule ist von Interesse. Im ganzen gesehen, ist diese Periode nicht so einfach und ruhig wie die vorhergehende. Die Psychologen, die sich mit der Erziehung in der Periode des Jugendalters befaßt haben, betrachten sie als eine Periode, die derartige psychische Veränderungen aufweist, daß sie mit der ersten Lebensperiode von der Geburt bis zum sechsten Jahr vergleichbar ist. Im allgemeinen ist in diesem Alter der Charakter noch nicht gefestigt, und es sind Äußerungen von Undiszipliniertheit und Rebellion zu verzeichnen. Die körperliche Gesundheit ist nicht so gefestigt wie im zweiten Abschnitt. Aber die Schule fragt nicht danach; die Jugendlichen müssen, ob sie wollen oder nicht, einem festgelegten Lehrplan folgen. Auch in dieser Periode müssen sie stillsitzen, dem Lehrer zuhören, Gehorsam leisten und ihre Zeit mit Auswendiglernen verbringen.

Die Krönung der Schulzeit ist die Universität, die sich jedoch auch nicht wesentlich von den vorhergehenden Schulformen unterscheidet, abgesehen vielleicht von der Intensität des Studiums. Auch an der Universität sprechen die Professoren, und die Studenten hören zu. Als ich die Universität besuchte, rasierten sich die Männer nicht, und es war ein seltsames Bild, alle diese jungen Männer mit ihren mehr oder weniger stattlichen Bärten oder Schnurrbärten in den Hörsälen zu sehen. Und doch wurden diese reifen Männer wie Kinder behandelt. Sie mußten stillsitzen und zuhören; sie mußten sich den Professoren unterordnen; in bezug auf Zigaretten und Transportmittel waren sie von der Freigiebigkeit ihrer Väter abhängig, die stets geneigt waren, ihnen über jedes mißlungene Examen Vorwürfe zu machen. Und doch waren es erwachsene Männer, die einmal aufgrund ihrer Intelligenz und Erfahrung führende Positionen in der Welt einnehmen sollten, die geistig arbeiteten und sich auf die höchsten Berufe, wie Ärzte, Ingenieure und Rechtsanwälte, vorbereiteten. Hier müssen wir noch hinzufügen, was nützt heute der Doktortitel? Sichert er den Lebensunterhalt? Wer wendet sich an einen Arzt, der soeben promoviert hat? Wer vertraut die Konstruktion eines Bauwerkes einem jungen Ingenieur an, der soeben sein Studium beendet hat? Oder wer übergibt einen Prozeß einem Rechtsanwalt, der soeben die Approbation zur Ausübung seines Berufes erhalten hat? Wie erklärt sich dieser Mangel an Vertrauen? Es liegt daran, daß diese jungen Menschen jahrelang den Professoren zugehört haben. Aber bloßes Zuhören prägt einen Menschen nicht. Nur durch praktische Arbeit und Erfahrung gelangen diese jungen Menschen zur Reife. Daher müssen die jungen Ärzte ein langes Praktikum in den Krankenhäusern ableisten; daher müssen die jungen Juristen im Büro eines erfahrenen Rechtsanwaltes die Praxis kennenlernen; auch die Ingenieure müssen erst Erfahrung sammeln, bevor sie ihren Beruf selbständig ausüben können. Hinzu kommt, daß diese jungen Akademiker Empfehlungen benötigen und große Schwierigkeiten überwinden müssen, um eine Stelle zu finden, wo sie ihr Praktikum ableisten können. Diese traurigen Zustände treffen wir in fast allen Ländern an. Ein typischer Fall ereignete sich in New York, wo Hunderte von Intellektuellen demonstrierten, die keine Beschäftigung gefunden hatten. Sie trugen Schilder mit der Aufschrift: „Wir sind arbeitslos und haben Hunger. Was sollen wir tun?" Die Situation hat sich nicht geändert. Die Erziehung ist ohne Kontrolle und hält an ihren veralteten Gewohnheiten fest. Es wurden nur verschiedene Formen der Entwicklung und verschiedene Lebensperioden des Individuums bei seinem Wachstum anerkannt.

Die schöpferische Periode

Während meiner Jugend wurde den Kindern im Alter von zwei bis sechs Jahren keine Beachtung geschenkt. Jetzt hingegen bestehen vorschulische Einrichtungen aller Art, die die Kleinen von drei bis sechs Jahre aufnehmen. Aber auch heute noch wird wie in der Vergangenheit der Erziehung an der Universität die größte Bedeutung beigemessen, denn sie wird von denen besucht, die die wesentliche Gabe des Menschen, seine Intelligenz, am höchsten ausgebildet haben. Seitdem die Psychologen jedoch begonnen haben, das Leben selbst zu studieren, hat sich eine ganz entgegengesetzte Tendenz herausgebildet. Viele vertreten heute wie ich die Ansicht, daß die wichtigste Zeit des Lebens nicht die des Hochschulalters ist, sondern die erste Periode, die von der Geburt bis sechs Jahre reicht; denn gerade in dieser Zeit wird die Intelligenz, das große Werkzeug des Menschen, geformt; und nicht nur die Intelligenz, sondern auch die Gesamtheit der psychischen Fähigkeiten. Alle, die ein Gefühl für das psychische Leben besitzen, wurden stark von dieser Idee beeindruckt. Viele begannen, das Neugeborene, das einjährige Kind zu studieren, das die menschliche Personalität schafft. Indem sie sich mit dieser geheimnisvollen Offenbarung des Lebens befassen, erleben die Gelehrten die gleiche Erregung, die unsere Vorfahren ergriff, wenn sie über den Tod meditierten. Was geschieht, wenn der Tod eintritt? In der Vergangenheit regte diese Frage zur Meditation an, heute hingegen ist der Mensch bei seinem ersten Erscheinen auf dieser Welt Gegenstand intensiver Betrachtung. Im Neugeborenen wird der *Mensch* entdeckt. Warum muß es eine so lange und mühselige Kindheit haben? Kein Tier hat eine so schwierige Kindheitsperiode. Was geschieht während dieser Zeit?

Die Kindheit ist zweifellos eine schöpferische Periode. Zu Beginn besteht nichts, und dann, nach etwa einem Jahr nach der Geburt, erkennt das Kind alles. Das Kind kommt nicht mit ein wenig Intelligenz, mit ein wenig Gedächtnis, mit ein wenig Willen auf die Welt, die in der darauffolgenden Periode wachsen und sich entwickeln. Das Kätzchen miaut von Geburt an, wenn auch noch nicht perfekt, der Vogel und das Kalb haben gleichfalls ein Stimmchen, dasselbe, das in verstärktem Maße die Stimme ihrer Art sein wird. Der Mensch hat bei seiner Geburt nur ein einziges Ausdrucksmittel: das Weinen. Beim menschlichen Wesen handelt es sich also nicht um eine Entwicklung, sondern um eine Schöpfung, die vom Nullpunkt ausgeht. Der wunderbare Schritt, den das Kind zurücklegt, führt vom Nichts zum Etwas, und es fällt uns schwer, dieses Wunder verstandesmäßig zu erfassen.

Dieser Schritt verlangt eine Geistesform, die sich von der der Erwachsenen unterscheidet. Das Kind verfügt über andere Kräfte, und die Schöpfung, die es vollbringt, ist keine Kleinigkeit: die Schöpfung des Ganzen. Es schafft nicht nur die Sprache, sondern formt auch die Organe, die es ihm ermöglichen, zu sprechen. Jede körperliche Bewegung, jedes Element unserer Intelligenz, alles, womit das menschliche Individuum ausgestattet ist, wird vom Kind geschaffen. Eine wundervolle Eroberung, die unbewußt vollbracht wird. Die Erwachsenen haben ein Bewußtsein: Wenn wir den Willen und den Wunsch haben, etwas zu lernen, so tun wir das, aber das Kind hat kein Bewußtsein und keinen Willen, da beides erst geschaffen werden muß.

Wenn wir unsere Erwachsenen-Geistesform bewußt nennen, müßte die des Kindes unbewußt genannt werden. Das bedeutet aber nicht, daß sie minderwertiger ist. Ein unbewußter Geist kann reich an Intelligenz sein; eine Intelligenzform, die bei jedem Lebewesen anzutreffen ist, auch bei den Insekten; eine unbewußte Intelligenz, auch wenn sie manchmal mit Verstand ausgerüstet zu sein scheint. Mit dieser Geistesform vollbringt das Kind unbewußterweise seine wunderbaren Eroberungen, angefangen beim Kennenlernen seiner Umgebung. Wie konnte das Kind seine Umgebung absorbieren? Aufgrund einer besonderen Eigenart, die wir bei ihm entdeckt haben: einer so starken Kraft der Sensibilität, daß die Dinge aus seiner Umgebung ein Interesse und eine Begeisterung in ihm hervorrufen, die sein eigenes Leben zu durchdringen scheinen. Das Kind assimiliert all diese Eindrücke nicht mit dem Verstand, sondern mit dem eigenen Leben. Ein deutliches Beispiel dafür ist das Erlernen der Sprache. Was geschieht, damit das Kind die Sprache erlernt? Darauf wird geantwortet, daß das Kind mit Hilfe des Gehörs die Stimme der menschlichen Wesen vernimmt und so sprechen lernt. Auch wenn diese Tatsache anerkannt wird, bleibt die Frage offen, warum das Kind unter den Tausenden von Lauten und Geräuschen aus seiner Umgebung gerade die Stimme des Menschen hört und in sich aufnimmt. Wenn das Kind wirklich nur die Sprache der Menschen vernimmt und erlernt, so muß diese einen großen Eindruck in ihm hinterlassen. Diese Eindrücke müssen so stark sein und eine derartige Intensität der Gefühle und der Begeisterung hervorrufen, daß sie unsichtbare Fibern in seinem Leib in Bewegung setzen, die zur Wiedergabe dieser Laute zu schwingen beginnen. Zum Vergleich können wir uns den Eindruck, den ein Konzert auf uns macht, vergegenwärtigen. Nach kurzer Zeit spiegelt sich ein Ausdruck des Entzückens auf den Gesichtern der Zuhörer wider, und Köpfe und Hände beginnen sich zu bewegen. Was hat sie in Bewegung gebracht, wenn nicht die Eindrücke, die die Musik verursacht hat? Im unbewußten kindlichen Geist muß sich ein ähnlicher Vorgang abspielen. Die menschliche Stimme übt einen solchen Eindruck auf das Kind aus, daß wir im Vergleich dazu von der Musik fast unberührt bleiben. Beim Kind können wir beinahe die Bewegungen der Zunge, der winzigen schwingenden Stimmbänder und der Backen sehen. Alles schwingt und spannt sich, um in der Stille die Wiedergabe der Laute vorzubereiten, die einen so tiefen Eindruck in seinem unbewußten Geiste hinterlassen haben. Was geschieht, daß das Kind die Sprache in ihrer Exaktheit erlernt, so genau und dauerhaft, daß sie Teil seiner psychischen Personalität wird? Diese in der Kindheit erlernte Sprache wird Muttersprache genannt und unterscheidet sich deutlich von allen anderen Sprachen, die das Kind später erlernen kann, so wie sich die falschen Zähne von den echten unterscheiden.

Was geschieht, daß diese Laute, die anfänglich ohne Bedeutung waren, plötzlich für seinen Verstand einen Sinn erhalten? Das Kind hat nicht nur die Worte „absorbiert", sondern den „ganzen Satz, den Satzbau". Wenn wir nicht den Satzbau begreifen, können wir auch nicht die Sprache verstehen. Sagen wir zum Beispiel: „Das Glas steht auf dem Tisch", ergibt sich der Sinn aus der Wortfolge. Würden wir sagen: „Glas das auf steht Tisch", wäre es schwierig, den Sinn zu erfassen. Es ist die Reihenfolge der Worte, die für uns verständlich ist. Das Kind absorbiert den Aufbau der Sprache.

Der absorbierende Geist

Und wie geschieht das? Man sagt: „Es erinnert sich an die Dinge." Aber um sich erinnern zu können, ist ein Gedächtnis nötig, und das Kind hat kein Gedächtnis, es muß es erst aufbauen. Es müßte fähig sein, zu überlegen, um sich darüber klarzuwerden, daß der Satzbau zum Verständnis notwendig ist. Aber das Kind besitzt nicht die Fähigkeit zu überlegen, es muß sich diese erst schaffen.

Unser Geist, so wie er ist, würde nie dasselbe erreichen wie der des Kindes. Für eine Eroberung wie die der Sprache ist eine andere Geistesform nötig, und diese Form eben besitzt das Kind: eine Form von Intelligenz, die sich von der unsrigen unterscheidet.

Man könnte auch sagen, daß wir unser Wissen mit Hilfe unserer Intelligenz aufnehmen, während es das Kind mit seinem psychischen Leben absorbiert. Einfach indem es lebt, erlernt das Kind die Sprache seiner Rasse. In ihm ist eine Art „geistige Chemie" am Werk. Wir sind Aufnehmende; wir füllen uns mit Eindrücken und behalten sie in unserem Gedächtnis, werden aber nie eins mit ihnen, so wie das Wasser vom Glas getrennt bleibt. Das Kind hingegen erfährt eine Veränderung: Die Eindrücke dringen nicht nur in seinen Geist ein, sondern formen ihn. Die Eindrücke inkarnieren sich in ihm. Das Kind schafft gleichsam sein „geistiges Fleisch" im Umgang mit den Dingen seiner Umgebung. Wir haben seine Geistesform *absorbierenden Geist* genannt. Es ist schwierig für uns, die Fähigkeiten des kindlichen Geistes zu begreifen, aber es handelt sich zweifellos um eine privilegierte Geistesform.

Wäre es nicht herrlich, könnten wir diese wunderbare Fähigkeit des Kindes beibehalten, das eine Sprache mit all ihren grammatikalischen Schwierigkeiten erlernt, indem es einfach glücklich und spielend sein Leben lebt. Wäre es nicht herrlich, wenn das Wissen in unseren Geist eindringen würde, einfach indem wir leben, ohne größere Anstrengungen als Atmen und Essen. Anfänglich würden wir nichts Besonderes bemerken, und dann plötzlich würden sich die erworbenen Kenntnisse in unserem Geist offenbaren wie leuchtende Sterne des Wissens. Wir würden langsam die Existenz dieses Wissens spüren, das wir ohne Anstrengung erworben haben und das unser Eigentum geworden ist.

Würden Sie es nicht für ein schönes Märchen halten, wenn ich von einem Planeten erzählte, auf dem es keine Schulen und keine Lehrer gibt, wo das Lernen überflüssig ist, wo die Bewohner einfach, indem sie leben und umhergehen, anstrengungslos alles Wissen fest in ihr Gehirn einprägen? Was so unwirklich wie die Erfindung einer blühenden Phantasie klingt, ist eine Tatsache, eine Realität; denn das ist die unbewußte Art des Kindes zu lernen; das ist der Weg, den es geht. Unbewußt nimmt es alles in sich auf und wechselt allmählich vom Unbewußten zum Bewußten über auf einem Weg, der voller Freude und Liebe ist.

Das menschliche Bewußtsein erscheint uns als eine große Errungenschaft. Sich bewußt werden, einen menschlichen Geist erlangen! Aber diese Errungenschaft müssen wir teuer bezahlen, denn sobald wir das Bewußtsein erlangen, kostet uns jedes neue Wissen harte Arbeit und Mühe.

Die Bewegung ist eine weitere wunderbare Eroberung des Kindes. Als Neugeborenes liegt es monatelang ruhig in seinem Bettchen. Und siehe da, nach einiger Zeit läuft das Kind, bewegt sich in seiner Umgebung, beschäftigt sich, freut sich und ist glücklich. Es lebt Tag um Tag und lernt jeden Tag, sich besser zu bewegen. Die Sprache in ihrer ganzen Komplexität tritt in seinem Geist auf und so auch die Fähigkeit, seine Bewegungen je nach den Erfordernissen seines Lebens zu steuern. Aber das ist noch nicht alles. Viele andere Dinge erlernt das Kind mit erstaunlicher Schnelligkeit. Es macht sich alles aus seiner Umgebung zu eigen: Gewohnheiten, Sitten, Religion prägen sich fest in seinen Verstand ein.

Die Bewegungen, die das Kind erlernt, formen sich nicht durch Zufall, sondern werden gemäß der jeweiligen besonderen Entwicklungsperiode bestimmt. Wenn das Kind seine ersten Bewegungen macht, hat sein Geist, der in der Lage ist, zu absorbieren, sich bereits seine Umwelt zu eigen gemacht. Noch bevor es beginnt, sich zu bewegen, hat in ihm bereits eine unbewußte psychische Entwicklung stattgefunden. Mit seinen ersten Bewegungen beginnt es auch bewußt zu werden. Beobachten wir ein dreijähriges Kind, so sehen wir, daß es stets mit etwas spielt. Das bedeutet, daß es mit Hilfe seiner Hände Dinge untersucht und in sein Bewußtsein einprägt, die sein unbewußter Geist zuvor absorbiert hatte. Durch diese Erfahrungen in der Umgebung überprüft es in der Form des Spiels die Dinge und Eindrücke, die sein unbewußter Geist empfangen hat. Durch die Arbeit wird es bewußt und baut den *Menschen* auf. Das Kind wird von einer geheimnisvollen, starken Kraft geführt, die es allmählich inkarniert. Es wird so durch das Werk seiner Hände und seiner Erfahrung zum Menschen: erst durch das Spiel, und dann durch die Arbeit. Die Hände sind das Werkzeug der menschlichen Intelligenz. Aufgrund dieser Erfahrungen nimmt das Kind eine bestimmte – und somit auch begrenzte – Form an, da dem Bewußtsein engere Grenzen gesetzt sind als dem Unbewußten und Unterbewußten.

Das Kind tritt ins Leben ein und beginnt seine geheimnisvolle Arbeit; nach und nach prägt es seine wunderbare Persönlichkeit, die sowohl seiner Zeit als auch seiner Umwelt entspricht. Es baut seinen Geist auf, bis sich Stück für Stück das Gedächtnis bildet, die Fähigkeit, zu verstehen und zu denken. Somit erreicht es schließlich sein sechstes Lebensjahr. Und jetzt entdecken wir Erzieher plötzlich, daß dieses Individuum versteht, daß es die Geduld aufbringt, uns zuzuhören, während wir früher keine Möglichkeit hatten, zu ihm vorzudringen. Es lebte in einer anderen Sphäre. Dieses Buch befaßt sich mit dieser ersten Periode. Das Studium der Psychologie des Kindes in den ersten Lebensjahren eröffnet solche Wunder, daß es jeden, der Verständnis dafür aufbringt, tief beeindruckt.

Wir Erwachsenen haben nicht die Aufgabe zu lehren, sondern wir müssen den kindlichen Geist bei der Arbeit seiner Entwicklung unterstützen. Es wäre wunderbar, wenn wir durch unsere Hilfe, durch eine intelligente Behandlung des Kindes, durch das Verständnis der Bedürfnisse seines Lebens die Periode verlängern könnten, in der in ihm der absorbierende Geist wirkt. Welchen Dienst könnten wir der Menschheit erweisen, wenn wir dem menschlichen Individuum dazu verhelfen könnten, alles Wissen ohne Mühe zu absorbieren, wenn der Mensch sein Wissen anreichern könnte, ohne zu wissen, wie er es erworben hat, fast wie durch Magie. Ist die Natur nicht reich an Zauberkraft und Wundern?

Die Entdeckung, daß der Geist des Kindes fähig ist zu absorbieren, hat eine Revolution im Bereich der Erziehung hervorgerufen. Jetzt ist es verständlich, warum die erste Periode der menschlichen Entwicklung, in der sich der Charakter bildet, die wichtigste ist. In keinem anderen Lebensalter ist eine einsichtige Hilfe notwendiger, und jedes Hindernis, das sich dem Kind in dieser Zeit in den Weg stellt, vermindert die Möglichkeit, sein schöpferisches Werk zu vervollkommen. Wir helfen dem Kind also nicht mehr, weil wir es für ein kleines, schwaches Wesen halten, sondern weil es mit starken, schöpferischen Energien ausgestattet ist, die von so zarter Natur sind, daß sie einer liebevollen und einsichtigen Verteidigung bedürfen, damit sie nicht geschmälert und verletzt werden. Diese Energien wollen wir unterstützen, nicht das kleine Kind und seine Schwäche. Die Auffassung von Erziehung wird sich von Grund auf ändern. Erziehung wird zur Hilfe für das Leben des Kindes, für die psychische Entwicklung des

Menschen werden und nicht mehr ein Aufdrängen unserer Ideen, Taten und Worte, wenn man verstanden hat, daß diese Energien einem unbewußten Geist angehören, der durch Arbeit und Erfahrungen in seiner Umwelt bewußt werden muß; wenn es klar wird, daß sich der kindliche Geist von unserem unterscheidet, daß wir diesen nicht durch einen Wortunterricht ansprechen können, daß wir nicht direkt in den Prozeß des Übergangs vom Unbewußten zum Bewußtsein und in den des Aufbaus der menschlichen Fähigkeiten eingreifen können.

Das ist der neue Weg, den die Erziehung eingeschlagen hat: dem Geist in seinen verschiedenen Entwicklungsvorgängen zu helfen und die verschiedenen Energien und Fähigkeiten zu unterstützen und zu verstärken.

4. Eine neue Orientierung

Heute kann man eine völlig neue Orientierung in den biologischen Studien beobachten. Früher wurden alle Forschungen nur an erwachsenen Wesen durchgeführt, d. h., die Wissenschaftler verwendeten für ihre Studien der Tiere und Pflanzen nur ausgewachsene Exemplare. Dasselbe geschah beim Studium des Menschen. Nur der Erwachsene war Gegenstand von Betrachtungen sowohl beim Studium der Moral als auch in der Soziologie. So meditierten die Gelehrten logischerweise mit Vorliebe über den Tod, da sich das Leben des Erwachsenen fortschreitend dem Tode nähert. Auch das Studium der Moral befaßte sich mit den Verhaltensregeln und den sozialen Beziehungen unter Erwachsenen. Heute gehen die Wissenschaftler den entgegengesetzten Weg, und es scheint, als würden sie sich sowohl beim Studium des Menschen als auch anderer Lebewesen zurückwenden. Sie befassen sich nicht nur mit den jüngsten Wesen, sondern greifen auch auf deren Ursprung zurück. Die Biologie hat sich dem Studium der Embryologie und des Zellenlebens zugewandt. Aus dieser auf die Ursprünge ausgerichteten Orientierung hat sich eine neue Philosophie entwickelt, die nicht idealistischer Natur ist. Wir können sie eher als wissenschaftlich bezeichnen, da sie sich nicht auf die abstrakte Deduktion von Denkern, sondern auf Beobachtungen stützt. Diese Philosophie entwickelt sich im gleichen Maße, wie die Entdeckungen in den Laboratorien voranschreiten.

Dringt man in das Gebiet der Embryologie, d. h. zu den Ursprüngen des Individuums vor, so eröffnen sich Dinge, die im Leben des Erwachsenen nicht existieren, und wenn, dann sind sie völlig anderer Natur. Die wissenschaftlichen Beobachtungen eröffnen eine Form des Lebens, die sich von den Vorstellungen, an die sich die Menschheit gewöhnt hat, von Grund auf unterscheidet und die Personalität des Kindes ans volle Licht führt.

Eine ganz einfache Überlegung beweist, daß das Kind nicht wie der

Erwachsene dem Tod entgegengeht. Es geht dem Leben entgegen, da es seine Aufgabe ist, den Menschen in der Fülle seiner Lebenskraft aufzubauen. Wenn der Erwachsene auftritt, existiert das Kind bereits nicht mehr. Das gesamte Leben des Kindes ist ein Weg zur Vervollkommnung, zur größeren Vollendung hin. Diese Feststellung genügt, um daraus den Schluß zu ziehen, daß das Kind Freude an der Erfüllung seiner Aufgaben finden kann, die in der Entwicklung und der Vervollkommnung bestehen. Die Lebensform des Kindes ist eine solche, in der Arbeit und Pflichterfüllung Freude und Glück hervorrufen, während für den Erwachsenen die Arbeit meistens eine mühselige Tätigkeit ist.

Das Fortschreiten im Leben bedeutet für das Kind ein Ausdehnen und Erweitern seiner selbst: Je älter das Kind wird, um so intelligenter und stärker wird es. Seine Arbeit und seine Aktivität verhelfen ihm zu Intelligenz und Stärke, während bei den Erwachsenen mit dem Verstreichen der Jahre eher das Gegenteil geschieht. Außerdem besteht beim Kind kein Wetteifern, denn keiner kann ihm seine Arbeit abnehmen, die darin besteht, den Menschen aufzubauen, den es aufbauen muß. Mit anderen Worten, keiner kann für das Kind wachsen.

Gehen wir noch weiter im Leben des Kindes zurück, in die Zeit vor seiner Geburt. Bereits vor seiner Geburt hat das Kind mit dem Erwachsenen Kontakt, da sich sein embryonales Leben im Mutterleib abspielt. Vor dem Embryo besteht die Keimzelle, die das Ergebnis der beiden von den Erwachsenen stammenden Zellen ist. Wenn wir uns den Ursprüngen des menschlichen Lebens zuwenden und wenn wir das Kind bei der Erfüllung seiner „Pflicht" zum Wachsen verfolgen, begegnen wir also stets dem Erwachsenen.

Das Leben des Kindes vereint das Leben zweier Generationen von Erwachsenen in einer Linie. Das Leben des Kindes, das erschafft und das erschaffen ist, beginnt und endet beim Erwachsenen. Dies ist der Weg, der Pfad des Lebens, und diesem Leben, das so eng mit dem des Erwachsenen verbunden ist, können Forschungsinteresse und neues Licht entspringen.

Die zwei Leben

Die Natur bietet dem Kind einen besonderen Schutz. Es wird aus der Liebe geboren, und die Liebe ist sein wirklicher Ursprung. Sobald es geboren ist, wird es von Vater und Mutter mit Zärtlichkeit umgeben. Es wurde also nicht in Zwietracht gezeugt, und darin liegt bereits sein erster Schutz. Die

Natur flößt den Eltern Liebe zu den Kindern ein. Diese Liebe ist nichts Künstliches, nichts, was vom Verstand herrührt, so wie der Gedanke der Brüderlichkeit, der dem Bemühen all derer entspringt, die die Einigkeit des Menschengeschlechtes anstreben. Im Leben des Kindes finden wir die Form der Liebe, die zeigt, wie das ideale sittliche Verhalten in der Erwachsenengesellschaft sein sollte, denn nur diese Liebe ist von Natur aus zum Opfer bereit, die Hingabe des einen Ich an ein anderes, die Selbstaufgabe im Dienst des anderen. In ihren tiefsten Empfindungen verzichten alle Eltern auf ihr eigenes Leben, um es ihren Kindern zu widmen. Es handelt sich dabei für sie um ein natürliches Opfer, das Freude bringt und nie als ein solches erscheint. Niemand wird sagen: „Armer Mann, er hat zwei Kinder!" Im Gegenteil, alle werden ihn glücklich schätzen. Das Opfer, das die Eltern für ihre Kinder auf sich nehmen, bringt Freude und ist das Leben selbst. Das Kind inspiriert, was in der Welt der Erwachsenen ein Ideal darstellt: Verzicht und Selbstlosigkeit, Tugenden, die außerhalb der Familie kaum erreicht werden können. Welcher Geschäftsmann, der ein Objekt, das er benötigt, in seinen Besitz bringen kann, wird zu seinem Konkurrenten sagen: „Nehmen Sie diese Ware, ich verzichte darauf!" Wenn aber Eltern nichts zu essen haben, verzichten sie bis aufs letzte Stück Brot, um den Hunger des Kindes stillen zu können. Es gibt also zwei verschiedene Leben, und der Erwachsene hat das Privileg, an beiden teilzunehmen: einmal als Elternteil und zum anderen als Mitglied der Gesellschaft. Das bessere der beiden Leben ist das, das die Eltern für die Kinder leben, da sich durch die Nähe des Kindes die erhabensten Gefühle im Menschen entwikkeln.

Wenn wir die Tiere zum Gegenstand unserer Studien machen anstatt den Menschen, begegnen wir ebenfalls diesen beiden Arten von Leben. Auch die wilden Tiere scheinen ihren Instinkt zu ändern, wenn sie Junge haben. Jeder weiß, wieviel Zärtlichkeit Tiger und Löwen ihren Jungen erweisen und welchen Mut der furchtsame Hirsch aufbringt, um das Jungtier zu verteidigen. Alle Tiere scheinen ihren Instinkt zu ändern, wenn sie Junge haben, die sie beschützen müssen, als würden spezielle Instinkte an Stelle der normalen treten. Bei den furchtsamen Tieren ist der Selbsterhaltungstrieb stärker ausgeprägt als beim Menschen. Aber wenn sie Junge haben, verwandelt sich dieser in einen Instinkt des Beschützens. Das ist auch bei den Vögeln der Fall: Instinktmäßig fliegen sie weg, sobald sich eine Gefahr nähert, aber wenn sie ihre Jungen zu beschützen haben, verlassen sie das Nest nicht, sondern verdecken bewegungslos mit den Flügeln das zu auffällige Weiß der Eier. Andere stellen sich verletzt und halten sich in der Nähe der Zähne des Hundes auf, um ihn davon abzulenken, die Kleinen zu schnappen, die so unentdeckt bleiben. Bei allen Formen des tierischen Lebens finden wir ähnliche Beispiele. Es äußern sich dabei zwei Arten von Instinkten: einmal der Selbsterhaltungstrieb und zum anderen der Instinkt, das Leben der Jungen zu beschützen. Die biologischen Bücher von J. H. Fabre bringen dazu die wunderbarsten Illustrationen. Fabre schließt sein großes Werk mit der Feststellung, daß die Arten ihr Überleben diesem starken Mutterinstinkt verdanken. Das ist wahr, denn wenn das Überleben einer Art wirklich nur von den Waffen des Existenzkampfes abhinge, wie könnten sich dann die Jungen verteidigen, deren Verteidigungswaffen sich noch nicht entwickelt haben? Sind die kleinen Tiger nicht ohne Zähne und die jungen Vögel im Nest nicht ohne Federn? Soll daher das Leben gerettet werden und die Art überleben, muß vor allem für die Verteidigung der noch wehrlosen Jungen gesorgt werden, die indessen ihre Waffen entwikkeln.

Wäre das Leben nur Kampf, in dem der Stärkere siegt, würden die Arten aussterben. Daher ist die Liebe der Erwachsenen zu den Kleinen der wahre Grund und die Hauptursache für das Überleben der Arten.

Beim Studium der Natur begeistert am meisten die Offenbarung der Intelligenz, die sogar im geringsten Wesen zu finden ist. Jedes hat einen anderen Instinkt des Beschützens. Jedes Wesen hat auch verschiedene Intelligenzäußerungen, und diese Intelligenz ist voll auf das Beschützen der Jungen ausgerichtet. Beobachtet man hingegen die Selbsterhaltungstriebe, so weisen diese längst nicht die gleiche Intelligenz auf und haben nicht so viele Ausdrucksmöglichkeiten. Sie offenbaren bei weitem nicht die Feinheit der Einzelheiten, die Fabre das Material für seine sechzehn Bände lieferte, die er fast ausschließlich der Beschreibung des Beschützerinstinktes bei den Insekten widmete.

Befaßt man sich also mit den verschiedenen Arten des Lebens, stellt man die Notwendigkeit zweier Weisen des Instinktes und zweier Formen des Lebens fest. Überträgt man diese Feststellung auf den Bereich des menschlichen Lebens, so erwächst daraus die Notwendigkeit, das kindliche Leben zu studieren; wenn nicht aus sozialen Gründen, so doch wegen der Konsequenzen, die es für den Erwachsenen hat. Dieses Studium des Lebens muß bei seinen Ursprüngen beginnen.

5. Das Wunder der Schöpfung

Die Embryologie

Unter den verschiedenen Wissenschaften, die sich heute mit dem Leben des Individuums von seinem Ursprung an befassen, ist die Embryologie von besonderem Interesse. Zu allen Zeiten wurden die Denker von der wunderbaren Tatsache beeindruckt, daß ein Wesen, das bis dahin nicht existierte, dann ein Mann oder eine Frau wird, dazu bestimmt, eigene Intelligenz und eigene Gedanken zu haben. Wie geschieht das? Wie bilden sich seine so komplizierten und wunderbaren Organe? Wie entstehen die Augen und die Zunge, die ihm erlaubt zu sprechen, wie entstehen das Gehirn und die unendlich vielen anderen Teile des menschlichen Organismus? Zu Beginn des 18. Jahrhunderts glaubten die Wissenschaftler oder besser die Philosophen an eine Präformation. Sie waren der Meinung, daß in der Eizelle bereits ein fertiger, winziger Mann (oder Frau) bestünde, so klein, daß man ihn nicht erkennen konnte, aber bereits vorhanden und dazu bestimmt zu wachsen. Das gleiche glaubte man von den Säugetieren. Zwei Schulen, die der Animalkulisten und die der Ovulisten, hielten gelehrte Diskussionen darüber ab, ob sich das winzige Individuum in der Keimzelle des Mannes oder der Frau befinde.

Dr. G. F. Wolff bediente sich des Mikroskops, das gerade erfunden worden war, um zu sehen, was in Wirklichkeit bei dem schöpferischen Vorgang geschieht, und begann die Keimzelle befruchteter Hühnereier zu beobachten. Er kam zu der Schlußfolgerung, die er in seiner *Theoria generationis* niederlegte: nämlich, daß nichts vorherbesteht, daß sich das Leben vielmehr selbst aufbaut. Er beschreibt den Vorgang: Die Keimzelle teilt sich in zwei Teile, diese teilen sich wiederum in vier, und das Wesen bildet sich durch die Zellvermehrung (siehe Abb. 1).

Die Gelehrten, die noch untereinander über die Lokalisierung der Präexistenz diskutierten, empörten sich, waren beleidigt und protestierten gegen Unwissenheit und Häresie. Damit wurde für Wolff die Situation so

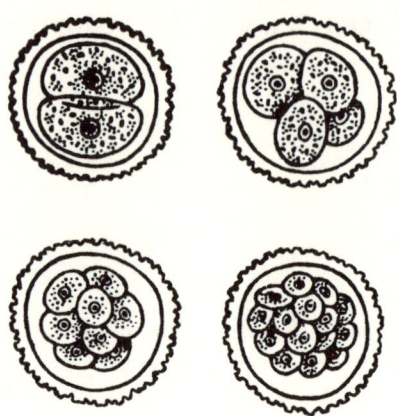

Abb. 1: Die Vermehrung der Keimzellen

schwierig, daß der Begründer der Embryologie aus seiner Heimat verbannt wurde. Er blieb im Exil und starb in der Fremde. Obwohl das Mikroskop eine große Verbreitung fand, wagte es während der folgenden fünfzig Jahre niemand mehr, diesem Geheimnis nachzugehen. Aber die Behauptungen Wolffs bahnten sich inzwischen ihren Weg. Ein zweiter Wissenschaftler, K. E. v. Baer, führte die gleichen Untersuchungen durch und fand die Behauptungen Wolffs bestätigt. Diesmal wurde die neue Wahrheit allgemein anerkannt, und somit wurde ein neuer Zweig der Wissenschaften, die *Embryologie,* geboren.

Die Embryologie ist zweifellos eine der interessantesten Wissenschaften, da sie sich nicht mit den Organen eines bereits entwickelten Organismus beschäftigt, wie die Anatomie, nicht mit seiner Funktion, wie die Physiologie, nicht mit seinen Krankheiten, wie die Pathologie. Sie befaßt sich mit dem schöpferischen Prozeß, mit der Art und Weise, wie sich ein bis dahin nicht existierender Körper bildet und endlich in die Welt der Lebewesen eintritt.

Jedes Tier, jedes Säugetier, der Mensch, dieses wunderbare Wesen, alle stammen aus einer einzigen ersten Zelle, die rund ist und undifferenziert wie eine primitive Zelle. Diese Keimzellen sind überraschend klein. Die des Menschen mißt ein Zehntel Millimeter. Um eine Idee davon zu bekommen, zeichnen wir mit einem gut gespitzten Bleistift zehn Punkte in einer Reihe. So klein diese auch sein mögen, sie messen mehr als einen Millimeter.

Auf diese Weise können wir sehen, wie mikroskopisch klein die Zelle ist, von der der Mensch ausgeht. Diese Zelle entwickelt sich getrennt vom Wesen, das sie ernährt, da sie von einer Art Schutzhülle umgeben ist, die sie vom Erwachsenen trennt, in dem sie sich befindet. Dasselbe geschieht bei allen Tieren. Die Zelle ist von der Erzeugerin getrennt, und das daraus hervorgehende Wesen ist somit in Wirklichkeit ein Werk der Arbeit der Keimzelle. Das ist ein Anlaß zu unerschöpflichen Meditationen, denn die bedeutendsten Männer, auf welcher Ebene sie auch gewirkt haben mögen, von Alexander bis Napoleon, von Shakespeare bis Dante und Gandhi, wie auch das bescheidenste aller menschlichen Wesen, ein jeder wurde von einer dieser winzigen Zellen aufgebaut.

Betrachtet man eine Keimzelle unter einem starken Mikroskop, so erkennt man eine Anzahl von Körperchen, die sich leicht mit chemischen Mitteln färben lassen und „Chromosomen" genannt werden. Ihre Anzahl unterscheidet sich bei den verschiedenen Arten. Beim Menschen sind es achtundvierzig. Bei anderen Arten sind es fünfzehn, bei anderen dreizehn, so daß die Zahl der Chromosomen ein bezeichnendes Merkmal für die Art ist. Man war der Meinung, daß diese Chromosomen die Träger der Erbanlagen seien. In letzter Zeit ist es durch stärkere Mikroskope, Ultra-Mikroskope genannt, möglich, zu erkennen, daß jedes Chromosom eine Art Behälter ist, der eine Kette von ungefähr hundert winzigen Körnchen enthält; die Chromosomen öffnen sich, die Körnchen werden frei, und die Zelle wird Träger für etwa 4000 Körperchen, die *Gene* genannt werden (Abb. 2).

Das Wort *Gene* trägt die Idee der Generation in sich. Inzwischen hat man übereinstimmend intuitiv gedeutet, daß jedes Gen ein erbliches Detail in sich tragen könne; zum Beispiel die Form der Nase, die Farbe der Haare.

Natürlich ist man zu dieser wissenschaftlichen Sicht der Wahrheit nicht nur mit Hilfe des Mikroskopes gelangt, sondern weil die Intelligenz des Menschen kreativ ist und die Eindrücke nicht nur gleichsam photographisch in den Geist aufnimmt, sondern als Anstöße für seine Einbildungskraft. Mit der Einbildungskraft, d. h. dank einer Intelligenz, die „über die Dinge hinaussieht", kann er Geschehnisse rekonstruieren. Diese menschliche Eigenschaft ist Impuls für das Voranschreiten aller Wissenschaften und Entdeckungen.

Überlegt man sich, welche Offenbarungen die Genese der Lebewesen erbracht hat, fühlen wir, wieviel Geheimnisvolles in der trockenen wissenschaftlichen Feststellung liegt, daß die Zelle, die so unsichtbar klein ist,

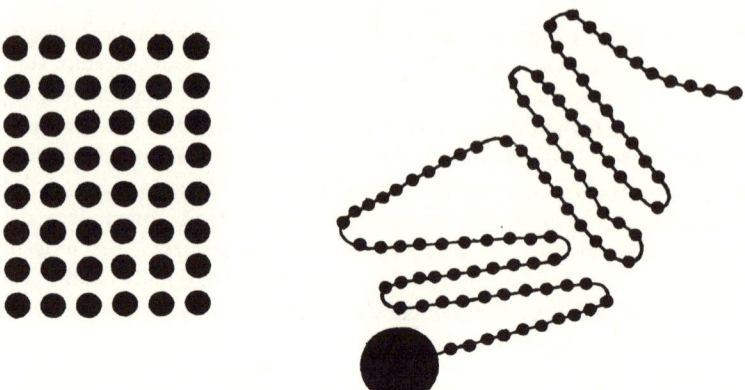

Abb. 2: Die Kette von hundert in einer Linie gezeichneten Genen, die in jeder der links dargestellten 48 Chromosomen der menschlichen Zelle enthalten sind.[12]

das Erbgut aller Zeiten in sich trägt: In diesem winzigen Punkt ist potentiell die gesamte menschliche Erfahrung, die ganze Geschichte des Menschengeschlechtes enthalten. Noch bevor irgendeine Veränderung in der Urzelle sichtbar wird und diese mit der Zellteilung beginnt, hat bereits eine Kombination der Gene stattgefunden. Diese treten in eine Art Konkurrenzkampf, und so findet eine Auswahl unter ihnen statt, denn nicht alle Gene, die in der Zelle enthalten sind, beteiligen sich am Aufbau des neuen Lebewesens. Nur einige setzen sich im Konkurrenzkampf durch. Diese sind Träger der „dominanten Eigenschaften", die anderen hingegen treten nicht auf und sind die Träger der „rezessiven Eigenschaften". Dieses geheimnisvolle Geschehen, das sich als Vorbereitung der schöpferischen Arbeit der Keimzelle abspielt, wurde als wissenschaftliche Hypothese von Mendel erhellt. Er machte seine bekannten Erfahrungen, die zu großen Neuerungen führten, mit einer Kreuzung zwischen zwei Pflanzen derselben Familie, die eine mit roten und die andere mit weißen Blüten. Der daraus gewonnene Same brachte drei Pflanzen mit roten und eine mit weißen Blüten. Die Gene der roten Farbe dominierten in drei Pflanzen, wohingegen die der weißen Farbe rezessiv waren. Somit konnte bewiesen werden, daß dieser Kampf der Auslese unter den Eigenschaften den mathematischen Gesetzen der Kombination folgt.

[12] Diese Angaben entsprechen einem überholten Stand der biologischen Forschung; es handelt sich nach heutiger Erkenntnis um 46 Chromosomen mit einer außerordentlich hohen Zahl von Genen (d. Hrsg.).

Die weiteren Studien über die mathematische Kombinationshypothese der Gene sind heute immer komplizierter geworden. Aber die Schlußfolgerung ist, daß je nachdem, in welchem Zustand sich die Zelle befindet, ein mehr oder weniger schönes, ein stärkeres oder ein schwächeres Individuum entsteht; je nachdem, welche seiner „Gene" vorherrschen. Durch diese verschiedenen Kombinationen unterscheidet sich jedes menschliche Lebewesen vom anderen. So treffen wir auch in der gleichen Familie, unter den Kindern der gleichen Eltern unzählige Unterschiede hinsichtlich Schönheit, körperlicher Kraft und geistiger Entwicklung an.

Heute studiert man mit besonderem Interesse die Umstände, unter denen die besseren Eigenschaften vorherrschen. Daraus ist eine neue Wissenschaft, die *Eugenik*, entstanden.

Das Kapitel über die Kombination der Gene, das sich auf eine Gesamtheit von Hypothesen bezieht, ist vom direkten Studium der Phänomene getrennt, die sich äußern, wenn die Kombination der Gene bereits festliegt.

Hier beginnt der wahre embryologische Prozeß des Aufbaus des Körpers, ein Prozeß der Zellteilung, der so offenbar ist, daß bereits Wolff, nachdem er ihn das erstemal unter dem Mikroskop beobachtet hatte, eine klare Beschreibung über die darauffolgenden Phasen geben konnte, die die Embryonalentwicklung durchschreitet. Die Zelle beginnt sich in zwei gleiche Zellen zu teilen, die miteinander verbunden bleiben, dann werden aus den zwei vier, aus den vier acht, aus acht sechzehn usw. Dieser Vorgang dauert an, bis Hunderte von Zellen erzeugt wurden, als ob der Aufbau intelligenterweise mit dem Ansammeln von Bausteinen beginnen würde, die für den Hausbau benötigt werden. Danach ordnen sich die Zellen in drei verschiedene Schichten, als würde man mit diesen Steinen beginnen, die Mauern zu bauen. (Der Vergleich mit dem Haus stammt von Huxley.) Die darauffolgende Entwicklung ist bei allen Tieren gleich. Zuerst bilden die Zellen eine Art leere Kugel wie die Wände eines elastischen Gummiballs (die *Morula*): danach biegen sich die Wände ein, und es entstehen zwei aufeinanderliegende Wände. Schließlich fügt sich eine dritte Schicht zwischen die beiden ersten ein. Und damit stehen die drei Mauern, von denen der gesamte Aufbau ausgeht (Abb. 3).

Diese Keimschichten oder Keimblätter bilden also eine äußere Schicht oder Ektodermis, eine mittlere Schicht oder Mesodermis und eine innere Schicht oder Endodermis; diese formen einen kleinen länglichen Körper, in dem die Zellen alle gleich sind, jedoch kleiner als die, von der sie ausgehen.

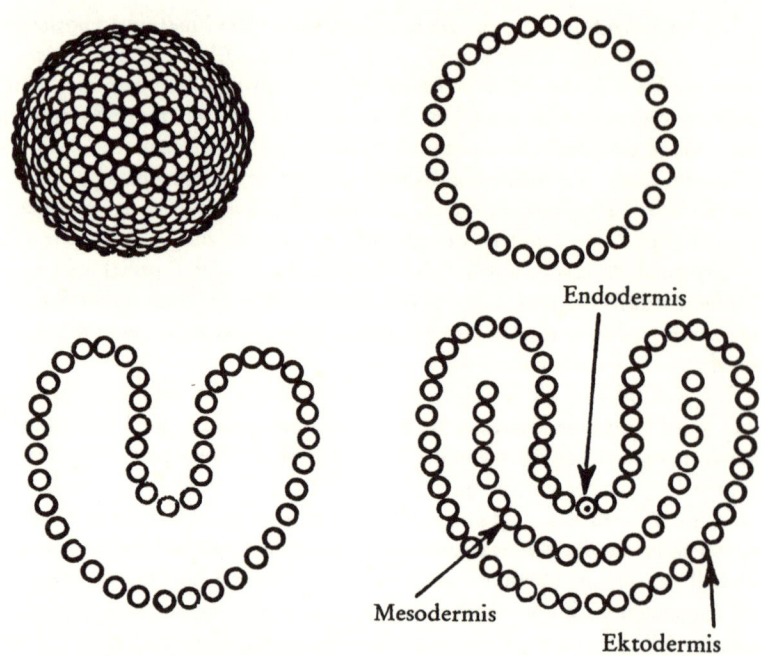

Abb. 3: Oben links die primitive Zellkugel (Morula), nur aus einer Wand bestehend (rechts). Unten links die Gastrula mit der eingebogenen Doppelwand. Rechts die dritte Wand, die sich im Innern der Gastrula gebildet hat.

Jede dieser drei Wände erzeugt einen Komplex von Organen. Die äußere erstellt die Haut, die Sinnesorgane und das Nervensystem. Das beweist, daß die äußere Schicht mit der Umwelt Verbindung hat, denn die Haut schützt, und das Nervensystem bringt uns mit der Umwelt in Verbindung. Die innere Wand entwickelt die Organe, die der Ernährung dienen, wie die Därme, den Magen, die Verdauungsdrüsen, die Leber, das Pankreas und die Lunge. Die Organe des Nervensystems werden als „Relationsorgane" bezeichnet, da sie es uns ermöglichen, mit der Umwelt in Verbindung zu treten. Die Organe des Verdauungs- und Atmungssystems werden als „vegetative Organe" bezeichnet, da sie das vegetative Leben ermöglichen. Die dritte oder mittlere Wand erzeugt das Skelett, das den gesamten Körper und die Muskeln stützt.

In letzter Zeit durchgeführte Studien haben gezeigt, wie sich die Organe entwickeln. Auf diesen einheitlichen Schichten bilden sich Punkte oder Zentren, die plötzlich biologisch aktiver werden, und aus der Mutterwand treten Zellen hervor, die dazu übergehen, ein Organ oder besser dessen Entwurf aufzubauen.

Bei jedem Organ wiederholt sich der gleiche Vorgang: Die verschiedenen Organe haben alle in diesen aktiven, voneinander entfernten Zentren ihren Ursprung. Prof. Child von der Universität Chikago hat diesen Vorgang entdeckt und bezeichnete diese Zentren als „Gradienten"[13].

Fast gleichzeitig machte in England der Embryologe Douglas unabhängig von Child eine analoge Entdeckung. Er beobachtete besonders die Entwicklung des Nervensystems und nannte die aktiven Punkte „Ganglien"[14], denen er eine besondere Sensitivität zuschrieb.

In dem Moment, in dem die Organe entstehen, machen die Zellen, die alle gleich waren, eine starke Veränderung durch, je nach der Funktion, die die Organe auszuüben haben. Es findet die „Zellspezialisierung" statt, die dazu dient, die Funktion bezüglich der sich bildenden Organe auszuüben. Diese Feinspezialisierung der Zellen, die im Hinblick auf eine bestimmte Funktion geschieht, beginnt jedoch, bevor die Funktion ausgeübt wird.

In der Abbildung 4 sind einige dieser Zellen gezeigt, um einen Eindruck von deren grundlegendem Unterschied zu vermitteln. Die Zellen der Leber sind sechseckig wie die Kacheln eines Fußbodens zusammengelegt, ohne Bindemittel; die Knochenzellen hingegen sind oval und treten isoliert und selten auf. Sie stehen durch feine Fäden miteinander in Verbindung, und der wichtigste Teil des Organs ist eine Art Bindemittel, das von den Zellen selbst produziert wird. Besonders interessant ist die innere Verkleidung der Luftröhre: die kleinen Gefäße, die ununterbrochen eine klebrige Substanz absondern, um den Staub in der Luft zurückzuhalten, liegen verstreut zwischen dreieckigen Zellen, deren feine Haare ständig vibrieren und den Schleim nach außen befördern. Von besonderer Art sind die Hautzellen. Sie sind platt und schichtenweise aufeinandergelegt. Die äußeren Zellen sind dazu bestimmt, abzusterben und sich abzustoßen. Sie werden von unten her durch neue ersetzt. Diese Zellen, die die äußere Oberfläche des Körpers verteidigen, sind mit Soldaten vergleichbar, die bereit sind, ihr Leben dem Vaterland zu opfern.

---

[13] Siehe C. M. Child, Physiological Foundations of Behaviour, New York 1924.
[14] A. C. Douglas, The Physical Mechanism of the Human Mind, Edinburgh 1952.

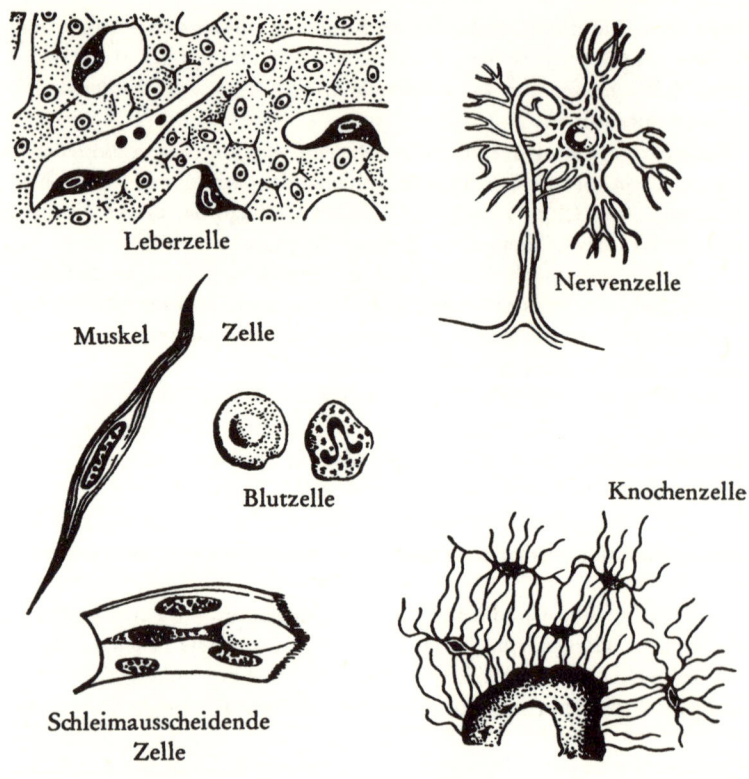

Abb. 4: Arten der Zellen

Die Nervenzellen sind am höchsten entwickelt, am wichtigsten und unersetzlich. Sie sind stets auf dem Kommandoposten, und ihre langen Fäden breiten sich aus ähnlich wie Telegraphendrähte, die Kontinente miteinander verbinden.

Das Interesse gilt dem grundlegenden Unterschied zwischen den einzelnen Zellen, da sie alle von ganz gleichen Zellen abstammen. Indem sie sich aber auf ihre verschiedenen Aufgaben vorbereiten, verändern sie sich und passen sich der Arbeit, die sie nie zuvor geleistet haben, an. Haben sie sich einmal, je nach den Aufgaben des Organs, dem sie angehören, umgewandelt, können sie nicht mehr weiteren Veränderungen unterworfen werden. Eine Zelle der Leber könnte sich nicht in eine Nervenzelle umwandeln.

Das heißt, um diese Arbeit leisten zu können, mußten sich die Zellen nicht vorbereiten, wie wir es ausdrücken würden, sondern sie mußten sich umgestalten.

Geschieht nicht dasselbe in der menschlichen Gesellschaft? Wir können sagen, daß es besondere Gruppen von Menschen gibt, die die Organe der Menschheit bilden. Zu Beginn erfüllt das Individuum viele Aufgaben. Das geschieht auch in den primitiven Gesellschaftsformen, wo die wenigen Individuen jede Arbeit ohne Spezialausbildung leisten müssen: die gleiche Person ist Maurer, Arzt, Tischler, mit einem Wort: alles. Aber wenn sich die Gesellschaft entwickelt, spezialisiert sich die Arbeit. Jeder wählt eine Arbeit und legt sich psychisch so darauf fest, daß er nur diese und keine andere mehr durchführen kann. Die Lehrzeit für einen Beruf bedeutet nicht nur das Erlernen einer Technik; indem sich das Individuum einer bestimmten Tätigkeit widmet, erfährt es eine psychische Wandlung, die für die Erfüllung seiner Aufgabe notwendig ist. Auf diese Weise bereitet es sich nicht nur technisch vor, sondern – und das ist wichtiger – es erwirbt eine für diese besondere Arbeit geeignete psychische Personalität. Das Individuum findet in dieser Arbeit die Verwirklichung seines Ideals, das somit zu seinem Lebensinhalt wird.

Kehren wir nun zum Embryo zurück. Jedes Organ ist aus spezialisierten Zellen aufgebaut, und jedes Organ hat getrennt von den anderen seine besondere Funktion; aber alle diese Funktionen sind für die Gesundheit des gesamten Organismus notwendig. Jedes Organ existiert und arbeitet also für das Ganze.

Der vom Embryo geleistete Aufbau sorgt also nicht nur für die Organe an sich, sondern auch für deren ständige Verbindung untereinander. Die funktionelle Einheit wird durch zwei große Systeme hergestellt: das Kreislauf- und das Nervensystem. Diese Systeme sind die umfassendsten Organe und auch die einzigen, deren Aufgabe es ist, die Einheit aller Organe herzustellen.

Das erste System ist mit einem Fluß vergleichbar, in dem Substanzen zusammenfließen, die in alle Teile des Körpers transportiert werden. Dieses System dient jedoch nicht nur als Verteiler, sondern auch als Sammler: das Kreislaufsystem ist ein allgemeines Transportmittel, das den Zellen durch die Haargefäße die Nahrung bringt. Gleichzeitig befördert es den Sauerstoff, den es in der Lunge aufnimmt. Das Blut befördert außerdem besondere Substanzen, die von den endokrinen Drüsen ausgeschieden werden: die Hormone, die die Möglichkeit haben, die Organe zu beeinflussen, sie zu stimulieren und vor allem zu kontrollieren, um somit die nötige Harmonie im Organismus zu sichern.

Die Hormone werden von Organen benötigt, die entfernt von den Organen liegen, die sie erzeugen. Welche Perfektion hat also das Kreislaufsystem in der Durchführung seiner Aufgabe erreicht! Jedes Organ schöpft wie aus einem Fluß, was es für sein Leben braucht, und gibt ab, was es produziert hat, damit die anderen Organe davon nehmen können, was sie benötigen.

Das andere Organ, das die funktionelle Einheit des Ganzen herstellt, ist das Nervensystem. Es erteilt seine Befehle von einer zentralen Stelle im Gehirn aus und leitet sie über die Nervenfäden an alle Elemente des gesamten Organismus weiter.

Auch in unserer Gesellschaft hat sich ein Kreislaufsystem entwickelt. Die Produktionsgüter der verschiedenen Individuen und Völker werden in Umlauf gebracht, und jedes Individuum nimmt davon, was es für sein Leben benötigt. Der große Fluß des Handels macht diese Güter für andere Individuen und Völker erreichbar. Sind die Händler und Hausierer nicht mit den roten Blutkörperchen vergleichbar? Auch in der Gesellschaft werden die Produkte des einen Landes in einem anderen, weit entfernten Land verbraucht.

Im Laufe der letzten Jahre haben sich Funktionen herausgebildet, die denen der Hormone im Bereich der Organphysiologie ähneln. Es handelt sich um Versuche der großen Staaten, ihre Umwelt zu ordnen, den Kreislauf zu kontrollieren, anzuregen und zu ermutigen und die Aufgaben aller Nationen zu steuern mit dem einzigen Zweck, Harmonie und Wohlsein aller herzustellen. Die offensichtlichen Schwächen dieser Versuche beweisen, daß dieses „Kreislaufsystem" trotz eines hohen Organisationsniveaus seine embryonale Entwicklung noch nicht beendet hat.

In der menschlichen Gesellschaft fehlt noch das, was den spezialisierten Zellen des Nervensystems entspricht. Aus dem chaotischen Zustand der heutigen Welt könnte man fast schließen, daß sich bisher nichts, was diesem Kommandoorgan des menschlichen Organismus entspricht, in der Gesellschaft entwickelt hat. Durch das Fehlen dieser speziellen Funktion ist nichts vorhanden, was die gesamte Gesellschaft harmonisch lenken könnte. Die Demokratie, die die entwickeltste Organisationsform unserer Zeit ist, gibt allen die Möglichkeit, sich ihren Präsidenten zu wählen. Das wäre im Bereich der Embryologie unvorstellbar, denn wenn jede Zelle spezialisiert sein muß, dann muß es um so mehr die sein, die die Funktion des Ganzen leitet. Eine leitende Arbeit ist am schwierigsten und erfordert eine größere

Spezialisierung als jede andere. Es handelt sich also nicht darum, gewählt zu werden, sondern darum, geeignet und tauglich zu sein. Wer andere leiten soll, muß zuerst sich selbst umgewandelt haben. Es kann keinen Führer geben, wenn dieser nicht seiner Aufgabe gewachsen ist. Dieses Prinzip, das von der Spezialisierung zur Funktion geht, interessiert uns deshalb um so lebhafter, weil es der Plan zu sein scheint, nach dem die Natur auf allen Lebensgebieten arbeitet: Es ist der Plan der Natur, wenn sie schafft.

Bei den lebenden Organismen zeigt sich dieser Plan im Wunder seiner Vollendung. Wir können daher von der Embryologie manche Richtlinie und manche Inspiration erhalten. Huxley faßt die Wunder des Embryos folgendermaßen zusammen: „Der Übergang vom Nichts zu dem komplexen Körper der Individuen ist eines der ständigen Wunder der Existenz. Wenn wir nicht von der Größe dieses Wunders beeindruckt sind, gibt es dafür nur eine Erklärung: es wiederholt sich ständig unter unseren Augen in der Erfahrung des täglichen Lebens." [15]

Welches Tier man auch betrachtet, Vogel, Hase oder irgendein anderes Wirbeltier, so ist dies aus in sich außerordentlich komplizierten Organen aufgebaut. Am meisten verwundert jedoch, zu sehen, wie diese komplizierten Organe eng untereinander verbunden sind. Betrachten wir das Kreislaufsystem, so entdecken wir ein so feines, kompliziertes und vollständiges Entwässerungssystem, das mit keinem, auch vom fortschrittlichsten Kulturvolk entwickelten System vergleichbar ist. Auch das System der Intelligenzleistungen, das mit Hilfe der Sinnesorgane Eindrücke aus der Umgebung sammelt, ist so wunderbar, daß es mit keinem modernen System verglichen werden kann. Was kann sich mit dem Wunder des Auges oder des Ohres vergleichen? Und studiert man die chemischen Reaktionen, die im Körper stattfinden, so entdeckt man chemische Laboratorien von äußerster Perfektion, in denen Stoffe bearbeitet und entwickelt werden durch das Zusammenfügen anderer, die wir in unseren bestausgerüsteten Laboratorien oft außerstande sind zu vereinen. Im Vergleich zum Kommunikationsnetz, das im Menschen vom Nervensystem geschaffen wird, erweisen sich unsere perfektesten und hoch entwickelten Kommunikationswege wie das Telephon, das Radio, der drahtlose Telegraph und viele andere als unzulänglich und fehlerhaft. Und selbst beim bestorganisierten Heer werden wir nie einen Gehorsam finden, der dem der Muskeln gleichkommt, die ohne Verzögerung die Befehle eines einzigen Kommandanten

[15] J. S. Huxley, The Stream of Life, 1926.

und Feldherrn ausführen. Als fügsame Diener üben sich die Muskeln auf besondere Weise durch eine spezielle Tätigkeit, um für jedes Kommando, das ihnen erteilt wird, vorbereitet zu sein. Wenn wir daran denken, daß alle diese komplizierten Organe, die Kommunikationsorgane, die Muskeln, die Nerven, die bis in die kleinste Zelle des Körpers vordringen, von einer einzigen Zelle, der primitiven, kugelförmigen Zelle abstammen, spüren wir das ganze Wunder der Natur.

6. Embryologie und Verhalten

Die aufeinanderfolgenden Phasen der Embryonalentwicklung wiederholen sich bei allen höheren Tierarten und beim Menschen. Die niederen Tierarten unterscheiden sich dadurch, daß ihre Entwicklung unvollendet ist, da sie in den primitiveren Phasen unterbrochen wurde.

Beim Volvox wurde die Entwicklung zum Beispiel bei der Kugel unterbrochen, und es blieb ein kleiner hohler Ball, der in den Wassern des Ozeans rollt, indem er mit den beweglichen Wimpern schlägt, die sich auf der äußeren Oberfläche der einzigen Zellschicht gebildet haben.

Die Hohltiere entsprechen dem Embryo, der durch die Einstülpung der äußeren Wand aus zwei Zellschichten besteht, der Ektodermis und der Endodermis.

Und dort, wo sich die drei Schichten voll entwickelt haben, sind die ersten Stadien der Entwicklung untereinander so ähnlich, daß es leicht ist, den Embryo des einen Tieres mit dem des anderen zu verwechseln, wie es Abb. 5 zeigt.

Darin sah man den sichersten Beweis für die Theorie der Deszendenz unter den verschiedenen Stadien der „Animalität". So sollte der Mensch von den Affen abstammen, die Säugetiere und Vögel von den Reptilien, diese von den Amphibien und von den Fischen und so weiter bis zu noch einfacheren Tieren und den Einzellern. Die entsprechenden Embryos durchliefen die vererbten Phasen aller Vorfahren. Somit wäre der Embryo eine Synthese der Entwicklung der jeweiligen Art. Das heißt, die Ontogenese wiederholt die Phylogenese.

Diese Idee fügte sich somit als eine ihrer demonstrativsten Beweise in die Darwinsche Entwicklungstheorie ein. Später jedoch, als de Vries seine Entdeckung gemacht hatte, erweiterte die Embryologie ihre Horizonte in dem Versuch, das Leben zu erklären.

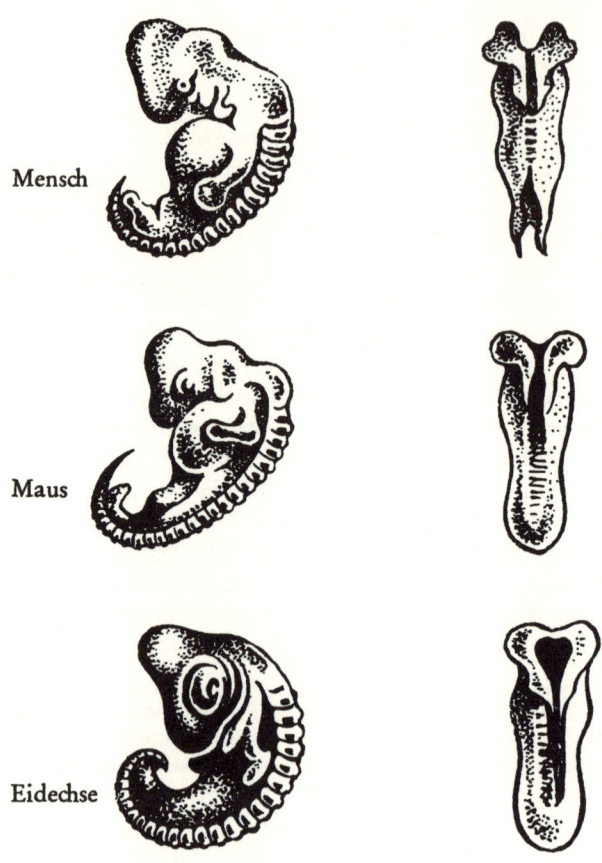

Abb. 5: Stadien der Embryoentwicklung im Vergleich.

Bereits bei der „Mutationstheorie"[16] bemerkte de Vries, daß derselben Pflanze unterschiedliche Formen entspringen können ohne jeden Einfluß durch die Umwelt. Das ließ an spontane Variationen denken, deren Ursache eben nicht in der Umwelt, sondern in der inneren Aktivität des

---

[16] Hugo de Vries, Begründer der Experimentalgenetik und bekannt vor allem durch das hier angeführte Werk: Die Mutationstheorie, Leipzig 1902–03. Seine Aufsätze sind in dem Band zusammengefaßt: Opera e periodicis collata, Utrecht 1918–27.

Embryos zu suchen ist. Denn nur im Embryo besteht die Möglichkeit zu einer schnellen Variation.

Dadurch können andere Möglichkeiten ins Auge gefaßt werden außer dem über unberechenbare Zeit verlaufenden Anpassungsprozeß, und die menschlichen Gedanken können sich freier anderen Intuitionen zuwenden und für andere Probleme aufgeschlossen bleiben.

Tatsächlich bezieht sich der embryologische Aufbau, der unter dem Mikroskop betrachtet werden kann, nur auf den mechanischen Teil, wohingegen die Lebewesen nicht nur eine Anhäufung von Organen sind, die sich in einer einzigen Funktionalität zusammenschließen. Das wirklich Geheimnisvolle an diesem Geschehen ist, daß aus so ähnlichen Vorgängen hier ein Reptil, dort ein Vogel, ein Säugetier oder ein Mensch entsteht.

Die endgültigen Formen der Gliedmaßen, des Körpers, der Zähne usw., die den Unterschied zwischen den Lebewesen darstellen, sind nicht an dieses primitive Embryonalgeschehen gebunden, sondern hängen eher vom Verhalten des Tieres in der Umwelt ab.

Damit entstand die Idee eines „einheitlichen Bauplans" in der Natur: eine einzige Konstruktionsmethode, so wie der Mensch, der die verschiedensten Bauwerke errichtet – einfache oder monumentale –, immer mit der Anhäufung der nötigen Elemente (Steine oder Ziegel) und dem Aufeinanderschichten zu Mauern beginnt usw. Die endgültigen Unterschiede, die Besonderheiten und die Ornamente werden vom Zweck bestimmt, den diese Bauwerke erfüllen müssen.

Das wichtigste ist auf jeden Fall, daß die Embryologie das Stadium der abstrakten Theorie überschreiten konnte. Das heißt, sie hat nicht nur zur Aufstellung gegensätzlicher Theorien geführt, sondern hat auch den Weg zu praktischen Erfahrungen geöffnet und ist auf diesem Wege fortgeschritten bis zur Begründung einer Wissenschaft, die praktische Anwendung finden kann.

Tatsächlich kann der Embryo verändernde Einflüsse erfahren, und der Mensch kann, indem er auf den Embryo einwirkt, experimentell den Weg des Lebens lenken. Und das tat er. Der Mensch konnte mit Hilfe der Gene und ihrer Kombinationen auf die pflanzliche und dann die tierische Vererbung Einfluß nehmen und erzielte Ergebnisse von großer Bedeutung. Es entwickelte sich ein ausgedehntes Interesse nicht akademischer Art, sondern von praktischem Wert. Die Bedeutung des Embryos liegt darin, daß er die Organe noch nicht entgültig ausgebildet hat und somit leicht variieren kann: hier liegt das Geheimnis des Lebens, dessen der Mensch sich bemächtigt hat. Vor einigen Jahren wurde in Amerika das erste Patent im Bereich der Embryologie vergeben, als eine stachellose Bienenart gezüchtet wurde, die größere Mengen Honig lieferte als die gewöhnlichen Bienen. Auf gleiche Art wurden einige Pflanzen verändert, so daß sie mehr Früchte trugen als zuvor oder ihre Dornen verloren. Es wurden Wurzeln mit reichem Nährgehalt gezüchtet, und anderen, die bereits nährreich waren, wurde ihr Gift entzogen.

Die bekanntesten Ergebnisse sind die unendliche Zahl herrlichster Blumen. Obwohl es nicht sehr bekannt ist, hat sich heute die Aktivität des Menschen von der Erde auf das Tier- und Pflanzenleben im Wasser ausgedehnt – und somit kann man wohl sagen, daß der Mensch mit Hilfe seiner Intelligenz die Welt verschönern und anreichern konnte.

Wenn man wie die Biologen das Leben selbst studiert und die gegenseitige Beeinflussung der verschiedenen Lebensformen in Betracht zieht – und die Konsequenzen dieser Beeinflussung –, so beginnt man einen der Zwecke des menschlichen Lebens auf der Erde zu sehen und zu erkennen, daß der Mensch zu den großen kosmischen Kräften zählt. Mit Hilfe seiner Intelligenz setzt der Mensch das Schöpfungswerk fort, und es scheint fast, als sei er berufen, diese seine Kraft dazu zu verwenden, die Schöpfung zu beschleunigen (wie Huxley sagt) und zu vervollkommen, indem er eine Kontrolle über das Leben selbst ausübt.

Daher ist das Studium der Embryologie nicht mehr abstrakt und fruchtlos. Wenn wir uns überlegen, daß die psychische Entwicklung einen ähnlichen Weg geht, können wir uns vorstellen, daß der Mensch, der heute das Leben beeinflußt und neue, höher entwickelte Arten züchtet, auch die psychische Bildung der Menschen unterstützen und kontrollieren kann.

Denn nicht nur die körperliche, sondern auch die psychische Entwicklung des Kindes scheint dem gleichen Schöpfungsplan der Natur zu folgen.

Auch die menschliche Psyche geht vom Nichts aus oder was als Nichts erscheint, wie auch der Körper von der ersten Zelle ausgeht, die sich nicht im geringsten von den anderen Zellen unterscheidet.

Im Neugeborenen scheint auch psychisch nichts aufgebaut zu sein, so wie sich auch kein fertiger Mensch in der ersten Zelle befand. Am Anfang steht das Werk der Materialanhäufung, genau wie wir ein Anhäufen der Zellen durch die Zellteilung beobachtet haben. Im psychischen Bereich wird die Anhäufung durch den absorbierenden Geist, wie ich ihn genannt habe, bewirkt. Auch auf psychischem Gebiet bilden sich die Organe um einen Sensitivitätspunkt. Die Sensitivitätspunkte bilden sich später und entwickeln eine so intensive Aktivität, daß der Erwachsene sie in sich nicht wieder erschaffen kann, noch kann er sich etwas Ähnliches vorstellen. Wir haben es angedeutet, als wir die Eroberung der Sprache erläutert haben. Aus diesen Sensitivitätspunkten entwickelt sich nicht die Psyche, sondern es entstehen die „Organe" der Psyche. Auch hier entwickelt sich jedes Organ unabhängig vom anderen: so entstehen die Sprache, die Fähigkeit, die Entfernung zu schätzen, sich in der Umgebung zu orientieren, sich gerade auf den Beinen zu halten und andere Formen der Koordinierung. Jede dieser Fähigkeiten entwickelt ein Interesse, das vom anderen unabhängig ist. Die Sensitivitätspunkte sind so stark, daß sie im Individuum eine bestimmte Reihe von Aktionen auslösen. Keine dieser Sensitivitäten füllt jedoch die gesamte Wachstumsperiode aus; jede von ihnen dauert so lange, daß sie den Aufbau des psychischen Organs sichert. Wenn sich das Organ gebildet hat, verschwindet die Sensitivität. Aber während dieser Periode sind so starke Energien am Werk, daß wir sie uns nicht vorstellen können, da wir sie verloren haben – so daß wir sie uns nicht einmal mehr ins Gedächtnis rufen können. Wenn alle Organe fertig sind, vereinen sie sich zu dem, was wir psychische Einheit nennen.

De Vries, der auch die Mutationstheorie darlegte, entdeckte bei einem Insekt diese zeitlichen Sensitivitäten, die zur Aufgabe haben, das Insekt sofort nach seiner Geburt zu Tätigkeiten zu führen, die sein Überleben und seine Entwicklung sicherstellen. Diese zweite Entdeckung führte zu biologischen und psychologischen Studien an verschiedenen Tieren. Daraus ergab sich eine Menge Theorien, die mit Eifer von den verschiedenen Gruppen der Wissenschaftler vertreten wurden, bis der amerikanische Wissenschaftler Watson aus diesem chaotischen Durcheinander von unzähligen Hypothesen einen Ausweg zu finden versuchte: „Lassen wir die Dinge, die wir nicht nachprüfen können", schlug er vor, „und halten wir uns an die sicheren Tatsachen: das Verhalten der Tiere ist sicher, nehmen wir es also als Grundlage für neue Untersuchungen."

Er nahm die äußeren Kundgebungen als Leitfaden, um mit größerer Sicherheit zu den Phänomenen des Lebens vordringen zu können. Er begann, sich dem menschlichen Verhalten und der Psychologie des Kindes zuzuwenden, da uns diese direkt zugänglich sind. Er stellte jedoch fest, daß im Kind keine Spur von festgelegtem Verhalten zu finden ist, und bestätigte, daß es weder Instinkte noch psychologisches Erbe gibt und daß die Handlungen des Menschen auf einer Reihe von „Reflexen" beruhen, in verschieden hohen Ebenen geschichtet. So entstand und verbreitete sich in Amerika die Theorie des *Behaviorismus*, die jedoch bald die Opposition und die Kritiken derer hervorrief, die diese Theorie für verfrüht und oberflächlich hielten.

Aber das Interesse, das diese Theorie erweckt hatte, regte zwei amerikanische Wissenschaftler dazu an, das Verhalten durch neue systematische Studien in den üblichen Laboratorien zu überprüfen und zu studieren.

Es handelte sich um Coghill und Gesell. Coghill führte neue embryologische Untersuchungen durch, um die Frage des *Behaviour* zu klären, und Gesell machte es sich zur Aufgabe, systematisch die Entwicklung des Kindes zu erforschen, und gründete das berühmte psychologische Laboratorium, auf das heute alle mit großem Interesse blicken.

1929 wurde die Entdeckung des Biologen Coghill aus Philadelphia veröffentlicht, der viele Jahre lang die embryonale Entwicklung eines einzigen Tieres studiert hatte: eine niedere Amphibienart, das Amblystom, das sich wegen seiner einfachen Struktur besonders für klare Untersuchungen eignete. Er forschte viele Jahre lang, da seine Entdeckungen zu sehr den in der Biologie verwurzelten Überzeugungen widersprachen. Auch bei ständiger, immer exakterer Wiederholung der gleichen Untersuchungen stellte er fest, daß sich die Nervenzellen im Gehirn vor den Organen entwickeln, die sie lenken sollen: die Sehzentren entwickeln sich vor den Augennerven. Warum bilden sich diese Zentren, die aus einer eventuellen Funktion der Organe in der Umgebung entstehen müßten – und sich daher aufgrund der embryonalen Vererbung später bilden sollten –, nicht nur vor den Organen, sondern auch noch vor den Verbindungswegen zu diesen?

Die Untersuchungen Coghills haben einen großen Beitrag zum Studium realer Fakten des tierischen Verhaltens geleistet und außerdem eine unerwartete Idee in den Vordergrund gerückt: Wenn sich die Organe nach den Nervenzentren entwickeln, so geschieht dies, damit sie eine Form annehmen, die ihrer Funktion in der Umwelt entspricht. Daraus folgt nicht nur die Tatsache der Vererbung des Verhaltens (ähnlich wie die Vererbung der Instinkte), sondern auch die neue Idee, daß die Form der Organe gemäß dem geplanten Verhalten in der Umgebung entsteht.

Tatsächlich findet man in der Natur eine bewundernswerte Übereinstimmung der Form der Organe mit der Aufgabe, die das Tier in der Umwelt erfüllt, auch wenn das nicht immer einen direkten Vorteil für das Tier bedeutet. Die Insekten, die den Blumennektar saugen, entwickeln einen Rüssel, der in der Länge einer bestimmten Blumenkrone entspricht, aber sie entwickeln auch Haare, um den Blütenstaub zu sammeln, mit dem sie andere Blumen, die sie besuchen, befruchten. Der Ameisenbär hat eine so kleine Maulöffnung, durch die nur die wurmförmige, mit einer klebrigen Substanz bedeckte Zunge paßt, die zum Aufnehmen der Ameisen dient, usw.

Aber warum geschieht das bei den Tieren? Warum muß das eine kriechen und das andere springen oder klettern; warum frißt das eine Ameisen und das andere paßt sich gerade einer bestimmten Blume an? Und warum fressen einige lebendige Wesen und die anderen abstoßende Kadaver? Und das eine Gras oder Holz und andere sogar den Humus der Erde? Woher die große Fülle der verschiedenen Arten? Warum müssen sie ein festgelegtes Verhalten an den Tag legen, worin sich eines vom anderen so sehr unterscheidet? Warum ist das eine instinktmäßig aggressiv und wild und das andere furchtsam und ängstlich? Besteht die Aufgabe der Lebewesen also nicht nur darin, zu überleben, den Kampf ums Dasein zu gewinnen und zu versuchen, aus der Umwelt soviel wie möglich für das eigene Wohlsein zu profitieren, in einer freien Wahl, wie es die Darwinsche Entwicklungstheorie erklärt? Der Élan vital spornt also nicht nur dazu an, eine sukzessive Vervollkommnung in einer Aufeinanderfolge von Formen zu erreichen. Also auch in der Vervollkommnung liegt nicht der wahre Sinn des Lebens.

Das sind Ideen von überwältigender Erneuerungskraft! Unter diesem neuen Gesichtspunkt scheint der Zweck der Lebewesen im Verhältnis zu ihrer für die Umwelt notwendigen Funktion zu stehen, als wären sie Schöpfungsagenten, die zur Aufgabe haben, bestimmte Arbeiten durchzuführen, wie die Dienstboten in einem Haus oder die Angestellten eines großen Unternehmens. Die Harmonie auf der Erdoberfläche beruht auf der Anstrengung der Lebewesen, die alle die eigene Aufgabe erfüllen. Auch die Verhaltensweisen entsprechen diesem Zweck: sie gehen also über die Grenzen der reinen Lebensnotwendigkeiten der Art hinaus.

Was soll man also von den Ideen über die Entwicklung halten, die so lange Zeit die Wissenschaft beherrschten? Müssen sie vielleicht fallen? Nein, sie müssen nur weiterausgebaut werden. Die Entwicklung kann sicherlich nicht weiterhin nur in der alten, linearen Form betrachtet werden: d. h. als ein fortschreitender Prozeß, der auf eine unbestimmte Vervollkommnung ausgerichtet ist. Heute erweitert sich die Vorstellung von der Entwicklung, indem diese sich als zweidimensionales Feld darstellt. Sie schließt auch die direkte und entfernte funktionale Übereinstimmung der verschiedenen Aufgaben der Lebewesen ein.

Diese Beziehungen untereinander dürfen aber nicht als eine direkte gegenseitige Hilfe betrachtet werden, sondern sie sind auf einen universalen Endzweck in bezug auf die Umwelt ausgerichtet: auf die Gesamtheit der Natur. Aus der daraus erwachsenden Ordnung erhalten alle die notwendigen Elemente für die eigene Existenz.

Daß das Leben auch eine Funktion für die Erde haben könnte, stellten die Geologen bereits im vergangenen Jahrhundert fest. Der Geologe Lyell[17] illustrierte gerade zu Darwins Zeiten die wirkliche Aufeinanderfolge der Arten im Laufe der geologischen Zeitalter, indem er die Tierreste in den Gesteinsschichten studierte, und gab so eine Vorstellung vom Alter des Lebens auf der Erde.

Außerdem erläuterten andere Geologen gerade das Verhalten in bezug zum Aufbau der Erde. Das Buch *Die Erde und das Leben* des deutschen Geologen Friedrich Ratzel[18] wurde auch bei uns seit Beginn dieses Jahrhunderts bekannt. Es folgten andere Schriften voller Entdeckungen und Deduktionen. Anfangs wurden mit Staunen die Reste von Meerestieren auch in den Felsen des Himalaja, der Alpen und in vielen Bergablagerungen entdeckt. Es war wie das „Autogramm" unbekannter Baumeister, die die Rekonstruktion der eingestürzten Welt vorbereiteten. Zweifellos nahmen die Tiere am Aufbau der Erde teil, wie wir es auch heute noch bei den Koralleninseln beobachten können, die in den Wassern der großen Ozeane auftauchen.

Die Studien und Feststellungen nahmen daraufhin immer mehr zu: Für die Beschreibung der Erdbeschaffenheit waren nicht mehr nur das Klima und die Winde ausschlaggebend, sondern auch der wesentliche Beitrag der Pflanzen, der Tiere und der Menschen. Als der italienische Geologe Antonio Stoppani auf die Funktion der Lebewesen im Hinblick auf die Bedingungen der Erde hinwies, rief er aus: „Die Gesamtheit der Tiere bildet ein diszipliniertes und kriegerisches Heer, das für die Erhaltung der Harmonie in der Natur kämpft."[19]

Aber heute ist es nicht mehr notwendig, auf Einzel- oder Teilbeschreibungen zurückzugreifen. Es ist eine neue spezielle Wissenschaft, die Ökologie, entstanden, die das Übereinstimmen unter den Lebewesen studiert.

---

[17] Vgl. Charles Lyell, Principles of Geology, 1836; Elements of Geology, 1838; Travels in America, 1845.
[18] F. Ratzel, Die Erde und das Leben, 1901–02.
[19] M. Montessori erinnerte gern an die Verwandtschaft, die sie mit Stoppani verband. (Ein deutliches Beispiel für eine nicht von Montessori selbst stammende Anmerkung, die in der holländischen Ausgabe fehlt [d. Hrsg.].)

Sie hat die gegenseitigen Funktionen des Verhaltens so bis ins kleinste erklärt, daß sie fast wie eine Wirtschaftskunde der Natur erschien. Sie ist ein praktischer Führer, auf den man zurückgreifen kann, um lokale Probleme zu lösen, so wie man es bei der wissenschaftlichen Landwirtschaft handhaben würde. Wenn zum Beispiel ein Gebiet vor eingeführten Pflanzen beschützt werden soll, die zu sehr um sich greifen und gegen die auch der Mensch machtlos ist, wendet man sich an die Ökologie, die die Insekten angibt, die eingeführt werden müssen, da sie in der Lage sind, die Pflanze zu zerstören und so das nötige Gleichgewicht herstellen. Diese Methode hat man zum Beispiel in Australien angewandt [20].

Die Ökologie könnte als eine praktische Biologie bezeichnet werden, die sich auf die Beziehungen unter den Lebewesen stützt anstatt auf die besonderen Charaktere der Arten.

Das moderne Wissen ist verständlicher und besser auf das praktische Leben anwendbar, da sich die Ansichten über die Evolution mit den Aufgaben in der Umwelt ergänzen und sich somit mehr der Wahrheit in ihrer Einheit nähern. Diese Aufgaben erscheinen als der erleuchtendste und entscheidendste Teil: Das Leben auf dieser Erde besteht nicht nur, um sich selbst zu erhalten, sondern um eine entscheidende Arbeit in der Schöpfung zu leisten, die für alle Lebewesen notwendig ist.

Ein Plan, eine Methode

Weder die Entdeckungen noch die aus modernen Errungenschaften hergeleiteten Theorien erklären das Geheimnis des Lebens. Aber jede neue Einzelheit, die ans Licht kommt, bringt uns dem Verständnis des Lebens näher.

Die äußeren Fakten, die beobachtet werden können, sind praktische Führer, die ausgenützt werden müssen.

Wer sich wie wir in der Kindererziehung damit beschäftigt, dem Leben zu helfen, kann nicht davon absehen, das Kind als Lebewesen in der Wachstumsperiode zu betrachten; er muß versuchen herauszufinden, wo sein Platz in der Biologie, d. h. im Gesamtbereich des Lebens ist. Denn die lineare Auffassung von der Evolution, die die Abstammung durch die Anpassung, die Vererbung und den Impuls zur Vervollkommnung erklärt, ist nicht mehr ausreichend. Es gibt eine andere Kraft, die nicht nur ein

---

[20] Eine vollständige Darstellung des Lebens unter allen seinen Aspekten kann man finden in: H. G. Wells, Julian Huxley und G. P. Wells, The Science of Life, London 1931.

Impuls zum Überleben ist, sondern alle Aufgaben untereinander harmonisiert.

So muß im Kind außer dem vitalen Impuls, zu schaffen und sich zu vervollkommnen, auch noch ein anderer Sinn liegen, das heißt der, in Harmonie und im Dienste eines Ganzen eine Aufgabe zu erfüllen.

Ich habe schon folgende Frage gehört: „Worin liegt die Aufgabe des Kindes?"

Man kann sich keiner wissenschaftlichen Erziehung mit Sicherheit zuwenden, ohne dieses Problem vorher zu lösen.

Denn das Kind hat eine doppelte Aufgabe; beachtet man nur die eine, die Aufgabe des Wachsens, besteht die Gefahr, seine besten Energien zu unterdrücken.

Man kann folgern, daß das Kind von der Geburt an aufbauende Potentialitäten in sich trägt, die sich auf Kosten der Umwelt entfalten müssen.

Das Kind geht vom Nichts aus in dem Sinne, daß es weder psychische Eigenschaften noch vorbestimmte treibende Fähigkeiten besitzt; sondern es trägt Potentialitäten in sich, die seine Entwicklung bestimmen, indem es den Charakter seiner Umwelt annimmt.

Dieses Nichts des neugeborenen Kindes ist mit dem scheinbaren Nichts der Keimzelle vergleichbar.

Natürlich findet diese Idee keine leichte Aufnahme. Wolff erregte seinerzeit große Verwunderung, gerade weil er bewies, daß sich der lebende Körper selbst aufbaut, ohne daß eine Präformation besteht, wie die Philosophen seiner Zeit annahmen.

Beim Kind verwundert ebenfalls der Gedanke, daß es nichts von den Errungenschaften seiner Rasse, seiner Verwandten in sich trägt, sondern diese selbst aufbaut. Das geschieht überall, bei allen Rassen, bei den primitivsten wie auch bei den zivilisiertesten Völkern auf der ganzen Erde. Überall ist es stets das gleiche träge, leere und unbedeutende kleine Wesen.

Aber in ihm wirkt eine globale Kraft, eine „schöpferische menschliche Kraft", die es anregt, den Menschen seiner Zeit, seiner Zivilisation zu bilden; und durch seine absorbierende Fähigkeit verfährt es nach den Wachstumsgesetzen, die für die gesamte Menschheit gleich sind.

Seine Aufgabe besteht darin, die Gegenwart eines Lebens, das sich in der Entwicklung befindet, zu verwirklichen, das sich in Hunderten und Tausenden von Jahren in der Vergangenheit seiner Kulturgruppe verliert und das eine Zukunft von Tausenden und vielleicht Millionen von Jahren vor sich hat. Eine Gegenwart, der weder in der Vergangenheit noch in der Zukunft Grenzen gesetzt sind und die sich nie gleicht.

Es ist schwierig, diese Teilung der Aufgaben zu realisieren, die zwischen dem Kind und dem Erwachsenen in einem einzigen Entwicklungsvorgang nötig ist, dem die erbliche Vermittlung von Eigenschaften verschlossen ist. Die „Neutralität" des Kindes, die biologische Indifferenz, alles, was sich in seiner Umgebung befindet, aufzunehmen und daraus die Eigenschaften seiner Personalität zu machen, wirkt wie ein wirklicher Beweis für die Einheit des Menschengeschlechtes.

Diese Wahrheit hat gerade in den letzten Jahren zu Studien an weniger entwickelten menschlichen Gruppen angeregt, um den Beweis für dieses überraschende Phänomen zu finden.

Dr. Ruth Benedict erzählt in einer ihrer Veröffentlichungen (Patterns of Culture, New York 1948) von einer französischen Gruppe, die sich mit diesen modernen ethnologischen Studien befaßte und nach Patagonien gegangen war, wo es noch Rassen gibt, die zu den primitivsten überlebenden zählen und die auf dem Niveau und der Sozialform der Steinzeit stehengeblieben sind. Diese Menschen fliehen erschreckt beim Erscheinen des weißen Mannes. Bei dieser Flucht hinterließ eine Gruppe von Patagoniern ein kleines neugeborenes Mädchen, das von der Mission aufgelesen wurde. Heute ist dieses Kind ein intelligentes junges Mädchen, spricht zwei europäische Sprachen, hat sich westliche Sitten angeeignet, ist katholisch und studiert Biologie an der Universität. Im Verlauf von 18 Jahren hat sie praktisch die Entwicklung vom Steinzeitalter bis zum Atomzeitalter durchgemacht.

Zu Beginn seines Lebens ist das Individuum also fähig, solche Wunder zu vollbringen – ohne Anstrengung und unbewußt.

Das Absorbieren der Eigenschaften ist lebensnotwendig und erinnert an die Mimese im physischen Bereich, die zwar selten ist, aber nicht so außergewöhnlich, wie in der Vergangenheit geglaubt wurde. Man entdeckte mehr und mehr mimetische Phänomene, so daß eine ganze Abteilung des Zoologischen Museums von Berlin dafür eingerichtet wurde und eine reiche Auswahl zur Schau stellt. Das mimetische Phänomen dient der Verteidigung, indem sich der Körper der Umwelt angleicht. Das ist der Fall beim weißen Fell des Eisbären, bei der blätterartigen Form der Flügel einiger Schmetterlinge, bei einigen Insekten, die wie Stöckchen oder kleine grüne Ästchen aussehen, oder bei der platten sandartigen Form einiger Fische.

Die Tatsache, diese Eigenschaften der Umwelt wiederzugeben, ist unabhängig von der Geschichte dieser Eigenschaften, noch hängt sie vom „Kennen dieser Eigenschaften" ab. Viele Tiere beobachten nur einige Aspekte und Eigenschaften der Umwelt, andere Tiere absorbieren sie.

Dieses lebendige Beispiel kann zum Verständnis des psychischen Phänomens, das sich im Kind abspielt, beitragen, wenn es auch von anderer Art ist.

7. Der geistige Embryo

Das Neugeborene muß demzufolge auf psychischem Gebiet eine formative Tätigkeit entwickeln, die an die embryonale Periode des Körpers erinnert. Seine Lebensperiode entspricht nicht mehr der des physischen Embryos, noch ähnelt sie der des von ihm gebildeten Menschen. Diese postnatale Periode, die man als „formative Periode" bezeichnen kann, ist eine embryologisch aufbauende Lebensperiode, die das Kind einen geistigen Embryo sein läßt.

Somit durchläuft der Mensch zwei embryonale Perioden: eine ist pränatal und ähnelt der der Tiere – und die andere ist postnatal und tritt nur beim Menschen auf. Dadurch erklärt sich das Phänomen, das den Menschen vom Tier unterscheidet: die lange Kindheit.

Durch diese wird eine klare Trennung zwischen den Tieren und dem Menschen erkennbar. Der Mensch erscheint auf der Erde als ein gesondertes Wesen, dessen Funktionen weder Fortführungen noch Ableitungen jener sind, die bei den höheren Tieren auftraten. Es ist ein Sprung im Leben: der Beginn neuer Schicksale.

Ihre Unterschiede und nicht ihre Ähnlichkeiten erlauben es, die Arten zu unterscheiden. Die neuen Arten müssen *etwas Neues* aufweisen. Sie können nicht einfach von den alten abstammen: sie präsentieren sich original und bringen Eigenschaften hervor, die zuvor nicht existierten. Das Werk ist ursprünglich und schöpferisch und mit neuen Lebensimpulsen ausgestattet.

So brachten die Säugetiere und die Vögel bei ihrem Erscheinen *Neues* und waren nicht Kopien, Anpassungen oder Fortführungen vorheriger Wesen. Das Neue, das beim Verschwinden der Dinosaurier auftrat, war bei den Vögeln die leidenschaftliche Verteidigung ihrer Eier, das Erbauen von Nestern, das Beschützen der Jungen und der Mut, sie zu verteidigen, während die gefühllosen Reptilien ihre Eier verließen. Die Säugetiere übertrafen die Vögel in der Beschützung ihrer Art: sie bauten keine Nester, sondern ließen die neuen Wesen sich im eigenen Körper entwickeln und nährten sie mit dem eigenen Blut.

Das waren neue Eigenschaften.

So ist die neue Eigenschaft des menschlichen Wesens folgende: es hat ein doppeltes embryonales Leben, *einen neuen Entwurf*, und den anderen Lebewesen gegenüber eine *neue Bestimmung*.

Diesen Punkt müssen wir vertiefen, und von hier aus müssen wir das Studium der gesamten psychischen Entwicklung des Kindes und des Menschen beginnen. Wenn das Werk des Menschen auf dieser Erde mit seinem Geist, seiner schöpferischen Intelligenz verbunden ist, müssen Geist und Intelligenz den Mittelpunkt der individuellen Existenz und aller Funktionen des Körpers bilden. Um diesen Punkt gestaltet sich sein Verhalten und auch die Physiologie seiner Organe. Der gesamte Mensch entwickelt sich innerhalb eines geistigen Raumes[21].

Auch in der westlichen Welt beginnen wir uns heute diesem besonders klaren Begriff in der indischen Philosophie zu nähern. Aufgrund praktischer Erfahrungen entdecken wir physiologische Störungen, die psychische Ursachen haben, da der Geist sie nicht beherrscht.

Wenn der Mensch von einem „geistigen Raum[22], der ihn umfaßt", gehalten wird und von ihm abhängt und wenn daraus die Gestaltung seines individuellen Verhaltens entspringt, muß die primäre Sorge besonders dem psychischen Leben des Neugeborenen und nicht nur dem körperlichen gelten, wie es heute noch geschieht.

Das Kind – Mittel zur Anpassung

Das Kind erwirbt im Laufe seiner Entwicklung nicht nur die menschlichen Fähigkeiten, die Kraft, die Intelligenz, die Sprache; es paßt gleichzeitig auch das Wesen, das es aufbaut, den Umweltbedingungen an. Dazu wird es durch seine besondere psychische Form befähigt, denn die psychische Form des Kindes unterscheidet sich von der des Erwachsenen. Das Kind steht mit der Umwelt in einer anderen Verbindung als wir. Die Erwachsenen bewundern die Umwelt, können sich an sie erinnern, aber das Kind absorbiert sie. Es erinnert sich nicht an die Dinge, die es sieht, aber diese

[21] Montessori gebraucht hier das auch in der Psychologie benutzte Wort „Halo," allerdings in ganz eigenem Sinne (d. Hrsg.).
[22] Siehe Anm. 21 (d. Hrsg.).

Dinge werden Teil seiner Psyche. Es inkarniert die Dinge, die es hört und sieht. Während sich bei uns Erwachsenen nichts ändert, finden beim Kind Veränderungen statt. Wir Erwachsenen nehmen die Umwelt nur in unser Gedächtnis auf, während sich das Kind an die Umwelt anpaßt. Diese besondere Form vitalen Gedächtnisses, das sich nicht bewußt erinnert, sondern das Bild in das Leben des Individuums absorbiert, erhielt von Percy Nunn einen besonderen Namen: „Mneme" [23].
Wie wir bereits gesehen haben, ist die Sprache ein Beispiel dafür. Das Kind erinnert sich nicht an die Laute, sondern es inkarniert sie und spricht sie dann perfekt aus. Es beherrscht die Sprache mit all ihren komplizierten Regeln und Ausnahmen nicht, weil es die Sprache gelernt hat, auch nicht aufgrund gewöhnlicher Gedächtnisübungen. Vielleicht behält sein Gedächtnis die Sprache nie bewußt, und doch bildet sie einen Teil seiner Psyche und seiner selbst. Zweifellos ist das ein Vorgang, der sich von der reinen mnemischen Aktivität unterscheidet. Es handelt sich um eine psychische Eigenschaft, die einen der Aspekte der psychischen Personalität des Kindes bezeichnet. Im Kinde besteht für alles, was es umgibt, eine absorbierende Sensitivität – und nur durch das Beobachten und Absorbieren der Umwelt ist die Anpassung möglich: Diese Form der Aktivität offenbart eine unbewußte Kraft, die nur dem Kinde zu eigen ist.

Die erste Lebensperiode ist die der *Anpassung*. Es muß hier klargestellt werden, was Anpassung in diesem Fall bedeutet, und sie muß vom Begriff der Anpassung beim Erwachsenen unterschieden werden. Das biologische Anpassungsvermögen des Kindes macht für das Kind seinen Geburtsort zu dem einzigen Ort, wo es zu leben wünscht, so wie die Muttersprache als einzige Sprache gut gesprochen wird. Ein Erwachsener, der in ein fremdes Land geht, wird sich nie in gleicher Weise eingewöhnen wie ein Kind. Nehmen wir zum Beispiel Menschen wie die Missionare, die freiwillig in fremde Länder gehen. Sie erfüllen dort aus freiem Willen ihre Aufgabe, aber wenn man mit ihnen spricht, werden sie sagen: „Wir opfern unser Leben, indem wir es in diesem Land verbringen." Das ist ein Geständnis für das begrenzte Anpassungsvermögen der Erwachsenen.

[23] Das Wort Mneme wurde in diesem Zusammenhang von dem deutschen Biologen Richard Semon eingeführt. Percy Nunn gab ihm jedoch eine umfassendere Bedeutung und hat seinen Begriff in dem Werk „Hormic Theory" entwickelt. Wir benutzen das Wort in dem Sinn wie die Begriffe: Horme und Engrams. Zur weiteren Information wird dem Leser empfohlen, das ausgezeichnete Buch von Percy Nunn nachzuschlagen: Education. Its Data and First Principles, London ¹1920.

Kommen wir zurück zum Kind. Das Kind wird jeden Ort lieben, wo es geboren ist. Wie hart auch das Leben in seinem Geburtsort sein mag, es wird anderswo nie gleich glücklich sein. Der Mensch, der die vereisten Ebenen Finnlands, und der Mensch, der die Dünen Hollands liebt, hat diese Liebe zu seiner Heimat von dem Kind erhalten, das er selbst einmal war.

Das Kind verwirklicht diese Anpassung, und der Erwachsene findet sich schon angepaßt, das heißt, er fühlt sich seinem Lande zugehörig, liebt es und verspürt seine Reize so, daß er anderswo weder Glück noch Frieden findet.

In Italien war es früher so, daß Leute, die in einem Dorf geboren wurden, dort lebten und starben, ohne es jemals verlassen zu haben. Später, nach der Vereinigung Italiens, verließen Menschen aus Heirats- oder Arbeitsgründen ihren Geburtsort. Diese wiesen oft nach einiger Zeit Zeichen einer eigenartigen Krankheit auf: Blässe, Traurigkeit, Schwäche, Anämie. Es wurden viele Heilmittel für diese besondere Krankheit ausprobiert, und wenn alle angewandt waren, riet der Arzt dem Patienten zur Rückkehr in seinen Geburtsort. Dieser Rat hatte fast immer das beste Ergebnis: der Kranke bekam wieder Farbe und Gesundheit. Es hieß, die heimatliche Luft sei mehr wert als alle Medikamente, auch wenn das Klima im Geburtsort schlechter wäre als an dem Auswanderungsziel. Aber was der Leidende brauchte, war die Ruhe, die der Ort, wo er als Kind gelebt hatte, seinem Unterbewußtsein vermittelte.

Es gibt nichts Wichtigeres als diese absorbierende Form der Psyche, die den Menschen bildet und ihn sich an jede soziale Lage, jedes Klima und Land anpassen läßt. Darauf bauen wir unser Studium auf. Man muß sich überlegen, daß derjenige, der behauptet: „Ich liebe mein Land", nichts Oberflächliches oder Erkünsteltes sagt, sondern einen wesentlichen Teil seiner selbst und seines Lebens offenbart.

Wir können also verstehen, wie das Kind kraft dieser besonderen Psyche die Sitten und Gebräuche des Landes, in dem es lebt, absorbiert, damit sich das typische Individuum seiner Rasse bildet. Dieses „lokale" Verhalten des Menschen ist ein geheimnisvoller Aufbau, der ebenfalls während der Kindheit geschieht. Es ist offensichtlich, daß die besonderen Sitten und die Mentalität einer Umgebung vom Menschen erworben werden, da keine dieser Eigenschaften in der Natur des Menschen liegen[24]. Somit haben wir

---

[24] Ein überzeugender Beweis für diese Wahrheit kann in dem Buch von Ruth Benedict gefunden werden: Patterns of Culture, New York 1948.

ein vollständigeres Bild von der Aktivität des Kindes. Es bildet ein Verhalten heraus, das nicht nur der Zeit und dem Ort, sondern auch der jeweiligen Mentalität entspricht. In Indien ist die Achtung vor dem Leben so groß, daß sie auch zur Verehrung der Tiere führt, und diese Verehrung ist zum wesentlichen Element im Bewußtsein dieses Volkes geworden. Dieses Gefühl kann jedoch nicht von einem Erwachsenen erworben werden. Es genügt nicht, zu sagen: „Das Leben muß geachtet werden", um uns diese Art zu fühlen anzueignen. Ich kann wohl sagen, daß die Inder recht haben, ich kann spüren, daß auch ich das Leben der Tiere achten muß, aber es wird sich bei mir nie um ein Gefühl handeln, sondern um eine Überlegung. Diese Art Vergötterung der Kuh bei den Indern werden wir nie mitfühlen können, so wie der Inder andererseits sein Bewußtsein nie ganz von diesem Gefühl wird frei machen können. Diese Eigenschaften scheinen also erblich zu sein – und doch werden sie vom Kind aus seiner Umgebung absorbiert. Im Garten neben einer dortigen Montessori-Schule sahen wir einmal ein kleines Hindukind, das etwas älter als zwei Jahre war. Es schaute intensiv auf die Erde und schien mit der Fingerspitze eine Linie zu ziehen. Eine Ameise hatte zwei Beinchen verloren und bewegte sich nur mühsam vorwärts. Das Kind war von diesem Unglück angezogen und versuchte, das Laufen der Ameise zu erleichtern, indem es mit dem Finger einen Weg bereitete. Wer hätte nicht gesagt, daß dieses Hindukind dieses Gefühl der Sympathie für die Tiere „ererbt" hätte?

In dem Moment näherte sich, von diesem Vorgang angezogen, ein anderes Kind, sah die Ameise, trat mit dem Fuß darauf und zerquetschte sie. Das zweite Kind war ein Moslem. Ein christliches Kind hätte wahrscheinlich dasselbe getan oder wäre gleichgültig daran vorbeigegangen. Man könnte denken, daß in ihm durch Vererbung der Sinn für die absolute Grenze zwischen Menschen und Tieren vorhanden sei, weshalb Achtung und Barmherzigkeit nur den Menschen vorbehalten sei.

Andere Völker haben andere Religionen, aber auch wenn ein Volk dazu kommt, diese mit dem Verstand abzulehnen, fühlt es sich doch im Herzen unruhig und unzufrieden. Solcher Glaube und solche Gefühle sind Teil unserer selbst, wie wir in Europa sagen: „Sie liegen uns im Blut." Alle diese sozialen und moralischen Gewohnheiten, die die Gesamtheit der Personalität bilden, das Standesgefühl und alle Arten anderer Gefühle, die den typischen Italiener oder den typischen Engländer ausmachen, entstehen während der Kindheit durch diese geheimnisvolle psychische Kraft, die die Psychologen mit „Mneme" bezeichnen. Das gilt auch für bestimmte charakteristische Bewegungen, die die verschiedenen Rassen auszeichnen. Einige afrikanische Völker entwickeln Eigenschaften, die durch die Notwendigkeit der Verteidigung gegen wilde Tiere bedingt sind. Einige machen instinktiv geeignete Übungen, um ihr Gehör zu schärfen. Daraus folgt, daß die Gehörschärfe eines der Charakteristika der Individuen dieser besonderen Stämme ist. Auf gleiche Weise werden alle Charakteristika vom Kind absorbiert, um für immer fixiert zu sein, so daß, auch wenn der Verstand sie ablehnt, doch stets etwas davon im Unterbewußtsein des Menschen bleibt, denn was sich im Kind gebildet hat, kann nie ganz zerstört werden. Diese „Mneme", die als ein höheres natürliches Gedächtnis betrachtet werden kann, schafft nicht nur die Charakteristika, sondern hält sie im Individuum wach. Das, was vom Kind geformt wird, bleibt für immer in der Personalität erhalten, so wie es mit den Gliedern und den Organen geschieht, damit jeder Mensch zu seinem eigenen individuellen Charakter kommt.

Erwachsene Individuen umändern zu wollen ist ein vergeblicher Versuch. Wenn man sagt: „Dieser Mensch kann sich nicht benehmen", oder wenn man beobachtet, daß diese oder jene Person ein unkorrektes Verhalten aufweist, können wir oft in der betreffenden Person ein Gefühl der Kränkung hervorrufen, und sie könnte davon ableiten, daß sie einen schlechten Charakter hat. Aber Tatsache ist, daß dieser Charakter nicht geändert werden kann.

Dasselbe Phänomen, so würden wir sagen, erklärt die Anpassung an die verschiedenen Epochen der Geschichte. Denn während der Erwachsene der alten Zeiten sich nicht an die modernen Zeiten anpassen könnte, paßt sich das Kind an das Kulturniveau, das es vorfindet, an, wie immer es auch sei, und es gelingt ihm, einen Menschen aufzubauen, der seiner Zeit und seinen Sitten angepaßt ist. Das beweist uns, daß die Funktion der Kindheit in der Ontogenese des Menschen darin liegt, das Individuum an seine Umgebung anzupassen, indem es ein Modell des Verhaltens bildet und es so befähigt, frei in seiner Umgebung zu handeln und Einfluß auf sie zu nehmen.

Das Kind muß also heute als Verbindungspunkt, als Bindeglied unter den verschiedenen Abschnitten der Geschichte und den verschiedenen Kulturstufen betrachtet werden. Die Kindheit ist eine äußerst wichtige Periode, denn will man neuen Ideen zum Durchbruch verhelfen, die Gebräuche und Sitten eines Landes ändern oder verbessern, die Charakteristika eines Volkes stärker betonen, müssen wir uns des Kindes bedienen.

Wirken wir auf die Erwachsenen ein, werden wir nur sehr wenig erreichen. Wenn man wirklich bessere Lebensbedingungen und eine größere kulturelle Erleuchtung des Volkes anstrebt, muß man an das Kind denken, um die gewünschten Ergebnisse zu erreichen. Während der letzten Zeit der englischen Besatzung schickte eine Diplomatenfamilie oft ihre zwei Kinder, von einer indischen Nurse begleitet, in ein Luxushotel zum Essen. Dort setzte sich die Nurse auf die Erde und lehrte die Kinder, den Reis mit den Händen vom Teller zu nehmen, so wie es in Indien Brauch ist. Die Kinder sollten nicht mit der Verachtung und dem Widerwillen aufwachsen, den die Europäer im allgemeinen verspüren, wenn sie die Eingeborenen auf diese Weise essen sehen. Denn die Sitten und die entgegengesetzten Gefühle, die diese hervorrufen, bilden eines der Hauptmotive für das Unverständnis unter den Völkern. Wenn jemand glaubt, daß die Sitten degeneriert sind, und wünscht, die alten Sitten wiederzubeleben, kann er nur auf das Kind einwirken; vom Erwachsenen kann er sich kein Ergebnis erwarten. Um auf die Gesellschaft Einfluß zu nehmen, muß man sich notwendigerweise der Kindheit zuwenden. Dieser Wahrheit entspringt die Notwendigkeit, Schulen für Kinder zu bauen, denn die Kinder bauen die Menschheit mit den Elementen, die wir ihnen zur Verfügung stellen, auf.

Die Umgebung ist das Mittel, mit dem wir den großen Einfluß auf die Kinder ausüben können; denn das Kind absorbiert die Umgebung, nimmt alles aus der Umgebung und inkarniert es. Mit seinen unendlichen Möglichkeiten kann es die Menschheit umgestalten, so wie es sie auch schafft. Vom Kind kommt uns große Hoffnung und eine neue Erleuchtung: Durch die Erziehung kann vielleicht viel getan werden, um die Menschheit zu einem größeren Verständnis, zu einem größeren Wohlstand und einer tieferen Geistigkeit zu führen.

Psycho-embryonales Leben

Das Kind muß also von der Geburt an umsorgt werden, vor allem indem es als ein Wesen mit einem psychischen Leben betrachtet wird. Tatsächlich erweckt heute das psychische Leben des Kindes von seiner Geburt und von seinen ersten Lebenstagen an die Aufmerksamkeit der Psychologen. Es ist ein interessantes Objekt, das zu einer neuen Wissenschaft zu führen scheint, so wie es bereits für den physischen Teil des Lebens geschehen ist: die physische Hygiene und die Kinderheilkunde.

Wenn also im Neugeborenen ein psychisches Leben existiert, dann muß es sich vorher gebildet haben, sonst könnte es nicht bestehen. Tatsächlich kann auch im Embryo ein psychisches Leben bestehen. Wird diese Idee angenommen, so fragt man sich, in welcher Periode des embryonalen Lebens es beginnt. Wie wir wissen, kann es vorkommen, daß ein Kind mit sieben anstatt mit neun Monaten geboren wird – mit sieben Monaten ist das Kind bereits so ausgebildet, daß es lebensfähig ist. Sein psychisches Leben ist also funktionsfähig wie bei einem Kind, das mit neun Monaten geboren wird. Dieses Beispiel genügt, um zu erläutern, was ich darunter verstehe, wenn ich behaupte, daß das gesamte Leben ein psychisches Leben ist. In Wirklichkeit ist jede Lebensform in verschiedenem Grad mit psychischen Energien ausgestattet, mit einer bestimmten Art individueller Psyche, wie primitiv auch die Lebensform sein mag. Auch wenn wir die Einzeller betrachten, finden wir in ihnen eine Form von Psyche: sie entfernen sich von der Gefahr und nähern sich der Nahrung u. a.

Das Kind wurde bis vor einiger Zeit als Wesen ohne psychisches Leben betrachtet. Erst in letzter Zeit hat die Wissenschaft begonnen, einige bisher unbeachtete Einzelheiten des psychischen Lebens des Menschen in Betracht zu ziehen.

Im Bewußtsein der Erwachsenen entzündete sich etwas wie neue Anzeichen für eine Verantwortung. Das Phänomen der Geburt hat plötzlich die Literatur und die Psychologie beeindruckt. Die Psychologen bezeichneten sie als „das schwierige Abenteuer der Geburt", und zwar in bezug auf das Kind, nicht auf die Mutter: auf das Kind, das gelitten hat, ohne klagen zu können, und das seinen Schrei erst dann ausstößt, wenn seine Anstrengung und sein Leiden beendet sind.

Die härteste und dramatischste Prüfung im Leben des Menschen ist die, sich plötzlich an eine Umgebung anpassen zu müssen, die sich völlig von der unterscheidet, in der er bisher gelebt hatte, plötzlich Funktionen übernehmen zu müssen, die er nie zuvor ausgeübt hat, und das in einem Zustand unsagbarer Schwäche, in dem er sich befindet. Das ist der Schluß, den die Psychologen ziehen, die im Hinblick auf diesen kritischen und entscheidenden Moment den Begriff „Geburtsangst"[25] geprägt haben.

Es handelt sich hier sicher nicht um eine bewußte Angst. Wären aber die bewußten psychischen Fähigkeiten des Kindes entwickelt, würde die

---

[25] Dieser Ausdruck wurde erstmals 1923 von Otto Rank verwendet, einem der ersten Verfechter von Freuds Theorie des „Geburtstraumas"; wenn auch die Theorie in ihrer Gesamtheit keine allgemeine Zustimmung gefunden hat, hat doch der Begriff der Geburtsangst heute einen Platz in der Tiefenpsychologie.

angsterfüllte Prüfung des Neugeborenen etwa in folgenden Fragen Ausdruck finden: „Warum habt ihr mich in diese schreckliche Welt geworfen? Was soll ich tun? Wie werde ich auf diese ganz andere Art leben können? Wie werde ich mich an diese erschreckende Menge von Geräuschen gewöhnen können, ich, der ich doch vorher nicht das leiseste Flüstern vernommen hatte? Wie werde ich diese äußerst schwierigen Funktionen übernehmen können, die du, meine Mutter, für mich erfüllt hast? Wie soll ich verdauen und atmen? Wie soll ich diesen schrecklichen Klimawechsel überstehen, ich, der ich in deinem Leib mich einer immer gleichen Wärme erfreut habe?" Das Kind ist sich des Vorgangs nicht bewußt. Es könnte nicht sagen, daß es am Trauma der Geburt leidet. Es muß jedoch in ihm, wenn auch nur unbewußt, ein psychisches Gefühl bestehen, und es nimmt im Unterbewußtsein etwa das wahr, was wir hier zuvor ausgedrückt haben.

Für den, der das Leben studiert, wird es somit selbstverständlich, daß dem Kind bei seiner ersten Anpassung an die Umwelt geholfen werden muß. Es darf nie vergessen werden, daß das Neugeborene für Angst sensibel ist. Oft hat man bei Kindern, die in den ersten Stunden ihres Lebens schnell ins Badewasser getaucht wurden, Bewegungen beobachtet wie bei jemandem, der sich festhält, weil er fühlt, daß er fällt. Diese Reaktionen offenbaren das Angstgefühl beim Kind. Wie hilft die Natur dem Neugeborenen? Zweifellos hilft sie ihm bei dieser schwierigen Anpassung. Sie verleiht zum Beispiel den Müttern den Instinkt, die Kleinen fest an ihren Körper zu halten, um sie vor dem Licht zu schützen. Die Natur hat auch die Mutter für die erste Lebensperiode ihres Kindes unfruchtbar gemacht. Indem sie für ihr eigenes Wohlsein ungestört bleibt, überträgt sie die nötige Ruhe auf ihr Kind. Es ist, als ob die Mutter in ihrem Unterbewußtsein das Trauma ihres Kindes erkennte und es an sich hielte, um es mit ihrem Körper zu wärmen und vor zu vielen Eindrücken zu bewahren.

Bei den menschlichen Müttern sind die Gesten des Beschützens nicht von der gleichen Lebhaftigkeit, wie wir es bei den Tiermüttern beobachten können. Betrachten wir zum Beispiel die Katzenmutter, die ihre Kleinen in dunkle Ecken versteckt und eifersüchtig wird, sobald sich ihnen jemand nähert. Der Beschützerinstinkt ist bei den menschlichen Müttern viel weniger wach und hat sich auf natürliche Weise verloren. Sobald das Kind geboren ist, nimmt es jemand auf die Arme, wäscht es, zieht es an und hält es unters Licht, um besser die Farbe seiner Augen erkennen zu können, behandelt es eher wie ein Ding und nicht wie ein beseeltes Wesen. Hier leitet nicht mehr die Natur, sondern der menschliche Verstand. Der Verstand trügt aber, da er nicht mehr vom Verständnis erleuchtet und gewohnt ist, das Kind als Wesen ohne Psyche zu betrachten.

Diese Periode oder besser dieser kurze Moment der Geburt muß offensichtlich gesondert betrachtet werden.

Er betrifft nicht das psychische Leben des Kindes im allgemeinen, sondern die erste Begegnung des Menschen mit der äußeren Umwelt. Beobachten wir die Tiere, werden wir sehen, daß die Natur die Säugetiere mit besonderem Schutz versehen hat. Sie hat es so eingerichtet, daß sich die Mütter, kurz bevor sie ihre Jungen zur Welt bringen, vom Rest der Herde isolieren und so bis einige Zeit nach der Geburt verbleiben. Das ist am deutlichsten bei den Tieren, die in großen Gruppen oder Herden, wie Pferde, Rinder, Elefanten, Wölfe, Hirsche und Hunde, leben. Alle verhalten sich in der gleichen Weise. Während dieser Isolierungsperiode haben die Jungen Zeit, sich an die neue Umwelt zu gewöhnen. Sie leben isoliert mit der Mutter, die sie mit ihrer Liebe und wachsamen Pflege umgibt. In dieser Zeit beginnt das neugeborene Tier langsam das Verhalten seiner Art an den Tag zu legen. Während dieser kurzen Isolierungsperiode ist von seiten des Jungen eine ständige psychologische Reaktion auf die Anregungen der Umwelt zu verzeichnen. Diese Reaktionen entsprechen den besonderen Verhaltensmerkmalen seiner Art. Wenn das Muttertier zur Herde zurückkehrt, tritt das Junge bereits vorbereitet auf eine feststehende Lebensweise in die Gemeinschaft ein. Und es ist nicht nur physisch, sondern auch psychisch gesehen ein kleines Pferd, ein kleiner Wolf oder ein kleines Kalb.

Auch als Haustiere behalten die Säugetiere diese Instinkte bei. In unseren Häusern können wir beobachten, wie die Hunde oder Katzen ihre Jungen mit dem Körper bedecken; sie zeigen die Instinkte wie die Tiere in der Freiheit und das enge Verhältnis, das die Jungen noch mit der Mutter verbindet. Man kann sagen, daß das Junge zwar den Körper der Mutter verlassen, sich aber noch nicht von ihr getrennt hat. Die Natur könnte für keine praktischere Hilfe gesorgt haben, um den Übergang von einem Leben zum anderen schrittweise zu gestalten.

Wir deuten heute diese Periode folgendermaßen: In den allerersten Lebenstagen erwachen im Tier die Instinkte seiner Rasse.

Es handelt sich also nicht nur um eine instinktive Hilfe, durch die schwierige Situation hervorgerufen und auf sie abgestimmt, sondern um einen Akt, der mit der Schöpfung in Verbindung zu bringen ist.

Wenn dies bei den Tieren geschieht, muß auch bei den Menschen etwas

Entsprechendes existieren. Es handelt sich nicht nur um einen schwierigen, sondern um einen für die ganze Zukunft *entscheidenden* Moment. In dieser Periode findet eine Art Erwachen von Potentialitäten statt, die dann die enorme schöpferische Arbeit des Kindes leiten müssen: des geistigen Embryos. Da die Natur alle aufeinanderfolgenden Ereignisse in der psychischen Entwicklung mit offensichtlichen physischen Merkmalen begleitet, können wir feststellen, daß sich die Nabelschnur, die das Kind mit der Mutter verband, erst einige Tage nach der Geburt von seinem Körper löst. Diese erste Periode ist die wichtigste, denn in dieser Zeit geschehen geheimnisvolle Vorbereitungen.

So muß also nicht nur das Trauma der Geburt in Betracht gezogen werden, sondern auch die Möglichkeit, diese aktiven Faktoren, die zweifellos existieren müssen, in Bewegung zu setzen oder nicht. Denn wenn im Kind nicht wie beim Verhalten der Tiere bereits stabilisierte Eigenschaften existieren, müssen jedoch bestimmte Potentialitäten zu ihrer Hervorbringung existieren. Das Kind erwartet nicht das Erwachen atavistischer Erinnerungen an ein bestimmtes Verhalten, sondern die Bildung *nebelhafter* Anregungen, die formlos, aber voller potentieller Energien sind, die das menschliche Verhalten in der Umwelt leiten und inkarnieren müssen und die wir als „Nebule" [26] bezeichnet haben.

Die Aufgabe der Anpassung, die die vitale Aufgabe der ersten Kindheit ist, kann mit den „Entwürfen" der Vererbung des Verhaltens beim tierischen Embryo verglichen werden. Die Tiere werden geboren und sind mit allem fertig ausgestattet: der Art der Bewegungen, der Geschicklichkeit, der Auswahl der Nahrung, den der entsprechenden Art eigenen Formen der Verteidigung.

Der Mensch hingegen hat alles in seinem sozialen Leben ausbilden müssen: Das Kind muß sich die Eigenschaften seiner sozialen Gruppe einprägen, indem es sie nach der Geburt aus der Umwelt absorbiert.

[26] Das Erwachen der „Nebule" wäre das, was bei den Tieren als „Erwachen der Instinkte des Verhaltens" betrachtet wird, und betrifft die ersten Lebenstage, die die psychische Hygiene als die wichtigsten ansehen muß. Siehe: M. Montessori. Über die Bildung des Menschen, Freiburg i. Br. 1966.

Geburt und Entwicklung

Es ist wichtig, die Entwicklung des Kindes zu studieren, indem man sich die Funktionen vor Augen hält, die es wie einen allgemeinmenschlichen Lebensmechanismus erfüllen muß[27].

Das auch physisch unvollendete Neugeborene muß das komplizierte Wesen, den Menschen, vollenden. Bei ihm gibt es kein „Erwachen von Instinkten" wie bei den neugeborenen Tieren, sobald diese mit der äußeren Umwelt in Berührung kommen. Bei ihm dauert auch nach der Geburt eine aufbauende embryonale Funktion fort, und es konstruiert das, was dann als die „Gesamtheit menschlicher Instinkte" erscheinen könnte.

Da im Menschen nichts festgelegt ist, muß es auch das gesamte psychische Leben des Menschen und alle Bewegungsmechanismen, die dessen Ausdruck sein werden, aufbauen.

Es ist ein untätiges Wesen, das nicht einmal seinen Kopf halten kann. Es wird sich wie der Jüngling, den Jesus auferweckte und seiner Mutter zurückgab, erheben und aufstehen. Es wird dem Menschengeschlecht zurückgegeben, das auf dieser Erde wirkt. Diese Untätigkeit der Bewegungen erinnert an die Entdeckungen Coghills, nämlich daß sich die Organe nach den Nervenzentren bilden, um sich auf ihre Tätigkeit vorzubereiten.

Auch beim Kind müssen sich noch vor den Bewegungen *psychische Entwürfe* bilden. Somit liegt der Beginn der kindlichen Tätigkeit auf psychischem Gebiet und nicht in der Bewegung.

Der wichtigste Teil menschlicher Entwicklung liegt im psychischen Leben und nicht in der Bewegung; denn die Bewegungen müssen nach der Anleitung des psychischen Lebens geschaffen werden. Die Intelligenz unterscheidet den Menschen vom Tier, daher muß der Mensch als erstes seine Intelligenz aufbauen. Der Rest wartet.

Die Organe selbst sind noch nicht vollendet. Das Skelett ist noch nicht vollständig ossifiziert; die Bewegungsnerven sind noch nicht ganz mit Myelin umscheidet, das sie voneinander isoliert und die Übertragung der Befehle der Nervenzentren erlaubt. Und somit bleibt der Körper leblos, als sei er nur ein Entwurf.

Zuerst wächst beim menschlichen Wesen also die Intelligenz, während der Rest der Entwicklung gerade von diesem psychischen Leben abhängt, dessen Eigenschaften es entwickelt.

---

[27] Die Übersetzung dieser im italienischen Text etwas unklaren Stelle folgt hier dem erläuternden Hinweis von Herrn Mario Montessori (d. Hrsg.).

Diese Beobachtungen sind der beste Beweis für die Wichtigkeit des ersten Lebensjahres und dafür, wie die primäre Entwicklung der Intelligenz charakteristisch für das Menschenkind ist.

Die Entwicklung des Kindes setzt sich aus mehreren Abschnitten zusammen, die in ihrer Aufeinanderfolge von speziellen Gesetzen bestimmt werden, die für alle gleich sind. Ein detailliertes Studium der nachgeburtlichen embryonalen Entwicklung zeigt, wann sich der Schädel vervollständigt und sich die Fontanellen langsam durch das Aufeinandertreffen knorpeliger Teile schließen, wann sich einige Nähte schließen, wie die frontale und wie dann die gesamte Körperform durch charakteristischen Wechsel der Proportionen sich ändert und wann die endgültige Ossifizierung der Glieder und ihrer Extremitäten erreicht ist. Es ist ebenfalls bekannt, wann sich die spinalen Nerven mit Myelin umgeben und wann das Kleinhirn, das Gleichgewichtsorgan des Körpers, das bei der Geburt sehr zurückgebildet war, plötzlich wächst, bis es ein normales Verhältnis zu den zerebralen Hemisphären erreicht; endlich wie sich die endokrinen und die physiologischen Drüsen der Verdauung modifizieren.

Diese Ergebnisse sind seit langem bekannt und weisen auf sukzessive Grade von „Reife" in der physischen Entwicklung hin im Verhältnis zu der physiologischen des Nervensystems. So wäre das Kind beispielsweise nicht in der Lage, sich zu setzen oder gerade zu stehen, wenn das Kleinhirn und die Nerven nicht diesen Reifegrad erreicht hätten.

Die Grenzen, die diesen Möglichkeiten gesetzt sind, könnten nie durch die Erziehung oder besondere Übungen erweitert werden. Die Bewegungsorgane stellen sich nach und nach, so wie sie ihre Reife erlangen, dem psychischen Kommando zur Verfügung. Dieses setzt sie ihrerseits in Bewegung, damit sie auf nicht bestimmte Weise Erfahrungen in der Umwelt sammeln.

Durch diese Erfahrungen und Übungen entwickelt sich die Koordinierung der Bewegungen, und schließlich macht sie sich der Wille für seine Zwecke zu eigen.

Der Mensch hat im Gegensatz zum Tier keine festkoordinierten Bewegungen. Er muß alles aus sich selbst aufbauen: Er hat nicht Ziele, sondern er muß sie suchen. Die Jungen der Säugetiere können zum großen Teil schon von der Geburt an laufen, rennen und springen, je nach der Art. Sie werden innerhalb kurzer Zeit die schwierigsten Übungen vollbringen, wenn sie aufgrund der Vererbung klettern, Hindernisse überspringen oder schnell fliehen müssen. Der Mensch bringt hingegen keine Fähigkeiten mit, obwohl er das Lebewesen ist, das fähig ist, zur Ausführung der verschiedensten und schwierigsten Bewegungen zu gelangen, denken wir an die Kunsthandwerker, Akrobaten, Tänzer, Rennläufer oder anderen großen Sportler.

In diesen Fällen ist jedoch nicht die Reife der Organe die Ursache, sondern die Erfahrung in der Umwelt, die Übung, d. h. die Erziehung. Jedes Individuum wird zum Schöpfer seiner eigenen Fähigkeiten, auch wenn es über physiologische Voraussetzungen verfügt, die sich an sich nicht verändern. Der Mensch ist also der Urheber seiner eigenen Vervollkommnung.

Nun muß man im Hinblick auf das Kind diese verschiedenen Einzelheiten unterscheiden.

Um sich beim Studium des Kindes orientieren zu können, muß man vor allem folgende Tatsachen akzeptieren: Obwohl sich das Kind bewegt, wenn sein Körper Bedingungen von Reife anbietet, ist es nicht so, als ob seine psychischen Bedingungen von jenen abhängig seien. Aber wie bereits angedeutet, entwickelt sich beim Menschen zuerst die Psyche, während die Organe die nötige Zeit warten, sich vorzubereiten und sich ihrer zu bedienen. Wenn die Organe in Aktion treten, dann geschieht die weitere psychische Entwicklung immer mit Hilfe der Bewegungen durch die aktiven Erfahrungen in der Umgebung. Somit wird ein Kind, das sich nicht seiner Organe bedienen kann, sobald diese fertig sind, in seiner geistigen Entwicklung behindert. Da der psychischen Entwicklung keine Grenzen gesetzt sind, hängt diese zum großen Teil von der Möglichkeit ab, ihre Ausführungswerkzeuge benutzen zu können, die Behinderung durch die Unfähigkeit zu überwinden: aber sie entwickelt sich in sich selbst.

Die psychische Entwicklung ist mit einem Geheimnis verbunden, dem Geheimnis seiner latenten Potentialitäten, die in jedem Individuum verschieden sind und die wir noch nicht verfolgen können, wenn sich das Kind in der psycho-embryonalen Periode befindet.

In dieser Zeit können wir nur die Gleichheit aller Kinder auf dieser Welt bemerken. Man kann wohl sagen: Alle Kinder sind von Geburt an gleich. Sie entwickeln sich alle auf die gleiche Weise und folgen den gleichen Gesetzen. Auf psychischem Gebiet geschieht dasselbe wie beim physischen Embryo: Die Zellteilung durchläuft die gleichen Stadien, so daß es fast unmöglich ist, einen Unterschied zwischen den Embryonen zu erkennen, auch wenn die Zellen bei ihrer Vermehrung die unterschiedlichsten Lebewesen der entferntesten Arten vorbereiten wie z. B. eine Eidechse, einen

Vogel oder ein Kaninchen. Aber dann tritt bei den Tieren, die sich auf die gleiche Weise gebildet haben, eine grundlegende Differenzierung auf.

Aus dem geistigen Embryo kann gleichermaßen ein künstlerisches Genie, ein Volksführer, ein Heiliger oder ein mittelmäßiger Mensch hervorgehen. Die mittelmäßigen Menschen können ihrerseits verschiedene Neigungen haben, die sie dazu führen, verschiedene Stellungen in der Gesellschaft einzunehmen. Denn sie sind nicht dazu bestimmt, „das gleiche" zu tun oder „das gleiche Verhalten" an den Tag zu legen, wie es bei den Lebewesen geschieht, die durch das Erbe ihrer Art begrenzt sind.

Aber diese Entwicklung, diese verschiedenen Endpunkte können wir nicht vorhersehen, noch können wir sie im Laufe der formativen embryonalen Periode ermessen, dieser nachgeburtlichen Periode, in der sich die Bildung des Menschen [28] vollzieht.

In dieser Periode besteht die Sorge darin, dem Leben zu helfen, sich zu entwickeln, und das Leben entwickelt sich in allen auf die gleiche Weise. Für alle kommt zuerst eine Periode der „Anpassung", und in allen bahnt die psychische Entwicklung die Abenteuer des Lebens an. Wenn in dieser Zeit eine den menschlichen Bestimmungen entsprechende Hilfe geboten wird, entspringt für alle der Vorteil, die jedem Individuum eigenen Potentialitäten besser entwickeln zu können.

Es kann also nur ein einziges Mittel zur Behandlung oder Erziehung der Kinder zu Beginn ihres Lebens geben; und wenn die Erziehung bei der Geburt beginnen muß, kann das nur auf eine einzige Art und Weise geschehen. Man kann also nicht von besonderen Methoden beim Umgang mit indischen, chinesischen oder europäischen Kindern sprechen noch bei Kindern unterschiedlicher sozialer Klassen – sondern von einer Methode, die „der menschlichen Natur, die sich entwickelt", folgt. Denn alle haben die gleichen psychischen Bedürfnisse und folgen dem gleichen Verlauf zum Aufbau des Menschen hin: alle müssen dieselben Wachstumsphasen durchlaufen.

Da es sich hier nicht um eine Ansicht handelt, kann weder ein Philosoph noch ein Denker, noch ein Empiriker diese oder jene Erziehungsmethode diktieren oder vorschlagen.

Nur die Natur, die manche Gesetze und Notwendigkeiten für den in der Entwicklung befindlichen Menschen festgelegt hat, kann die Erzie-

---

[28] La formazione dell'uomo; diese Formulierung bildet den Titel von M. Montessoris letztem Buch; deutsch: Über die Bildung des Menschen, Freiburg i. Br. 1966 (d. Hrsg.).

hungsmethode diktieren, die dazu bestimmt ist, den Notwendigkeiten und Gesetzen des Lebens nachzukommen.

Das Kind selbst muß diese Gesetze und Notwendigkeiten durch seine spontanen Äußerungen und Fortschritte aufzeigen: durch die Äußerungen des Friedens und des Glückes; durch die Intensität seiner Anstrengungen und die Ausdauer bei seiner freien Wahl.

Wir müssen von ihm lernen und ihm so gut wie möglich dienen.

Die Psychologen haben inzwischen eine kurze, aber entscheidende Periode, die Geburt, von der darauffolgenden Entwicklung unterschieden. Obwohl ihre Auslegungen nur mit Freudschen Begriffen erläutert werden, bringen sie doch reale Angaben und unterscheiden die „Merkmale der Regression", die mit dem „Trauma der Geburt" in direkte Verbindung gebracht werden, von den Merkmalen der Repression, die mit den Lebensverhältnissen, die im Laufe der Entwicklung auftreten können, im Zusammenhang stehen. Die Regressionen sind nicht die Repressionen. Sie sind eine Art unbewußte Entscheidung des neugeborenen Wesens zurückzugehen, d. h., sich zurückzubilden, anstatt in der Entwicklung fortzuschreiten.

Wie man heute beobachtet hat, scheint das „Trauma der Geburt" schlimmere Auswirkungen zu haben als den Protest und das Weinen des Kindes. Es scheint zu Fehleigenschaften des Kindes im Laufe seiner Entwicklung zu führen. Daraus würde eine psychische Umwandlung oder besser Abweichung folgen. Anstatt den Weg zu nehmen, den wir als normal bezeichnen, ginge das Kind einen falschen.

Anstatt in der Entwicklung fortzuschreiten, scheinen die Individuen, die unter einer negativen Reaktion auf das „Trauma der Geburt" leiden, an etwas haftenzubleiben, das vor der Geburt lag. Diese Merkmale von Regression sind zahlreich, äußern sich aber alle auf die gleiche Weise. Es scheint, als betrachte das Kind die Welt und sage zu sich selbst: „Ich kehre dorthin zurück, wo ich hergekommen bin." Viele Stunden Schlaf werden beim Neugeborenen als normal angesehen, aber zuviel Schlaf ist auch beim Neugeborenen nicht normal. Freud betrachtet dies als eine Art Zuflucht, durch die das Kind eine Deckung findet und seiner psychischen Ablehnung Ausdruck verleiht, die es der Welt und dem Leben gegenüber empfindet.

Ist nicht andererseits der Schlaf das Reich des Unterbewußtseins? Wenn uns etwas schmerzlich bedrückt, suchen wir im Schlaf Frieden zu finden, denn der Schlaf bringt Träume und nicht die Wirklichkeit, im Schlaf gibt es keinen Lebenskampf. Der Schlaf ist ein Zufluchtsort, eine Entfernung von der Welt. Weiterhin muß die Stellung des Körpers im Schlaf in Betracht gezogen werden. In seiner natürlichen Position hat das Neugeborene die Hände in Gesichtsnähe und die Beine angezogen. Auch einige Erwachsene halten an dieser Position fest. Man könnte sagen, daß sie sich in die vorgeburtliche Lage flüchten. Eine andere Tatsache bringt deutlich ein Merkmal von Regression zum Ausdruck: das Weinen des Kindes beim Erwachen, als sei es erschreckt, als müsse es nochmals den schrecklichen Moment der Geburt durchleben, die in eine schwierige Welt führt. Oft leiden die Kleinen unter Alpträumen, die zur Lebensangst gehören.

Später findet diese Tendenz ihren Ausdruck darin, daß sich die Kinder an jemanden klammern, als hätten sie Angst, allein gelassen zu werden. Diese Anhänglichkeit ist nicht Zeichen besonderer Liebe, sondern ist eher Ausdruck der Angst. Das Kind ist ängstlich und möchte stets bei jemandem sein, am liebsten bei der Mutter. Es hat kein Verlangen fortzugehen, sondern möchte immer von der Welt isoliert im Haus bleiben. Alles, was es auf der Welt glücklich machen sollte, erschreckt es und erweckt in ihm Widerwillen gegen neue Erfahrungen. Die Umwelt, die auf ein in der Entwicklung befindliches Wesen anziehend wirken sollte, scheint es abzuweisen. Wenn das Kind von der ersten Zeit an Widerwillen für seine Umwelt empfindet, die eigentlich Mittel zu Entwicklung sein sollte, entwickelt sich das Kind nicht normal. Es wird nie ein Kind werden, das erobern will, das dazu bestimmt ist, seine Umwelt vollständig zu absorbieren und zu inkarnieren. Dieses Absorbieren bereitet ihm Schwierigkeiten und wird nie vollständig sein. Man könnte sagen, es ist der lebendige Ausdruck für „leben und leiden". Alles ist ihm anstrengend, sogar die Atmung erscheint ihm schwierig. Jede Handlung geht gegen seine Natur. Individuen dieser Art benötigen mehr Schlaf und Ruhe als andere. Sogar die Verdauung bereitet ihnen Schwierigkeiten. Es läßt sich leicht vorstellen, welches Leben die Zukunft diesen Kindern bereitet, denn diese Eigenschaften verbleiben ihm. Dieses Kind weint leicht, braucht stets Hilfe, ist träge, traurig und niedergedrückt. Diese Merkmale sind nicht vorübergehend: sie begleiten es fürs ganze Leben. Als Erwachsener wird es stets Widerwillen gegen die Welt empfinden, wird Angst haben, mit anderen Menschen zusammenzutreffen, und wird stets schüchtern bleiben. Diese Individuen sind den anderen im Existenzkampf und im sozialen Leben unterlegen, und ihnen fehlen Freude, Mut und Glück.

Das ist die furchtbare Reaktion des Unterbewußtseins. Unser bewußtes Gedächtnis vergißt, aber das unterbewußte, das weder zu fühlen noch zu erinnern scheint, vollbringt etwas Schlimmeres als das Erinnern. Denn die

Eindrücke des Unterbewußten prägen sich in die *Mneme* ein und treten als Charaktereigenschaften des Individuums auf. Darin liegt die große Gefahr für die Menschheit: Das Kind, dem kein normaler Aufbau ermöglicht wurde, wird sich der Gesellschaft gegenüber durch das erwachsene Individuum rächen, das es selbst bildet. Unsere Vernachlässigung schafft keine Rebellen, wie es unter Erwachsenen geschehen würde, sondern erzeugt Individuen, die schwächer sind, als sie sein sollten; sie bildet Eigenschaften, die zu Hindernissen im Leben des Individuums werden, und Individuen, die zum Hindernis für den kulturellen Fortschritt werden.

„*Nebule*"[29]

Ich möchte hier die bereits begonnenen Beobachtungen vertiefen, die dahin tendieren, dem Moment der Geburt eine Bedeutung für das psychische Leben des Menschen beizumessen. Bis jetzt haben wir uns nur auf die ersten Beobachtungen beschränkt: die regressiven Merkmale. Nun ist es wichtig, diese Merkmale mit den Tatsachen der Natur in Verbindung zu setzen, die offensichtlich bei den Säugetieren Beschützerinstinkte den Neugeborenen gegenüber erwecken. Die Schlußfolgerungen der ersten Naturalisten leisten einen nützlichen Beitrag zur Vertiefung der Psychologie des neugeborenen Kindes, denn sie bringen die typische und besondere mütterliche Pflege in den ersten Tagen nach der Geburt mit einer Art Erwachen der allgemeinen Instinkte der Art im Neugeborenen in Verbindung.

Daraus folgt, wie wichtig es ist, der Anpassung des Kindes an die äußere Umwelt Bedeutung zu geben und die Erschütterung, die das Kind bei seiner Geburt ertragen mußte, in Betracht zu ziehen, denn sie erfordert eine besondere Behandlung, so wie auch die Mutter einer besonderen Pflege bedarf. Mutter und Kind laufen nicht die gleiche Gefahr, aber überwinden gemeinsam große Schwierigkeiten. Schließlich liegt auch die Bedeutung dieses Risikos nicht so sehr im materiellen wie im psychischen Leben des Kindes. Wenn die regressiven Merkmale ihre Ursache nur im Trauma der Geburt hätten, würden alle Kinder die gleichen Merkmale aufweisen. Daher sind wir zu einer Hypothese gekommen, die gleichzeitig auf Beobachtungen beim Menschen und beim Tier beruht. Es ist offensichtlich, daß sich in den ersten Lebenstagen äußerst wichtige Vorgänge abspielen. Wie

---

[29] Das Bild ist der astronomischen Fachsprache entnommen; italienisch nebula, Plural nebule = Nebel, Sternnebel; vgl. das Kapitel „Nebelflecke" in: Über die Bildung des Menschen, S. 74 ff. (d. Hrsg.).

ich bereits sagte, muß dem Erwachen der erblichen Eigenschaften der Rasse bei den Säugetieren, das mit ihrem Verhalten in Verbindung steht, auch beim Kind etwas Ähnliches entsprechen, das nicht ein Erbmuster des Verhaltens hat, sondern „Potentialitäten", die es auf Kosten der Umwelt entwickelt.

In diesem Zusammenhang haben wir den Begriff „Nebula" geprägt und die schöpferischen Energien, die das Kind dazu anleiten, die „Umwelt zu absorbieren", mit den „Nebule" verglichen, aus denen sich durch sukzessive Vorgänge die Himmelskörper gebildet haben. Bei den Sternnebeln ist die Materie so weit gestreut, daß sie keine abgrenzbare Form annimmt, aber doch so etwas bildet, das auf große Distanz wie ein Himmelskörper wirkt. Wir können uns also ein Erwachen der „Nebula" vorstellen, genauso, wie wir uns ein Erwachen der erblichen Instinkte vorstellen können. Zum Beispiel empfängt das Kind von der „Nebula" der Sprache die Anregung und die Anleitung, um die Muttersprache in sich selbst zu schaffen, die in seiner Umgebung gesprochen wird und die es nach bestimmten Gesetzen absorbiert. Durch die Energien der Sprach-„Nebula" ist das Kind in der Lage, die gesprochene Sprache von den anderen Lauten und Geräuschen, die aus seiner Umgebung zu ihm dringen, zu unterscheiden und sich die Sprache als ein Charakteristikum seiner Rasse anzueignen. Dasselbe kann man sagen im Hinblick auf die sozialen Eigenschaften, die aus dem Kind einen Menschen seiner Art machen.

Die Sprach-„Nebula" enthält nicht die besonderen Formen der Sprache, die sich im Kind entwickeln werden, sondern aus der „Nebula" kann sich in der gleichen Zeit und durch den gleichen Vorgang bei allen Kindern der Welt jede Sprache aufbauen und entwickeln, die sie bei der Geburt in ihrer Umgebung vorfinden.

Hier begegnen wir einem grundlegenden Unterschied zwischen Mensch und Tier. Während das neugeborene Tier fast sofort die besonderen Laute seiner Rasse wiedergibt, für die es ein Erbmuster hat, bleibt das Kind ziemlich lange stumm. Danach spricht es die Sprache, die es in seiner Umgebung vorgefunden hat. So geschieht es, daß ein holländisches Kind, das unter Italienern aufwächst, Italienisch und nicht Holländisch spricht, trotz der Erbanlagen durch seine holländischen Eltern.

Es ist also klar, daß das Kind kein vorbestimmtes Modell einer Sprache erbt, sondern die Möglichkeit, eine Sprache durch die unbewußte Aktivität des Absorbierens aufzubauen.

Diese Potentialität, die mit dem *Gen* der Keimzelle, das die Macht hat, aus den Geweben präzise und komplizierte Organe zu schaffen, verglichen werden kann, ist es, die wir als „Nebula der Sprache" bezeichnet haben.

So produzieren die Nebule, die die Funktionen der Anpassung an die Umwelt und der Reproduktion des sozialen Verhaltens betreffen, welches das Kind bei seiner Geburt rings um sich vorfindet, nicht durch Vererbung die Verhaltensmuster, die sich in der Art während ihrer besonderen Evolution herausgebildet haben und durch die ein bestimmtes Kulturniveau erreicht worden ist, sondern diese Nebule geben dem Kind nach der Geburt die Fähigkeit, diese Muster aus der Umwelt zu absorbieren. Das gilt für jede geistige Funktion, wie Carrel richtig über die geistige Aktivität schreibt: „Der Sohn eines Wissenschaftlers wird von seinem Vater kein Wissenselement erben. Allein gelassen, auf einer einsamen Insel, wird er unsere Vorfahren von Cro-Magnon nicht übertreffen."[30]

Bevor wir auf diesem Gebiet fortfahren, möchte ich einen Punkt klarstellen. Wenn wir von Nebule sprechen, kann der Leser den Eindruck gewinnen, daß wir uns darunter Potentialitäten an sich bestehender Instinkte vorstellen, die die wesentliche Einheit des Verstandes verdunkeln. Wir sprechen nur wegen der Zweckmäßigkeit der Diskussion von Nebule und nicht, weil wir zu einer atomistischen Auffassung des Verstandes neigen. Der geistige Organismus ist für uns eine dynamische Einheit, die ihre Struktur durch aktive Erfahrungen in der Umwelt wandelt und von einer Energie (horme)[31] geleitet wird, deren differenzierte und spezialisierte Arten oder Grade die Nebule darstellen.

Angenommen, die Nebula der Sprache wirkte aus einem unbekannten Grund nicht oder bliebe verborgen. In diesem Fall würde die Entwicklung der Sprache ausbleiben. Diese nicht seltene Anomalie erzeugt eine Art Stummheit bei Kindern, deren Hör- und Sprachorgane sowie das Gehirn normal ausgebildet sind. Es handelt sich oft um intelligente Kinder, die das gleiche soziale Verhalten aufweisen wie die anderen. Ich bin einigen dieser Fälle begegnet, bei denen Ohren- und Nervenspezialisten erklärten, vor einem Naturgeheimnis zu stehen. Es wäre interessant, diese Fälle zu untersuchen und herauszufinden, was in den ersten Lebenstagen dieser Wesen vorgefallen ist.

[30] A. Carrel, L'homme cet inconnu, Paris 1947, S. 177; vgl. deutsche Übersetzung: Der Mensch, das unbekannte Wesen, München 1955; List-Bücher Nr. 45, S. 123 (d. Hrsg.).
[31] Wir geben dem Wort horme, vom Griechischen ὁρμάω (erregen), den Sinn von Lebenskraft oder -anreiz. Siehe auch Anm. 32.

Diese Idee wird viele Dinge erklären, die auch auf anderen Gebieten noch unklar sind, wie zum Beispiel die der Anpassung an die soziale Umgebung: eine Idee, die wissenschaftlich praktischer erscheinen kann als die angenommenen Folgen des „Trauma der Geburt". Ich halte das Auftreten der psychischen Regressionen für bedingt durch das Fehlen dieses *vitalen Antriebs,* der die soziale Anpassung leitet. In diesem Fall absorbiert das Kind aufgrund des Fehlens einer bestimmten Sensitivität nichts oder auf unvollständige Weise aus seiner Umwelt. Das Kind wird dieser Umwelt gegenüber Widerwillen empfinden, anstatt von ihr angelockt und angezogen zu werden. Es wird nicht die Entwicklung dessen stattfinden, was wir als „Liebe für die Umwelt" bezeichnen und durch die das Individuum mittels sukzessiver Errungenschaften seine Unabhängigkeit verwirklicht.

Dann werden die Merkmale der Art, die Gebräuche, die Religion usw. nicht normal absorbiert, und daraus entsteht ein wirklich moralisch Anomaler, ein Verrückter, ein Extra-Sozialer, der viele der bereits angeführten regressiven Merkmale aufweist. Wenn im Menschen diese schöpferischen *Sensitivitäten* anstatt erblicher Verhaltensmodellen existieren und wenn sich durch sie die Funktionen der Anpassung an die Umwelt bilden müssen, ist es evident, daß diese *Sensitivitäten* die Basis des ganzen psychischen Lebens bilden; eine Basis, die sich in den ersten Lebensjahren stabilisiert. Aber nun können wir uns fragen: Gibt es Gründe, denen wir ein verspätetes oder fehlendes Erwachen dieser schöpferischen *Sensitivitäten* zuschreiben können? Auf diese Frage gibt es noch keine Antwort, und jeder müßte im Leben jener nachforschen, für die sich die Wissenschaft als noch unzuständig erklärt und im Hinblick auf welche sie von einem Geheimnis spricht.

Bis jetzt habe ich nur einen Fall kennengelernt, der einen Ansatz für diese Untersuchungen darstellen kann. Es handelte sich um einen Jungen, der unfähig war, Disziplin zu halten oder sich einem Studium zu widmen. Es war ein schwieriger Junge mit einem unguten Charakter, der ihn unumgänglich machte und zur Isolierung verurteilte. Er war hübsch, gut gebaut und auch intelligent. Aber er hatte in den ersten vierzehn Tagen nach seiner Geburt unter einer schweren Unterernährung gelitten und dadurch so an Gewicht abgenommen, daß er zu einem kleinen Skelett geworden war, vor allem im Gesicht. Die Amme, die gerufen wurde, um ihn zu stillen, fand ihn abstoßend und nannte ihn „der Dürre". Nach diesen ersten vierzehn Tagen hat sich sein Leben normal abgewickelt. Im übrigen war es ein starkes Kind, sonst wäre es gestorben. Aber der Junge, der überlebte, war für die Kriminalität vorbestimmt.

Wir wollen jedoch mit diesen Hypothesen, die noch der Bestätigung bedürfen, keine Zeit verlieren, sondern eine Tatsache betrachten, die von äußerster Wichtigkeit ist. Die Nebule der Sensitivität leiten die psychische Entwicklung des neugeborenen Kindes, so wie die *Gene* das befruchtete Ei bei der Bildung des Körpers beeinflussen. Lassen wir also den Neugeborenen dieselbe besondere Pflege, für die uns die höheren Tiere ein Beispiel geben, während der kurzen Zeit zukommen, in der die psychischen Eigenschaften der Art erwachen. Sprechen wir nicht nur von einer Pflege der Kinder in den ersten Jahren oder Monaten – noch weniger soll sich diese Pflege nur auf den Bereich der physischen Gesundheit beziehen. Wir wollen hingegen ein Prinzip aufstellen, das von besonderer Wichtigkeit für alle intelligenten Mütter und die Familie im allgemeinen ist: Für die Geburt und die ersten Tage nach der Geburt muß eine genaue „spezielle Regel für die Behandlung" aufgestellt werden.

8. Die Eroberung der Unabhängigkeit

Dort, wo keine Merkmale von Regression auftreten, zeigt das Kind Neigungen, die klar und energisch auf die funktionelle Unabhängigkeit ausgerichtet sind. Dann ist die Entwicklung ein Anstoß zu immer größerer Unabhängigkeit. Es ist wie der Pfeil, der vom Bogen abgeschossen wird und sich gerade, sicher und voller Kraft vorwärtsbewegt. Die Eroberung der Unabhängigkeit beginnt mit dem ersten Anfang des Lebens; während sich das Lebewesen entwickelt, vervollkommnet es sich selbst und überwindet jedes Hindernis, das sich auf seinem Weg befindet. Im Individuum ist eine vitale Kraft tätig, die es zu seiner Entfaltung führt. Diese Kraft wurde von Percy Nunn als *Horme*[32] bezeichnet.

Im psychisch bewußten Bereich könnte diese Horme mit der Willenskraft verglichen werden, wenn auch nur eine geringe Ähnlichkeit zwischen beiden besteht. Die Willenskraft ist zu begrenzt, zu sehr an das individuelle Bewußtsein gebunden, während die Horme etwas ist, was zum Leben im allgemeinen gehört, zu dem, was wir als göttliche Kraft bezeichnen können, Förderer jeglicher Entwicklung.

Diese vitale Entwicklungskraft regt das Kind zu verschiedenen Handlungen an. Wenn das Kind normal aufgewachsen ist und seine Tätigkeit nicht behindert wurde, zeigt sich in ihm das, was wir als „Lebensfreude" bezeichnen. Das Kind ist stets begeistert und glücklich.

Diese Errungenschaften von Unabhängigkeit sind die ersten Schritte der „natürlichen Entwicklung". Mit anderen Worten, wenn wir die natürliche Entwicklung aus der Nähe betrachten, können wir diese als die Errungenschaft sukzessiver Grade von Unabhängigkeit, nicht nur auf psychischem,

---

[32] Dieser Ausdruck, der mit dem „élan vital" von Bergson und der „Libido" von Freud verglichen werden kann, wurde zuerst von Nunn verwandt und dann von W. McDougall in seiner *Psychologie* übernommen. Siehe vom gleichen Verfasser: An Outline of Psychology, London 1948, ¹1923, S. 71 ff.

sondern auch auf physischem Gebiet bezeichnen. Denn auch der Körper hat die Tendenz, zu wachsen und sich zu entwickeln. Das ist ein so starker Impuls, daß nur der Tod ihn unterbrechen kann.

Untersuchen wir also diese Entwicklung. Bei der Geburt befreit sich das Kind aus dem Gefängnis des mütterlichen Leibes und macht sich von den Funktionen der Mutter unabhängig. Im Neugeborenen besteht der Trieb, das Bedürfnis, der Umwelt entgegenzutreten und sie zu absorbieren. Man könnte sagen, es wird mit der „Psychologie der Eroberung der Welt" geboren. Es absorbiert die Umwelt, und indem es diese absorbiert, bildet es den eigenen psychischen Körper.

Das ist das Charakteristikum der ersten Lebensperiode. Wenn das Kind den Impuls spürt, die Umwelt zu erobern, ist es klar, daß diese eine Anziehungskraft auf das Kind ausübt. Sagen wir also mit Worten, die nicht ganz für unseren Fall zutreffen, daß das Kind „Liebe" für seine Umwelt empfindet. Wir können auch mit Katz sagen: „Die Welt eröffnet sich dem Kind mit einer Fülle an Aspekten, Ausdrücken und emotionellen Anregungen." [33]

Die Sinnesorgane beginnen beim Kind als erste zu funktionieren. Sind diese etwas anderes als Aufnahmeorgane, Instrumente, mit deren Hilfe wir die Eindrücke empfangen, die im Falle des Kindes inkarniert werden müssen?

Wenn wir sehen, was erblicken wir dann? Wir erblicken alles, was sich in der Umwelt befindet. Auf gleiche Weise hören wir alles, jeden Laut, der in unserer Umgebung erzeugt wird, wenn wir beginnen zu hören. Wir können sagen, daß das Aufnahmefeld sehr weit, fast universal ist. Das ist der Weg der Natur. Es wird nicht Laut um Laut, Geräusch um Geräusch, Gegenstand um Gegenstand absorbiert. Wir beginnen alles, die Gesamtheit, zu absorbieren. Die Unterscheidung zwischen Gegenstand und Gegenstand, zwischen Laut und Geräusch und zwischen Laut und Laut findet erst später statt. Es ist eine Weiterentwicklung dieses ersten globalen Absorbierens. Das wurde klar von der „Gestaltpsychologie" bewiesen.

So ist das Bild der Psyche des normalen Kindes; zuerst absorbiert es die Welt, und dann analysiert es sie.

Nehmen wir einen anderen Typ von Kind an, auf das die Umwelt nicht diese unwiderstehliche Anziehungskraft ausübt, ein Kind also, bei dem

---

[33] D. Katz, La psicologia della forma, Ed. Einaudi 1950, S. 188 (vgl. Gestaltpsychologie, Basel, [2]1948 [d. Hrsg.]).

diese Sympathie durch Angst und Schrecken verletzt und vermindert wurde.

Offensichtlich muß sich die Entwicklung des Kindes der ersten Art von der der zweiten unterscheiden. In der kindlichen Entwicklung treten vom sechsten Monat ab gewisse Erscheinungen auf, die als Maßstab für ein normales Wachstum gelten. Mit sechs Monaten gehen im Kind körperliche Veränderungen vor. Einige unsichtbare Veränderungen wurden erst aufgrund von Versuchen entdeckt: Zum Beispiel beginnt zu diesem Zeitpunkt der Magen Salzsäure abzusondern, die zur Verdauung notwendig ist. Mit sechs Monaten erscheint auch der erste Zahn. Es handelt sich also um eine weitere Vervollkommnung des Körpers, der sich nach einem bestimmten Wachstumsprozeß entwickelt. Aufgrund dieser Entwicklung kann das Kind mit sechs Monaten ohne Muttermilch leben, oder diese kann wenigstens mit anderer Nahrung ergänzt werden. Wenn wir uns vor Augen halten, daß das Kind bis zu diesem Zeitpunkt absolut von der Muttermilch abhängig ist, da es keine andere Nahrung vertragen und verdauen kann, wird uns klar, welchen bemerkenswerten Grad der Unabhängigkeit das Kind in dieser Zeit erlangt. Es scheint, als wolle das Kind mit sechs Monaten sagen: „Ich will nicht mehr auf Kosten meiner Mutter leben, ich bin ein lebendiges Wesen und kann mich mit allem ernähren." Ein ähnliches Phänomen tritt bei den Jugendlichen auf, die beginnen, es als eine Demütigung anzusehen, von der Familie abhängig zu sein, und die unabhängig von dieser leben wollen.

Ungefähr in dieser Zeit (die als ein kritischer Moment im Leben des Kindes betrachtet wird) beginnt das Kind die ersten Silben auszusprechen. Das ist der erste Stein zu dem großen Gebäude, das mit der Sprache errichtet wird – ein weiterer großer Schritt und eine weitere große Eroberung von Unabhängigkeit. Wenn das Kind die Sprache erlernt hat, kann es sich selbst verständlich machen und ist nicht mehr darauf angewiesen, daß andere seine Bedürfnisse erraten. Dadurch setzt es sich mit der Menschheit in Verbindung, denn die Sprache ist das einzige Verbindungsmittel unter den Menschen. Das Erlernen der Sprache und die Möglichkeit, auf intelligente Weise mit den anderen in Verbindung zu treten, stellen einen eindrucksvollen Schritt auf dem Weg zur Unabhängigkeit dar. Das Kind, das anfangs mit einem Taubstummen vergleichbar ist, da es weder sich ausdrücken noch verstehen kann, was die anderen sagen, scheint mit der Eroberung der Sprache zugleich das Gehör zu erlangen und die neue Möglichkeit, das Wort zu gebrauchen.

Später, etwa mit einem Jahr, beginnt das Kind zu laufen, und das bedeutet die Befreiung aus einem zweiten Gefängnis. Jetzt kann das Kind auf seinen eigenen Füßen stehen, und wenn man ihm nachläuft, kann es ausreißen und fortlaufen. Es ist seiner Beine sicher, die es dorthin tragen, wohin es will. Somit entwickelt sich der Mensch stufenweise. Dank dieser aufeinanderfolgenden Schritte erreicht er die Unabhängigkeit und wird frei. Es handelt sich nicht um Willen, sondern um ein Phänomen der Unabhängigkeit. In Wirklichkeit ist es die Natur, die dem Kind die Gelegenheit zum Wachsen bietet, ihm die Unabhängigkeit gibt und es zur Freiheit führt.

Die „Errungenschaft des Laufens" ist von größter Bedeutung, vor allem, wenn man bedenkt, daß sich dieser komplexe Vorgang im ersten Lebensjahr abwickelt, gekoppelt mit den Errungenschaften der Sprache, der Orientierung usw. Das Laufen ist für das Kind eine physiologische Errungenschaft von großer Wichtigkeit. Die anderen Säuger müssen diese Errungenschaft nicht vollbringen; nur der Mensch erringt die Möglichkeit zu laufen durch eine verlängerte und verfeinerte Art von Entwicklung. Während seines Wachstums muß er drei verschiedene Errungenschaften vollbringen, bevor er, physisch gesehen, in der Lage ist, zu laufen oder auch nur auf seinen zwei Beinen zu stehen. Tatsächlich beginnen, im Unterschied zum Menschen, die Kälbchen und die anderen Tiere sofort nach ihrer Geburt zu laufen, auch wenn es Tiere sind, die weit unter unserem Niveau stehen und von gigantischer Größe sind. Wir wirken hilflos, da unser Aufbau viel komplizierter ist und daher mehr Zeit in Anspruch nimmt. Die Fähigkeit, zu laufen und aufrecht auf den eigenen Beinen zu stehen, impliziert eine tiefgreifende Entwicklung, die aus mehreren Elementen resultiert. Eines davon betrifft das Gehirn, genauer gesagt, das Kleinhirn, das sich an der Basis des Großhirns befindet (s. Abb. 6).

Gerade im Alter von sechs bis vierzehn/fünfzehn Monaten entwickelt sich das Kleinhirn sehr schnell, dann wächst es langsamer, bis das Kind viereinhalb Jahre alt ist. Von der Entwicklung dieses Gehirnteiles hängt die Möglichkeit ab, aufrecht auf den Beinen zu stehen und zu laufen. Beim Kind läßt sich diese Entwicklung leicht verfolgen: Es handelt sich um zwei aufeinanderfolgende Entwicklungen. Mit sechs Monaten beginnt das Kind zu sitzen, mit neun Monaten beginnt es sich mit Händen und Füßen kriechenderweise vorwärtszubewegen, mit etwa zehn Monaten steht es aufrecht und mit etwa zwölf/dreizehn Monaten läuft es, während es mit fünfzehn Monaten bereits sicher gehen kann.

Das zweite Element dieser komplexen Entwicklung ist die Vollendung

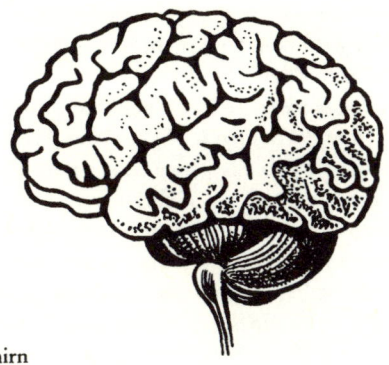

Abb. 6: Das Kleinhirn

einiger Nerven. Wenn die Nerven der Wirbelsäule nicht voll entwickelt sind, durch die die direkten Befehle an die Muskeln laufen, könnten diese Befehle nicht weitergeleitet werden. Nur die Vollendung der Nerven während dieser Zeit ermöglicht die Bewegung der Muskeln. Somit müssen sich viele Elemente einer umfassenden Entwicklung harmonisch koordinieren, damit die „Errungenschaft des Laufens" erreicht werden kann. Als drittes Element muß die Entwicklung des Skeletts hinzukommen – eine weitere Errungenschaft dieser Lebensperiode des Kindes. Wie wir bereits gesehen haben, sind die Beine des Kindes bei seiner Geburt nicht vollständig ossifiziert. Sie sind teilweise knorpelig und daher noch weich. Wie könnten sie in diesem Zustand das Gewicht des Körpers tragen? Das Skelett muß also vollendet werden, bevor das Kind mit dem Laufen beginnen kann. Eine weitere Besonderheit ist zu beachten: die Schädelknochen, die bei der Geburt nicht zusammengewachsen waren, vervollständigen sich erst jetzt. Damit läuft das Kind nicht mehr Gefahr, beim Fallen das Gehirn zu verletzen.

Wollten wir dem Kind vor dieser Zeit das Laufen beibringen, wäre das unmöglich, denn das Laufen hängt von einer Reihe physischer Entwicklungen ab, die gleichzeitig stattfinden. Es ist ein Zustand lokalisierter Reife notwendig. Der Versuch, die natürliche Entwicklung zu beschleunigen, würde zu nichts führen, als vielmehr das Kind ernstlich schädigen. Alles hängt von den exakten Befehlen der Natur ab und muß ihr folgen. Genauso würde es uns nicht gelingen, das Kind vom Laufen zurückzuhalten, wenn es damit begonnen hat. Wenn sich in der Natur ein Organ entwickelt hat, muß es in Gebrauch treten. In der Natur bedeutet erschaffen nicht nur, daß etwas hergestellt wird, sondern auch, zu ermöglichen, daß es funktioniert. Sobald das Organ vollendet ist, muß es auch sofort in der Umwelt in Funktion treten. Im modernen Sprachgebrauch wurden diese Funktionen als „Erfahrungen in der Umwelt" bezeichnet. Wenn die Erfahrungen nicht erfolgen, entwickelt sich das Organ nicht normal; denn das vorerst unvollständige Organ muß sich im Gebrauch vervollständigen.

Das Kind kann sich also nur durch Erfahrungen in der Umwelt entwickeln: Dieses Experimentieren bezeichnen wir als „Arbeit"[34]. Sobald das Kind die Sprache erlernt hat, beginnt es zu plaudern, und niemand kann es zur Ruhe zwingen. Es ist eines der schwierigsten Dinge, ein Kind zum Schweigen zu bringen. Würde das Kind weder sprechen noch laufen, könnte es sich nicht normal entwickeln, und es träte ein Stillstand in seiner Entwicklung ein. Das Kind hingegen läuft, rennt, springt und entwickelt dadurch seine Beine. Die Natur schafft zuerst die Instrumente und entwickelt sie dann durch ihre Funktion und durch die Erfahrungen in der Umwelt. Demzufolge kann sich das Kind, das seine Unabhängigkeit durch das Erlangen neuer Fähigkeiten erweitert hat, nur dann normal entwickeln, wenn man es frei wirken läßt. Das Kind wird sich entwickeln mit der Übung der gewonnenen Unabhängigkeit. Die Entwicklung geschieht nicht von selbst, wie es die modernen Psychologen ausdrücken: „In jedem Individuum befestigt sich sein Verhalten durch die Erfahrungen, die es in der Umwelt macht." Wenn wir also die Erziehung als eine Hilfe für die Entwicklung des kindlichen Lebens ansehen, können wir uns nur darüber freuen, wenn das Kind Zeichen eines bestimmten Unabhängigkeitsgrades aufweist. Wir müssen unserer Freude Ausdruck verleihen, wenn das Kind seine ersten Worte spricht, um so mehr, da wir wissen, daß wir hätten nichts tun können, um dieses Ereignis zu provozieren. Überlegen wir uns jedoch, daß die kindliche Entwicklung zwar nicht zerstört, so doch verzögert oder verspätet werden kann, wenn dem Kind nicht erlaubt wird, seine eigenen Erfahrungen in der Umwelt zu machen, dann erhebt sich für uns das Problem der Erziehung.

Die Erziehung hat als erstes die Aufgabe, dem Kind eine Umgebung zu schaffen, in der es die Möglichkeit hat, die ihm von der Natur zugeteilten Funktionen zu entwickeln. Das bedeutet nicht nur, das Kind zu befriedigen

---

[34] Montessoris Arbeitsbegriff ist nicht identisch mit dem Kerschensteiners; er ist weniger fixiert auf „Werk", sondern dynamischer und primär zweckfrei; vgl. F. J. J. Buytendijks Montessori-Interpretation, in: Erziehung zur Demut, Ratingen ²1962, S. 70 ff. (d. Hrsg.).

und ihm zu erlauben, das zu tun, was ihm gefällt, sondern wir müssen bereit sein, mit einem Befehl der Natur zusammenzuarbeiten, mit einem ihrer Gesetze, das vorschreibt, daß sich die Entwicklung durch die Erfahrung in der Umwelt verwirklicht.

Mit seinem ersten Schritt erreicht das Kind ein höheres Erfahrungsniveau. Beobachten wir das Kind zu diesem Zeitpunkt seiner Entwicklung, sehen wir, daß es die Tendenz hat, noch mehr Unabhängigkeit zu erlangen. Es möchte nach seinem eigenen Willen handeln, das heißt, es will etwas tragen, sich selbst an- und ausziehen, allein essen usw. Und das tut es nicht auf unsere Anregung hin. In ihm wirkt ein so vitaler Impuls, daß wir uns im Gegenteil meistens darum bemühen, es vom Handeln zurückzuhalten. Damit leistet der Erwachsene aber nicht dem Kind Widerstand, sondern widersetzt sich der Natur selbst, denn das Kind arbeitet mit seinem Willen mit der Natur zusammen und gehorcht Schritt für Schritt ihren Gesetzen. Einer Weisung nach der anderen folgend, erwirbt es so eine stets zunehmende Unabhängigkeit von denen, die es umgeben, bis der Moment kommt, in dem es auch seine geistige Unabhängigkeit erobern will. Es wird dann seinen Verstand durch eigene und nicht durch fremde Erfahrung entwickeln wollen. Es wird beginnen nach dem Grund der Dinge zu suchen. Die menschliche Individualität baut sich während der Kindheit auf dieser Entwicklungslinie auf. Es handelt sich hier nicht um eine Theorie oder Ansicht, sondern um klare und natürliche Fakten, die sich auf Beobachtungen stützen. Wenn wir davon sprechen, daß wir dem Kind seine volle Freiheit lassen müssen, daß die Gesellschaft seine Unabhängigkeit und die normale Entwicklung seiner Funktionen garantieren muß, sprechen wir nicht von einem vagen Ideal, sondern stützen uns auf direkte Beobachtungen im Leben, in der Natur, die diese Wahrheit offenbart. Nur durch die Freiheit und die Erfahrungen in der Umwelt kann sich der Mensch entwickeln.

Wenn wir von Unabhängigkeit und Freiheit des Kindes sprechen, übertragen wir nicht die Auffassung der Ideale von Unabhängigkeit und Freiheit der Erwachsenen auf unser Gebiet. Wenn die Erwachsenen sich selbst erforschen müßten, könnten sie keine genaue Definition von Unabhängigkeit und Freiheit geben, denn sie haben eine recht erbärmliche Idee von dem, was Freiheit ist. Ihnen fehlt die unendliche Weite des Horizontes der Natur. Nur das Kind offenbart in sich selbst das majestätische Bild der Natur, die das Leben gibt, indem sie Freiheit und Unabhängigkeit gibt: sie gibt sie nach bestimmten Gesetzen, die der Zeit und den Bedürfnissen des Lebewesens entsprechen. Sie macht die Freiheit zu einem Lebensgesetz:

frei sein oder sterben. Ich glaube, daß uns die Natur hilft, das soziale Leben zu deuten. Es scheint, als vermittle uns das Kind ein Bild des Gesamten und begnügten wir uns im sozialen Leben nur mit kleinen Einzelheiten davon. Das Kind ist im Recht, da es uns den Weg zur Wirklichkeit und zur Wahrheit zeigt. Wenn es eine natürliche Wahrheit gibt, können keine Zweifel daran bestehen. Daher bietet die Freiheit des Kindes, die durch die Entwicklung und das Wachstum erreicht wird, Anlaß zu bemerkenswerten Beobachtungen.

Worin liegt der Zweck dieser fortschreitenden Eroberung der Unabhängigkeit? Worin hat sie ihren Ursprung? Sie entsteht in der sich bildenden Individualität und ist fähig, von sich aus zu funktionieren. In der Natur aber streben alle Lebewesen dieses Ziel an; jedes funktioniert von sich aus, und auch darin gehorcht das Kind dem Plan der Natur. Es erlangt seine Freiheit, was die erste Lebensregel in jedem Wesen ist. Wie erlangt das Kind seine Freiheit? Durch eine ständige Tätigkeit. Nur eines kann das Leben nicht: anhalten und stehenbleiben. Die Unabhängigkeit ist nicht statisch, sie ist eine ständige Eroberung durch ständige Arbeit und erreicht nicht nur die Freiheit, sondern auch Kraft und Selbstvervollkommnung. Der Hauptantrieb des Kindes ist, selbst zu handeln ohne fremde Hilfe, und seine erste bewußte Tat der Unabhängigkeit ist die Verteidigung denen gegenüber, die versuchen, ihm zu helfen. Um selbst zu handeln, wird es immer größere Anstrengungen machen. Wenn das ideale Wohlbefinden, wie viele von uns denken, darin bestünde, müßig zu sitzen und andere für uns arbeiten zu lassen, wäre der Idealzustand der des Kindes vor seiner Geburt. Es wäre dasselbe, als würde das Kind in den Leib der Mutter zurückkehren, damit diese es mit allem versorge. Das gleiche könnte man von der schwierigen Eroberung der Sprache sagen, die dem menschlichen Wesen erlaubt, mit seinen Mitmenschen in Verbindung zu treten. Würden wir den Ruhezustand als Lebensideal annehmen, könnte das Kind auf die Bemühungen zu sprechen verzichten, darauf, eine normale Ernährung zu beginnen, auf die Mühe des Laufens, auf seine geistige Arbeit, die in ihm ein unwiderstehliches Interesse dafür erweckt, die Dinge seiner Umgebung zu erkennen.

Aber die Wirklichkeit, von der das Kind zeugt, ist nicht diese. Das Kind offenbart, daß die Lehren der Natur recht verschieden sind von den Idealen, die die Gesellschaft für sich herausgebildet hat. Das Kind erstrebt seine Unabhängigkeit durch die Arbeit: die Unabhängigkeit des Körpers und des Geistes. Ihm ist es gleich, was die anderen wissen: Es will selbst lernen, seine Erfahrungen in der Umwelt machen und diese durch seine persönliche

Anstrengung wahrnehmen. Eines muß uns klar sein: Wenn wir dem Kind Freiheit und Unabhängigkeit gewährleisten, so tun wir das für einen Arbeiter, der den Trieb zum Handeln verspürt und ohne seine Arbeit und seine Tätigkeit nicht leben kann. Das ist die Existenzform aller Lebewesen. Auch das menschliche Wesen hat diese Tendenz, und wollten wir es aufhalten, wären wir Ursache für eine Degeneration des Individuums.

Alles in der Schöpfung ist Aktivität. Inbegriff der Aktivität ist das Leben, und nur durch Aktivität kann die Vervollkommnung des Lebens angestrebt und erreicht werden. Aus den Erfahrungen vergangener Generationen wurde uns folgendes soziale Streben übermittelt: das Lebensideal von weniger Arbeitsstunden, von Leuten, die für uns arbeiten, von immer mehr Freizeit. All das sind in der Natur Anzeichen für ein degeneriertes Kind. Diese Bestrebungen sind in der Natur Zeichen der Regression bei dem Kind, dem während seiner ersten Lebenstage nicht geholfen wurde, sich an die Umwelt anzupassen, und das somit Widerwillen der Umwelt und der Tätigkeit gegenüber empfindet. Dieses Kind wird sich gern bedienen und helfen lassen, gern im Wagen fahren oder auf dem Arm getragen werden, es wird das Zusammensein mit anderen scheuen und gern lange schlafen: es weist die Eigenschaften auf, die die Natur als Zeichen der Degeneration ausweist und die erkannt, analysiert und beschrieben worden sind als Symptome einer Tendenz der Rückkehr zum embryonalen Leben. Wer normal geboren wird und aufwächst, geht der Unabhängigkeit entgegen, wer dieser ausweicht, ist degeneriert.

Für diese degenerierten Kinder tritt ein völlig anderes Erziehungsproblem auf. Wie kann diese Regression, die die normale Entwicklung aufhält und auf andere Bahnen führt, geheilt werden? Das fehlentwickelte Kind verspürt keine Liebe für seine Umwelt, da diese zu große Schwierigkeiten und Widerstände bietet. Heute stehen diese Kinder im Mittelpunkt des wissenschaftlichen Gebietes der Psychologie, die eigentlich „Psychopathologie" genannt werden könnte. Immer mehr Kliniken zur Anleitung des Kindes (Child Guidance Clinics) wurden eingerichtet, und neue Methoden, wie die „Spieltherapie" (play-therapy), wurden geschaffen, um der wachsenden Zahl fehlentwickelter Kinder entgegenzutreten. Die Pädagogik lehrt, daß die Umwelt den geringsten Widerstand leisten soll. Daher versucht man, die vermeidbaren Hindernisse der Umwelt zu verringern oder gänzlich zu entfernen. Man bemüht sich heute, die Umgebung des Kindes anziehend zu gestalten, und das vor allem bei dem Kind, das Widerwillen für die Umwelt selbst empfindet, um Sympathie und Wohlwollen zu erwecken, die das Mißtrauen und den Widerwillen besiegen sollen. Man verschafft dem Kind auch eine angenehme Tätigkeit, denn wir wissen, daß die Entwicklung nur mit Hilfe der Tätigkeit stattfindet. Die Umwelt muß reich an Motiven sein, die die Tätigkeit anregen und das Kind dazu einladen, seine Erfahrungen zu sammeln. Das sind klare Prinzipien, die von der Natur und dem Leben vorgeschrieben sind. Sie führen das fehlentwickelte Kind, das regressive Eigenschaften angenommen hat, vom Hang zum Nichtstun zum Wunsch nach Arbeit, von der Lethargie und der Untätigkeit zur Tätigkeit, vom Angstzustand, der sich oft in einer übertriebenen Anhänglichkeit an Menschen äußert, von denen es sich nicht trennen will, zu einer freudigen Freiheit, einer Freiheit, die der Eroberung des Lebens entgegengeht.

Von der Untätigkeit zur Arbeit! Das ist der Weg zur Heilung, so wie auch der Weg der Entwicklung des normalen Kindes von der Untätigkeit zur Arbeit führt. Das muß die Basis für eine Neuerziehung sein. Die Natur selbst hat sie aufgezeigt und festgelegt.

Der Begriff der Reife [35]

Obwohl ich nicht beabsichtige, mich in einer langen theoretischen Diskussion aufzuhalten, möchte ich zuerst einiges über den Begriff der Reife erklären, bevor ich zu einem anderen Thema übergehe. Ich halte es im Hinblick auf das richtige Verständnis der folgenden Kapitel wie auch anderer Teile des Buches für wichtig, daß meine Auffassung in diesen Punkten klar ist. Der Fachausdruck „Reife" wurde ursprünglich von den Genetikern und den Embryologen verwendet, um die Entwicklungsperiode zu bezeichnen, die der Befruchtung vorausgeht und in der sich eine unreife Keimzelle in eine reife verwandelt [36].

Aber auf dem Gebiet der Kinderpsychologie wurde diesem Ausdruck eine umfassendere Bedeutung gegeben. Er steht für eine Art Regulierungsmechanismus des Wachstums, der das Gleichgewicht des Entwurfs in seiner Gesamtheit und die Richtung der Wachstumsanregung garantiert. Arnold Gesell hat im besonderen diesen Begriff festgelegt, wenn er auch keine zusammenfassende Definition formuliert hat. Aber wenn wir ihn recht verstehen, ist für ihn das Wachstum des Individuums bestimmten Gesetzen unterworfen, die beachtet werden müssen. Denn ein Kind „hat

---

[35] Dieser Abschnitt „Der Begriff der Reife" stellt gegenüber der ersten englischen Ausgabe einen geschlossenen Einschub dar (d. Hrsg.).
[36] Zur näheren Orientierung über diesen Prozeß s. H. S. Jennings, Genetics, New York 1935.

FREUDE UNBEZWINGBARE AKTIVITÄT ENTHUSIASMUS — VITALES STREBEN NA

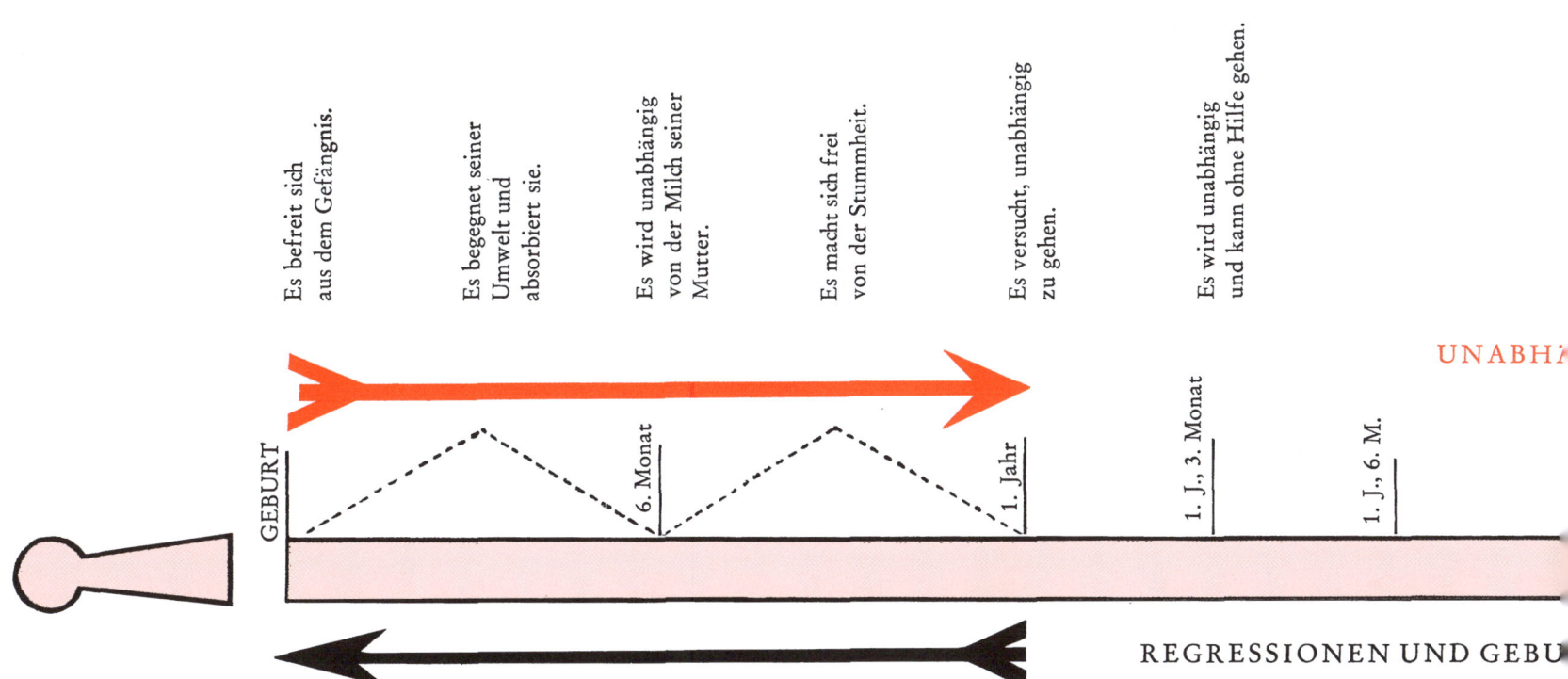

Verzögerung aller natürlichen materiellen Formen der Unabhängigkeit (Gehen, Sprechen usw.).
Es flüchtet in den Schlaf — es fürchtet sich vor dem Erwachen — hat oft Angstträume.
Meidet seine Umgebung (sucht Zuflucht zu Hause, in der Nähe seiner Angehörigen, hauptsächlich seiner Mutter —
sucht stetige Begleitung — sucht Schutz — es fürchtet, seine Mutter könnte es verlassen — ängstliches Sichanklammern).
Es möchte, daß andere für es handeln — es wünscht umsorgt zu sein — wünscht umhergetragen zu werden.
Es möchte gefüttert werden.
Oberflächliche Atmung.
Weinen, Jammern, Melancholie — Faulheit — Trägheit — Furcht — Langeweile.

BEHANDLUNG:

Anziehende Umgebung — ansprechende Tätigkeit gemäß dem Grad der natürlichen psychischen Entwicklung.
Gesellschaft anderer Kinder.
Umgebung muß den geringsten Widerstand bieten.

Faltblatt 1

CH UNABHÄNGIGKEIT

Es wird in seinen eigenen Handlungen unabhängig.

Es handelt innerhalb der Wohnung, um seine Erfahrungen anzuwenden.

Es ist unabhängig von der Hilfe anderer.

Es strebt nach Unabhängigkeit des Geistes, indem es versucht, allein zu verstehen. (Bewußtsein)

NGIGKEIT

2. Jahr

2. J., 6. M.

3. Jahr

3. J., 6. M.

RTSANGST

zum großen Teil angeborene konstitutionelle Züge und Neigungen, die bestimmen, wie, was und in welchem Zeitabschnitt es lernen wird"[37].
Mit anderen Worten, Gesell sagt, daß bestimmte Funktionen im Kind nicht durch die Erziehung beeinflußt werden können[38].
Das trifft für die physiologischen Funktionen zu. Wie ich bereits oben gesagt habe[39], können wir einem Kind tatsächlich nicht das Laufen beibringen, bevor nicht eine lokalisierte Reife eingetreten ist, noch kann ein Kind vor einem bestimmten Alter anfangen zu sprechen (so wie man es auch nicht in dieser Tätigkeit aufhalten kann, hat diese einmal begonnen). Jeder, der meine Arbeit verfolgt hat, wird wissen, daß ich zu den ersten zählte, die stets die Naturgesetze der kindlichen Entwicklung verteidigt haben, und daß ich diese Gesetze zur Grundlage der Erziehung gemacht habe. Aber Gesells Auffassung scheint uns zu biologisch zu sein, um zu Recht auf das geistige Wachstum des Kindes angewandt werden zu können. Aufgrund seiner monistischen Auffassung verlangt er, daß „der Geist des Kindes sich genauso wie sein Körper entfaltet als ein Ergebnis von Entwicklungsprozessen"[40]. Aber das ist nicht exakt. Würden wir ein Kind isoliert, fern von menschlichem Kontakt aufziehen und ihm nur materielle Nahrung bieten, wäre wohl seine physiologische Entwicklung normal, aber seine geistige Entwicklung wäre stark gefährdet. Itard gibt uns ein überzeugendes Beispiel dafür, wenn er beschreibt, wie er geduldig den Wilden aus dem Aveyron[41] unterrichtet. Es stimmt zwar, wie wir bereits gesagt haben, daß wir nicht ein Genie bilden, sondern nur dem Individuum helfen können, seine Potentialitäten zu verwirklichen. Wenn wir aber eine „biologische Reife" annehmen, müssen wir auch eine „psychische" Reife in Betracht ziehen. Diese läuft, wie wir in den vorhergehenden Kapiteln versucht haben zu erklären, vergleichbar den Phänomenen, die wir in der Embryologie gesehen haben.

Beim Lebensprozeß der Organbildung entsteht kein Ganzes, keine Gesamtheit, die wächst, noch tritt ein allmähliches Wachstum auf. Die ein-

---

[37] Arnold Gesell, Infant and Child in the Culture of Today, New York und London 1943, S. 40.
[38] Siehe Gesell, Stair-climbing Experiment in Studies in Child Development, New York und London 1948, S. 58.
[39] Siehe oben S. 81.
[40] Siehe die Einführung zu Gesells Buch: The Embryology of Behaviour, New York und London 1945.
[41] J. M. Itard, Rapports et mémoires sur le sauvage de l'Aveyron, l'idiotie et la surdi-mutité, Paris 1807 (deutsche Übers.: Jean Itard, Victor, das Wildkind vom Aveyron, Zürich - Stuttgart 1965; d. Hrsg.).

zelnen Organe entwickeln sich getrennt um Aktivitätspunkte, die nur kurze Zeit wirken, bis sich die Organe gebildet haben, und dann verschwinden. Diese Aktivitätspunkte oder -zentren haben die schöpferische Aufgabe, die Bildung eines Organes zu bestimmen. Und außer diesen Zentren gibt es sensitive Perioden, die wichtige Tätigkeiten betreffen und eine nützliche Hilfe für das Wesen sind, das mit seinem Leben in die äußere Umwelt eintritt, wie der holländische Biologe Hugo de Vries betont hat. Auf dem Gebiet der Psychologie begegnen wir einem ähnlichen Vorgang, der uns davon überzeugt, wie die menschliche Natur ihren Methoden treu ist. Daher ist der Begriff der Reife auch umfassender, als Gesell annimmt.

„Die Reife" ist sehr viel mehr „als die exakte Summe der Auswirkungen der *Gene,* die in einem in sich begrenzten Zeitabschnitt wirken"[42], denn abgesehen von den Auswirkungen der *Gene,* ist hier auch die Umwelt, in der sie wirksam werden, in Betracht zu ziehen, die eine dominierende Rolle im Bestimmen der „Reife" spielt. Bei den psychischen Funktionen kann die Reife nur durch Erfahrungen in der Umwelt eintreten, die während der einzelnen Entwicklungsabschnitte unterschiedlich sind. Die *Horme* ändert ihre Struktur im Laufe des Wachstums und äußert sich im Individuum durch ein starkes Interesse für besondere Handlungen, die lange und ohne ersichtlichen Zweck wiederholt werden, bis sich aus diesen wiederholten Handlungen schlagartig eine neue Funktion ergibt. So entspringt das eigentümliche Muster für diese Funktion aus einer Reife, die äußerlich nicht erkennbar ist, denn diese wiederholten Handlungen scheinen in keinem direkten Verhältnis zu der Funktion zu stehen, die aus ihnen erwächst, aber sofort unterlassen werden, sobald die Funktion beginnt. Das bewußte Interesse des Kindes wendet sich etwas anderem zu, das einen anderen Mechanismus vorbereitet. Wird das Kind von den Möglichkeiten, diese Erfahrungen zu sammeln, ferngehalten zu dem Zeitpunkt, da es die Natur dazu bestimmt, vergeht diese spezielle, anregende Sensitivität, und die Entwicklung wie auch die Reife werden dadurch gestört. Wenn wir eine umfassendere Definition der Reife erwägen, die aus einem neueren psychologischen Text hervorgeht: „Die Reife besteht in strukturellen Wandlungen, die hauptsächlich erblich sind, das heißt, die ihren Ursprung in den Chromosomen des befruchteten Eies haben, aber die auch teilweise aus einer Wechselwirkung des Organismus mit seiner Umwelt entspringen"[43], und

---

[42] A. Gesell, The Embryology of Behaviour, S. 23.
[43] E. G. Boring, H. S. Langfeld und H. P. Weld, Introduction to Psychology, New York 1939.

von daher unsere persönlichen Feststellungen interpretieren, können wir sagen, daß wir mit einem vitalen Antrieb (Horme) geboren werden, der schon organisiert ist in der allgemeinen Struktur des absorbierenden Geistes und dessen Spezialisierung und Differenzierung in den Nebule angekündigt ist.

Diese Struktur ändert sich im Laufe der Kindheit, je nachdem, in welche Richtung die sensitiven Perioden[44] gehen, wie wir sie nach de Vries bezeichnet haben. Diese Strukturen, die das Wachstum und die psychische Entwicklung leiten, das heißt *der absorbierende Geist*, die Nebule und die sensitiven Perioden mit ihren Mechanismen, sind erbliche Merkmale der menschlichen Art. Aber sie können sich nur durch ein freies Handeln in der Umwelt verwirklichen.

---

[44] Maria Montessori, Il segreto dell'infanzia, Mailand 1952 (deutsch: Kinder sind anders, Stuttgart 1952 [d. Hrsg.]).

9. Die Betreuung zu Beginn des Lebens

Wer es sich zur Aufgabe macht, die psychische Entwicklung des Menschen zu unterstützen, muß von der Tatsache ausgehen, daß der *absorbierende Geist* des Kindes auf die Umgebung ausgerichtet ist, und muß vor allem zu Beginn des Lebens besondere Vorkehrungen treffen, damit die Umgebung auf diesen Geist, der sich für seinen eigenen Aufbau nähren muß, interessant und anziehend wirkt.

Wie wir bereits gesehen haben, gibt es verschiedene Perioden der psychischen Entwicklung, und in jeder spielt die Umgebung eine große Rolle; aber in keiner dieser Perioden ist sie so wichtig wie gleich nach der Geburt. Noch heute ermessen wenige diese Wichtigkeit, denn bis vor kurzer Zeit ahnte man nicht im entferntesten, daß die Kinder in den ersten zwei Jahren so dringliche psychische Bedürfnisse haben, die nicht ohne schmerzliche Folgen für den Rest des Lebens übersehen werden können.

Die Wissenschaft hat ihre Aufmerksamkeit auf den Körper gelenkt. Vor allem in diesem Jahrhundert haben Medizin und Hygiene eine peinlich genaue Behandlung des Kindes herausgearbeitet, um die große Kindersterblichkeit zu besiegen. Aber gerade weil es sich darum handelte, die Sterblichkeit zu bekämpfen, begrenzte sich diese Behandlung auf die physische Gesundheit. Das Gebiet der psychischen Gesundheit ist noch fast unerforscht. Wer sich damit befaßt, kann Richtlinien dafür einerseits nur in der Betrachtung finden, daß es die Hauptaufgabe der Kindheit ist, ein seiner Zeit und seiner Umgebung entsprechendes Individuum zu bilden, und andererseits im Studium der Natur.

Wie wir bereits gesehen haben, verlangt die Natur eine Periode der Isolierung und der psychischen Reaktion auf die Umgebung, die auch bei jenen Säugetieren notwendig ist, bei denen das Verhalten vorausbestimmt ist.

Wenn man in Betracht zieht, daß es für den Menschen keine Prästabilisierung gibt und daß es für das Kind nicht die Frage des Erwachens ist, sondern die einer psychischen Schöpfung, so wird man leicht verstehen, welche bedeutende Rolle die Umgebung für das Kind des Menschen spielt. Ihr Wert und ihre Bedeutung sind ins Vielfache gesteigert, ebenso auch die Gefahren, die in ihr liegen können. Das ist der Grund für die große Aufmerksamkeit, die man der Umgebung des Neugeborenen widmen sollte, damit es diese leichter absorbieren kann und damit das Kind keine regressiven Eigenschaften entwickelt, sondern sich von der Welt, in die es geboren wurde, angezogen und nicht abgestoßen fühlt. Davon hängen Fortschritt, Wachstum und die Entwicklung des Kindes ab, die im direkten Verhältnis zur Anziehungskraft der Umgebung stehen.

Im Laufe des ersten Lebensjahres können verschiedene Perioden unterschieden werden, die eine besondere Betreuung verlangen[45]. Die erste kurze Periode ist der Eintritt in die Welt mit seinen dramatischen Umständen. Ohne auf Einzelheiten einzugehen, können wir einige Prinzipien aufstellen. Während der ersten Tage nach der Geburt sollte das Kind soviel wie möglich mit seiner Mutter in Kontakt bleiben. Seine Umgebung sollte sich nicht zu stark, zum Beispiel in bezug auf Temperatur, von der unterscheiden, in welcher es sich vor der Geburt gebildet hat: nicht zuviel Licht, nicht zu viele Geräusche, denn das Kind kommt von einem Ort milder Wärme, vollkommener Stille und Dunkelheit. In modernen pädiatrischen Kliniken sind Mutter und Kind in einem Zimmer mit Glaswänden untergebracht, in dem die Temperatur leicht regulierbar ist und somit schrittweise an die normale Außentemperatur angeglichen werden kann. Das Glas ist blau, damit das eintretende Licht gedämpft wird. Das Kind muß auch besonders vorsichtig behandelt und getragen werden. Früher wurde es in eine tiefstehende Badewanne gelegt, und es erlitt dadurch eine Erschütterung. Das Kind wurde rasch angezogen ohne Berücksichtigung seiner Sensibilität, fast als handele es sich um einen gefühllosen Gegenstand. Im Gegensatz dazu ist die Wissenschaft heute der Ansicht, daß das Neugeborene sowenig wie möglich angefaßt werden darf und nicht einmal angezogen werden, sondern in einem Raum untergebracht werden sollte, dessen Temperatur ausreicht, das Kind warm zu halten, fern von Zugluft und kalter Luft. Auch wird das Kind heute anders getragen. Es wird auf eine weiche Unterlage gebettet, die einer Hängematte ähnelt. Man vermeidet, das Neugeborene plötzlich hochzuheben und niederzulegen. Es soll mit der gleichen Vorsicht

---

[45] Für ein ausgiebiges Studium der Kinderpflege siehe: Florence Brown Sherbon, The Child, New York und London 1941.

wie Verwundete bewegt werden. Es handelt sich hierbei nicht nur um reine Hygiene. Die Krankenschwestern tragen einen Mundschutz, damit sie keine Mikroben auf die Umgebung des Neugeborenen übertragen. Mutter und Kind werden in der modernen Säuglingspflege wie Organe eines Körpers betrachtet, die in Verbindung miteinander stehen. Somit wird eine der Natur entsprechende Anpassung an die Umgebung begünstigt, denn zwischen Mutter und Kind besteht eine besondere Verbindung, fast wie eine magnetische Anziehungskraft.

In der Mutter sind Kräfte, an die das Kind gewöhnt ist, und diese Kräfte geben ihm die nötige Hilfe in den ersten schwierigen Tagen der Anpassung.

Wir können sagen, daß das Kind seine Lage der Mutter gegenüber verändert hat. Es befindet sich jetzt außerhalb des mütterlichen Körpers, aber alles bleibt gleich; es besteht weiterhin eine Verbindung zwischen ihnen. So wird heute das Mutter-Kind-Verhältnis gesehen, während man noch vor wenigen Jahren, auch in den besten Kliniken, die Mutter vom Neugeborenen trennte.

Ich habe die Pflege beschrieben, die als „letztes Wort" in der wissenschaftlichen Behandlung des Kindes gelten kann. Die Natur zeigt uns dann, daß diese besondere Pflege nicht für die ganze Periode der Kindheit notwendig ist; nach kurzer Zeit können Mutter und Kind ihre Isolierung verlassen und in die Gesellschaft eintreten.

Das Kind hat andere soziale Probleme als der Erwachsene. Man könnte sagen, daß sich bis jetzt die sozialen Verhältnisse in umgekehrter Weise auf das Kind und den Erwachsenen auswirken. Denn es ist absolut nicht paradox, wenn man behauptet, daß bei den Erwachsenen der arme und bei den Kindern das reiche mehr leidet. Abgesehen von der hemmenden Kleidung, den gesellschaftlichen Konventionen, der Fülle von Verwandten und Freunden, die sich um das Kind scharen, geschieht es oft, daß die Mutter in den wohlhabenden Schichten das Kind einer Amme zur Pflege übergibt oder zu anderen Nahrungsmitteln greift, während die arme Mutter der natürlichen Methode folgt und das Kind bei sich behält. Viele andere eingehende Betrachtungen würden uns zeigen, daß in der Welt der Kinder Dinge und Werte in einem anderen Verhältnis stehen als in der Welt der Erwachsenen.

Nach dieser ersten Periode paßt sich das Kind ruhig und ohne Widerstreben an seine Umgebung an. Es beginnt seinen Weg zur Unabhängigkeit, den wir beschrieben haben, und wir könnten sagen, daß es seine Arme der Umgebung öffnet, sie empfängt, sie absorbiert, bis es sich die Gewohnheiten der Welt, in der es lebt, zu eigen macht. Die erste Aktivität im Laufe dieser Entwicklung, die wir eine Eroberung nennen können, ist die Aktivität der Sinne. Aufgrund der Unvollständigkeit der Knochengewebe ist das Kind untätig, seine Glieder sind ohne Bewegung, und dadurch kann seine Aktivität nicht in der Bewegung liegen. Seine Aktivität ist einzig die der Psyche, die die Sinneseindrücke absorbiert. Die Augen des Kindes sind äußerst aktiv, aber wir müssen dabei bedenken, daß nach dem neuesten Stand der Wissenschaft die Augen des Kindes nicht nur für das Licht empfänglich sind. Das Kind ist nicht passiv. Zweifellos ist es Eindrücken ausgesetzt, aber es durchforscht auch aktiv seine Umgebung: Das Kind selbst *sucht diese Eindrücke.*

Betrachten wir die Tiere, so stellen wir fest, daß deren Augen mit einem Sehapparat ausgestattet sind, der dem unseren ähnelt: eine Art Photoapparat. Aber diese Tiere sind durch ihre Sensitivität gehalten, einen besonderen Gebrauch davon zu machen: Sie sind von einigen Dingen mehr angezogen als von anderen und werden so nicht von der Umgebung in ihrer Gesamtheit beeindruckt. Eine innere Führung läßt sie bestimmten Richtungen folgen, und sie folgen mit ihren Augen der Führung ihres Verhaltens.

Von Beginn an existiert in ihnen eine Führung; die Sinne vervollständigen und bilden sich, damit sie dieser Führung folgen können. Das Auge der Katze wird sich dem gedämpften Licht der Nacht angleichen (wie es bei anderen Nachträubern der Fall ist), aber die Katze, auch wenn sie an der Dunkelheit interessiert ist, wird von Dingen, die sich bewegen, nicht von solchen, die stillstehen, angezogen. Sobald sich im Dunkeln etwas bewegt, stürzt die Katze darauf, ohne den Rest der Umgebung zu beachten. Die Katze hat kein allgemeines Interesse an der Umgebung, sondern wird nur von bestimmten Dingen in ihr angezogen. Genauso gibt es Insekten, die von Blumen einer bestimmten Farbe angezogen werden, denn in den Blumen mit dieser Farbe finden sie ihre Nahrung. Nun könnte jedoch ein eben der Larve entschlüpftes Insekt keinerlei Erfahrung haben, um dieser Anleitung zu folgen, aber eine instinkthafte Führung leitet es, und das Auge dient, um ihr zu folgen. Durch diese Führung wird das Verhalten der Art verwirklicht. Daher ist das Individuum nicht Opfer seiner Sinne, wird nicht [46] von ihnen mitgerissen. Die Sinne existieren und arbeiten für ihren Herrn gemäß einer Führung.

---

[46] Ein offensichtlicher Druckfehler in der italienischen Vorlage ist hier nach den früheren englischen und niederländischen Texten verbessert (d. Hrsg.).

Das Kind ist mit besonderen Fähigkeiten ausgestattet. Auch seine Sinne stehen im Dienste einer Führung, aber sie sind nicht, wie die der Tiere, begrenzt. Die Katze beschränkt sich auf die beweglichen Dinge in der Umgebung und wird nur von diesen angezogen. Für das Kind bestehen keinerlei ähnliche Begrenzungen; es beobachtet alles, was es umgibt, und die Erfahrung hat uns gezeigt, daß es dazu neigt, alles zu absorbieren. Außerdem absorbiert es nicht nur mit Hilfe des „Photoapparates" der Augen, sondern in ihm findet eine Art psycho-chemische Reaktion statt, so daß die Eindrücke zu wesentlichen Bestandteilen seiner Psyche werden. Wir könnten folgende Betrachtung anstellen – die keine wissenschaftliche Behauptung sein will –, daß der Mensch, der sich nur von seinen Sinnen hinreißen läßt und deren Opfer ist, etwas Fehlerhaftes in sich hat. Er kann wohl eine Führung haben, aber sie ist zu schwach, um ihn beeinflussen zu können, und so ist das Wesen verlassen, Opfer seiner Sinne.

Es ist daher von äußerster Wichtigkeit, die in jedem Kind bestehende Führung zu pflegen und wachzuhalten.

Um zu erklären, was beim Absorbieren der Umgebung geschieht, möchte ich einen Vergleich anstellen. Es gibt Insekten, die einem Blatt, andere, die einem Stengel ähnlich sehen. Diese Insekten können, als Analogie zu dem, was in der Psyche des Kindes vorgeht, zitiert werden. Sie leben auf Zweigen und Blättern, denen sie so stark ähneln, daß sie eins werden mit ihrer Umgebung.

Beim Kind geschieht etwas Ähnliches. Es absorbiert die Umgebung und verändert sich in Harmonie mit dieser wie die Insekten mit den Pflanzen, auf denen sie leben. Die Eindrücke, die das Kind aus der Umgebung empfängt, sind so tiefgreifend, daß es aufgrund einer gewissen biologischen oder psycho-chemischen Umwandlung zum Schluß der Umgebung selbst ähnelt. Die Kinder werden wie das, was sie lieben. Man hat entdeckt, daß in jeder Lebensform diese Fähigkeit, die Umgebung zu absorbieren und sich in Harmonie mit dieser zu verändern, besteht, physisch wie bei den von uns genannten Insekten und anderen Tieren und *psychisch* beim Kind. Das muß als eine der wichtigsten Aktivitäten des Lebens betrachtet werden. Das Kind sieht die Dinge nicht wie wir. Wir können einen Gegenstand betrachten und ausrufen: „Wie ist das schön!", und gehen dann zu anderen Dingen über und behalten nur eine vage Erinnerung. Aber das Kind baut sich selbst auf durch die tiefen Eindrücke, die die Dinge auf es ausüben, vor allem während der ersten Lebensperiode. Das Kind eignet sich aufgrund der einzigartigen kindlichen Kräfte im Laufe der Kindheit die unterscheidenden Merkmale an, wie die Sprache, die Religion, die Merkmale der Rasse usw. Auf diese Weise baut es die Anpassung an die Umgebung auf. In dieser Umgebung ist es glücklich und entwickelt sich, indem es die Gewohnheiten und die Sprache absorbiert.

Nicht nur das, sondern es baut für jede neue Umgebung eine Anpassung auf. Was bedeutet, eine Anpassung aufzubauen? Es bedeutet, sich so umzuformen, sich so der Umgebung anzugleichen, daß diese Umgebung Teil unserer selbst wird. Wir müssen uns daher fragen, was zu tun ist und welche Umgebung wir dem Kind vorbereiten müssen, um ihm zu helfen. Hätten wir es mit einem dreijährigen Kind zu tun, könnte dieses selbst es vielleicht sagen. Wir müßten Blumen und schöne Dinge in die Umgebung stellen; wir müßten dafür sorgen, Tätigkeitsmotive zu liefern, die seiner Entwicklungslinie entsprechen. Wir könnten leicht feststellen, daß bestimmte Anregungen zur Tätigkeit sich in der Umgebung finden müßten, um dem Kind Gelegenheit zu funktionellen Übungen zu geben. Aber wenn das „Neugeborene" die Umgebung absorbieren muß, um eine Anpassung aufzubauen, welche Art der Umgebung können wir ihm vorbereiten?

Auf diese Frage gibt es nur eine[47] Antwort: Die Umgebung des kleinen Kindes muß die Welt sein, die Welt, die es umgibt, alles in ihr. Da es die Sprache erlernen muß, muß es unter Menschen leben, die sprechen, sonst würde es nicht fähig werden zu sprechen; wenn es sich besondere psychische Funktionen aneignen muß, muß es unter Menschen leben, die diese gewohnheitsmäßig ausüben. Es muß unter den Menschen leben, deren Gebräuche und Gewohnheiten es sich aneignen soll.

Das ist in Wirklichkeit eine äußerst revolutionäre Feststellung; sie steht im Gegensatz zu dem, was man in den letzten Jahren gedacht und getan hat, da man infolge von hygienischen Überlegungen zu dem Schluß – oder Fehlschluß – gelangt war, das Kind müsse isoliert sein.

Das Kind wurde in ein für die Kleinen reserviertes Zimmer getan, und als man entdeckte, daß das Kinderzimmer nicht hygienisch genug war, nahm man sich das Krankenhaus zum Vorbild und ließ das Kind allein und soviel wie möglich schlafen, als sei es krank. Wir sollten uns darüber klarwerden, daß dies, auch wenn es auf dem Gebiet der physischen Hygiene einen Fortschritt darstellt, zugleich eine soziale Gefahr ist. Wenn das Kind in einem isolierten Kinderzimmer gehalten wird, nur in Gesellschaft einer

---

[47] Offensichtlicher Fehler in dieser Passage; wiederum nach den früheren englischen und niederländischen Vorlagen korrigiert (d. Hrsg.).

Kinderschwester, ohne daß ein Ausdruck wirklich mütterlichen Gefühls zu ihm dringt, werden das normale Wachstum des Kindes und seine Entwicklung gehemmt. Eine Spätentwicklung, eine Unzufriedenheit, man könnte sagen, ein psychischer Hunger sind die schädlichen Auswirkungen im Kind. Anstatt mit der Mutter zu leben, zu der sich das Kleine hingezogen fühlt und zu der eine besondere Verbindung besteht, ist es mit der Kinderschwester zusammen, die wenig mit ihm spricht; es ist oft in einen Kinderwagen eingesperrt, wo es nichts sehen kann von dem, was sich in seiner Umgebung befindet. Diese ungünstigen Bedingungen waren um so schlimmer, je besser die Vermögensverhältnisse der Familie des Kindes waren. Zum Glück haben sich nach dem Krieg diese Dinge sehr verändert; die Not, neue soziale Bedingungen haben dem Kind die liebevolle und ständige Nähe der Eltern wiedergegeben.

Die Betreuung des Kindes muß wirklich als eine soziale Frage behandelt werden. Heute haben Beobachtungen und Studien am Kind zu der Überzeugung geführt, daß man es mitnehmen soll, sobald es aus dem Haus kann, und ihm erlauben soll, soviel wie möglich zu sehen. So ist man auf den höheren Kinderwagen zurückgekommen. Das Kinderzimmer hat plötzlich eine Veränderung erlebt; obwohl es streng den hygienischen Erfordernissen entspricht, sind heute seine Wände voller Bilder, und das Kind liegt leicht erhöht, so daß es die Gesamtheit der Umgebung überschauen kann und nicht gezwungen ist, die Decke anzustarren.

Das Absorbieren der Sprache stellt ein schwieriges Problem dar, vor allem, wenn wir auf die Kinderschwestern zurückkommen, die oft aus einem anderen Milieu stammen als das Kind. Es zeigt sich auch eine andere Seite der Frage: Soll das Kind bei den Eltern sein, wenn sich diese mit ihren Freunden unterhalten? Trotz vieler Einwände müssen wir sagen: Wollen wir dem Kind helfen, muß es unter uns sein, damit es sehen kann, was wir tun, und unser Wort hören kann. Auch wenn es nicht bewußt begreift, was um es herum geschieht, wird es davon einen unterbewußten Eindruck empfangen, den es absorbiert, und das wird ihm bei seinem Wachstum helfen. Was bevorzugt das Kind, wenn es nach draußen gebracht wird? Das können wir nicht mit Sicherheit sagen, sondern wir müssen das Kind beobachten. Wenn erfahrene Mütter und Kinderschwestern bemerken, daß sich das Kind für etwas besonders interessiert, erlauben sie ihm, aufmerksam zu untersuchen, was ihm am besten gefällt. Sie werden dort anhalten, wohin das Kind seinen Blick heftet, und werden sehen, wie sich sein Gesichtchen vor Interesse und Liebe für das, was es anzieht, erhellt. Wie können wir beurteilen, was die Kraft hat, das Kind zu interessieren? Wir müssen uns in seinen Dienst stellen. Die ganze Auffassung der Vergangenheit wird also beseitigt, und die Erkenntnis dieser Revolution muß sich unter den Erwachsenen verbreiten. Diese müssen sich davon überzeugen, daß das Kind eine vitale Anpassung an die Umgebung aufbaut und daher in vollem Kontakt mit ihr stehen muß; denn würde es dem Kind nicht gelingen, diese seine Anpassung aufzubauen, ständen wir einem schweren sozialen Problem gegenüber. Viele der heutigen sozialen Probleme sind bedingt durch eine mangelnde Anpassung des Individuums sowohl auf moralischen als auch auf anderen Gebieten. Es handelt sich um ein Grundproblem, das anzeigt, wie in Zukunft die Erziehung der Kleinen die fundamentalste und wichtigste Sorge der Gesellschaft sein wird. Man kann sich fragen, wie es möglich ist, daß uns diese Wahrheit unbekannt geblieben ist. Wer von etwas Neuem sprechen hört, stellt die übliche Überlegung an, daß die Menschheit auch in der Vergangenheit heranwuchs, auch wenn sie diese neuen Ansichten ignorierte. Wir können hören, wie man sagt: „Die Menschheit ist alt, Tausende von Menschen haben gelebt: ich selbst bin aufgewachsen, meine Kinder sind aufgewachsen, obwohl solche Theorien nicht existierten. Die Kinder erlernten trotzdem ihre Sprache und machten sich so hartnäckige Gewohnheiten zu eigen, daß diese zu Vorurteilen wurden."

Betrachten wir nun einmal das Verhalten der menschlichen Gruppen auf verschiedenem Kulturniveau. Jede dieser Gruppen wird uns in bezug auf die Kindererziehung intelligenter erscheinen, als wir es in der westlichen Welt mit unseren übermodernen Ideen sind. In vielen Ländern sehen wir, daß die Kinder nicht in einem solchen Gegensatz zu den Naturerfordernissen behandelt werden wie bei uns. Im größten Teil der Länder begleitet das Kind die Mutter überallhin, und Mutter und Kind sind wie ein einziger Körper. Auf ihrem Weg spricht die Mutter, und das Kind hört zu. Die Mutter verhandelt mit einem Händler über die Preise, und das Kind ist dabei; das Kind sieht und hört alles, was die Mutter tut, und das geschieht während der gesamten Anpassungsperiode, die Sinn dieses engen Zusammenlebens ist. Da die Mutter das Kind nähren muß, kann sie es nicht allein lassen, wenn sie zur Arbeit aus dem Haus geht. Die Frage der Ernährung kommt zur Zärtlichkeit und natürlichen Anhänglichkeit zwischen Mutter und Kind hinzu, so daß die Ernährung des Kindes und die Liebe, die die beiden Wesen verbindet, das Problem der Anpassung an die Umgebung auf natürliche Weise lösen. Mutter und Kind sind also eine einzige Person. Dort, wo die Kultur diese Gewohnheit nicht gestört hat, vertraut die Mutter das Kind nicht anderen Menschen an; das Kind nimmt Anteil am Leben der Mutter und hört zu. Man sagt, daß Mütter gesprächig sind. Auch das hilft der Entwicklung des Kindes und der Anpassung an die Umgebung. Aber wenn das Kind nur die Worte hören würde, die die Mutter an es wendet, würde es wenig lernen; aber wenn es dem vollständigen Dialog der Erwachsenen zuhört, begreift es langsam auch den Aufbau der Sprache. Es sind nicht mehr die unzusammenhängenden Worte, die die Mutter ihm vorspricht; das Wort ist lebendig im Gedanken und wird klar durch die Handlungen.

Die verschiedenen menschlichen Gruppen, Rassen und Nationen zeigen uns andere Merkmale, zum Beispiel die verschiedene Art, das Kind zu tragen. Ethnologisch ausgewertet, ist das eine der interessantesten Besonderheiten. Im allgemeinen legen die Mütter das Kind in ein Bettchen oder einen Sack, aber sie tragen es nicht auf den Armen. In einigen Ländern wird das Kind mit Bändern auf ein Stück Holz gebunden und auf die Schultern der Mutter gesetzt, wenn diese zur Arbeit geht. Einige hängen das Kind an den Hals, andere auf den Rücken und wieder andere legen es in einen Korb. In jedem Volk hat die Mutter einen Weg gefunden, ihr Kind mit sich zu nehmen. Um das Problem der Atmung zu lösen und die Erstickungsgefahr zu verhindern, wenn das Kind, wie es im allgemeinen Brauch ist, mit dem Gesicht gegen den Rücken der Mutter getragen wird, werden besondere Vorkehrungen getroffen. Die Japaner zum Beispiel tragen das Kind so, daß sein Kopf die Schultern des Erwachsenen, der es trägt, überragt; daher nannten die ersten Reisenden, die nach Japan kamen, die Japaner „das Volk mit den zwei Köpfen". In Indien wird das Kind auf der Hüfte getragen. Die Indianer binden es mit Riemen auf den Rücken; das Kind liegt in einem wiegenartigen Gestell, das die Mutter Rücken gegen Rücken trägt; so kann das Kind hinter ihr alles sehen. Die Mutter kommt nie auf den Gedanken, das Kind allein zu lassen. So geschah es in einem afrikanischen Stamm, daß die Königin bei der Krönungszeremonie mit ihrem Kind erschien, zum großen Erstaunen der Missionare, die der Feierlichkeit beiwohnten.

Bei vielen Völkern ist es auch Brauch, die Stillzeit erheblich zu verlängern: in einigen Ländern bis zu einem Jahr, in anderen bis zu eineinhalb, zwei oder bis zu drei Jahren. Dabei handelt es sich nicht um ein Bedürfnis des Kindes, das sich längst mit anderen Nahrungsmitteln ernähren könnte, sondern die verlängerte Stillzeit ist für die Mutter ein Grund, sich nicht von dem Kind zu trennen, und auch ein unbewußtes Bedürfnis der Mutter, ihrem Kind die Hilfe einer vollständigen sozialen Umgebung zu geben, die seine Entwicklung bestimmt. Denn wenn auch die Mutter nicht mit dem Kind spricht, sieht es doch bei ihr die Welt, sieht und hört die Menschen, die sich auf der Straße oder auf dem Markt bewegen, Karren, Tiere und jedes Ding prägt sich in seinen Geist ein, auch wenn es noch nicht den Namen der Dinge kennt. Wenn die Mutter auf dem Markt über den Obstpreis verhandelt, kann man tatsächlich beobachten, wie die Augen des Kindes voller Interesse für die Worte und die Gesten aufleuchten. Man kann ebenfalls beobachten, daß das Kind, das bei der Mutter ist, nur weint, wenn es krank oder verletzt ist. Es schläft manchmal ein, aber es kennt das Weinen nicht. Man hat bei Photographien, die zur Dokumentation sozialer Gewohnheiten eines Landes aufgenommen wurden, beobachtet, daß auf keinem Bild das Kind, das bei seiner Mutter aufgenommen wurde, weinte, während das Weinen des Kindes in den westlichen Ländern ein Problem darstellt. Viele Eltern beklagen sich, weil das Kind weint, und man fragt sich, wie man das Weinen des Kindes beruhigen und es zum Schweigen bringen kann. Heute lautet die Antwort einiger Psychologen: Das Kind weint, ist unruhig, hat Weinkrisen und ist schlechter Laune, weil es unter geistigem Hunger leidet. Sie haben recht: das Kind ist geistig unterernährt, es wird in einem begrenzten Raum gefangengehalten, in welchem die Ausübung seiner Fähigkeiten behindert ist. Die einzige Abhilfe ist, das Kind aus seiner Einsamkeit zu befreien und ihm zu erlauben, in die Gesellschaft einzutreten. Die Natur lehrt uns diese Behandlungsweise, die unbewußt bei vielen Völkern befolgt wird. Bei uns muß sie aufgrund von Überlegungen und Intelligenz verstanden und bewußt angewandt werden.

10. Über die Sprache[48]

Betrachten wir die Entwicklung der Sprache beim Kind. Es ist notwendig, darüber nachzudenken, um zu verstehen, daß die Sprache so bedeutend für das soziale Leben ist, daß wir sie als seine Basis ansehen können. Sie ermöglicht den Menschen, sich zu Gruppen und Nationen zu vereinen. Die Sprache verursacht jene Veränderung der Umwelt, die wir als Zivilisation bezeichnen. Prüfen wir, wo der zentrale Punkt liegt, der die Menschheit von anderen Arten unterscheidet.

Der Mensch ist nicht, wie die Tiere, von Instinkten geleitet. Bei der Geburt des Menschen kann man nicht voraussehen, welche Aufgabe er in der Welt erfüllen wird. Sicher ist nur, daß die Menschen unter sich eine Harmonie schaffen müssen, sonst werden sie nie etwas erreichen können. Um uns zu einigen und Beschlüsse zu fassen, genügt es nicht zu denken, auch wenn alle Menschen einen außergewöhnlichen Verstand besäßen. Es ist aber notwendig und unumgänglich, daß wir uns untereinander verstehen. Das Instrument, das ein gegenseitiges Verstehen ermöglicht, ist die Sprache – Mittel gemeinsamen Denkens. Bevor der Mensch erschien, gab es keine Sprache auf der Erde. Was ist die Sprache? Ein reiner Hauch, eine Reihenfolge zusammengesetzter Laute.

Tatsächlich haben die Laute keine Logik; die Gesamtheit der Laute, die das Wort „Teller" bilden, hat keine Logik. Was diesen Lauten einen Sinn gibt, ist die Tatsache, daß sich die Menschen darüber geeinigt haben, diesen bestimmten Lauten einen bestimmten Sinn zu geben. Das trifft für alle Worte zu.

Die Sprache ist somit der Ausdruck eines Übereinkommens, das unter einer Gruppe Menschen besteht. Und nur die Gruppe, die sich über diese

---

[48] Zu diesem und dem folgenden Kapitel siehe Faltblatt 2, S. 102 (d. Hrsg.).

Laute geeinigt hat, kann sie verstehen. Andere Gruppen haben sich auf andere Laute geeinigt, um die gleiche Idee auszudrücken.

Die Sprache wird somit eine Art Mauer, die eine Gemeinschaft von Menschen umschließt und von anderen Gemeinschaften trennt. Daher hat sie einen mystischen Wert erhalten. Sie vereinigt Gruppen und Menschen noch stärker als die Idee der Nationalität. Die Menschen sind durch die Sprache vereint, und diese wurde komplizierter, je komplizierter das menschliche Denken wurde. Man kann sagen, daß sie mit den menschlichen Gedanken gewachsen ist[49].

Das Eigenartige ist, daß nur wenige Laute zur Zusammenstellung der Worte verwendet werden[50]: und doch können sie auf so mannigfaltige Weise zusammengesetzt werden, daß sie viele Worte bilden. Es gibt unendlich viele Kombinationen dieser Laute. Manchmal wird einer vor den anderen, manchmal hinter einen anderen gesetzt, manchmal weich, manchmal hart, manchmal mit geschlossenen Lippen, manchmal mit offenen Lippen usw. ausgesprochen. Es ist eine bemerkenswerte Gedächtnisarbeit, alle diese Kombinationen und die Idee, die sie ausdrücken, zu behalten. Aber außer dem Wort muß auch der Gedanke an sich durch im Satz zusammengestellte Worte ausgedrückt werden. Die Worte müssen im Satz eine bestimmte Stellung einnehmen, die den menschlichen Gedanken entspricht, und nicht als würden im Raum zerstreute Gegenstände angehäuft. Es bestehen also einige Regeln, die demjenigen, der zuhört, die Gedanken und Absichten des Sprechenden verdeutlichen. Wenn der Mensch einen Gedanken auszudrücken wünscht, muß er das Substantiv und daneben das Adjektiv, das Subjekt, das Verb und das Objekt in eine bestimmte Stellung bringen; es genügt nicht, die Zahl der verwandten Worte zu beachten, sondern es muß deren Stellung beachtet werden. Wir können diese verschiedenen Bedingungen beweisen, indem wir einen Satz mit einer klaren Bedeutung auf einen Streifen Papier schreiben und seine verschiedenen Worte auseinanderschneiden und vermischen: Obwohl es die gleichen Worte sind, aber in einer anderen Reihenfolge, wird der Satz keinen Sinn mehr haben. Auch über diese Reihenfolge müssen sich die Menschen einigen.

Die Sprache könnte als Ausdruck einer Superintelligenz bezeichnet werden. Es hat Sprachen gegeben, die so kompliziert waren, daß sie beim Aussterben der jeweiligen Kultur, deren Instrument sie waren, außer Gebrauch

[49] Siehe auch G. Révész, Ursprung und Vorgeschichte der Sprache, Bern 1946.
[50] Diese Ausführungen entsprechen weitgehend den Hinweisen, die bei den Montessori-Kursen zur Einführung des Gebrauchs des sprachdidaktischen Materials gegeben werden (d. Hrsg.).

kamen. Sie waren so schwierig zu behalten, daß sie verschwanden. Als erstes scheint die Sprache eine Funktion zu sein, die uns von der Natur verliehen wurde. Aber bei näherer Überlegung werden wir uns bewußt, daß sie über der Natur steht. Sie ist eine supranatürliche Schöpfung, erzeugt von einer bewußten kollektiven Intelligenz. Um die Sprache wächst eine Art Netz, das sich endlos ausdehnt. Ihrem Ausdruck ist keine Grenze gesetzt. So würde niemand, auch nach jahrelangem Studium des Sanskrits und des Lateins, dazu gelangen, es perfekt zu sprechen. Es gibt also nichts Geheimnisvolleres als diese Realität: Die Menschen müssen sich einigen, um jede ihrer Aktivitäten ausdrücken zu können; dazu müssen sie sich der Sprache bedienen, eines der abstraktesten Instrumente, die es gibt.

Das aufmerksame Studium des Problems, wie diese Abstraktion vom Menschen aufgenommen wird, hat zur Annahme geführt, daß das Kind die Sprache „absorbiert". Die Tatsache dieses Absorbierens ist etwas so Großes und Geheimnisvolles, daß es die Menschen noch nicht genügend bedacht haben. Im allgemeinen heißt es: „Die Kinder leben unter Menschen, die sprechen, und daher sprechen auch sie." Das ist eine oberflächliche Feststellung, wenn man sich überlegt, welche unzähligen Komplikationen diese Sprache aufweist; und doch hat man sich in Tausenden von Jahren nicht über diese Ansicht hinaus bewegt.

Das Studium des Sprachproblems hat zu einer anderen Beobachtung geführt: nämlich, daß eine für uns noch so schwierige und komplizierte Sprache einst in dem Land, wo sie entstanden ist, von ungebildeten Menschen gesprochen wurde. So wurde Latein, das schwierig auch für die ist, die eine neulateinische Sprache sprechen, von den Sklaven des römischen Kaiserreiches gesprochen – in derselben komplizierten Weise, wie es sich uns heute darstellt. Und war das nicht die gleiche Sprache, die von den ungebildeten Menschen gesprochen wurde, die die Felder bestellten, die Sprache der dreijährigen Kinder des kaiserlichen Rom? Geschah nicht dasselbe in Indien, wo vor vielen Jahren die Menschen, die die Felder bearbeiteten oder durch den Dschungel streiften, sich natürlicherweise des Sanskrits bedienten?

Das Interesse, das durch diese geheimnisvolle Frage erweckt wurde, hat die Aufmerksamkeit auf die Entwicklung der Sprache bei den Kindern gelenkt: auf die Entwicklung, nicht auf den Unterricht. Die Mutter lehrt den Kleinen nicht die Sprache, sondern die Sprache entwickelt sich auf natürliche Weise wie eine spontane Schöpfung. Und sie entwickelt sich auch nach bestimmten Gesetzen, die für alle Kinder gleich sind. Bestimmte Lebens-

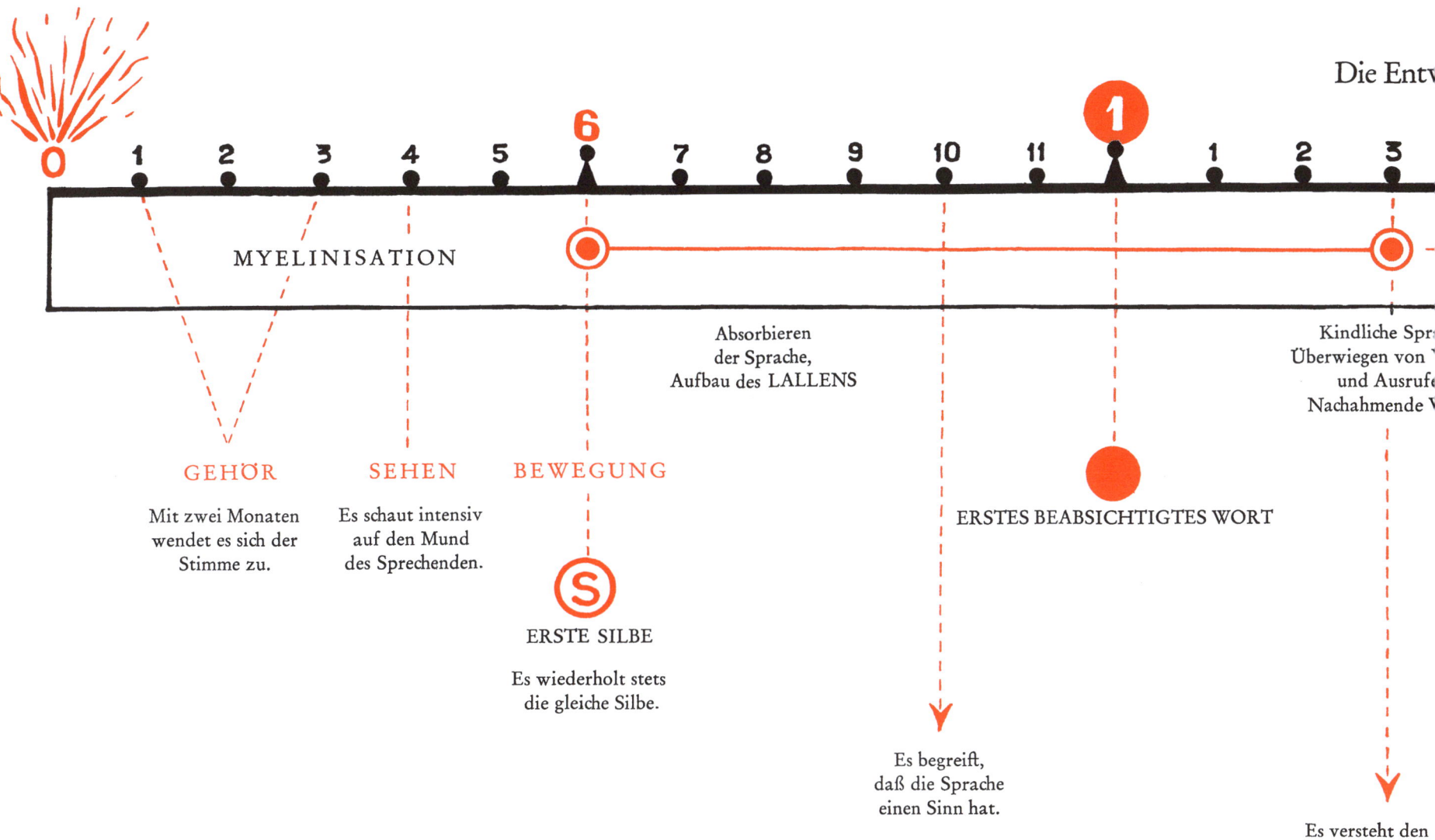

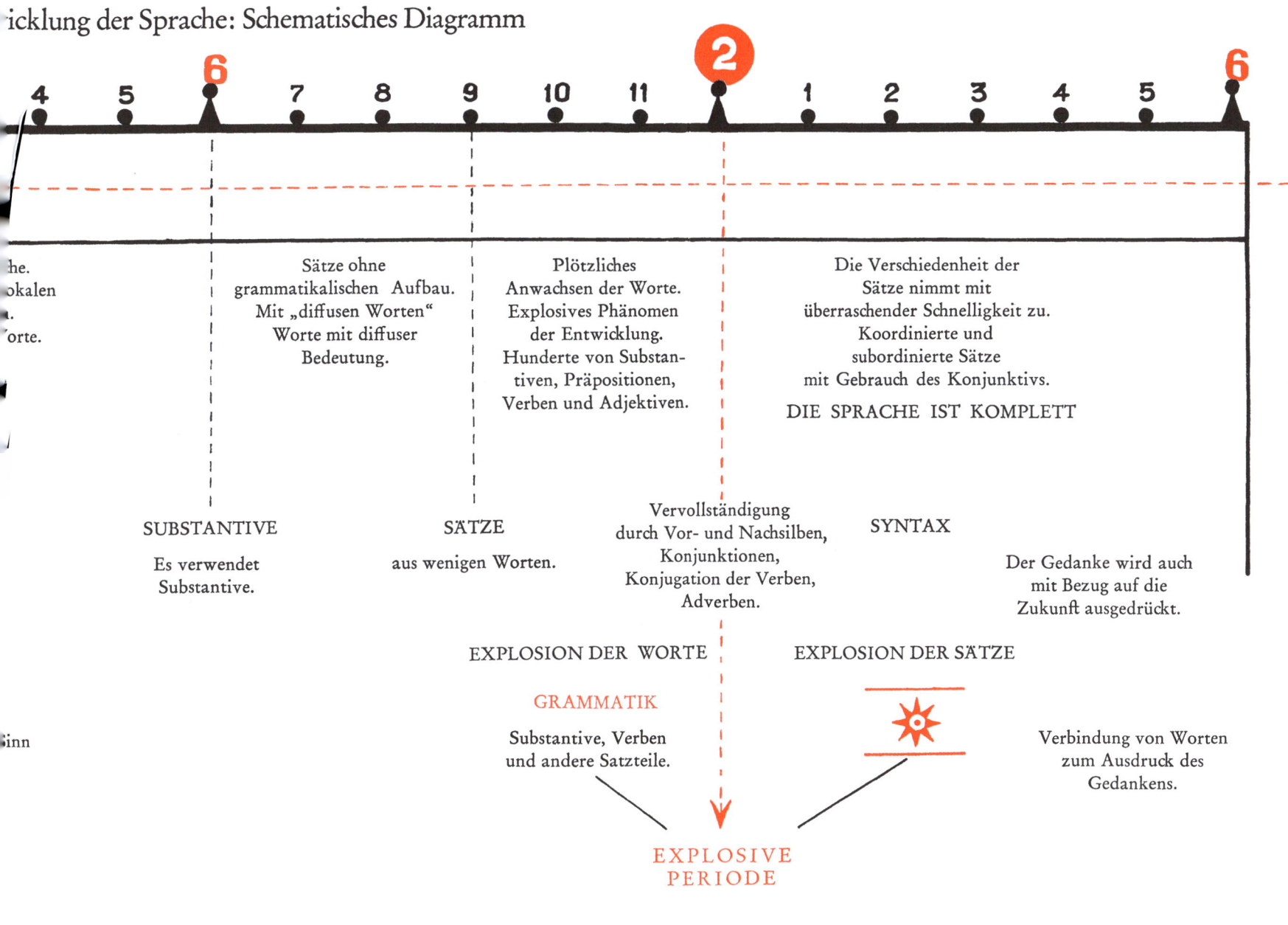

perioden des Kindes sind durch die gleichen Etappen im Niveau, das erreicht wurde, gekennzeichnet. Das trifft für alle Kinder zu, gleich ob die Sprache ihrer Rasse einfach oder kompliziert ist. Auch heute gibt es einfachste Sprachen, die von primitiven Völkern gesprochen werden. Diese Kinder machen die gleiche Entwicklung in ihrer Sprache durch wie diejenigen, die eine viel schwierigere Sprache sprechen. Alle Kinder durchlaufen eine Periode, in der sie nur Silben aussprechen, dann sprechen sie ganze Worte aus, und endlich ist ihnen auch die gesamte Syntax und die Grammatik geläufig[51].

Die Unterschiede zwischen männlich und weiblich, Einzahl und Mehrzahl, zwischen Zeiten und Verben, zwischen Vor- und Nachsilben werden in der Sprache der Kinder angewandt. Die Sprache kann umfassend sein und viele Unregelmäßigkeiten aufweisen, und doch wird sie von dem Kind, das sie absorbiert, vollständig gelernt, und es kann sie im gleichen Alter sprechen wie das afrikanische Kind die wenigen Worte seiner primitiven Sprache.

Wenn wir die Erzeugung der verschiedenen Laute beobachten, stellen wir fest, daß es auch dafür Gesetze gibt. Alle Laute, die die Worte bilden, werden durch den Gebrauch bestimmter Werkzeuge erzeugt. Manchmal wirken Nase und Kehle zusammen, dann wieder ist eine Kontrolle der Zungen- und Backenmuskeln notwendig. Verschiedene Körperteile wirken zusammen, um diesen Mechanismus aufzubauen, der perfekt für die Muttersprache funktioniert, die Sprache, die das Kind erlernt, während wir Erwachsene nicht einmal in der Lage sind, alle Laute einer Fremdsprache zu erfassen, geschweige denn, sie wiederzugeben. Wir können lediglich den Mechanismus unserer Sprache gebrauchen. Nur das Kind kann den Mechanismus der Sprache selbst aufbauen und alle in seiner Umgebung gesprochenen Sprachen perfekt sprechen.

Dieser Aufbau ist nicht das Ergebnis einer bewußten Arbeit, sondern wickelt sich im tiefsten Unterbewußtsein ab. Das Kind beginnt mit dieser Arbeit im Schatten des Unterbewußtseins, wo sich die Sprache entwickelt und als permanente Errungenschaft einprägt. Wir Erwachsenen können nur den bewußten Wunsch haben, eine Sprache zu erlernen und uns darauf einstellen, sie bewußt zu lernen. Weiterhin muß uns klarwerden, daß natürliche oder besser supranatürliche Mechanismen außerhalb des Bewußt-

---

[51] Zur genaueren Unterrichtung über die verschiedenen Entwicklungsphasen der Sprache beim Kind siehe: W. Stern, Psychologie der frühen Kindheit, [1]1914.

seins wirken und diese wunderbaren Mechanismen oder Serien von Mechanismen sich in einer Tiefe bilden, die unseren Beobachtungen nicht direkt zugänglich ist. Sichtbar sind nur die äußeren Zeichen, aber diese sind an sich klar, da sie bei der gesamten Menschheit in gleicher Weise auftreten.

Obwohl der gesamte Prozeß großartig ist, sind doch einige Tatsachen besonders beeindruckend; nämlich einmal, daß bei jeder Sprache die Laute, aus denen sie sich aufbaut, ihre Reinheit von einem Alter zum anderen beibehalten und zum anderen, daß eine schwierige Sprache mit der gleichen Leichtigkeit absorbiert wird wie die einfachste Sprache. Kein Kind „hat Mühe" beim Erlernen seiner Muttersprache, sein „Mechanismus" erarbeitet sie in ihrer Totalität.

Das Absorbieren der Sprache durch das Kind ruft in mir einen Vergleich wach, der an und für sich nichts mit den verschiedenen Elementen des Phänomens noch mit ihrer Realität zu tun hat. Aber er vermittelt uns ein ungefähres Bild dessen, was in der Psyche des Kindes vorgeht.

Wenn wir zum Beispiel einen Gegenstand abbilden wollen, nehmen wir Bleistift und Farben. Wir können aber auch eine Photographie von dem Gegenstand machen, und dann ist der Mechanismus ein anderer. Die Photographie einer Person ist auf dem Film festgehalten. Der Film ist ohne größere Anstrengung fähig, das Bild einer oder auch das von zehn Personen aufzunehmen. Der Mechanismus arbeitet im Augenblick. Bei tausend Personen ist es genauso einfach, eine Photographie zu machen; wie auch der Film keiner größeren Anstrengung unterworfen wird, wenn er ein Buch oder Seiten eines Buches mit kleiner oder fremder Schrift photographiert. Der Film hat also die Möglichkeit, alles, sei es einfach oder kompliziert, im Bruchteil einer Sekunde aufzunehmen. Wenn wir hingegen eine menschliche Figur zeichnen wollen, benötigen wir dazu eine bestimmte Zeit, und wenn es mehrere Figuren sind, so brauchen wir mehr Zeit dazu. Wenn wir den Titel eines Buches abschreiben, nimmt das eine bestimmte Zeit in Anspruch, schreiben wir hingegen eine Seite klein gedruckter Schrift ab, multipliziert sich die dazu benötigte Zeit.

Das photographische Bild prägt sich im Dunkeln auf den Film ein, und immer im Dunkeln findet der Entwicklungsvorgang statt. Im Dunkeln wird fixiert, und dann kann das Bild endlich ans Licht kommen und ist *unveränderlich.* Dasselbe geschieht beim psychischen Mechanismus der Sprache des Kindes. Er beginnt in der tiefen Dunkelheit des Unbewußten zu wirken, dort entwickelt er sich, fixiert sich, und dann offenbart er sich.

Sicher ist, daß irgendein Mechanismus besteht, der die Verwirklichung der Sprache ermöglicht.

Wird die Existenz dieser geheimnisvollen Aktivität einmal anerkannt, so ergibt sich der Wunsch, zu entdecken, wie sie entsteht. Und somit besteht heute ein starkes Interesse für die Untersuchung dieser geheimnisvollen Eigenart des tiefen Unbewußten. Eine andere Seite unserer Beobachtung besteht in der Überwachung der äußeren Erscheinungen, da wir nur von diesen den Beweis erhalten können. Diese Beobachtung muß genau sein. Heute wird sie mit großer Aufmerksamkeit Tag für Tag vom Tag der Geburt an bis zu zwei Jahren und weiter durchgeführt; jeden Tag wird aufgezeichnet, was geschieht, auch die Perioden, in denen die Entwicklung nicht voranschreitet. Bei diesen Aufzeichnungen sind einige Daten wie Meilensteine: Es hat sich gezeigt, daß die entsprechenden äußeren Anzeichen minimal sind im Vergleich zu der beachtenswerten geheimnisvollen Entwicklung im Innern. Offensichtlich besteht also eine große Disproportionalität zwischen der Aktivität des inneren Lebens und deren Ausdrucksmöglichkeit. Weiterhin hat sich gezeigt, daß es keine regelmäßige lineare Entwicklung gibt, sondern daß diese sprunghaft vonstatten geht. In einer bestimmten Periode findet zum Beispiel die Eroberung der Silben statt, danach spricht das Kind monatelang weiter nichts als Silben aus; äußerlich ist kein Fortschritt zu erkennen. Dann spricht das Kind plötzlich ein Wort aus, aber dann gebraucht es für längere Zeit nur das eine oder mehrere Worte. Wiederum äußert sich kein Fortschritt, und man fühlt sich fast entmutigt, da man eine so langsame äußere Entwicklung feststellen muß. Sie scheint äußerst langsam zu sein, und doch stellen wir fest, daß im inneren Leben ein konstanter beachtenswerter Fortschritt stattfindet. Tritt dasselbe Phänomen nicht auch im sozialen Leben auf? Betrachten wir die Geschichte, so sehen wir, wie Völker über Jahrhunderte auf dem gleichen Niveau einer primitiven Menschheit leben, konservativ und unfähig, Fortschritte zu machen; aber das ist nur die äußere sichtbare Erscheinung in der Geschichte. In Wirklichkeit findet ein ständiges inneres Wachstum statt, bis dann plötzlich eine Explosion von Entdeckungen zu einer schnellen Entwicklung führt. Darauf folgt eine andere Periode der Ruhe und des langsamen Fortschrittes, gefolgt von einem erneuten äußeren Aufschwung.

Dasselbe geschieht im Kinde mit der Sprache des Menschen. Es handelt sich nicht nur um eine langsame und ständige Entwicklung von Wort zu Wort, sondern es gibt auch explosionsartige Phänomene – wie sie die Psychologen bezeichnen –, die nicht durch Unterricht hervorgerufen werden, sondern ohne einen sichtbaren Grund auftreten. Bei allen Kindern ist in derselben Lebensperiode ein Hervorbrechen von Worten zu verzeichnen, die alle perfekt ausgesprochen werden. Das fast stumme Kind erlernt innerhalb von drei Monaten mit Leichtigkeit alle komplizierten Formen der Substantive, der Nach- und Vorsilben und der Verben. Das geschieht bei jedem Kind gegen Ende des zweiten Lebensjahres. Wir müssen daher durch das Beispiel des Kindes ermutigt werden zu warten. In den ruhigen geschichtlichen Zeitabschnitten ist uns die Hoffnung auf eine ähnliche Erscheinung auch für die Gesellschaft gegeben. Vielleicht ist die Menschheit nicht so töricht, wie es scheint; vielleicht werden wunderbare Dinge geschehen, Ausbrüche eines uns unbekannten inneren Lebens.

Die explosiven und eruptiven Phänomene des Ausdrucks dauern beim Kind über das zweite Lebensjahr hinaus an; der Gebrauch einfacher und zusammengesetzter Sätze, der Gebrauch des Verbes in allen seinen Zeiten und Formen, sogar im Konjunktiv, der Gebrauch der verschiedenen unter- und beigeordneten Präpositionen tritt gleichermaßen unerwartet und explosionsartig auf. Auf diese Art und Weise vervollständigt sich der psychische Aufbau und der Mechanismus des sprachlichen Ausdrucks der Gruppe, der das Kind angehört (Rasse, soziales Niveau usw.). Dieser im Unterbewußtsein vorbereitete Schatz wird dem Bewußtsein anvertraut, und das Kind, im vollen Besitz dieses neuen Vermögens, spricht unaufhörlich und ohne Unterlaß.

Die Altersgrenze von zweieinhalb Jahren bezeichnet in der Bildung des Menschen eine Grenzlinie der Intelligenz. Danach beginnt eine neue Periode in der Gestaltung der Sprache, die ohne Explosionen in ihrer Entwicklung fortschreitet, aber mit großer Lebendigkeit und Spontaneität. Diese zweite Periode erstreckt sich mehr oder weniger bis zum fünften oder sechsten Lebensjahr. In dieser Periode lernt das Kind viele Wörter und vervollständigt den Satzbau.

Gewiß, wenn das Kind in einer Umgebung lebt, wo es wenige Worte oder Dialekt hört, wird es sich nur dieser Worte bedienen; aber wenn es in einer Umgebung gebildeter Sprache und reichen Wortschatzes lebt, wird das Kind dies alles fest in sich aufnehmen können. Die Umgebung ist daher von großer Bedeutung, aber es besteht kein Zweifel darüber, daß sich die Sprache des Kindes in dieser Periode in jeder Umgebung anreichern wird.

In Belgien haben einige Psychologen die Entdeckung gemacht, daß das Kind zwischen zwei und zweieinhalb Jahren nur zwei- bis dreihundert Worte kennt, während es mit sechs Jahren über Tausende von Worten verfügt. Das alles geschieht ohne Lehrer aufgrund spontaner Erwerbung. Nachdem nun das Kind all dies allein gelernt hat, schicken wir es in die Schule und bieten ihm als große Errungenschaft das Erlernen des Alphabets.

Wir müssen den doppelten Weg, der verfolgt wurde, gut beachten: einmal die unbewußte Aktivität, die die Sprache vorbereitet, und dann die des Bewußtseins, das allmählich erwacht und vom Unterbewußten übernimmt, was dieses ihm bieten kann. Was ist das Endresultat? Der *Mensch:* das sechsjährige Kind, das gut seine Sprache spricht, ihre Regeln kennt und mit ihnen umzugehen weiß. Es kann sich keine Rechenschaft geben über diese unbewußte Arbeit, aber in Wirklichkeit ist es der *Mensch,* der die Sprache schafft.

Das Kind hat die Sprache selbst geschaffen. Wenn das Kind nicht diese Kraft hätte und sich nicht spontan der Sprache bemächtigen würde, wäre keine Arbeit in der Welt der Menschen möglich gewesen, noch hätte sich die Kultur entwickelt.

Das ist die wahre Sicht des Kindes, und darin liegt seine Bedeutung: Es baut alles auf: es baut die Basis der Kultur auf. Darum muß dem Kind die Hilfe, deren es bedarf, und eine Führung geboten werden, damit es nicht allein voranschreiten muß.

11. Der Appell der Sprache

Ich möchte den wundervollen Mechanismus der Sprache erläutern. Es ist bekannt, daß am Verbindungsmechanismus des Nervensystems die Sinnesorgane, die Nerven, die Nervenzentren und die Bewegungsorgane beteiligt sind. Die Tatsache, daß es einen die Sprache betreffenden Mechanismus gibt, geht in einem gewissen Sinn über das Materielle hinaus. Die Gehirnzentren, die mit der Sprache in Verbindung stehen, wurden gegen Ende des vergangenen Jahrhunderts entdeckt. Zwei spezielle Zentren betreffen die Sprache: eines ist das Zentrum der *gehörten* Sprache, das aufnahmefähige Gehörzentrum, das andere ist das Zentrum für die *Erzeugung* der Sprache, das Sprechen, der Motor des Gespräches. Betrachten wir das Problem vom Gesichtspunkt der äußeren Organe, so haben wir ebenso zwei organische Zentren; das eine, um die Sprache zu hören (das Ohr), und das andere zum Sprechen (Mund, Hals, Nase). Diese beiden Zentren entwickeln sich getrennt sowohl auf psychischem wie auf physiologischem Gebiet. Das Aufnahme- oder Hörzentrum steht in Verbindung mit jener geheimnisvollen Stelle der Psyche, in der sich die Sprache in den Tiefen des Unbewußten entwickelt, während sich die Aktivität des motorischen Zentrums im gesprochenen Wort äußert.

Offensichtlich entwickelt sich der zweite Teil, der mit den zur Äußerung der Sprache notwendigen Bewegungen in Verbindung steht, langsamer und zeigt sich nach dem anderen. Was ist der Grund dafür? Damit die Laute, die das Kind vernimmt, die feinen Bewegungen *hervorrufen*, die ihrerseits Laute *erzeugen*. Das ist logisch, denn wenn die Menschheit keine vorherbestimmte Sprache hat (die Menschheit schafft sich tatsächlich ihre eigene Sprache), ist es notwendig, daß das Kind die Laute der Sprache hört, die von seinem Volk geschaffen wurde, bevor es sie wiedergeben kann.

Daher muß sich die Bewegung zur Wiedergabe der Laute auf einem von der Psyche aufgenommenen Substrat von Eindrücken aufbauen, denn die

Bewegung hängt von den vernommenen Lauten ab, die sich in die Psyche eingeprägt haben. Das ist leicht verständlich, aber es muß auch beachtet werden, daß die gesprochene Sprache von einem Naturmechanismus erzeugt wurde und nicht aufgrund logischer Überlegungen. Es ist die Natur, die logisch handelt. In der Natur bemerkt man zuerst die Fakten, und hat man diese verstanden, sagt man: „Wie sind sie logisch!" Und man fügt hinzu: „Hinter diesen Fakten muß eine leitende Intelligenz stehen." Diese geheimnisvolle Intelligenz, die die Dinge erschafft, ist oft sichtbarer in den psychischen Phänomenen als in denen der Natur, obwohl diese auffälliger sind: Man denke nur an die Blumen und an die Schönheit ihrer Farben und Formen. Es ist klar, daß bei der Geburt die Aktivität des Hörens und des Sprechens nicht existieren. Was existiert also? Es existiert nichts, wenn auch alles zur Verwirklichung bereit ist.

Es bestehen diese beiden Zentren, die, was eine besondere Sprache betrifft, frei sind von jeglichem Laut und jeder Vererbung, die jedoch fähig sind, die Sprache aufzunehmen und die notwendigen Bewegungen zu erarbeiten, um sie wiederzugeben. Diese beiden Punkte gehören zum Mechanismus, der zur Entwicklung der Sprache in ihrer Gesamtheit bestimmt ist.

Beim weiteren Eindringen in dieses Gebiet sehen wir, daß außer diesen beiden Zentren eine Sensitivität und eine Fähigkeit zum Handeln bestehen, die ebenfalls zentralisiert sind. Die Aktivität des Kindes folgt also den Gehörseindrücken. Alles ist auf wundervollste Weise vorbereitet, so daß das Kind bei seiner Geburt sofort seine Arbeit der Anpassung und der Vorbereitung des Wortes beginnen kann.

Lassen wir uns nun unter den vorbereiteten Elementen die Organe betrachten. Die Schöpfung dieses Mechanismus ist nicht weniger wunderbar als die des psychischen.

Das Ohr (das Organ der gehörten Sprache), das sich der Natur gemäß in der geheimnisvollen Umgebung bildet, in der das Wesen entsteht, ist so fein und kompliziert, daß es das Werk eines Musikgenies zu sein scheint. Der mittlere Teil des Ohres ist einer Harfe ähnlich, die die Möglichkeit zu verschiedenen Tönen je nach der Länge der Saiten hat. Die Harfe unseres Ohres hat 64 abgestufte Saiten, und da nur geringer Raum zur Verfügung steht, sind diese Saiten angeordnet wie in einer Schnecke. Die Natur hat weise alles, was zum Aufnehmen musikalischer Laute notwendig ist, auf begrenztem Raum geschaffen. Wer wird diese Saiten zum Schwingen bringen? Denn wenn sie nicht angeschlagen werden, können sie wie eine verlassene Harfe über Jahre stillbleiben. Aber vor der Harfe ist ein Trommelfell angebracht, und trifft ein Geräusch auf dieses Trommelfell, dann kommen die Saiten der Harfe zum Schwingen, und unser Gehör nimmt die Musik der Sprache auf.

Das Ohr nimmt nicht alle Laute des Universums auf, denn dazu reichen die Saiten nicht aus, aber auf diesen Saiten kann eine vielartige Musik erklingen und eine ganze Sprache mit ihrer zarten und feinen Komplikation übermittelt werden. Das Instrument des Ohres hat sich in dem geheimnisvollen vorgeburtlichen Leben geformt. Beim Kind, das mit sieben Monaten auf die Welt kommt, ist das Ohr bereits vollständig ausgebildet und zur Erfüllung seiner Aufgabe bereit. Wie übermittelt dieses Instrument die ankommenden Laute durch die Nervenstränge bis zu dem Punkt im Gehirn, wo die speziellen Zentren zur Aufnahme dieser Laute liegen? Hier stehen wir wiederum vor einem der Geheimnisse der Natur. Wie entsteht nach der Geburt die gesprochene Sprache? Die Psychologen, die sich mit den Neugeborenen befaßt haben, meinen, daß sich der Gehörsinn am langsamsten entwickelt: Er ist so träge, daß einige behaupten, das Kind käme taub auf die Welt. Jedes in seiner Umgebung erzeugte Geräusch, das nicht zu stark ist, ruft keinerlei Zeichen der Reaktion in ihm hervor. Für mich liegt darin fast ein mystischer Sinn: Es scheint mir keine Unempfindsamkeit des Neugeborenen zu sein, sondern ein tiefes Sammeln: eine Konzentration der Sensitivität in den Sprachzentren; vor allem in dem, das die Worte aufnimmt. Der Grund dafür liegt darin, daß diese Zentren dazu bestimmt sind, die *Sprache,* die *Worte* aufzufangen; es scheint, als reagiere dieser starke Gehörmechanismus nur auf besondere Laute: das gesprochene Wort, so daß der Bewegungsmechanismus direkt durch das gesprochene Wort angeregt wird, wodurch wiederum der Laut erzeugt wird.

Wenn hier also keine besondere isolierte Ausrichtung der Sensitivität bestünde und die Zentren jedes Geräusch aufnehmen könnten, würde das Kind dazu neigen, die eigenartigsten Laute aus seinen verschiedenen Umgebungen wiederzugeben und somit auch die Geräusche dieser Umgebung. Aber weil die Natur diese Zentren für die Sprache aufgebaut und isoliert hat, kann der Mensch sprechen lernen. So hat es Wolfskinder gegeben, die im Dschungel ausgesetzt wurden und auf wunderbare Weise überlebten. Obwohl diese unter allen Arten von Vogel- und Tierschreien lebten, das Geräusch des Wassers und der Blätter vernahmen, sind sie vollständig stumm geblieben. Sie gaben keinen Laut von sich, da sie nicht die Laute der menschlichen Sprache vernommen hatten. Nur sie allein hat die

Macht, auf den Mechanismus der gesprochenen Sprache einzuwirken[52]. Ich wiederhole dies, um zu beweisen, daß für die Sprache ein besonderer Mechanismus besteht. Nicht die Sprache an sich, sondern dieser Mechanismus zur Hervorbringung der eigenen Sprache zeichnet die Menschheit aus. Somit kann man sagen, daß sich das Kind die Worte kraft des ihm zur Verfügung stehenden Mechanismus erarbeitet. In der geheimnisvollen Periode gleich nach der Geburt kann das Kind – ein Wesen, ausgerüstet mit der feinsten Sensibilität – als schlafendes *Ich* bezeichnet werden, das plötzlich aufwacht und eine liebliche Musik vernimmt. Alle seine Fasern beginnen zu schwingen. Das Neugeborene könnte sagen, daß nie ein anderer Laut bis dahin zu ihm vorgedrungen ist, sondern daß dieser seine Seele berührt hat, daß kein anderer Laut als dieser besondere Ruf Zugang zu ihm fand.

Wenn wir uns die starken Triebkräfte in Erinnerung rufen, die das Leben schaffen und erhalten, können wir verstehen, daß die Schöpfungen, die durch diese Musik hervorgerufen werden, ewig bestehenbleiben und wie das Instrument für diese Verewigung die neuen Lebewesen sind, die auf die Welt kommen. Was sich dann in der *Mneme* des Neugeborenen befestigt, neigt zur Ewigkeit. Jede Menschengruppe liebt die Musik und schafft sich ihre eigene Musik und ihre eigene Sprache. Jede Gruppe reagiert auf die eigene Musik mit Bewegungen des Körpers, und diese Musik verbindet sich mit den Worten. Die menschliche Stimme ist eine Musik, und die Worte sind ihre Töne, die in sich keine Bedeutung haben, aber denen jede Gruppe ihren besonderen Sinn gegeben hat. In Indien trennen Hunderte von Sprachen die einzelnen Gruppen, aber die Musik vereint sie alle. Ein Zeichen, daß die Eindrücke auf das Neugeborene erhalten geblieben sind. Überlegen wir uns, daß es keine Tiere gibt, die Musik und Tänze haben, während die Menschheit auf der ganzen Welt Musik und Tänze kennt und schafft.

Die Laute der Sprache haben sich im Unbewußten eingeprägt. Wir können nicht sehen, was im Innern eines Wesens vorgeht, aber die äußeren Zeichen bieten uns eine Führung. Zuerst prägen sich die einzelnen Laute in das Unbewußte des Kindes ein, und das ist der wesentliche Teil der Muttersprache: wir können ihn als Alphabet bezeichnen. Darauf folgen die Silben, dann die Worte, die so ausgesprochen werden, wie das Kind manchmal in der Fibel liest, ohne ihre Bedeutung zu kennen. Aber mit welcher Weis-

---

[52] Ein interessantes Beispiel ist der Wilde aus dem Aveyron. Siehe Anm. 41.

heit wickelt sich diese Arbeit im Kind ab! In seinem Innern ist ein kleiner Lehrmeister, der wie jene alten Lehrer verfährt, die die Kinder das Alphabet, dann die Silben und zum Schluß die Worte aufsagen ließen. Nur führt der Lehrer diese Arbeit zu einer verkehrten Zeit durch, nämlich dann, wenn das Kind dies bereits allein getan hat und einen Wortschatz besitzt. Der innere Lehrmeister tut dies eben zur rechten Zeit. Das Kind prägt sich die Laute und dann die Silben nach dem stetigen logischen Aufbau der Sprache selbst ein, dann folgen die Worte, und zum Schluß beginnt die Grammatik. Zuerst kommen die Namen der Dinge, die Substantive. Daher ist es notwendig, daß wir uns von der Natur belehren lassen; die Natur ist der Lehrer, und das Kind lernt von ihr den Teil der Sprache, der den Erwachsenen als der trockenste erscheint, für den das Kind hingegen auch in seiner späteren Entwicklung vom dritten bis fünften Jahr starkes Interesse zeigt. Sie lehrt methodisch Substantive, Adjektive, Konjunktionen und Adverbien, Verben im Infinitiv und dann deren Konjugation, die Deklination der Substantive und Vor- und Nachsilben und alle Ausnahmen der Sprache. Das geschieht wie in einer Schule. Zum Schluß gibt es ein Examen, bei dem das Kind beweist, daß es alle Teile des Gespräches versteht. Nur dann wird uns bewußt, was für ein guter Lehrmeister im Innersten des Kindes gewirkt hat und was für ein fleißiger und befähigter Schüler das Kind war, um all dies korrekt zu lernen. Aber niemand beschäftigt sich mit dieser wunderbaren Arbeit. Erst wenn das Kind in die Schule geht, gewinnen wir Interesse und Befriedigung für das, was es lernt. Wenn die Großen den Kleinen aber wirklich Liebe bezeugen, sollten sie sich die Wunder und nicht die sogenannten Mängel der Kinder vor Augen halten.

Das Kind ist tatsächlich ein Wunder, und dieses Wunder sollte der Lehrer wahrnehmen. In zwei Jahren hat dieses kleine Wesen alles erlernt. In diesen zwei Jahren erwacht stufenweise und in einem immer schnelleren Tempo das Bewußtsein. Dann sehen wir, wie plötzlich dieses Bewußtsein die Oberhand gewinnt und alles beherrscht. Mit vier Monaten (einige glauben noch eher, und auch ich neige zu dieser Annahme) merkt das Kind, daß die geheimnisvolle Musik, die es umgibt und die es tief berührt, aus dem menschlichen Mund kommt. Der Mund und die Lippen erzeugen sie mit ihrer Bewegung; oft wird das Interesse, das das Kleinkind den Bewegungen der Lippen des Sprechenden widmet, nicht beachtet: Es beobachtet sie intensiv und versucht, die Bewegungen nachzuahmen.

Sein Bewußtsein greift ein, um der Arbeit Antrieb zu geben. Auf jeden Fall aber wurde die Bewegung unbewußt vorbereitet. Wenn auch nicht alle kleinsten Muskelfasern, die zum Sprechen nötig sind, ganz vollendet sind, interessiert sich das Bewußtsein bereits dafür, regt die Aufmerksamkeit an und führt eine Menge intelligenter und lebendiger Nachforschungen durch. Nachdem das Kind zwei Monate lang den Mund des Sprechenden beobachtet hat, erzeugt es mit etwa sechs Monaten Silbenlaute. Obwohl es unfähig ist, die Laute einer Sprache deutlich auszusprechen, wacht es eines Morgens auf, und man hört es lallen: „pa . . . pa . . . ma . . . ma . . ." Das Kind hat die Worte „Papa" und „Mama" geschaffen. Eine Zeitlang wird es nur diese Silben aussprechen, und dann sagen wir: „Das Kleine kann weiter nichts." Aber denken wir daran, daß das Kind aufgrund großer Anstrengungen dahin gelangt ist, ein *Ich* zu sein, daß es eine Entdeckung gemacht hat und daß es sich seiner Fähigkeiten bewußt ist. Wir sehen uns bereits einem kleinen *Menschen* gegenüber, nicht mehr einem Mechanismus, das heißt einem Individuum, das sich der ihm zur Verfügung stehenden Mechanismen bedient.

Jetzt stehen wir etwa am Ende des ersten Jahres. Aber noch bevor das Jahr vergeht, macht das Kind mit zehn Monaten eine andere Entdeckung, nämlich, daß diese vom Mund eines Menschen erzeugte Musik einen Sinn hat; es ist nicht nur Musik. Wenn wir uns mit zärtlichen Worten an das Kleine wenden, merkt es, daß die Worte ihm gelten, und beginnt zu verstehen, daß sie einen bestimmten Sinn haben. Daher sind zwei Dinge bis zum Ende des ersten Jahres geschehen: Es hat in der Tiefe seines Unterbewußtseins verstanden; auf dem Niveau des erlangten Bewußtseins hat es eine Sprache geschaffen, auch wenn diese momentan noch aus einem Stammeln, einem einfachen Wiederholen und Kombinieren der Laute besteht.

Mit einem Jahr sagt das Kind seine ersten *absichtlichen* Worte. Es stammelt wie zuvor, aber dieses Stammeln hat einen Sinn, und diese Absicht bedeutet bewußte Intelligenz. Was ist in seinem Innern vorgegangen? Das Studium des Kindes hat uns gelehrt, daß in seinem Innern viel mehr geschieht, als die geringen Äußerungen seiner Fähigkeiten zeigen. Es wird sich immer mehr klar darüber, daß sich die Sprache auf seine Umgebung bezieht, und in ihm wird der Wunsch immer größer, diese bewußt zu beherrschen. Hier beginnt im Kind ein großer Kampf: der Kampf des Bewußtseins gegen den Mechanismus. Das ist der erste Kampf des Menschen: der Krieg zwischen den Parteien. Um das zu beweisen, kann ich mich auf persönliche Erfahrungen berufen.

Ich habe vieles zu sagen und möchte dies, wie es mir oft im Ausland geschehen ist, in einer fremden Sprache tun, um meine Zuhörer ansprechen zu können. Aber in einer Fremdsprache wären meine Worte ein unnützes Stammeln. Ich weiß, daß meine Zuhörer intelligent sind und möchte mit ihnen Ideen austauschen, aber das ist mir nicht möglich, denn ich bin unfähig zu sprechen.

Die Periode, in der seine Intelligenz viele Ideen hat und sich bewußt ist, diese mitteilen zu können, es aber nicht kann, weil ihm die Sprache fehlt, ist eine dramatische Periode im Leben des Kindes, und sie bringt die ersten Enttäuschungen des Lebens. In seinem Unterbewußtsein strebt es mit seinem ganzen Wesen danach, zu lernen, sich auszudrücken, und diese Anstrengung beschleunigt die wundervolle Eroberung der Sprache.

Ein Wesen, das sich auszudrücken wünscht, benötigt einen Lehrer, der es klar die Worte lehrt. Können Familienangehörige als Lehrer auftreten? Im allgemeinen helfen wir dem Kind nicht und wiederholen nur sein Stammeln. Wenn es keinen inneren Lehrmeister hätte, würde es nichts lernen. Dieser Lehrmeister treibt es zu den Erwachsenen, *die unter sich sprechen* und sich nicht an das Kind wenden. Er treibt es an, sich der Sprache zu bemächtigen mit derselben Genauigkeit, wie wir sie ihm bieten. Und doch könnte das Kind mit einem Jahr, wie in unseren Schulen, verständige Menschen finden, die verständig mit ihm sprechen. Die Schwierigkeiten, denen das Kind zwischen dem ersten und dem zweiten Lebensjahr begegnet, und die Wichtigkeit, ihm ein exaktes Lernen zu ermöglichen, sind noch nicht genügend verstanden worden. Uns muß klarwerden, daß das Kind von allein die grammatikalischen Zusammenhänge erfaßt. Es besteht also kein Grund, nicht grammatikalisch richtig mit ihm zu sprechen und ihm nicht bei der Satzanalyse zu helfen. Die neuen Kinderbetreuerinnen[53] für Kinder von ein bis zwei Jahren müssen wissenschaftliche Kenntnisse über die Entwicklung der Sprache besitzen. Helfen wir dem Kind, so werden wir Gehilfen und Mitarbeiter der schöpferischen Natur, der Natur, die lehrt, und wir werden eine schon für uns vorgezeichnete Methode finden.

Kehren wir zum Vergleich zurück, den ich zuvor angestellt habe.

Was würde ich tun, wenn ich in einer fremden Sprache stammeln würde und etwas besonders Interessantes mitteilen wollte? Wahrscheinlich könnte ich mich nicht beherrschen, würde unruhig, und vielleicht würde ich lauter sprechen.

---

[53] Das Institut „Opera Montessori" hat in Rom nach diesen Gesichtspunkten spezielle Kurse für die Ausbildung von „Kinderbetreuerinnen" für Kinder dieses Alters eingerichtet.

Dasselbe geschieht bei einem ein- oder zweijährigen Kind: Wenn es uns mit einem Wort etwas zu verstehen geben will und sich nicht ausdrücken kann, dann zeigt es Launen und heftige Unruhe, die uns unbegründet erscheinen. Tatsächlich wird es Leute geben, die sagen: „Da seht ihr die angeborene Verderbtheit der menschlichen Natur!" Aber das kleine Kind, dieser kleine Mensch, kämpft unverstanden, um seine Unabhängigkeit zu erlangen. Da ihm die Sprache nicht zur Verfügung steht, ist sein einziges Ausdrucksmittel der Zorn. Und doch hat es die Möglichkeit, die Sprache zu schaffen. Die Wut ist Ausdruck der behinderten Anstrengung in der Suche nach dem Wort, das es auf seine Art bilden muß. Aber weder Enttäuschung noch Mißverständnisse lassen es von der Erfüllung seiner Aufgabe abbringen. Allmählich erscheinen Worte, die irgendwie den im Gebrauch stehenden ähneln.

Mit etwa eineinhalb Jahren entdeckt das Kind, daß jeder Gegenstand seinen Namen hat; das bedeutet, daß es unter all den Worten, die es gehört hat, die Namen und besonders die konkreten Dingwörter unterscheiden kann. Das ist ein wunderbarer Schritt in der Entwicklung. Es bestand für das Kind eine Welt von Gegenständen, und nun werden diese Gegenstände durch Worte bezeichnet. Leider kann man jedoch mit Substantiven nicht alles ausdrücken, und dem Kind steht nur ein Wort zur Verfügung, um einen ganzen Gedankengang auszudrücken. Die Psychologen widmen diesen Worten, die ganze Sätze ausdrücken wollen, besondere Aufmerksamkeit und nennen sie „diffuse Worte" oder „Einwortsätze". Wenn das Kind eine Suppe vor sich sieht, wird es rufen: „Ham ham", und will damit sagen: „Ich möchte etwas zu essen", und drückt so mit einem unvollständigen Wort einen ganzen Satz aus.

Ein Charakteristikum dieser diffusen Sprache, dieser erzwungenen Sprache des Kindes, ist die Veränderung der Worte. In dieser Sprache vereinigen sich die veränderten und oft abgekürzten Worte mit einigen nachahmenden (Wauwau für Hund) und anderen erfundenen. Das Ganze bildet die sogenannte Kindersprache. Nur wenige machen sich die Mühe, diese zu studieren, obwohl sie von allen, die sich mit der Kinderpflege befassen, ergründet werden müßte.

In diesem Alter baut das Kind noch vieles außer der Sprache auf, zum Beispiel den Ordnungssinn. Dabei handelt es sich nicht um eine vorübergehende Neigung, wie viele glauben, sondern um ein wirkliches Bedürfnis. Es spiegelt ein starkes Bedürfnis der Kinder wider, die eine Periode psychisch-konstruktiver Aktivität durchlaufen. In diesem Fall findet sie ihren

Ausdruck darin, daß Ordnung geschaffen wird, dort, wo ihrer Logik entsprechend Unordnung herrscht.

Auch auf diesem Gebiet sind die unnützen Anstrengungen Grund vieler Qualen für das Kind, und das Verständnis seiner Sprache brächte seiner gequälten Seele Ruhe.

Obwohl sich ähnliche Fälle täglich wiederholen, erinnere ich mich an eine bereits angeführte Begebenheit, die dieses Argument besonders verdeutlicht. Es handelte sich um ein spanisches Kind, das „go" sagte anstatt „abrigo", was Mantel bedeutet, und „palda" anstatt „espalda" (Schulter) sagte. Diese beiden Worte „go" und „palda" waren Ausdruck eines geistigen Konfliktes des Kindes, der es in Geschrei und Unarten ausbrechen ließ. Die Mutter des Kindes trug ihren Mantel über dem Arm, und das Kind hörte nicht auf zu schreien. Endlich kam mir in den Sinn, der Mutter zu raten, den Mantel anzuziehen; das Geschrei beruhigte sich sofort, und das Kind stammelte glücklich: „go palda", was sagen sollte: Jetzt ist es gut, ein Mantel muß auf den Schultern getragen werden. Diese zufällige Begebenheit unterstreicht den Wunsch nach Ordnung und die Abneigung gegen die Unordnung, die dem Kind eigen sind [54].

Ich weise nochmals hin auf die Notwendigkeit einer besonderen „Schule" für ein- bis eineinhalbjährige Kinder, und ich halte es für die Pflicht der Mütter und der Gesellschaft im allgemeinen, zu ermöglichen, daß die Kinder nicht isoliert leben, sondern mit den Erwachsenen zusammen und daß sie häufig Gelegenheit haben, eine gepflegte Sprache zu hören.

[54] Diese und andere Beispiele, die offenbaren, daß das Kind eine ganze Unterhaltung verstehen kann, bevor es sich selbst ausdrücken kann, finden sich in meinem Buch: Kinder sind anders, Stuttgart 1952.

12. Hindernisse und ihre Folgen

Zum besseren Verständnis der verborgenen Neigungen des Kindes möchte ich hier einige der innersten Sensitivitäten behandeln. Man könnte es fast als eine Psychoanalyse des kindlichen Geistes bezeichnen. Auf Faltblatt 3 ist symbolisch die kindliche Sprache dargestellt.

Für die symbolische Darstellung der vom Kind gebrauchten Substantive (Namen der Dinge) habe ich ein schwarzes Dreieck verwendet, für die Verben einen roten Kreis und verschiedene Symbole für die anderen Satzteile. Diese Symbole sind auf diesem Faltblatt dargestellt. Wenn wir somit sagen, daß das Kind in einem gewissen Alter zwei- bis dreihundert Wörter verwendet, wird diese Tatsache durch sichtbare Symbole wiedergegeben. Es genügt also, das Bild dieser Symbole zu betrachten, um sich Klarheit über die Entwicklung der Sprache zu verschaffen. Wohlverstanden ist es gleich, ob es sich um Englisch, Tamil, Gujarati, Italienisch oder Spanisch handelt, denn die Symbole für die verschiedenen Teile der Sprache sind dieselben.

Die Nebelflecken auf der linken Seite der Tafel stellen die Anstrengung des Kindes dar zu sprechen: seine ersten Ausrufe usw. Dann vereinigen sich zwei Laute und formen Silben und dann drei Laute, und so haben wir die ersten Worte. Etwas weiter rechts auf dem Blatt sehen wir eine Anhäufung von Worten, Substantive, die viel vom Kind verwendet werden, Sätze, die aus zwei Wörtern bestehen (Sätze mit diffuser Bedeutung), wenige Wörter, die viel ausdrücken wollen. Darauf folgt eine große Explosion von Worten. Das ist die genaue Darstellung der effektiven Zahl von Wörtern, die nach Meinung der Psychologen von den Kindern verwendet werden. Vor dieser Explosion sehen wir eine Gruppe von Wörtern, fast alles Substantive, und daneben verschiedene Teile des Sprechens in einer ungeordneten Zusammensetzung. Gleich nach dem zweiten Lebensjahr wird die zweite Phase dargestellt; die Worte sind nach einer bestimmten Ordnung zusammengestellt; sie stehen für eine Explosion der Sätze. Die erste ist also eine Explosion der Worte, die zweite eine der Gedanken.

Damit es aber zu diesen Explosionen kommt, ist zweifellos eine Vorbereitung notwendig. Es geschieht etwas Verborgenes, Geheimnisvolles, und es handelt sich dabei nicht um eine Hypothese, denn die Ergebnisse zeigen, welche Anstrengung es das Kind gekostet hat, seine Gedanken auszudrükken. Da die Erwachsenen nicht immer verstehen, was das Kind sagen will, ist diese Phase der Vorbereitung durch Jähzorn und Gereiztheit, auf die ich hingewiesen habe, gekennzeichnet. In dieser Periode gehört die Gereiztheit zum kindlichen Leben. All diese erfolglosen Anstrengungen des Kindes rufen in ihm eine Gereiztheit hervor. Es ist bekannt, daß Taubstumme oft streitsüchtig sind, was sich durch ihre Unfähigkeit, sich auszudrücken, erklärt. Ein großer innerer Reichtum möchte sich äußern, und das normale Kind findet den Weg dazu, aber nur durch große Schwierigkeiten hindurch.

Es ist eine schwierige Periode, in der die Hindernisse in der Umgebung wie auch in der Beschränktheit des Kindes selbst liegen. Das ist die zweite schwierige Anpassungsperiode. Die erste liegt gleich nach der Geburt, wenn das Kind unvermittelt gezwungen ist, seine Funktionen selbst auszuführen, während bis dahin die Mutter alles für das Kind getan hat. Wir haben gesehen, daß, wenn in dieser Zeit Pflege und Verständnis fehlen, die Angst der Geburt auf das Kind wirkt und zu Regressionen führt. Einige Kinder sind stärker als andere, einige treffen eine günstige Umgebung an und gehen so geradewegs vorwärts auf dem Weg zur Unabhängigkeit, die die Grundlage für eine normale Entwicklung ohne Regressionen ist. Eine Parallelsituation bemerkt man in dieser Periode. Die Eroberung der Sprache ist ein arbeitsreicher Weg hin zu einer größeren Unabhängigkeit. Sie gibt die Möglichkeit zu sprechen, ist aber parallel auch mit der Gefahr der Regression verbunden.

Ein weiteres Charakteristikum dieser schöpferischen Periode muß beachtet werden. Sowohl die Eindrücke als auch ihr Ergebnis neigen dazu, sich dauerhaft einzuprägen: das gilt auch für die Laute und für die Grammatik. Die Kinder eignen sich die Errungenschaften dieser Periode für ihr ganzes Leben an. So dauern also auch die negativen Auswirkungen der erfahrenen Hindernisse das ganze Leben hindurch an. Das ist ein Charakteristikum jeder schöpferischen Phase. Ein Kampf, eine Angst oder andere Hindernisse können unauslöschliche Folgen haben, da die Reaktion auf diese Hindernisse gleichermaßen wie die positiven Elemente der Entwick-

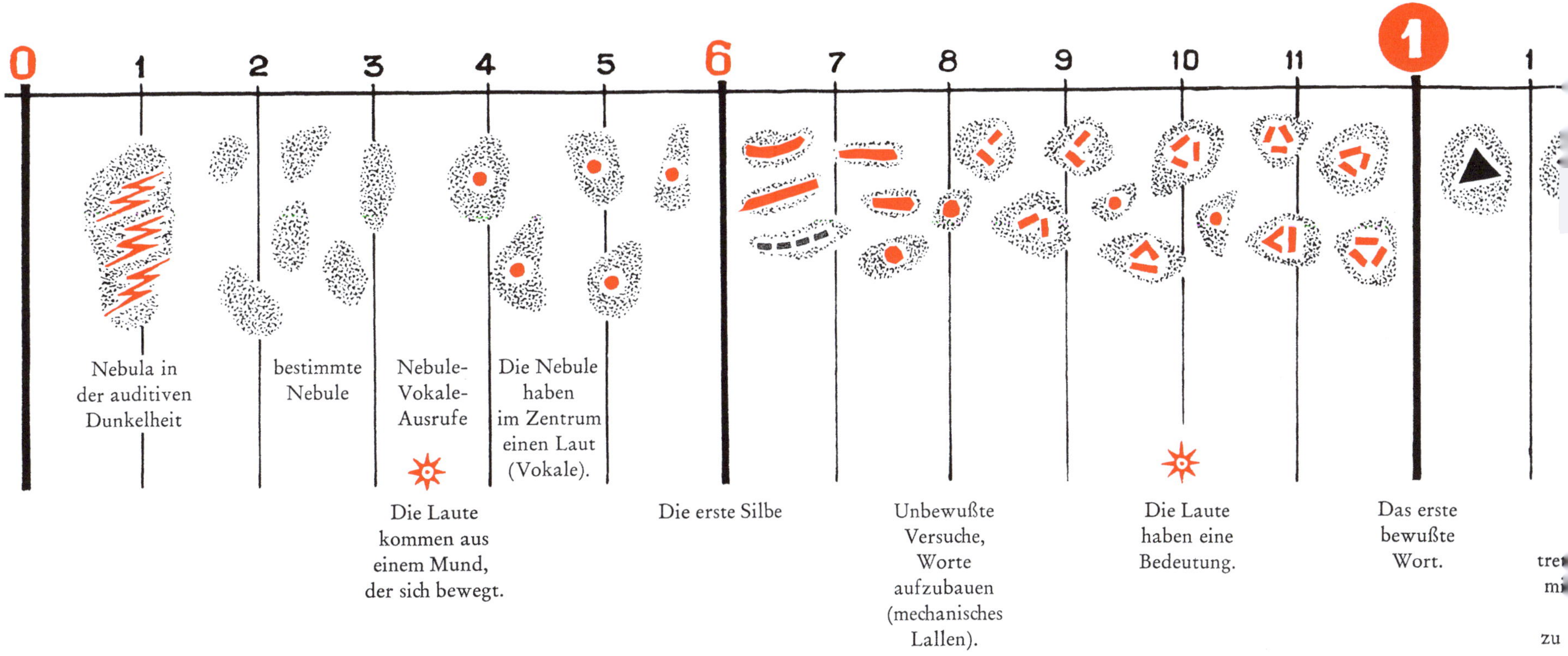

| 0 | 1 | 2 | 3 | 4 | 5 | 6 | 7 | 8 | 9 | 10 | 11 | 1 | 1 |

Nebula in der auditiven Dunkelheit

bestimmte Nebule

Nebule-Vokale-Ausrufe

Die Nebule haben im Zentrum einen Laut (Vokale).

☀ Die Laute kommen aus einem Mund, der sich bewegt.

Die erste Silbe

Unbewußte Versuche, Worte aufzubauen (mechanisches Lallen).

☀ Die Laute haben eine Bedeutung.

Das erste bewußte Wort.

Verwendete grammatische Symbole:

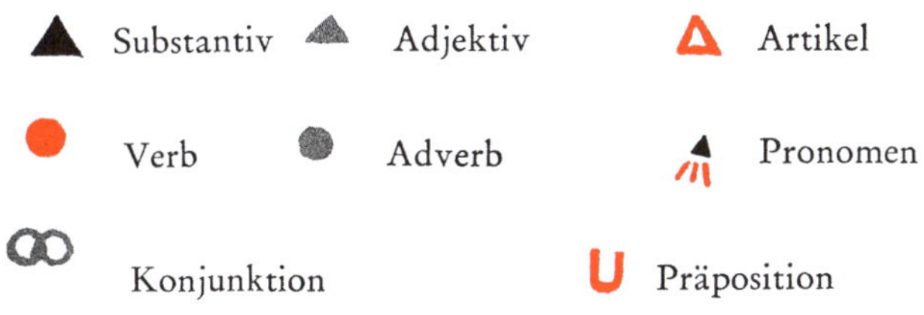

- ▲ Substantiv
- ▲ Adjektiv
- △ Artikel
- ● Verb
- ● Adverb
- ▲ Pronomen
- ∞ Konjunktion
- U Präposition

Die Entwicklung der Sprache: Von der Nebula

Faltblatt 3

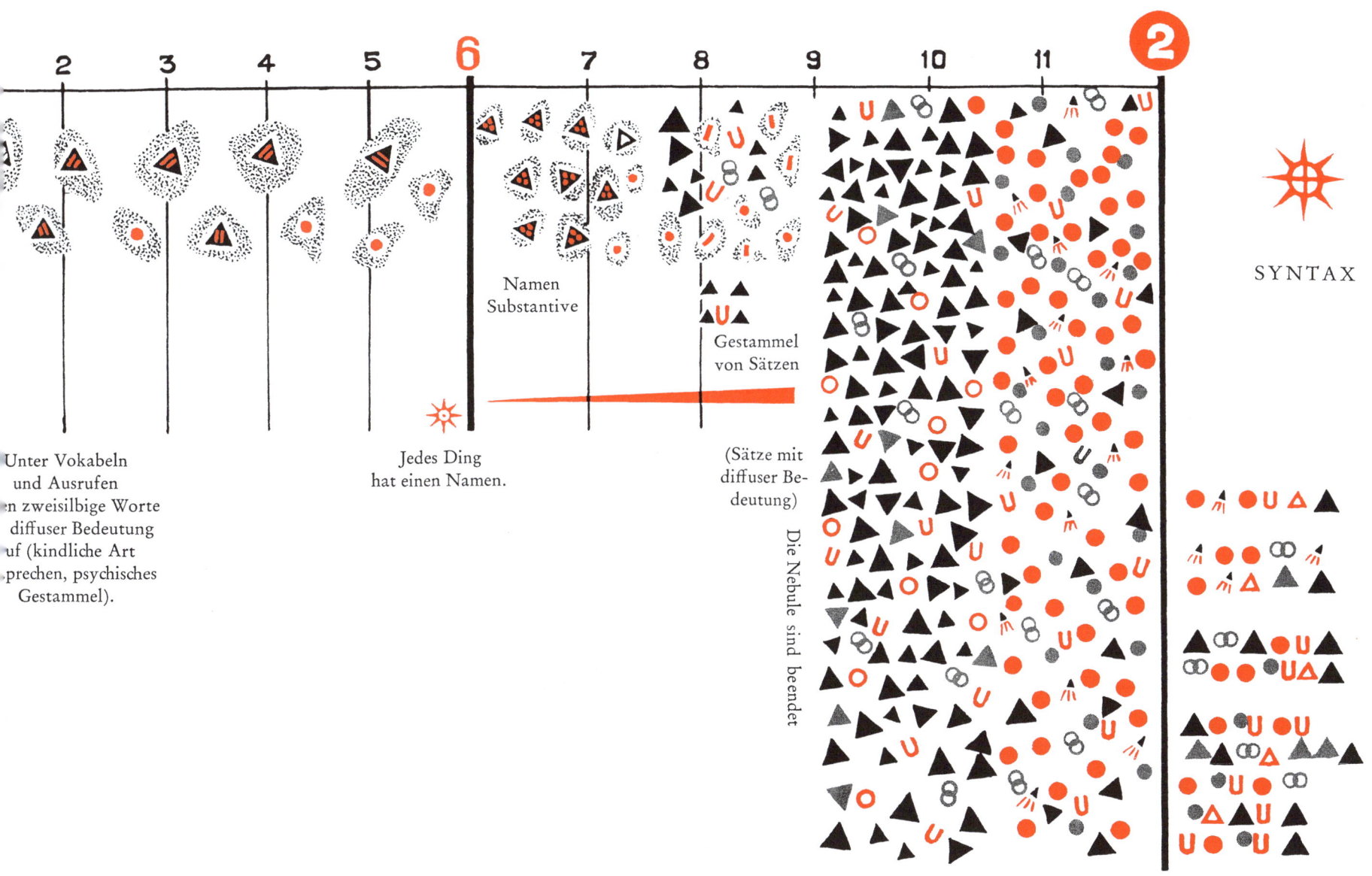

lung absorbiert werden. (Dasselbe geschieht, wenn auf dem Film ein Lichtfleck ist: er erscheint auf allen Abzügen.) In dieser Periode haben wir also nicht nur die Entwicklung des Charakters zu verzeichnen, sondern auch die Entwicklung einiger abweichender psychischer Merkmale, die sich im Kind bei seinem Heranwachsen offenbaren. In dieser äußerst schöpferischen Periode lernt das Kind die Muttersprache und das Laufen. Diese Periode geht über die zweieinhalb Jahre hinaus, ist dann aber weniger intensiv und fruchtbar. So, wie die errungenen Fähigkeiten weiterwachsen und sich entwickeln, geschieht dasselbe auch mit den in dieser Periode angeeigneten Fehlern und Schwierigkeiten. Tatsächlich werden viele Fehler, die bei den Erwachsenen auftreten, von der Psychoanalyse dieser fernen Lebensperiode zugeschrieben.

Die Schwierigkeiten, die die normale Entwicklung stören, sind unter den Begriff *Hemmungen* zusammengefaßt (ein Ausdruck, der besonders in der Psychoanalyse, aber auch in der allgemeinen Psychologie verwendet wird). Diese heute allen bekannten Hemmungen beziehen sich auf das Kindesalter. Wir können dazu sowohl in Verbindung mit der Sprache als auch vielen anderen menschlichen Tätigkeitsbereichen Beispiele bringen. Der ausbrechende Wortschwall muß Freiheit des Ausbruchs haben. So muß auch die Explosion der Sätze Freiheit des Ausdrucks haben, wenn das Kind seinen Gedanken eine richtige Form verleiht. Dieser Ausdrucksfreiheit wird große Bedeutung beigemessen, denn man betrachtet sie nicht nur im Zusammenhang mit der unmittelbaren Gegenwart des sich in der Entwicklung befindlichen Mechanismus, sondern auch mit dem zukünftigen Leben des Individuums. Es gibt einige Fälle, bei denen in dem Alter, in dem die Sprachexplosion stattfinden sollte, wie ich zuvor angeführt habe, nichts geschieht; das Kind benutzt mit drei oder dreieinhalb Jahren die gleichen Worte eines viel jüngeren Alters oder scheint stumm zu sein, obwohl seine Sprachorgane völlig normal ausgebildet sind. Dieses Phänomen wird als „psychische Stummheit" bezeichnet, hat eine rein psychologische Ursache und ist eine psychische Krankheit.

In dieser Periode haben einige psychische Krankheiten ihren Ursprung, mit denen sich die Psychoanalyse befaßt (die eigentlich ein Teilgebiet der Medizin ist). Manchmal verschwindet die psychische Stummheit plötzlich wie durch ein Wunder; das Kind beginnt unvermittelt richtig zu sprechen mit allen Kenntnissen der Grammatik. Offensichtlich war in seinem Innern alles schon vorbereitet, nur war der Ausdruck durch ein Hindernis gehemmt.

In unseren Schulen hatten wir Kinder, die mit drei und vier Jahren noch nie gesprochen hatten und plötzlich in der neuen Umgebung anfingen zu sprechen; sie hatten nicht einmal die Worte, die von zweijährigen Kindern benutzt werden, ausgesprochen. Dank der freien Tätigkeit, die ihnen erlaubt wurde, und der anregenden Umgebung offenbarten sie plötzlich diese Ausdrucksfähigkeit. Was ist die Ursache dafür? Ein schwerer psychischer Schock oder eine andauernde Opposition hatten bisher das Kind daran gehindert, dem Reichtum seiner Sprache freien Ausdruck zu geben.

Auch einige Erwachsene haben Schwierigkeiten beim Sprechen: Sie müssen eine große Anstrengung vollbringen und scheinen unsicher zu sein über das, was sie sagen sollen. Ein gewisses Zögern äußert sich bei ihnen auf verschiedene Art:

a) ihnen fehlt der Mut zum Sprechen;
b) ihnen fehlt der Mut, die Worte auszusprechen;
c) sie haben Schwierigkeiten beim Gebrauch der Sätze;
d) sie sprechen langsamer als andere Menschen und unterbrechen sich mit: äh, um, ma, ah usw.

Sie haben in sich unüberwindliche Schwierigkeiten, die sie fürs ganze Leben begleiten; damit befinden sie sich in einer ständigen Unterlegenheit. Es gibt auch psychische Hindernisse, die dem Erwachsenen die Möglichkeit nehmen, die Worte deutlich auszusprechen: Stottern und schlechte Aussprache. Diese Fehler haben ihre Ursache in der Periode, in der sich die Sprachmechanismen bilden. Es gibt also verschiedene Aneignungsperioden und entsprechende Regressionsperioden.

Erste Periode:
Der Wortmechanismus bildet sich.
Entsprechende Regression: Sigmatismus, Stottern.

Zweite Periode:
Der Satzmechanismus bildet sich (Ausdruck des Gedankens).
Entsprechende Regression: Zögern bei der Satzformulierung.

Diese Regressionen stehen in Verbindung mit der Sensitivität des Kindes. Auf die gleiche Weise, wie es sensibel ist zum Zwecke des Schaffens und des Erweiterns seiner Fähigkeiten, ist es auch sensibel für zu große Hindernisse, die sich ihm entgegenstellen. Die Ergebnisse dieser gehemmten Sensitivität prägen sich dann als Fehler für den Rest des Lebens ein. Daher muß stets beachtet werden, daß die Sensitivität des Kindes erheblich größer ist, als wir es uns vorstellen können.

Durch die Hindernisse, die wir dem Kind in den Weg stellen, sind wir für die Anomalien verantwortlich, die es sein ganzes Leben hindurch begleiten. Das Kind muß so mild wie möglich und ohne jegliche Gewalt behandelt werden, denn oft sind wir uns nicht unserer Härte und Gewalt bewußt. Wir müssen auf uns achtgeben. Die Ausbildung zur Erziehung ist ein Studium seiner selbst. Die Ausbildung eines Lehrers, der dem Leben helfen soll, verlangt weit mehr als eine einfache intellektuelle Ausbildung; es handelt sich um eine Bildung des Charakters, eine geistige Bildung.

Die Sensitivität des Kindes weist verschiedene Aspekte auf, aber in dieser Periode ist die Sensitivität gegenüber Traumata allen gemeinsam. Eine andere gemeinsame Eigenschaft ist die Sensitivität gegenüber den ruhigen, aber kalten und bestimmten Anstrengungen der Erwachsenen, die Äußerungen des Kindes zu unterbinden: „Das darfst du nicht tun! Das tut man nicht!" Diejenigen, die ihre Kinder noch sogenannten Kindermädchen anvertrauen, sollten vor allem vor der kalten Autorität auf der Hut sein, die diese Kindermädchen oft an den Tag legen. Dieser Behandlung ist die Verlegenheit zuzuschreiben, die man oft bei Individuen aus gehobenen Schichten antrifft, denen zwar körperlicher Mut nicht fehlt, die aber beim Sprechen oft eine gewisse Schüchternheit aufweisen, die sich durch Zögern und Stottern ausdrückt.

Ich selbst habe auch einmal ein Kind zu hart behandelt, und ich habe das in einem meiner Bücher als Beispiel angeführt[55]. Ein Kind hatte seine Straßenschuhe auf die schöne Seidendecke seines Bettes gestellt. Ich nahm sie resolut weg, stellte sie auf den Boden und putzte energisch die Decke mit der Hand ab, um ihm zu zeigen, daß das nicht der geeignete Platz für Schuhe ist. Daraufhin stellte das Kind zwei oder drei Monate lang, jedesmal wenn es ein Paar Schuhe sah, diese auf einen Fleck, schaute sich dann nach einer Decke oder einem Kissen um, die es abputzen konnte. Das Kind lehnte sich also nicht gegen meine zu nachdrückliche Belehrung auf, es antwortete nicht: „Sprich nicht so mit mir; ich stelle meine Schuhe hin, wo es mir paßt!", sondern es antwortete auf mein falsches Verhalten mit einer unnormalen Äußerung. Es geschieht oft, daß ein Kind keine heftigen Reaktionen aufweist; aber es wäre besser so, denn ein Kind kann sich durch seinen Jähzorn verteidigen und eine normale Entwicklung erreichen. Aber wenn ein Kind mit der Veränderung seines Charakters antwortet oder den Weg der Anomalität einschlägt, so wird sein gesamtes Leben davon be-

---

[55] Vgl.: Kinder sind anders, Stuttgart 1952.

rührt. Die Erwachsenen kümmern sich nicht darum und ärgern sich nur über die Zornesausbrüche ihrer Kinder.

Ein weiterer Komplex von Anomalien sind die unbegründeten Ängste und das nervöse Gesichtszucken, unter denen gewisse Erwachsene leiden. Der größte Teil davon hat seine Ursachen in der Gewalt, die der Sensitivität der Kinder gegenüber angewandt wurde. Einige dieser unbegründeten Ängste beruhen auf unangenehmen Begebenheiten mit Tieren, Katzen oder Hühnern; andere haben ihre Ursache in dem Schrecken, den das Kind empfunden hat, das in einem Zimmer eingeschlossen war. Mit Vernunft und Überredung kann man den Opfern dieser Ängste nicht zu Hilfe kommen. Diese Art unvernünftiger Ängste wird als „Phobie" bezeichnet. Einige sind so verbreitet, daß sie eine besondere Bezeichnung erhalten haben, zum Beispiel die „Klaustrophobie" (Angst vor geschlossenen Türen, in einem geschlossenen Raum).

Aus dem Gebiet der Medizin könnte man noch weitere Beispiele bringen. Aber ich erwähne sie nur, um die Geistesform des Kindes in diesem Alter zu erläutern und ausdrücklich darauf zu bestehen, daß sich jede unserer Verhaltensweisen bei der Behandlung des Kindes nicht nur auf das Kind auswirkt, sondern auch auf den Erwachsenen, der aus ihm hervorgeht.

Man muß wirklich durch Beobachtungen und Entdeckungen in den Geist des Kindes eindringen, so wie der Psychologe in das Unbewußte des Erwachsenen eindringt. Das ist nicht leicht, denn oft verstehen wir die Sprache des Kindes nicht, oder wenn wir sie verstehen, wird uns der Sinn nicht klar, den das Kind den Worten geben will. Oft muß man das ganze Leben des Kindes kennen, in vorangegangenen Perioden nachforschen, um diesem Wesen in seinen Schwierigkeiten Frieden geben zu können. Oft brauchen wir einen Interpreten für das Kind und seine Sprache, der uns einen Einblick in den geistigen Zustand des Kindes ermöglicht.

Ich habe lange Zeit in diesem Sinn gearbeitet und versucht, mich zum Interpreten des Kindes zu machen, und ich habe dabei mit Überraschung beobachtet, wie sich die Kinder an ihren Interpreten wenden, denn sie verstehen, daß da jemand ist, der ihnen helfen kann.

Die Liebe des Kindes ist etwas absolut anderes als die Zuneigung, die das Kind demjenigen erweist, der es liebkost und streichelt. Der Interpret ist für das Kind „die große Hoffnung"; das ist jemand, der ihm den Weg zu den Entdeckungen öffnet, wenn ihm die Welt die Türen verschlossen hat. Dieses Individuum, das ihm hilft, wird mit ihm in ein inniges Verhältnis treten, ein Verhältnis, das die Zuneigung übertrifft, denn es gibt ihm Hilfe und nicht nur Trost.

In einem Haus, in dem ich wohnte und arbeitete, hatte ich die Angewohnheit, mich sehr früh am Morgen an die Arbeit zu machen. Eines Tages kam ein kleiner Junge, nicht älter als eineinhalb Jahre, zu früher Morgenstunde in mein Zimmer. Ich fragte ihn liebevoll, ob er etwas zu essen wünsche. Er antwortete mir: „Ich will Würmer!" Überrascht wiederholte ich „Würmer?" Das Kind merkte, daß ich es nicht verstanden hatte, und kam mir zu Hilfe, indem es hinzufügte: „Ei." Da dachte ich mir, daß es sich nicht um das Frühstück handeln konnte. Was wollte er nur von mir? Das Kind fügte andere Worte hinzu: „Nena, Ei, Würmer!" Da verstand ich alles und erinnerte mich (und eben deswegen bestehe ich auf der Notwendigkeit, die Umstände aus dem Leben des Kindes kennen zu müssen), daß das Schwesterchen Nene am Tag zuvor einen ovalen Umriß mit einem Buntstift ausgefüllt hatte. Der Kleine hatte die Buntstifte haben wollen. Das Schwesterchen hatte sich gewehrt und ihn weggeschickt. Hier können wir sehen, wie der Geist des Kindes arbeitet. Er hatte sich der Schwester nicht widersetzt, sondern mit großer Geduld und Ausdauer auf eine Gelegenheit gewartet, um auf seine Kosten zu kommen. Ich gab ihm den Buntstift und den ovalen Einsatz: Das Gesicht des Kleinen leuchtete auf, aber er war nicht imstande, den Umriß des Ovals zu zeichnen, und ich mußte es für ihn tun. Dann, als ich gezeichnet hatte, füllte er es mit Wellenlinien aus. Das Schwesterchen hatte es mit den üblichen geraden Linien getan, aber er gedachte es besser zu tun und zeichnete Wellenlinien wie „Würmer". Das Kind hatte also den Zeitpunkt abgepaßt, an dem alle außer seiner Interpretin noch schliefen, und war zu ihr gegangen, weil es fühlte, daß sie ihm helfen würde.

Nicht der Jähzorn und heftige Reaktionen sind die hervortretenden Eigenschaften dieses kindlichen Alters, sondern die Geduld: die Geduld, den günstigen Moment abzuwarten. Heftige Reaktionen oder Jähzorn sind Ausdruck der Verzweiflung des Kindes, das sich nicht ausdrücken kann. Der erwähnte Fall zeigt auch, daß das kleine Kind versucht, Aktivitäten auszuführen, die größeren Kindern eigen sind. Wenn sich das dreijährige Kind einer Arbeit widmet, sehen wir, wie auch das Kind mit eineinhalb Jahren sehnsüchtig das gleiche tun möchte. Es wird auf Hindernisse in der Ausführung treffen, aber es wird es versuchen. Ein kleines Kind wollte das dreijährige Schwesterchen nachahmen, das die ersten Tanzschritte erlernte. Die Lehrerin fragte uns, wie sie einer so kleinen Schülerin die Ballettbewegungen beibringen sollte. Wir bestanden darauf und baten sie, sich nicht darum zu kümmern, ob das Kind dazu fähig sei oder nicht, sondern es trotzdem zu versuchen. Die Lehrerin willigte ein, da sie wußte, daß es unser Ziel ist, das kleine Mädchen in seiner Entwicklung zu unterstützen, und sie versuchte es. Sofort trat der kleine Eineinhalbjährige hinzu mit den Worten: „Ich auch." Die Lehrerin machte den Einwand, daß es absolut unmöglich sei und daß es gegen ihre Würde als Lehrerin verstoße, ein eineinhalbjähriges Kind zu unterrichten. Wir überredeten sie, ihre Würde beiseite zu stellen und uns den Gefallen zu tun. Sie begann einen Marsch zu spielen. Der Kleine wurde mit einem Mal wütend und wollte sich nicht von der Stelle bewegen. Die Lehrerin sah durch das Widerstreben des Kindes ihre würdevolle Haltung und Ablehnung bestätigt. Aber das Kind war nicht wegen der Musik wütend; es ging wie wild auf den Hut der Lehrerin los, der auf dem Sofa lag. Es sagte weder das Wort „Hut" noch „Lehrerin"; es wiederholte mit heftiger Wut zwei Worte: „Kleiderständer", „Eingang", und wollte damit sagen: „Der Hut soll nicht auf dem Sofa liegen, sondern gehört auf den Kleiderständer im Eingang." Es hatte den Tanz und seine Freude vergessen, als fühle es als erstes die Pflicht, Ordnung in die Unordnung zu bringen. Sobald der Hut auf dem Kleiderständer hing, beruhigte sich die Wut des Kindes, und es war zum Tanzen bereit. Das grundlegende Bedürfnis nach Ordnung ist stärker als jeder andere Trieb des Kindes.

Das Studium der Sprache und der Sensibilität des Kindes ermöglichen ein Vordringen in die Seele des Kindes in eine Tiefe, die die Psychologen im allgemeinen nicht erreichen. Die Ausdauer des Kindes im ersten Beispiel und die Ordnungsliebe im zweiten bieten Beobachtungsmaterial von größtem Interesse. Wenn wir uns sowohl an diese Beispiele wie an das Kind erinnern, das ein ganzes Gespräch verstand, aber nicht die Meinung über das glückliche Ende einer erzählten Geschichte[56] billigte, wird uns klar, daß es nicht nur die Faktoren gibt, die auf Faltblatt 3 dargestellt sind, sondern vor uns verborgen ein ganzes geistiges Leben, ein vollständiges psychisches Bild.

Jede Entdeckung über den Geist des Kindes in diesem Alter muß mitgeteilt werden, denn damit wird dem Kind geholfen, sich besser an seine Umgebung anzupassen. Jede Mühe, die uns auferlegt wird, um dem Leben zu helfen, ist von höchstem menschlichem Wert. Die Lehrerin hat in der

---

[56] Siehe: Kinder sind anders, Stuttgart 1952.

frühen Kindheit eine äußerst vornehme Aufgabe zu erfüllen. Sie ist Vor- und Mitarbeiterin bei der Entwicklung einer Wissenschaft, die in Zukunft grundlegend für die geistige Entwicklung und die Bildung des Charakters sein wird. Einstweilen müssen wir die Aufgabe der Erzieher übernehmen, um zu vermeiden, daß sich in den Kindern jene Abweichungen und Fehler festsetzen, die sie zu minderwertigen Individuen werden lassen. Daher müssen wir uns vor Augen halten:

1. daß die Erziehung in den ersten zwei Jahren von Bedeutung für das ganze Leben ist;
2. daß das Kind mit großen psychischen Kräften ausgestattet ist, über die wir uns noch nicht im klaren sind;
3. daß es eine starke Sensitivität hat, die als Folge jeglicher Gewaltanwendung nicht nur eine Reaktion verursacht, sondern Fehler, die in der Personalität fortdauern können.

13. Bewegung und Gesamtentwicklung

Die Bewegung muß von einem anderen Gesichtspunkt aus betrachtet werden. Aufgrund von Irrtümern und Mißverständnissen wurde die Bewegung stets als etwas weniger Wichtiges betrachtet, als sie in Wirklichkeit ist: vor allem wurde die Bewegung des Kindes auf dem Gebiet der Erziehung betrüblicherweise vernachlässigt und alle Bedeutung dem intellektuellen Lernen beigemessen. Nur der Turnunterricht befaßte sich mit der Bewegung, ohne sie aber in Verbindung mit der Intelligenz zu sehen. Prüfen wir den Aufbau des Nervensystems in seiner Gesamtheit. Stellen wir uns ein ganzes Gehirn vor; weiterhin die Sinnesorgane, die die Eindrücke aufnehmen und an das Gehirn weiterleiten; und drittens die Muskeln. Aber was ist der Zweck der Nerven? Sie übertragen Energie und Bewegung an die Muskeln (das Fleisch).

Dieser komplexe Organismus besteht also aus drei Teilen:
1. dem Gehirn (dem Zentrum); 2. den Sinnen; 3. den Muskeln.

Die Bewegung ist das Endziel des Nervensystems. Ohne Bewegung könnte nicht von einem Individuum gesprochen werden (auch ein großer Philosoph betätigt beim Sprechen und Schreiben seine Muskeln; würde er seinen Meditationen keinen Ausdruck verleihen, welchen Zweck hätten sie dann? Ohne Muskeln wäre daher eine Äußerung seiner Gedanken unmöglich, sei es geschrieben oder gesprochen).

Bei den Tieren könnten wir beobachten, daß sich ihr Verhalten nur durch die Bewegung äußert. Wir dürfen also beim Menschen nicht gerade diesen besonderen Ausdruck seiner Vitalität vernachlässigen.

Die Muskeln müssen als zum Nervensystem gehörig betrachtet werden, das den gesamten Menschen mit seiner Umwelt in Verbindung setzt. Daher wird es als *Relationssystem* bezeichnet: es bringt den Menschen in Beziehung zur unbelebten und belebten Welt und damit zu den anderen Individuen. Ohne dieses System bestünden keine Beziehungen zwischen Individuum, Umwelt und Gesellschaft.

Die anderen Systeme des menschlichen Körpers sind im Vergleich dazu egoistisch ausgerichtet, da sie allein dem Körper des Individuums dienen: sie ermöglichen uns nur zu leben oder, wie wir sagen würden, zu „vegetieren", und werden daher als „Systeme oder Organe des vegetativen Lebens" bezeichnet.

Die vegetativen Systeme dienen zum Wachsen und Vegetieren des Individuums. Das Nervensystem bringt das Individuum mit seiner Umwelt in Verbindung.

Das vegetative System gibt dem Menschen ein Höchstmaß an Wohlsein, Reinheit des Körpers und Gesundheit. Das Nervensystem muß von einem ganz anderen Gesichtspunkt aus betrachtet werden: Es vermittelt uns die schönsten Eindrücke, die Reinheit der Gedanken, ein ständiges Bestreben, uns zu erheben, aber man darf das Nervensystem nicht auf das Niveau des rein vegetativen Lebens erniedrigen. Wenn man den Grundsatz der einfachen Reinheit und der Erhebung des Individuums vertritt, führt man den Menschen zu einem geistigen Egoismus, das ist ein schwerer Fehler, vielleicht der schwerste, der begangen werden kann. Das Verhalten der Tiere ist nicht allein auf die Schönheit und Anmut der Bewegungen ausgerichtet, sondern hat tieferen Sinn. Ähnlich ist es nicht nur Ziel des Menschen, größere Reinheit und geistige Schönheit zu erlangen. Natürlich sollte er stets die Vollendung der körperlichen und geistigen Schönheit anstreben, aber sein Leben wäre sinnlos, wenn er sich nur darauf beschränken würde. Wozu würden sonst Gehirn und Muskeln dienen? Es gibt nichts auf der Welt, was nicht Teil einer universalen Ökonomie ist. Wenn wir mit einem geistigen Reichtum, mit einem feinen ästhetischen Bewußtsein ausgestattet sind, so sind wir das nicht für uns allein, sondern damit unser Talent Teil der universalen geistigen Ökonomie werde und zugunsten von allen und allem Verwendung finde. Die geistigen Funktionen sind kein persönlicher Reichtum, sie müssen in Umlauf gesetzt werden, damit andere sich daran erfreuen können. Sie müssen Ausdruck finden und dazu dienen, den Zyklus der Beziehungen zu schließen. Auch hat die geistige Größe keinen Wert, die um ihrer selbst willen angestrebt wird, da dadurch der wichtigste Teil des Lebens und sein Zweck vernachlässigt würde. Wenn man an die Wiedergeburt glauben würde und sagte: „Wenn ich jetzt recht lebe, wird mir bei der nächsten Wiedergeburt ein besseres Leben zuteil werden", würde in uns nur der Egoismus sprechen. Wenn wir stets nur an uns selbst denken, an uns selbst auch in der Ewigkeit, sind wir Egoisten für die Ewigkeit. Man muß den anderen Gesichtspunkt in Betracht ziehen; nicht nur im praktischen Leben, sondern auch in der Erziehung. Die Natur hat uns mit Funktionen ausgestattet, diese müssen Vollkommenheit erreichen: sie müssen alle geübt werden.

Hierzu ein Beispiel: Um gesund zu sein, müssen Lungen, Magen und Herz funktionieren. Warum wird nicht die gleiche Regel für das Relationssystem der Nerven angewandt? Wenn wir Gehirn, Sinnes- und Bewegungsorgane haben, müssen diese funktionieren, auf jedem Gebiet geübt werden, und keines darf ausgelassen werden. Wenn wir uns selbst höher bilden und zum Beispiel unseren Verstand schärfen wollen, wird uns das nicht gelingen, wenn wir nicht alle Teile zum Funktionieren bringen. Die Bewegung kann vielleicht der letzte Teil sein, der den Zyklus vollendet. Mit anderen Worten, wir können durch Handlung eine geistige Höherbildung erreichen. Von diesem Gesichtspunkt aus muß die Bewegung betrachtet werden; sie ist ein Teil des Nervensystems und darf nicht vernachlässigt werden. Das Nervensystem ist ein einziges, wenn es auch aus drei Teilen besteht. Da es eine Einheit ist, muß es in seiner Totalität geübt werden, um vollkommen zu werden.

Die Bewegung getrennt von den höheren Funktionen zu betrachten ist einer der Irrtümer der modernen Zeit. Man ist der Meinung, daß die Muskeln nur dazu dienen, den Körper bei bester Gesundheit zu erhalten. So werden gymnastische Übungen und Spiele durchgeführt, um unsere Leistungsfähigkeit zu erhalten, um tief einzuatmen oder um das Verdauungssystem und den Schlaf zu fördern.

Das ist ein Irrtum, der auf dem Gebiet der Erziehung Fuß gefaßt hat. Das wäre, physiologisch gesprochen, so, als ob ein großer Fürst einem Schäfer dienen müßte. Dieser große Fürst – das Muskelsystem – wird zu einem Instrument für das vegetative System herabgesetzt. Dieser schwere Fehler führt zu einem Bruch: auf der einen Seite das physische Leben und auf der anderen das geistige. Da sich das Kind sowohl physisch wie auch geistig entwickeln muß, folgt daraus, daß wir körperliche Übungen, Spiele usw. in die Erziehung einbeziehen müssen, denn wir können diese beiden Dinge nicht trennen, die die Natur vereint geschaffen hat. Wenn wir das körperliche und das geistige Leben getrennt betrachten, so unterbrechen wir den Zyklus der Beziehungen, und die Handlungen des Menschen bleiben vom Hirn getrennt. Der wahre Sinn der Bewegung liegt also nicht in der Förderung einer besseren Ernährung und Atmung, sondern muß dem gesamten Leben und der geistigen und universalen Ökonomie der Welt dienen.

Die Bewegungen des Menschen müssen von Zentren – vom Gehirn – aus koordiniert und richtig gelenkt werden; Geist und Aktivität sind zwei Teile des gleichen Zyklus, und außerdem ist die Bewegung der Ausdruck des höheren Teils. Handeln wir anders, machen wir aus dem Menschen eine Muskelmasse ohne Gehirn. Es entwickelt sich das vegetative System, ohne daß die Verbindung zwischen dem Bewegungssystem und dem Gehirn stattfindet; die Selbstbestimmung des Gehirns bleibt von der Bewegung der Muskeln getrennt. Dieses ist *nicht* Unabhängigkeit, ist Auseinanderreißen dessen, was die Natur in ihrer Weisheit verbunden hat. Wenn man von geistiger Entwicklung spricht, wird es Leute geben, die sagen: „Bewegung? Was hat die Bewegung damit zu tun, wir sprechen doch von geistiger Entwicklung?", und wenn wir an geistige Übung denken, sehen wir uns alle sitzend und unbeweglich. Aber die geistige Entwicklung *muß* mit der Bewegung verbunden sein und von ihr abhängen. Diese neue Idee muß in die Erziehungstheorie und -praxis Eingang finden.

Bis heute hat der Großteil der Erziehung die Bewegung und die Muskeln als eine Unterstützung der Atmung, der Blutzirkulation oder auch als Kraftübung betrachtet. Unsere neue Auffassung hingegen vertritt die Ansicht, daß die Bewegung als Hilfe für die geistige Entwicklung wichtig ist, wenn sie mit dem Zentrum in Verbindung gebracht wird. Die geistige Entwicklung kann und muß durch die Bewegung unterstützt werden. Ohne sie gibt es in bezug auf den Geist weder Fortschritt noch Gesundheit.

Die Beobachtung der Natur liefert den Beweis für das, was ich gesagt habe. Die Genauigkeit dieser Beobachtung ist durch ein aufmerksames Verfolgen der kindlichen Entwicklung gewährleistet.

Betrachtet man aufmerksam ein Kind, ergibt sich evident, daß sich sein Verstand mit Hilfe der Bewegung entwickelt. Die Entwicklung der Sprache zeigt zum Beispiel eine Vervollständigung der Aufnahmefähigkeit, die von einem immer stärkeren Gebrauch der Muskeln begleitet wird, die die Laute und die Worte erzeugen. Beobachtungen an Kindern aus aller Welt beweisen, daß das Kind seine Intelligenz durch die Bewegung entwickelt. Die Bewegung unterstützt die psychische Entwicklung, und diese Entwicklung findet ihrerseits Ausdruck in weiteren Bewegungen und Handlungen. Es handelt sich also um einen Zyklus, da Psyche und Bewegung der gleichen Einheit angehören. Es kommen auch die Sinne zu Hilfe, denn wenn das Kind keine Gelegenheit zu sensorischer Tätigkeit hat, findet eine geringere

Entwicklung des Verstandes statt. Die Muskeln (das Fleisch), deren Aktivität vom Gehirn aus gesteuert wird, heißen willkürliche Muskeln, das heißt, daß sie durch den Willen des Individuums in Bewegung gesetzt werden, und der Wille ist eine der stärksten Äußerungen der Psyche. Ohne Willensenergie gibt es kein psychisches Leben. Da die willkürlichen Muskeln vom Willen abhängen, ergibt sich daraus, daß sie ein psychisches Organ sind.

Die Muskeln bilden den größten Teil des Körpers. Das Skelett und die Knochen haben die Aufgabe, die Muskeln zu halten; sie gehören also zu diesem Ganzen. Die Gestalt, die wir beim Menschen oder beim Tier sehen, ist aus Muskeln aufgebaut, die an Knochen haften; diese willkürlichen Muskeln verleihen dem Wesen die äußere Gestalt. Die fast unendliche Zahl der Muskeln ist aufgrund ihrer Struktur von großem Interesse. Einige sind fein, andere massig, andere kurz, andere länglich, und alle haben eine andere Funktion. Wenn ein Muskel in eine Richtung hinwirkt, wirkt stets ein anderer Muskel in die entgegengesetzte Richtung. Und je stärker und feiner dieses Kräftespiel ist, um so feiner ist die Bewegung, die sich daraus ergibt. Die Übungen zur Harmonisierung der Bewegungen bringen die größtmögliche Harmonie in den Gegensatz. Worauf es ankommt, ist also nicht der Einklang, sondern der harmonisierte Kontrast, der Gegensatz im Einklang.

Man ist sich dieses Spiels der Gegensätze nicht bewußt, und doch entsteht dadurch die Bewegung. Bei den Tieren ist die Vervollkommnung der Bewegung durch die Natur gegeben; die Anmut des Sprunges eines Tigers oder auch das Hüpfen des Eichhörnchens beruht auf einem reichen Spiel der Gegensätze, durch die die Harmonie der Bewegung erreicht wird. So wie ein kompliziertes Getriebe einer Maschine, die vollendet arbeitet, wie eine Uhr mit ihren Rädern, die sich in entgegengesetzte Richtungen drehen; wenn der gesamte Mechanismus gut funktioniert, dann können wir die genaue Zeit ablesen. Der Mechanismus der Bewegung ist also sehr kompliziert und fein. Beim Menschen ist er nicht vorbestimmt und muß durch die praktische Erfahrung in der Umgebung geschaffen und vervollkommnet werden. Die Zahl der Muskeln beim Menschen ist so groß, daß sie ihm erlaubt, jede Bewegung durchzuführen. Wir wollen daher nicht über Bewegungsübungen sprechen, sondern über die Koordinierung der Bewegung. Diese Koordination ist nicht mitgegeben, sondern muß durch die Psyche geschaffen und vollendet werden. Mit anderen Worten, das Kind schafft seine eigenen Bewegungen, und wenn es sie einmal geschaffen hat, vervollkommnet es sie. Es hat bei dieser Arbeit also eine schöpferische

Rolle, und es entwickelt durch eine Reihe von Übungen das, was es geschaffen hat.

Der Mensch hat keine begrenzten und festgelegten Bewegungen, sondern er kann sie lenken und hat sie in der Kontrolle. Einige Tiere haben eine charakteristische Fähigkeit, zu klettern, zu laufen oder zu schwimmen usw. Das sind keine typischen Bewegungen des Menschen, aber er kann sie durchführen, denn es ist sein Charakteristikum, alle Bewegungen durchführen zu können und dabei auch die Tiere zu übertreffen.

Um diese Vielseitigkeit zu erlangen, muß sich der Mensch jedoch mühen und mit seinem Willen und der Wiederholung der Übungen die Fähigkeit schaffen, im Unbewußten die Bewegungen zu koordinieren zu einem bestimmten Zweck und gemäß seiner Initiative. In Wirklichkeit gelingt es keinem Individuum, alle seine Muskeln zu betätigen, aber sie sind da; beim Menschen ist es so, als ob er sehr reich sei, so reich, daß er nur einen Teil seines Reichtums verwenden kann und sich den Teil auswählt, den er will. Wenn einer Sportler von Beruf ist, will das nicht heißen, daß er mit einer besonderen Muskelfähigkeit ausgestattet ist, so wie auch die beruflichen Tänzer nicht mit besonders für den Tanz geeigneten Muskeln geboren wurden. Sowohl der Sportler wie der Tänzer entwickeln sich durch Willenskraft. Jeder ist von Natur aus mit einem solchen Reichtum an Muskeln ausgestattet, daß er die auswählen kann, die er benötigt, um das zu tun, was er will. Seine Psyche kann jede Entwicklung schaffen und leiten. Nichts ist festgelegt, und alles ist möglich, wenn nur die individuelle Psyche den rechten Weg angibt.

Es ist nicht Art des Menschen, daß alle das gleiche tun wie Tiere derselben Art. Auch wenn dasselbe von verschiedenen getan wird, wird es jedes menschliche Individuum verschieden durchführen; so wie wir alle schreiben, aber jeder eine andere Schrift hat. Jedes menschliche Wesen geht seinen eigenen Weg.

In der Bewegung sehen wir, wie sich die Arbeit des Individuums entwickelt, und die Arbeit des Individuums ist der Ausdruck seiner Psyche und *ist* das psychische Leben selbst. Dieser steht ein großer Schatz an Bewegungen zur Verfügung, die sich wiederum im Dienst des psychischen Lebens entwickeln, das der zentrale und führende Teil ist. Wenn der Mensch nicht alle seine Muskeln entwickelt und auch wenn er mit den Muskeln, die er entwickelt, nur eine grobe Arbeit ausführt, ist das psychische Leben dieses Menschen begrenzt aufgrund der einfachen Tätigkeit, auf die seine Muskeln begrenzt sind. Das psychische Leben wird auch durch die Art der Arbeit eingeschränkt, die dem Individuum zugänglich ist oder die es wählt. Bei Menschen, die nicht arbeiten, ist das psychische Leben in großer Gefahr. Wenn es auch stimmt, daß nicht alle Muskeln in Bewegung gesetzt werden können, ist es doch sehr gefährlich für das psychische Leben, wenn nur eine Anzahl benutzt wird, die unter einer bestimmten Grenze liegt. In diesem Fall wird das ganze Leben des Individuums geschwächt. Daher wurden Gymnastik und Spiele in die Erziehung eingeführt, um zu vermeiden, daß zu viele Muskeln vernachlässigt werden.

Das psychische Leben muß eine größere Anzahl Muskeln betätigen oder auch: wir müssen den Weg der üblichen Erziehung gehen und physische und geistige Tätigkeit abwechseln lassen. Das Ziel des Gebrauchs dieser Muskeln ist nicht begrenzt auf das Erlernen bestimmter Dinge. In einigen Formen der „modernen" Erziehung wird die Bewegung entwickelt, weil sie gewissen präzisen Zwecken des sozialen Lebens dient: ein Kind muß gut schreiben, weil es Lehrer werden soll, ein anderes muß lernen, gut mit der Schaufel zu arbeiten, weil es Kohlenhändler werden wird. Diese begrenzte und geleitete Übung dient nicht dem wahren Ziel der Bewegung. Unserer Meinung nach muß das Kind die Koordination der für sein psychisches Leben notwendigen Bewegungen entwickeln, um dadurch den praktischen und ausführenden Teil anzureichern. Andernfalls entwickelt sich das Gehirn für sich allein, und ihm ist die Realisierung fast fremd, die allein durch die Bewegung durchgeführt wird. Dann arbeitet nur die Bewegung ohne Anleitung durch die Psyche, ihre Arbeit wird zum Schaden. Die Bewegung ist so notwendig für das menschliche Leben in seiner Beziehung zur Umwelt und den andern Menschen, daß sie auf *diesem* Niveau entwickelt werden muß im Dienste des Ganzen und der lebendigen Beziehungen[57].

Die heutigen Prinzipien und Ideen sind zu sehr auf die *Selbst*-Vollendung und die *Selbst*-Realisierung ausgerichtet. Wenn wir den wahren Sinn der Bewegung verstehen, wird uns klar, daß diese Autozentralisierung nicht bestehen darf, sondern sich auf alle realisierbaren Möglichkeiten ausdehnen muß. Kurz gesagt, wir müssen uns vor Augen halten, was wir die „Philosophie der Bewegung" nennen könnten. Die Bewegung unterscheidet das Leben von den leblosen Dingen: Aber trotzdem bewegt sich das Leben nicht zufällig, es bewegt sich gemäß Zielen und gemäß Gesetzen. Um uns wirklich darüber klarzuwerden, was wir gesagt haben, stellen wir uns vor,

---

[57] Eine klare Darlegung dieser Bedürfnisse findet sich in: F. J. J. Buytendijk, Bildung der Jugend durch lebendiges Tun, in: Montessori, hrsg. von G. Schulz-Benesch, Darmstadt 1970, S. 254–273 (d. Hrsg.).

wie die Welt aussähe, wenn alles ruhig und bewegungslos wäre; wenn in den Pflanzen jede Bewegung aufhörte. Es gäbe weder Früchte noch Blumen. Der Prozentsatz giftiger Gase in der Luft würde sich erhöhen und schwere Schäden anrichten. Wenn jede Bewegung zum Stillstand käme, wenn die Vögel unbeweglich auf den Bäumen blieben, wenn die Insekten auf die Erde niederfallen würden, wenn die Raubtiere nicht mehr in der Einsamkeit umherschlichen, wenn die Fische nicht mehr in den Ozeanen schwimmen würden, wie wäre unsere Welt dann schrecklich!

Die Bewegungslosigkeit ist unmöglich. Wenn die Bewegung aufhörte oder wenn sich die Lebewesen ziellos bewegten, ohne nützlichen Sinn, der jedem Wesen zugeteilt ist, würde sich die Welt in ein Chaos verwandeln. Jedes Individuum hat eigene charakteristische Bewegungen und einen eigenen festgelegten Sinn, und in der Schöpfung besteht eine harmonische Koordination aller dieser Aktivitäten gemäß einem Ziel.

Arbeit und Bewegung sind eins. Das Leben des Menschen wie der Gesellschaft ist eng mit der Bewegung verbunden. Wenn alle menschlichen Wesen nur einen Monat lang aufhörten sich zu bewegen, würde die Menschheit aufhören zu bestehen. Man kann auch sagen, daß die Bewegung eine soziale Frage und nicht eine Frage der individuellen Gymnastik ist. Würde sich die menschliche Tätigkeit in Turnübungen erschöpfen, würden die Energien der Menschheit verschwendet. Die Grundlage der Gesellschaft ist die auf einen nützlichen Zweck ausgerichtete Bewegung. Das Individuum in der Gesellschaft bewegt sich, um diesen zugleich individuellen und sozialen Zweck zu erreichen. Wenn wir vom „Verhalten" sprechen, dem Verhalten der Menschen und Tiere, beziehen wir uns auf deren Bewegungen, die auf einen bestimmten Zweck ausgerichtet sind. Dieses Verhalten steht im Mittelpunkt ihres praktischen Lebens; es ist nicht auf die Aktivitäten begrenzt, die dem individuellen Leben dienen, wie zum Beispiel die Putz- und Hausarbeiten, sondern es hat einen weiteren Wirkungskreis. Bewegung und Arbeit stehen im Dienste der anderen. Wenn das nicht so wäre, würden die Bewegungen der Menschen Turnübungen gleichgestellt. Der Tanz ist zweifellos eine der individuellsten Bewegungen; aber auch der Tanz wird ohne Publikum sinnlos und damit ohne einen sozialen oder transzendentalen Wert.

Wenn wir eine Vorstellung vom kosmischen Plan haben, bei dem jede Lebensform sich auf zielgerichtete Bewegungen stützt, die ihren Zweck nicht nur in sich selbst haben, können wir die Arbeit des Kindes besser verstehen und anleiten.

14. Die Intelligenz und die Hand

Die mechanische Entwicklung der Bewegung eignet sich aufgrund ihrer Vielfältigkeit, ihrer umfassenden Werte und dadurch, daß sie in ihren sukzessiven Phasen sichtbar ist, als ein interessantes Studienfeld beim Kind.

Auf Faltblatt 4 ist die Entwicklung der Bewegung durch zwei Linien dargestellt mit darüberliegenden Dreiecken. Die Linien entsprechen verschiedenen Formen von Bewegung; die schwarzen Dreiecke zeigen die Halbjahre an und die mit dem roten Kreis die Jahre. Die untere Linie stellt die Entwicklung der Hand dar und die obere die Entwicklung des Gleichgewichts und der Bewegung: aus dem Diagramm ist folglich die Entwicklung der vier Glieder ersichtlich, jeweils zu zwei und zwei betrachtet.

Bei allen Tieren entwickelt sich die Bewegung der vier Glieder gleichförmig, während sich beim Menschen das eine Paar der Glieder anders als das andere entwickelt. Das beweist klar den Unterschied ihrer Funktion: einmal die Funktion der Beine und zum andern die Funktion der Arme. Die Entwicklung des Gehens und des Gleichgewichtes liegt bei allen Menschen so fest, daß sie als biologisches Faktum angesehen werden kann. Man kann sagen, daß der Mensch, wenn er einmal geboren ist, laufen wird; und alle Menschen machen exakt den gleichen Gebrauch von ihren Beinen, während wir nicht wissen, was der einzelne Mensch mit seinen Händen tun wird. Wir wissen nicht, welche besondere Tätigkeit die Neugeborenen von heute mit ihren Händen durchführen werden, und so war es auch in der Vergangenheit. Die Funktion der Hände liegt nicht fest. Daher haben die Bewegungsarten eine unterschiedliche Bedeutung, je nachdem, ob man die Hände oder die Füße betrachtet.

Es steht fest, daß die Füße eine biologische Funktion haben; trotzdem ist sie mit einer inneren Entwicklung des Gehirns verbunden. Andererseits geht nur der Mensch auf zwei Beinen, während alle anderen Säuger auf vier Beinen laufen. Nachdem es dem Menschen einmal gelungen ist, auf

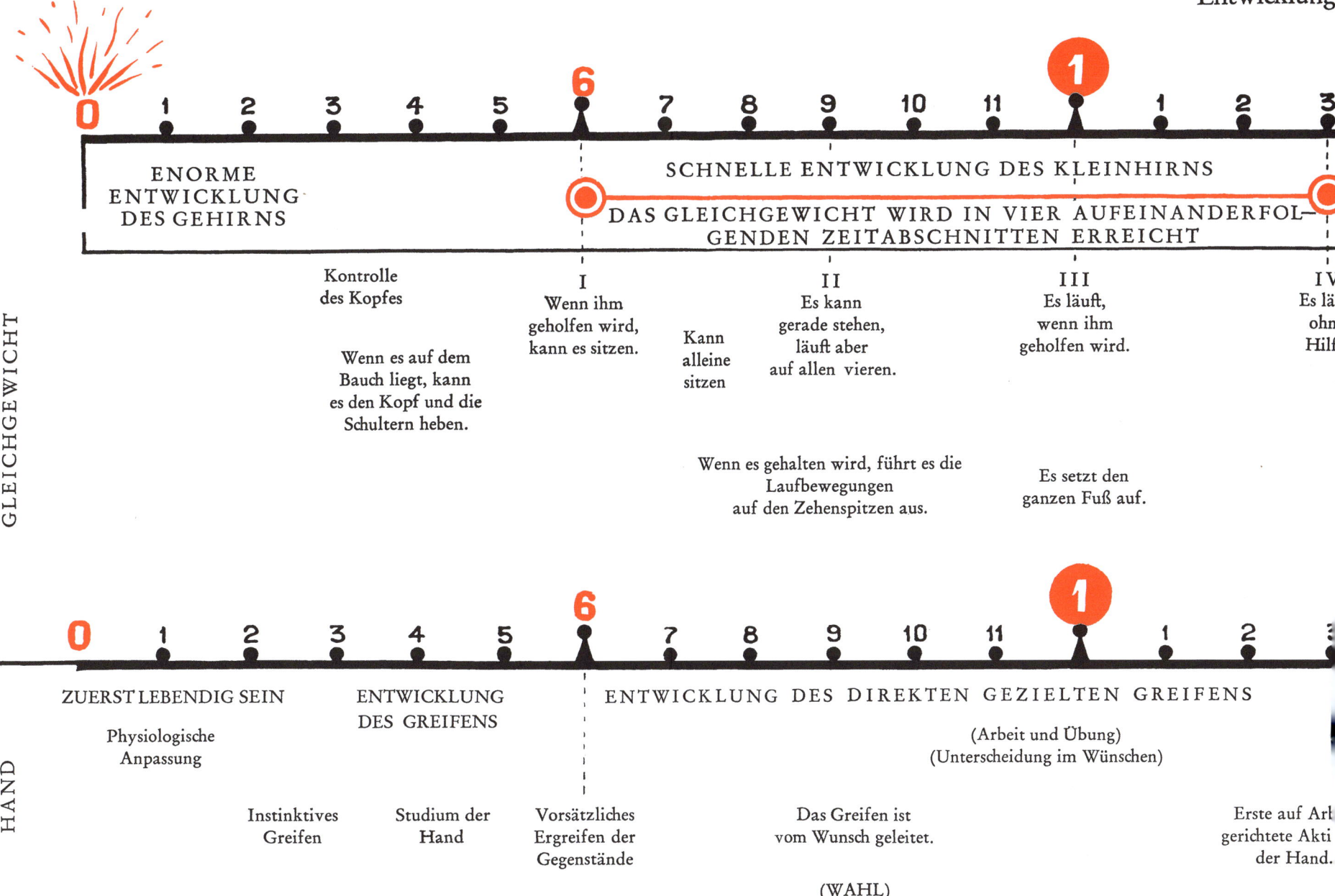

Entwicklung

Faltblatt 4

der Bewegung

AKTIVITÄTSZYKLEN

MAXIMALE KRAFTANSTRENGUNG

Es läuft mit schweren Gegenständen.
Es versucht, an Gegenständen hochzuklettern.

Es läuft und hält sich mit Sicherheit an Gegenständen fest.

Es macht lange Spaziergänge.

Es geht auf Treppen.

GYMNASTIK

KRAFT

KOORDINATION DURCH ERFAHRUNG

Die Arme tragen schwere Gegenstände.

Übungen mit der Hand

Auf Unabhängigkeit ausgerichtete Arbeit.

Sie helfen dem Kind durch Festhalten beim Klettern.

Auf Unabhängigkeit ausgerichtete Arbeit:

Teller abwaschen

„HILF MIR, ES ALLEIN ZU TUN"

Den Platz der Gegenstände zu einem Zweck wechseln.

Sicherheit im Festhalten an Stützen und im Klettern.

Maximale Kraftanstrengungen

Gegenstände putzen und abstauben.

Nachahmende Tätigkeit.

Tisch decken

zwei Beinen zu laufen, behält er den schwierigen senkrechten Gleichgewichtszustand bei. Dieses Gleichgewicht ist nicht leicht zu halten und ist im Gegenteil eine wahre Errungenschaft: Nur der Mensch tritt mit der ganzen Fußfläche auf, während ein Großteil der Tiere auf den Fußspitzen läuft, da dies beim Gebrauch aller vier Beine ausreichend ist. Ein Fuß, der zum Laufen dient, ist vom physiologischen, biologischen und anatomischen Standpunkt aus interessant.

Wenn die Bewegungen der Hand nicht biologisch festgelegt sind, wodurch wird sie geleitet? Wenn sie weder biologisch noch physiologisch gebunden ist, muß sie von der Psyche abhängig sein. Die Hand hängt somit in ihrer Entwicklung von der Psyche ab und nicht nur von der Psyche des individuellen Ichs, sondern auch vom psychischen Leben verschiedener Epochen. Die Entwicklung der Fähigkeiten der Hand ist beim Menschen mit der Entwicklung der Intelligenz verbunden und – betrachten wir die Geschichte – auch mit der Entwicklung der Kultur. Man könnte sagen, daß, wenn der Mensch denkt, er mit den Händen denkt und handelt. Die Arbeit seiner Hände hinterließ Spuren fast sofort nach seinem Erscheinen auf der Erde. Aus den großen Kulturepochen vergangener Zeiten sind uns immer Beispiele manueller Arbeit geblieben. In Indien können wir so feine Handarbeiten antreffen, daß es fast unmöglich ist, sie nachzuahmen. Aus dem antiken Ägypten haben wir Beispiele für bewundernswerte Arbeiten, während die Kulturen auf niedrigerem Niveau gröbere Arbeiten hinterlassen haben.

Die Entwicklung der Fähigkeit der Hand vollzieht sich im gleichen Schritt mit der Entwicklung der Intelligenz. Sicherlich verlangte die raffiniertere Handarbeit die Führung und Aufmerksamkeit des Verstandes. Im Mittelalter gab es in Europa eine Epoche geistigen Erwachens. In dieser Zeit wurden die Schriften, in denen die neuen Gedanken wiedergegeben sind, mit Miniaturen versehen. Auch das Leben des Geistes, das der Erde und ihren Dingen so fern zu sein scheint, hatte seine Pracht, und wir können die herrlichen Arbeiten in den Tempeln bewundern, in denen sich die Menschen zur Anbetung vereinten und die überall dort entstanden, wo es geistiges Leben gab.

Franz von Assisi, der vielleicht der einfachste und reinste Geist war, den es je gegeben hat, sagte einmal: „Seht ihr diese Berge? Das sind unsere Tempel, von denen wir uns inspirieren lassen müssen." Und doch, als er und seine Mitbrüder eines Tages dazu aufgefordert wurden, eine Kirche zu bauen, verwendeten sie, weil sie arm waren, die groben Steine, die ihnen zur Verfügung standen, und alle trugen die Steine, um das Kirchlein zu erbauen. Und warum? Weil, wenn ein freier Geist besteht, es nötig ist, ihn in einem Werk zu materialisieren und dabei die Hände zu verwenden. Wir begegnen überall den Spuren der menschlichen Hand, und aufgrund dieser Spuren können wir den Geist des Menschen und das Denken seiner Zeit erkennen.

Wenn wir uns gedanklich in die Dunkelheit jener fernen Zeiten begeben, die uns nicht einmal Knochenreste von Menschen überlieferten, was hilft uns dann, diese früheren Völker kennenzulernen und uns ein Bild von ihnen zu machen? Ihre Kunstwerke.

Betrachten wir die vorgeschichtlichen Zeiten, so erscheint vor unseren Augen eine primitive Kultur, die sich auf die Kraft stützte: Die Monumente und Werke der Menschen aus jener Zeit bestehen aus enormen Steinmassen, und wir fragen uns oft erstaunt, wie sie es fertiggebracht haben, diese zu erbauen. Anderswo offenbaren uns verfeinerte Kunstwerke, daß hier Menschen eines zweifellos höheren Kulturniveaus am Werke waren. Wir können also sagen, daß die Hand der Intelligenz, der Spiritualität und dem Gefühl gefolgt ist und daß uns durch die Spuren ihrer Arbeit der Beweis für die Anwesenheit des Menschen überliefert wurde. Auch ohne die Dinge vom psychologischen Standpunkt aus zu betrachten, wird uns bewußt, daß alle in der Umwelt des Menschen stattgefundenen Veränderungen seiner Hand zuzuschreiben sind. Man könnte wirklich sagen, daß der Zweck der Intelligenz die Arbeit der Hände ist; denn wenn der Mensch nur die Sprache erdacht hätte, um mit seinesgleichen in Verbindung zu treten, und wenn er seine Weisheiten nur in Worte ausgedrückt hätte, wäre keine Spur der uns vorausgegangenen Geschlechter erhalten. Dank der Hände, die die Intelligenz begleiteten, ist die Kultur geschaffen worden: Die Hand ist das Organ, das dem Menschen diesen unermeßlichen Schatz bereitet hat.

Die Hände sind mit dem psychischen Leben verbunden. Tatsächlich bewiesen diejenigen, die sich dem Studium der Hand widmen, daß die Geschichte des Menschen hier eingeprägt ist und daß sie ein psychisches Organ ist. Das Studium der psychischen Entwicklung des Kindes ist engstens mit dem Studium der Entwicklung der Bewegung der Hand verbunden. Es wird uns klar bewiesen, daß die Entwicklung des Kindes mit der Entwicklung der Hand verbunden ist, die die psychische Anregung offenbart. Wir können das folgendermaßen ausdrücken: Die Intelligenz des Kindes erreicht ein bestimmtes Niveau, ohne sich der Hand zu bedienen; mit der manuellen Tätigkeit erreicht es ein höheres Niveau; und das Kind, das sich der eigenen Hände bedient hat, hat einen stärkeren Charakter. So bleibt auch die Entwicklung des Charakters, die eine typisch psychische Angelegenheit zu sein scheint, zurück, wenn dem Kind nicht die Möglichkeit gegeben ist, sich in der Umgebung zu üben (wozu die Hand dient). Meine Erfahrung hat mir gezeigt, daß das Kind, das aufgrund besonderer Gegebenheiten in der Umgebung nicht von seinen Händen Gebrauch machen kann, einen Charakter von niedrigerem Niveau behält; es bleibt unfähig, Gehorsam zu leisten oder eine Initiative zu ergreifen, es ist träge und traurig. Das Kind hingegen, das mit den eigenen Händen arbeiten konnte, weist eine außerordentliche Entwicklung und Charakterstärke auf. Diese Tatsache erinnert an eine interessante Zeit der ägyptischen Kultur, als die manuelle Arbeit überall vertreten war, auf dem Gebiet der Kunst, der Architektur und der Religion. Lesen wir die Grabaufschriften aus dieser Epoche, stellen wir fest, daß es als größte Huldigung galt, einen Menschen als charaktervoll zu bezeichnen. Die Entwicklung des Charakters war äußerst wichtig für dieses Volk, das mit den Händen kolossale Werke vollbracht hatte. Auch dieses Beispiel beweist, wie die Bewegung der Hände durch die Geschichte hindurch der Entwicklung des Charakters und der Kultur folgt und wie die Hand mit der Individualität verbunden ist. Beobachten wir andererseits, wie alle diese verschiedenen Völker gingen, werden wir natürlich feststellen, daß sie stets auf zwei Beinen, aufrecht und im Gleichgewicht gingen. Wahrscheinlich tanzten und liefen sie etwas anders als wir, aber sie benützten genauso ihre zwei Beine zur gewöhnlichen Fortbewegung.

Die Bewegung entwickelt sich also auf doppelter Basis: Zum Teil hängt sie von biologischen Gesetzen ab, zum anderen ist sie mit dem inneren Leben verbunden, obwohl sie immer an den Gebrauch der Muskeln gebunden ist. Beim Studium des Kindes verfolgen wir folglich zwei Entwicklungen: die Entwicklung der Hand und die des Gleichgewichts und des Laufens. Auf Faltblatt 4 sehen wir, daß die beiden erst mit eineinhalb Jahren in ein Verhältnis zueinander treten: so, wenn das Kind schwere Gegenstände fortbewegen möchte und seine Beine ihm dabei helfen müssen. Die Füße, die laufen und den Menschen in die verschiedenen Teile der Erde tragen können, führen ihn dahin, wo er mit den eigenen Händen arbeiten kann: Der Mensch bewegt sich vorwärts und besetzt somit langsam die Erdoberfläche. Indem er in dieser Eroberung des Raumes fortschreitet, lebt und stirbt er, aber er hinterläßt als Spuren seiner Wanderung das Werk seiner Hände.

Das Studium der Sprache hat uns gezeigt, daß das Wort besonders mit dem Gehör verbunden ist. Die Entwicklung der Bewegung hingegen ist an die Sehkraft gebunden, da wir die Augen benötigen, um zu sehen, wo wir die Füße hinsetzen; und wenn wir mit den Händen arbeiten, müssen wir sehen, was wir tun. Das sind die beiden Sinnesorgane, die besonders mit der Entwicklung verbunden sind: Gehör und Gesicht. Bei der Entwicklung des Kindes erwacht zuerst die Beobachtung seiner Umgebung, die es kennenlernen muß, um sich darin zu bewegen. Die Beobachtung geht der Bewegung voraus, und aufgrund dieser orientiert sich das Kind, wenn es beginnt, sich zu bewegen; Orientierung in der Umgebung und Bewegung sind beide mit der psychischen Entwicklung verbunden. Deshalb ist das Neugeborene in der ersten Zeit bewegungslos; wenn es sich bewegt, folgt es der Führung der eigenen Psyche.

Die erste Manifestation der Bewegung ist das Zugreifen. Sobald das Kind irgendeinen Gegenstand ergreift, wird sein Bewußtsein auf die Hand gelenkt, die dazu fähig war.

Das Zugreifen, das zuerst unbewußterweise geschah, wird bewußt. Wie man sieht, ist es die Hand und nicht der Fuß, die im Bereich der Bewegung die Aufmerksamkeit des Bewußtseins erweckt. Wenn das geschieht, entwickelt sich das Zugreifen schnell, und geschah es vorher instinktiv, so wird es mit sechs Monaten absichtlich. Mit zehn Monaten hat die Beobachtung der Umgebung das Interesse des Kindes erweckt, das sich ihrer bemächtigen möchte. Das vom Wunsch getriebene beabsichtigte Zugreifen hört somit auf, ein einfaches Zugreifen zu sein.

Hiermit beginnt die wirkliche Übung der Hand, die ihren Ausdruck besonders im Versetzen und Bewegen von Gegenständen findet.

Nachdem es eine klare Vorstellung von der Umgebung hat und von Wünschen erfüllt ist, beginnt das Kind zu handeln: Noch bevor es ein Jahr alt ist, befaßt sich seine Hand mit den verschiedenen Tätigkeiten, die auch als eine Form von Arbeit bezeichnet werden könnten: das Öffnen und Schließen von Türen, Kästen und ähnlichem; Flaschen mit Korken versehen; Gegenstände aus einem Behälter nehmen und dann wieder hineinlegen usw. Mit Hilfe dieser Tätigkeiten entwickelt es immer größere Fähigkeiten.

Was ist inzwischen mit dem anderen Gliederpaar geschehen?

Hier haben sich weder die Intelligenz noch das Bewußtsein eingeschaltet. Es handelt sich hingegen um den anatomischen Vorgang der schnellen Entwicklung des Kleinhirns, das für das Gleichgewicht verantwortlich ist.

Es ist, als ob das Läuten eines Glöckchens einen leblosen Körper aufrufen würde, sich zu erheben und ins Gleichgewicht zu bringen. Die Umgebung spielt hier keine Rolle, sondern das Gehirn befiehlt: und durch Anstrengung und Hilfe setzt sich das Kind, und dann stellt es sich auf die Füße. Die Psychologen sagen, daß sich der Mensch in vier Phasen erhebt: Erst sitzt er; dann dreht er sich auf den Bauch und läuft auf allen vieren – und wenn man ihm in dieser Phase hilft und ihm zwei Finger reicht, damit er sich festhalten kann, setzt er die Füße einen vor den anderen, aber stellt nur die Zehenspitzen auf. Zum Schluß kann er sich selbst aufrecht halten und tritt mit der ganzen Fußsohle auf: und somit hat er die normale, aufrechte Haltung des Menschen erreicht und kann laufen, wenn er sich an etwas festhalten kann (zum Beispiel am Rock der Mutter). Danach läuft er langsam allein.

Dieser ganze Vorgang beruht lediglich auf einem inneren Reifungsprozeß. Es ist, als ob das Kind geneigt sei, zu sagen: „Lebt wohl; ich habe meine Beine, und jetzt gehe ich." Ein weiteres Stadium der Unabhängigkeit ist erreicht: denn die Unabhängigkeit besteht in dem Prinzip, allein handeln zu können. Die Philosophie dieser sukzessiven Entwicklungsstufen offenbart uns, daß die Unabhängigkeit des Menschen durch Anstrengung erreicht wird. Allein, ohne Hilfe anderer handeln zu können, das ist Unabhängigkeit. Ist diese einmal erreicht, macht das Kind schnell weitere Fortschritte; ist sie nicht erreicht, dann macht es nur langsame Fortschritte. Beachten wir diese Tatsache, wissen wir, wie wir uns dem Kind gegenüber verhalten müssen, und es ist für uns eine nützliche Orientierung. Während wir dazu neigen, ihm Hilfe anzubieten, lehrt uns das Kind, ihm nicht zu helfen, wenn es nicht notwendig ist. Das Kind, das fähig ist, allein zu laufen, muß allein laufen, denn die Entwicklung wird verstärkt und jede Errungenschaft durch die Übung gefestigt. Wenn ein Kind sogar bis zu drei Jahren auf den Armen getragen wird, wie ich es gesehen habe, wird die Entwicklung nicht unterstützt, sondern verhindert. Sobald das Kind die Unabhängigkeit der Funktionen erreicht hat, wird der Erwachsene, der ihm weiterhin helfen möchte, ein Hindernis.

Es ist daher klar, daß wir das Kind nicht auf dem Arm tragen dürfen, sondern ihm erlauben müssen, zu laufen. Wenn seine Hand zu arbeiten wünscht, müssen wir ihm die Möglichkeit geben, eine intelligente Tätigkeit zu entfalten. Das selbständige Handeln führt das Kind auf den Weg der Unabhängigkeit.

Man hat bei den eineinhalbjährigen Kindern sowohl bei der Entwicklung

der Hände als auch der Füße eine sehr wichtige und offensichtliche Tatsache beobachtet: die Kraft. Das Kind, das sich Geschicklichkeit und Wendigkeit angeeignet hat, fühlt sich stark. Seine erste Regung ist, alles, was es tut, nicht einfach auszuführen, sondern mit größtem Kraftaufwand zu tun (wie unterscheidet es sich darin vom Erwachsenen). Die Natur scheint hier zu mahnen: „Ihr habt die Möglichkeit und die Geschicklichkeit der Bewegungen; werdet also kräftig, sonst ist alles umsonst." Zu diesem Zeitpunkt entsteht ein Verhältnis zwischen den Händen und dem Gleichgewicht. Dann möchte das Kind, anstatt einfach zu laufen, lange Spaziergänge machen und schwere Lasten tragen. Tatsächlich ist der Mensch nicht nur dazu bestimmt, zu laufen, sondern auch seine Last zu tragen. Die Hand, die gelernt hat zuzugreifen, muß sich im Halten und Tragen von Gewichten üben. So können wir das Kind mit eineinhalb Jahren beobachten, wie es mit einem Wasserkrug im Arm langsam geht und sich im Gleichgewicht hält. Außerdem besteht die Neigung, das Gesetz der Schwerkraft zu durchbrechen und zu überwinden: Das Kind klettert gern, und dazu muß es sich mit der Hand an etwas festklammern und hochziehen. Es greift nicht mehr zu, um zu besitzen, sondern mit dem Wunsch zu steigen. Es ist eine Kraftübung, und eine ganze Periode wird dieser Art von Übungen gewidmet. Auch hier erscheint die Logik der Natur, da der Mensch sich in seiner Kraft üben muß. Später, wenn das Kind laufen kann und seiner Kräfte sicher ist, beobachtet es die Handlungen der Menschen in seiner Umgebung und versucht, diese nachzuahmen. Es tut das in dieser Periode nicht, weil es ihm jemand sagt, sondern weil es eine innere Notwendigkeit ist. Dieses Nachahmen beobachtet man nur bei Kindern, die frei in ihren Handlungen sind. Das also ist die Logik der Natur:
1. Das Kind muß aufrecht stehen lernen.
2. Das Kind muß laufen und kräftig werden.
3. Es muß an den Handlungen der Menschen,
   die es umgeben, teilnehmen.

Die Vorbereitung geht zeitlich der Handlung voran. Zuerst muß das Kind sich selbst und die eigenen Instrumente vorbereiten, dann muß es sich kräftigen, danach die anderen beobachten und zum Schluß beginnen, selbst etwas zu tun. Die Natur regt es dazu an und veranlaßt es auch zur Gymnastik, auf Stühle und über Stufen zu klettern. Erst dann beginnt die Phase, in der es wünscht, alles selbst zu tun. „Ich habe mich vorbereitet, und nun wünsche ich frei zu sein." Kein Psychologe hat der Tatsache genügend Rechnung getragen, daß das Kind ein großer Läufer ist und gern lange

Spaziergänge macht. Im allgemeinen tragen wir es oder setzen es in einen Kinderwagen.

Unserer Meinung nach kann es nicht laufen, und daher tragen wir es auf dem Arm; es kann nicht arbeiten, und daher arbeiten wir für das Kind: Auf der Schwelle des Lebens vermitteln wir ihm einen Minderwertigkeitskomplex.

15. Entwicklung und Nachahmung

Das Kindesalter von einundeinhalb Jahren ist in den Mittelpunkt des Interesses getreten und wird als von größter Bedeutung in der Erziehung betrachtet. Es kann sonderbar erscheinen, aber wir müssen uns daran erinnern, daß es sich um den Zeitpunkt handelt, zu dem die Vorbereitung der oberen sowie der unteren Glieder zusammenfällt. In dieser Zeit beginnt sich die Personalität des Kindes zu entfalten, denn mit zwei Jahren erreicht es mit der „Explosion" der Sprache eine Stufe wirklicher Vollendung. Auf der Schwelle dieses Geschehnisses, mit eineinhalb Jahren, strengt es sich bereits an, dem Ausdruck zu verleihen, was in ihm ist: es ist eine Periode der Anstrengung und des Aufbauens.

In dieser Entwicklungsphase muß man besonders achtsam sein, um nicht die Tendenzen des Lebens zu zerstören. Wenn die Natur so deutlich aufzeigt, daß es sich um eine Periode größter Anstrengung handelt, müssen wir diese Anstrengung unterstützen. Es handelt sich um eine allgemeine Feststellung, aber diejenigen, die die Kinder beobachten, vermitteln genauere Einzelheiten. Sie behaupten, daß das Kind in dieser Zeit einen Hang zur Nachahmung zu zeigen beginnt. Das ist an sich keine neue Entdeckung, denn es ist seit jeher bekannt, daß Kinder nachahmen. Aber bisher handelte es sich um eine oberflächliche Feststellung: Heute wird uns bewußt, daß das Kind zuerst *verstehen* muß, bevor es nachahmt. Bisher war man der Meinung, es genüge, daß wir handeln, damit das Kind uns nachahme: für den Erwachsenen gab es fast keine andere Verantwortung. Natürlich wurde auch von der Notwendigkeit des guten Beispiels gesprochen, und man hob damit die Bedeutung aller Erwachsenen und besonders der Lehrer hervor. Diese mußten ein gutes Beispiel geben, wollte man eine gute Menschheit erziehen. Vor allem die Mütter mußten vollkommen sein. Aber die Natur sieht die Dinge anders: sie kümmert sich nicht um die Vollkommenheit der Erwachsenen. Für sie ist es wichtig, daß das Kind vorbereitet ist, um nachahmen zu können, und diese Vorbereitung hängt von der Anstrengung jedes einzelnen Kindes ab. Das Beispiel bietet nur eine Anregung zur Nachahmung, aber es ist nicht das Wesentliche: Was zählt, ist das Sichentfalten der Nachahmungskraft, nicht die Verwirklichung des gegebenen Beispiels. Hat das Kind einmal mit dieser Anstrengung begonnen, übertrifft es oft das Beispiel, das ihm als Anregung diente, an Vollkommenheit und Genauigkeit.

In einigen Fällen ist diese Tatsache offensichtlich: Wenn man wünscht, daß das Kind einmal Pianist wird, weiß jeder, daß es nicht genügt, einen Klavierspieler nachzuahmen. Das Kind muß seine Hände vorbereiten, um die zum Spiel nötige Geschicklichkeit zu erlangen. Und doch lassen wir uns oft von dieser einfältigen Überlegung der Nachahmung bei Fragen leiten, die auf weit höherem Niveau liegen. Wir lesen vor oder erzählen dem Kind Geschichten von Helden und Heiligen und meinen, es könnte dadurch beeindruckt werden: Aber das ist unmöglich, wenn sein Geist nicht entsprechend vorbereitet wird. Man wird nicht groß durch einfache Nachahmung. Das Beispiel kann Anregung und Interesse erwecken, der Wunsch zur Nachahmung kann zur Anstrengung anregen, aber auch um das alles zu verwirklichen, ist es notwendig, vorbereitet zu sein, da im Bereich der Erziehung die Natur bewiesen hat, daß ohne Vorbereitung Nachahmung nicht möglich ist. Die Anstrengung zielt nicht auf die Nachahmung, sondern darauf, *in sich selbst die Möglichkeit zur Nachahmung zu schaffen,* sich selbst auf die gewünschte Weise zu verändern. Daher ist in jedem Fall die indirekte Vorbereitung von Bedeutung. Die Natur gibt uns nicht nur das Vermögen nachzuahmen, sondern auch das, zu werden wie das Vorbild; und wenn wir Erzieher an die Möglichkeit glauben, dem Leben bei seiner Entwicklung helfen zu können, müssen wir wissen, wo diese Hilfe angesetzt werden muß.

Beobachten wir ein Kind dieses Alters, so stellen wir fest, daß es zu bestimmten Tätigkeiten neigt. Sie können uns absurd erscheinen, aber das zählt nicht: das Kind muß sie zu Ende führen. Bestimmte Tätigkeiten werden von der Lebenskraft befohlen; wird der Zyklus dieser Anregungen unterbrochen, ergeben sich daraus Abweichungen und Mangel an Willenskraft. Der Möglichkeit, die Zyklen der Aktivität zu Ende zu führen, sowie der indirekten Vorbereitung wird heute eine große Bedeutung beigemessen. Das *ist* im eigentlichen Sinne indirekte Vorbereitung. Unser ganzes Leben ist eine indirekte Vorbereitung auf die Zukunft. Im Leben derer, die etwas Besonderes geleistet haben, hat es stets eine Periode gegeben, die der Vollendung des Werkes vorangegangen ist. Sie braucht nicht auf der gleichen Ebene mit dem angestrebten Ziel zu liegen, aber zweifellos hat eine intensive Anstrengung stattgefunden auf irgendeiner Ebene, die dem Geist eine Vorbereitung ermöglicht hat, und diese Anstrengung hat sich voll entfalten müssen: der Zyklus muß vollendet werden. Somit dürfen wir uns in keinerlei intelligente Tätigkeit, die wir beim Kind beobachten, einmischen, auch wenn sie uns widersinnig erscheint oder unseren Wünschen entgegensteht (natürlich darf sie nicht dem Kind schaden), denn das Kind muß den Zyklus der eigenen Tätigkeit vollenden. Kinder dieses Alters zeigen interessante Weisen, ihre Ziele zu erreichen. Wir können Kinder unter zwei Jahren beobachten, die ohne offensichtlichen Grund Gewichte tragen, die weit über ihre Kräfte gehen. Im Haus von Freunden, wo schwere Pakete standen, sah ich ein eineinhalbjähriges Kind, das sich mit sichtbarer Anstrengung bemühte, diese Pakete von einer Zimmerecke in die andere zu tragen. Die Kinder helfen gern beim Tischdecken und tragen in den Armen so große Brotlaibe, daß sie ihre Füßchen nicht mehr sehen können. Sie werden in dieser Tätigkeit, Gegenstände hin und her zu tragen, fortfahren, bis sie müde sind. Im allgemeinen reagieren die Erwachsenen darauf, indem sie das Kind von dem Gewicht befreien, aber die Psychologen haben sich davon überzeugt, daß diese „Hilfe", die den Zyklus der vom Kind gewählten Tätigkeit unterbricht, eine der gröbsten Unterdrückungen ist, die begangen werden können. Die Störungen vieler „schwieriger" Kinder können in diesen Unterbrechungen ihre Ursache haben.

Eine andere Anstrengung, zu der das Kind neigt, ist das Treppensteigen. Für uns hat das einen Zweck, für das Kind nicht. Wenn es oben angekommen ist, wird es nicht befriedigt sein, sondern wird zum Ausgangspunkt zurückkehren, um den Zyklus zu vollenden; es wird das viele Male wiederholen. Die Rutschbahnen aus Holz oder Zement, denen wir auf den Kinderspielplätzen begegnen, bieten Gelegenheit für diese Aktivität; es geht nicht um die Rutschbahn, sondern um die Freude des Hinaufkletterns und die Freude an der Anstrengung.

Es ist so schwierig, Erwachsene zu finden, die sich nicht in eine Tätigkeit des Kindes einmischen, daß alle Psychologen auf der Zweckmäßigkeit bestehen, den Kindern Plätze einzuräumen, wo sie ungestört arbeiten können. Daher sind die Schulen für kleine Kinder äußerst wichtig, vor allem die für Kinder ab eineinhalb Jahren. Alles mögliche wird für diese Schulen geschaffen: kleine Häuser auf Bäumen und Leitern zum Auf- und Absteigen. Das Haus ist nicht ein Ort zum Wohnen oder Ausruhen, sondern ein Punkt, der zu erreichen ist; der Zweck ist die vollbrachte Anstrengung, während das Haus Objekt des Interesses ist. Wenn ein Kind etwas tragen möchte, wird es stets die schwersten Gegenstände auswählen. Auch der Instinkt des Kletterns, der beim Kind so offensichtlich ist, ist weiter nichts als eine Anstrengung zum Steigen: Es sucht etwas „Schwieriges" in seiner Umgebung, auf das es klettern kann, und wenn es ein Stuhl ist. Aber die Treppen erwecken die größte Freude, denn das Kind hat die Neigung zum Steigen[58].

Mit Hilfe dieser Tätigkeit, die keinen äußeren Zweck hat, übt sich das kleine Kind in der Koordinierung seiner Bewegungen und bereitet sich darauf vor, bestimmte Tätigkeiten nachzuahmen. Das Objekt dieser Übungen ist nicht ihr wahres Ziel: Das Kind gehorcht einer inneren Anregung. Ist es einmal vorbereitet, kann es die Erwachsenen nachahmen, indem es sich von der Umgebung inspirieren läßt. Wenn es sieht, wie der Fußboden geputzt wird oder wie ein Teig geknetet wird, wird es angeregt, das gleiche zu tun.

Laufen und Erforschen

Betrachten wir das zweijährige Kind und sein Bedürfnis zu laufen. Es ist natürlich, daß es die Neigung zum Laufen zeigt. In ihm bereitet sich der Mensch vor, und es müssen sich alle wesentlichen menschlichen Fähigkeiten herausbilden. Ein zweijähriges Kind ist in der Lage, zwei oder drei Kilometer zu laufen und, wenn es ihm gefällt, zu klettern. Die Schwierigkeiten, die es auf seiner Wanderung antrifft, sind das Interessante für das Kind. Man muß sich darüber klarwerden, daß das Laufen für das Kind eine ganz andere Bedeutung hat als für uns. Die Vorstellung, daß das Kind keinen langen Weg zurücklegen kann, beruht darauf, daß wir verlangen, das Kind solle so schnell laufen wie wir. Das ist aber genauso sinnlos, als wollten wir zum Beispiel im gleichen Tempo mit einem Pferd laufen, bis wir atemlos sind, und dieses dann zu uns sagt: „Das nützt nichts, steig auf, wir laufen zusammen weiter bis dorthin." Aber das Kind möchte gar nicht bis dorthin, es möchte einfach laufen; und da seine Beine in keinem Verhältnis zu den unseren stehen, darf nicht das Kind uns, sondern wir müssen ihm folgen. Die Notwendigkeit, dem Kind zu folgen, scheint in diesem Fall klar zu sein. Man darf aber nicht vergessen, daß sie die Regel

---

[58] In meinem Buch „Kinder sind anders" findet der Leser viele Beispiele, die diesen Tätigkeitszyklus illustrieren.

für die Erziehung kleiner Kinder auf jedem Gebiet ist. Das Kind hat seine Entwicklungsgesetze, und wollen wir ihm bei seinem Wachstum helfen, dürfen wir uns ihm nicht aufdrängen, sondern müssen ihm folgen. Es läuft nicht nur mit den Beinen, sondern auch mit den Augen; es wird durch die interessanten Dinge, die es umgeben, vorwärtsgetrieben. Es läuft, sieht ein Lamm weiden, setzt sich daneben und beobachtet es, dann steht es auf und geht ein Stückchen weiter ... sieht eine Blume und riecht daran ... dann sieht es einen Baum, gelangt bis zu ihm, läuft vier-, fünfmal um ihn herum, setzt sich hin und beschaut ihn. Auf diese Weise kann es ganze Kilometer hinter sich bringen: Diese Spaziergänge sind durch Ruhepausen unterbrochen und gleichzeitig voller interessanter Entdeckungen; trifft das Kind unterwegs irgendein Hindernis an, wie zum Beispiel einen Steinblock, dann ist das Glück vollständig. Auch Wasser zieht es besonders an. Es wird sich an einen Bach setzen und ganz zufrieden ausrufen: „Wasser!" Der Erwachsene, der es begleitet und so schnell wie möglich an einen bestimmten Ort gelangen möchte, versteht unter Laufen etwas ganz anderes.

Die Gewohnheiten des Kindes ähneln denen der ersten Volksstämme auf dieser Erde. Damals hieß es nicht: „Wir gehen nach Paris", Paris gab es nicht ...; noch sagte man: „Wir gehen zum Zug nach ..."; es gab keine Züge. Der Mensch lief, bis er etwas fand, das sein Interesse wachrief: einen Wald zum Holzholen, eine Futterwiese usw. Auf die gleiche natürliche Weise geht das Kind vorwärts. Der Instinkt, sich in der Umwelt zu bewegen, von einer Entdeckung zur anderen zu schreiten, ist Teil der Natur selbst und der Erziehung: Die Erziehung muß das laufende Kind als einen *Forscher* betrachten. Das Prinzip des Erforschens (scouting), das heute zur Zerstreuung und Erholung vom Studium dient, müßte hingegen in die Erziehung einbegriffen werden und so früh wie möglich beginnen. Alle Kinder müßten so laufen, geführt von dem, was sie anzieht. In diesem Sinne kann die Erziehung dem Kind helfen, indem sie ihm in der Schule eine Vorbereitung bietet, das heißt, es die Farben lehrt, die Form und die Rippung der Blätter, die Gewohnheiten der Insekten und anderer Tiere usw. All das wird sein Interesse erwecken; je mehr es lernt, um so mehr wird es laufen. Um zu erforschen, muß das Kind von einem geistigen Interesse angeleitet sein, das *wir* ihm geben müssen. Das Laufen ist an sich eine vollständige Übung und verlangt keine weitere Gymnastik. Beim Laufen atmet der Mensch, verdaut besser und genießt alle die Vorteile, die wir beim Sport suchen. Es handelt sich um eine Übung, die die Schönheit des Körpers herausbildet. Findet sich während der Wanderung etwas Interessantes zum

Aufheben und näheren Betrachten oder ein Graben, der übersprungen werden muß, oder Feuerholz zum Aufsammeln, so begleiten wir die Wanderung mit diesen Handlungen – und durch das Strecken der Arme und Biegen des Körpers wird die Übung vollständig. Im gleichen Maße, wie der Mensch in seinen Studien fortschreitet, wächst sein geistiges Interesse und mit ihm die Aktivität des Körpers. Der Weg der Erziehung muß dem Weg der Entwicklung folgen: laufen und immer weiter vorausblicken, damit das Leben des Kindes immer reicher werde.

Dieses Prinzip müßte vor allem heute in die Erziehung einbezogen werden, da die Menschen so wenig laufen, sondern sich von vielerlei Fahrzeugen transportieren lassen. Es ist nicht gut, das Leben in zwei Teile zu teilen, indem man die Glieder mit dem Sport und den Kopf mit dem Lesen eines Buches beschäftigt. Das Leben muß ein einziges sein, vor allem in den ersten Jahren, wenn das Kind sich selbst nach dem Plan und den Gesetzen seiner Entwicklung schaffen muß.

16. Vom unbewußten Schöpfer zum bewußten Arbeiter

Wir haben bis jetzt von einer Entwicklungsperiode des Kindes gesprochen, die wir mit der des Embryos verglichen haben. Diese Art der Entwicklung dauert bis drei Jahre und ist reich an Geschehnissen, denn es ist eine schöpferische Periode. Trotzdem fällt diese Lebensperiode in Vergessenheit. Es ist, als hätte die Natur einen Trennungsstrich gezogen: auf der einen Seite die Ereignisse, die nicht im Gedächtnis haftenbleiben können, auf der anderen Seite der Beginn des Gedächtnisses. Die Periode, die vergessen wird, ist die psycho-embryonale Periode des Lebens, die mit der vorgeburtlichen physisch-embryonalen Periode vergleichbar ist, an die sich niemand erinnern kann.

In dieser psycho-embryonalen Periode treten Entwicklungen getrennt und unabhängig voneinander auf, wie die der Sprache, die der Bewegung der Arme, der Beine usw., und bestimmte sensorische Entwicklungen. So wie sich in der vorgeburtlichen Periode im physischen Embryo die Organe jedes für sich getrennt entwickeln, so entwickeln sich in dieser Periode im psychischen Embryo die Funktionen getrennt. Wir können uns nicht an diese Periode erinnern, denn es besteht noch keine Einheit in der Personalität. Die Einheit kann nur zustande kommen, wenn die Teile vollständig sind.

Mit drei Jahren ist es, als ob das Leben von neuem beginne, denn zu diesem Zeitpunkt offenbart sich voll und klar das Bewußtsein. Diese beiden Perioden, die unbewußte Periode und die folgende Periode bewußter Entwicklung, scheinen durch eine deutliche Linie getrennt zu sein. In der ersten Periode besteht nicht die Möglichkeit bewußter Erinnerung; erst, wenn das Bewußtsein eintritt, besteht Einheit der Personalität und somit Erinnerung.

Vor dem dritten Lebensjahr werden die Funktionen geschaffen. Nach dem dritten Lebensjahr werden die geschaffenen Funktionen entwickelt.

Die Grenze zwischen den beiden Perioden erinnert an den Fluß Lethe in der griechischen Mythologie, den Fluß der Vergessenheit. Es ist sehr schwierig, sich daran zu erinnern, was vor dem dritten Lebensjahr, und noch schwieriger, was vor dem zweiten Lebensjahr geschah. Die Psychoanalyse hat mit allen Mitteln versucht, die eigene Entstehung in das individuelle Bewußtsein zurückzurufen, aber im allgemeinen kann sich kein Individium an die Zeit vor dem dritten Lebensjahr seiner Existenz erinnern. Diese Situation ist dramatisch, da während dieser ersten Lebensperiode eine schöpferische Aktivität stattfindet, die vom Nichts ausgeht, und nicht einmal der Erwachsene, der das Ergebnis dieser Schöpfung ist, kann sich daran erinnern.

Dieser unbewußte Schöpfer – dieses vergessene Kind – scheint aus dem Gedächtnis des Erwachsenen gestrichen zu sein, und das Kind, dem wir mit drei Jahren begegnen, scheint fast ein unverständliches Wesen zu sein. Das Band zwischen ihm und uns wurde von der Natur zerschnitten. Hier besteht die Gefahr, daß der Erwachsene zerstört, was die Natur machen wollte. Wir müssen uns stets vor Augen halten, daß das Kind in dieser Periode völlig vom Erwachsenen abhängt, da es nicht für sich selbst sorgen kann, und wenn wir Erwachsenen nicht durch die Natur oder die Wissenschaft über die psychische Entwicklung aufgeklärt sind, können wir zum größten Hindernis seines Lebens werden.

Nach diesem Zeitabschnitt hat sich das Kind bestimmte spezielle Fähigkeiten angeeignet, die ihm erlauben, sich gegen die Unterdrückung der Erwachsenen zu verteidigen; denn es kann sich mit Worten verständigen, kann weglaufen oder bockig werden. Das Kind zielt nicht ab auf Verteidigung, sondern auf die Eroberung der Umgebung und damit die Mittel für die eigene Entwicklung: Was aber genau muß es entwickeln? Das, was es bisher geschaffen hat. Somit tritt das Kind zwischen dem dritten und sechsten Lebensjahr, wenn es bewußt seine Umgebung erobert, in eine Periode wirklichen Aufbaus ein. Was es vor dem dritten Lebensjahr geschaffen hat, kommt dank der bewußten Erfahrungen in seiner Umgebung an die Oberfläche. Diese Erfahrungen sind weder einfache Spiele noch zufällige Handlungen, sondern sind ein Werk des Wachstums. Die durch die Intelligenz geführte Hand vollbringt die erste Arbeit des Menschen. Wenn das Kind also in der vorhergehenden Periode fast ein kontemplatives Wesen war, das auf seine Umgebung mit scheinbarer Passivität schaute und daraus entnahm, was es zum Aufbau der Elemente seines Wesens benötigte, übt es in dieser neuen Periode seinen Willen. Vorher wurde es von einer in ihm verborgenen Kraft geleitet, jetzt führt es sein Ich, während sich seine Hände aktiv zeigen. Es ist, als ob das Kind, das die Welt kraft einer unbewußten Intelligenz absorbierte, sie jetzt in die Hand nähme.

Eine weitere Form von Entwicklung, die in dieser Zeitspanne stattfindet, ist die Vervollkommnung der ersten Errungenschaften. Das deutlichste Beispiel ist die spontane Entwicklung der Sprache, die bis zum Alter von ungefähr fünf Jahren fortdauert. Von zweieinhalb Jahren an ist die Sprache schon da: sie ist nicht nur im Aufbau der Wörter, sondern auch in der grammatischen Konstruktion der Rede vollständig. Dennoch verbleibt jene konstruktive Sensitivität der Sprache (sensitive Periode), die es jetzt dazu anregt, sich die Laute einzuprägen, vor allem seinen Wortschatz anzureichern.

Es bestehen also zwei Neigungen: Die eine besteht darin, das Bewußtsein durch die Aktivität in der Umgebung zu entwickeln, und die andere, die bereits gemachten Errungenschaften zu vervollkommnen und anzureichern. Diese Neigungen weisen darauf hin, daß die Periode zwischen drei und sechs Jahren eine Periode der „aufbauenden Vervollkommnung" ist.

Das Vermögen des Geistes, ohne Anstrengung aus der Umgebung zu absorbieren, dauert noch an; aber das Absorbieren wird durch eine aktive Erfahrung beim Anreichern seiner Errungenschaften unterstützt. Nicht nur die Sinne, sondern auch die Hand wird jetzt zum „Greiforgan" der Intelligenz. Während das Kind zuvor schauend die Welt um sich absorbierte, indem es hin und her getragen wurde und alle Dinge mit lebendigem Interesse betrachtete, zeigt es jetzt eine unwiderstehliche Neigung, alles anzufassen und bei den Gegenständen zu verweilen. Es ist ständig beschäftigt, glücklich und hat stets etwas mit seinen Händen zu schaffen. Seine Intelligenz entwickelt sich nicht mehr einfach nur, indem es lebt. Es benötigt eine Umgebung, die ihm Motive zur Aktivität bietet, denn es müssen weitere psychische Entwicklungen in dieser formativen Periode stattfinden.

Sie wurde als das „gesegnete Alter des Spiels" bezeichnet. Die Erwachsenen haben diese Zeit stets beobachtet, aber erst seit kurzem wird sie wissenschaftlich studiert.

In Europa und in Amerika, wo die stetige Dynamik der Zivilisation die Menschheit immer mehr von der Natur entfernt hat, bietet die Gesellschaft dem Kind, um seinem Bedürfnis nach Tätigkeit zu entsprechen, eine Unzahl von Spielzeugen, anstatt ihm die Mittel zur Verfügung zu stellen, die seine Intelligenz anregen. In diesem Alter neigt das Kind dazu, alles anzufassen, während die Erwachsenen es nur wenige Dinge berühren lassen und es ihm bei vielen verbieten. Die einzige *reale* Sache, die das Kind zum Beispiel wirklich anfassen darf, so viel es will, ist Sand. Es ist in der ganzen Welt Brauch, das Kind mit Sand spielen zu lassen. Vielleicht wird man ihm erlauben, sich mit Wasser zu vergnügen, aber nicht zuviel, damit das Kind nicht naß wird, denn Wasser und Sand machen schmutzig, und die Erwachsenen beheben nicht gern die Folgen.

In den Ländern, in denen die Spielwarenindustrie nicht so fortgeschritten ist, sind die Kinder ganz anders: sie sind ruhiger, gesünder und fröhlicher. Sie inspirieren sich an den Aktivitäten aus ihrer Umgebung. Es sind normale Wesen, die die Gegenstände, die von den Erwachsenen benutzt werden, anfassen und verwenden. Wenn die Mutter wäscht oder Brot und Kuchen bäckt, ahmt das Kind sie nach. Es handelt sich um eine intelligente selektive Nachahmung, durch die das Kind sich darauf vorbereitet, Teil seiner Umgebung zu werden. Es besteht kein Zweifel, daß das Kind für *sich selbst etwas tun muß*. Heute neigt man dazu, dem Kind die Möglichkeit zu geben, die Handlungen der Erwachsenen der eigenen Familie oder Gemeinschaft nachzuahmen. Man gibt ihm Gegenstände, die im Verhältnis zu seiner Kraft und seinen Möglichkeiten stehen, und eine Umgebung, in der es sich bewegen, sprechen und einer konstruktiven, intelligenten Tätigkeit zuwenden kann.

Das alles scheint inzwischen selbstverständlich zu sein, aber als wir diese Auffassung erstmals vortrugen, war man überrascht. Als wir für die Kinder von drei bis sechs Jahren eine Umgebung vorbereiteten, die im rechten Verhältnis zu ihnen stand, damit sie dort als Herren im eigenen Haus leben könnten, rief das Verwunderung hervor. Die kleinen Stühle und Tische, das winzige Eßgeschirr und Badezubehör und die realen Handlungen, wie Tischdecken, Abwaschen, Kehren und Staubwischen – außer den Übungen, sich selbst anzuziehen –, beeindruckten als ein origineller Versuch in der Kindererziehung.

Das soziale Leben unter den Kindern erzeugte in ihnen überraschende Neigungen: Die Kinder selbst zogen die Gefährten den Puppen vor und die praktischen Gebrauchsgegenstände dem Spielzeug.

Dewey, der berühmte amerikanische Erzieher, war der Meinung, daß es in New York – dem großen Zentrum des amerikanischen Lebens – Gegenstände für die kleinen Kinder geben müßte. Er selbst begab sich in die Geschäfte von New York, um kleine Besen, Stühle, Teller usw. zu kaufen. Aber er fand *nichts:* Man kam nicht einmal auf die Idee, sie herzustellen. Es gab nur eine Unmnege Spielzeug aller Art.

Im Hinblick auf diesen Zustand sagte Dewey: „Das Kind ist in Vergessenheit geraten." Aber leider ist es auch auf vielen anderen Gebieten vergessen. Als vergessener Bürger lebt es in einer Welt, in der an alle gedacht wurde außer an das Kind. Es irrt ziellos umher, ist launisch, zerstört das Spielzeug und versucht vergebens, Befriedigung für seine Seele zu finden, während es dem Erwachsenen nicht gelingt, Einblick in sein *wahres* Wesen zu gewinnen.

Nachdem diese Barriere durchbrochen und die Wirklichkeit aufgedeckt war, nachdem wir dem Kind reale Dinge gegeben hatten, erwarteten wir, daß das Kind Freude und den lebendigen Wunsch äußern würde, sie zu benutzen – aber es geschah viel mehr: Das Kind legte eine *völlig andere Personalität* an den Tag. Das erste Ergebnis war ein Akt der Unabhängigkeit. Das Kind schien zu sagen: „Ich möchte mir selbst genügen, helft mir nicht." Es war plötzlich zu einem Menschen geworden, der die Unabhängigkeit suchte und jede Hilfe ablehnte. Niemand hätte je erwartet, daß dies seine erste Reaktion sein würde und daß sich der Erwachsene auf die Rolle des Beobachters begrenzen mußte.

Sobald es in diese auf ihn abgestimmte Umgebung eingetreten war, wurde das Kind Herr über sie. Das soziale Leben und die Entwicklung des Charakters folgten spontan. Das Glück des Kindes ist nicht das einzige zu erreichende Ziel; wir wollen auch, daß es zum Erbauer des Menschen wird, unabhängig in seinen Funktionen; der Arbeiter und Herr dessen, was von ihm abhängt. *Das ist das Licht, welches der Beginn des bewußten Lebens des Individuums offenbart.*

17. Weitere Ausarbeitung durch die Kultur und die Einbildungskraft

Spontane Aktivität

Die natürlichen Gesetze der Entwicklung regen das Kind in diesem Alter dazu an, mit Hilfe der Hände Erfahrungen in der Umwelt zu sammeln, und das nicht nur zu praktischen, sondern auch zu kulturellen Zwecken.

In der neuen Umgebung äußern die Kinder ganz andere Eigenschaften und Fähigkeiten, als gewöhnlich beobachtet wurde. Sie erscheinen nicht nur zufriedener, sondern auch so interessiert an ihren Beschäftigungen, daß sie zu unermüdlichen „Arbeitern" werden. Dank dieser Erfahrungen scheint sich ihr Verstand zu erweitern und wißbegierig zu werden.

Auf diese Weise kam es zur *Explosion der Schrift*. Dieses erste Phänomen lenkte die Aufmerksamkeit auf das unbekannte psychische Leben des Kindes.

Aber die *Explosion* der Schrift war nur der Rauch, der aus der Pfeife steigt: Die wahre Explosion war die der Personalität des Kindes. Man konnte es mit einem Berg vergleichen, der fest und ewig gleich zu sein scheint, der aber ein verborgenes Feuer enthält. Eines schönen Tages vernimmt man eine Explosion, und durch die schwere Masse lodert das Feuer; durch diesen Ausbruch von Feuer, Rauch und unbekannten Substanzen können die Experten darauf schließen, was sich im Innern der Erde befindet.

Die spontanen psychischen Äußerungen des Kindes, das in eine Umgebung des realen Lebens mit proportionierten Gegenständen versetzt wurde, waren sowohl klar als auch überraschend. Und indem wir ihnen folgten und sie zu unterstützen und zu interpretieren suchten, entstand unsere Erziehungsmethode.

Das Auftreten neuer Eigenschaften war nicht das Werk einer Methode im herkömmlichen Sinn, sondern war das Ergebnis von Umweltbedingungen, die Hindernisse beseitigten und Mittel zu einer freien Wahl der

Beschäftigung zur Verfügung stellten. Die Methode wurde unter der Leitung der Erscheinungen des Fortschritts der Kinder aufgebaut und ausgearbeitet. Man kann behaupten, daß alles mit einer „Entdeckung" im Bereich der Psychologie des Kindes begann. Tatsächlich nannte Peary, der zu jener Zeit den Nordpol entdeckt hatte, unsere Arbeit: „Die Entdeckung der menschlichen Seele", anstatt sie als „neue Erziehungsmethode" zu bezeichnen.

Aus diesen Offenbarungen ergaben sich zwei wichtige Tatsachen. Einmal, daß der Geist des Kindes fähig ist, in einer Lebensperiode Kultur aufzunehmen, in der es niemand für möglich gehalten hätte. Aber das gelingt ihm nur aufgrund eigener Aktivität. Die Kultur kann nur durch die Arbeit und die wachsende Selbstverwirklichung aufgenommen werden. Heute ist die Kraft des rezeptiven Verstandes in der Periode zwischen dem dritten und dem sechsten Lebensjahr bekannt, und wir wissen, daß diese Möglichkeit besteht, Kultur im frühen Lebensalter aufzunehmen. Ein anderes wichtiges Faktum bezieht sich auf die Entwicklung des Charakters, über die ich in einem anderen Kapitel sprechen werde. Hier werde ich nur die erste Tatsache behandeln: die Erlangung von Kultur durch spontane Aktivität.

Das Kind interessiert sich vor allem für Dinge, die es bereits kennt, da es sie in der vorhergehenden Periode absorbiert hat, und darauf konzentriert es sich am besten. So hängt zum Beispiel die Explosion des Schreibens von der besonderen Sensitivität ab, die es sich während der Periode der Sprachentwicklung angeeignet hat. Da diese Sensitivität zwischen fünfeinhalb und sechs Jahren aufhört, ist es klar, daß das Schreiben mit Freude und Begeisterung nur vor diesem Alter erlernt werden kann, während Kinder von sechs oder sieben Jahren kein Interesse dafür zeigen. Andere Beobachtungen dieser spontanen Äußerung des Kindes offenbaren uns, daß die Schreibexplosion nicht nur von der Tatsache abhing, daß sich die Kinder in der sensitiven Sprachperiode befanden, sondern auch davon, daß ihre Hände durch vorhergehende Übungen vorbereitet waren (die genaue Handhabung des Materials zur Erziehung der Sinne). Und somit wurde das Prinzip der „indirekten Vorbereitung" als wesentlicher Teil in unserer Methode angewandt. Eine solche Basis entspricht dem Vorgehen der Natur. Diese bereitet in der Tat die Organe im Embryo vor, sie erteilt keine Befehle (Impulse), bevor das Individuum nicht die entsprechenden Organe entwickelt hat.

Wenn das Kind, wie wir gesehen haben, die Errungenschaften der ersten Periode in der zweiten verarbeitet, kann uns die erste als Richtlinie für die zweite dienen, die der gleichen Entwicklungsmethode folgt. Betrachten wir die Sprache: Wir haben gesehen, daß das Kind in der ersten Periode einer fast grammatikalischen Methode folgt. Sukzessiv bedient es sich der Laute, Silben, Substantive, Adjektive, Adverbien, Konjunktionen, Verben, Präpositionen usw. Somit wissen wir, daß wir dem Kind helfen können, wenn wir uns auch in der zweiten Periode an dieselbe grammatikalische Methode halten. Zuerst muß die Grammatik gelehrt werden. Für unsere Denkweise erscheint es widersinnig, daß der Unterricht beim Kind mit der Grammatik beginnen und daß es diese erlernen muß, noch bevor es lesen und schreiben kann. Aber was ist die Basis der Sprache, wenn nicht die Grammatik? Wenn wir (und das Kind) sprechen, dann sprechen wir nach den Regeln der Grammatik; wenn wir dem Kind also mit vier Jahren eine grammatikalische Hilfe geben, während es den Aufbau seiner Sprache vervollkommnet und seinen Wortschatz anreichert, begünstigen wir seine Arbeit. Indem wir es die Grammatik lehren, geben wir ihm die Möglichkeit, vollkommen Herr der Sprache seiner Umgebung zu werden. Die Erfahrung hat uns gezeigt, daß die Kinder ein lebhaftes Interesse für die Grammatik zeigen und daß dies der rechte Augenblick ist, sie ihnen zu übermitteln. In der ersten Periode (von null bis drei Jahre) fand der Erwerb fast unbewußt statt. Jetzt muß sie durch die Übung bewußt vervollkommnet werden. Wir beobachteten weiterhin, daß das Kind in diesem Alter viele neue Worte erlernt; es hat eine spezielle Sensibilität und ein Interesse für die Worte, die es sich in großer Zahl spontan aneignet. Aufgrund vieler Beispiele hat man festgestellt, daß sich in diesem Alter die Sprache anreichert. Natürlich handelt es sich um Worte, die in der Umgebung des Kindes verwendet werden. Eine gebildete Umgebung wird dem Kind bessere Möglichkeiten bieten; aber in jeder Umgebung besteht der natürliche Impuls darin, die größtmögliche Zahl von Worten zu absorbieren. Das Kind ist wie ausgehungert danach. Wenn ihm nicht geholfen wird, erlernt es die Worte mit Mühe und unordentlich; die gebotene Hilfe besteht darin, die Anstrengung zu vermindern und sie ordentlich anzubieten.

Eine andere Besonderheit der Methode ergab sich daher infolge dieser Beobachtungen. Die unausgebildeten Lehrkräfte, die wir während unserer ersten Versuche hatten, bereiteten für die Kinder viele auf Kärtchen geschriebene Worte vor: sie schrieben alle die auf, die sie kannten; aber nach einer Weile kamen sie und sagten mir, daß sie bereits alle Worte, die sich auf die Kleidung, das Haus, die Straße, die Namen der Bäume usw. bezogen, verwendet hätten, aber die Kinder verlangten nach mehr Worten.

Damals kamen wir darauf, die Kinder dieses Alters die für die Bildung [59] notwendigen Worte zu lehren, wie zum Beispiel die Namen der geometrischen Figuren, die sie als sensorisches Material handhabten: Vielecke, Trapeze, Trapezoide usw. Die Kinder erlernten alles. Danach bereiteten wir die Namen wissenschaftlicher Instrumente vor: Thermometer, Barometer und gingen zu den botanischen Begriffen über: Kelchblätter, Blütenblätter, Staubgefäße, Blütenstempel usw. Sie lernten sie alle mit Begeisterung und baten um andere. Fast wehrten sich die Lehrerinnen dagegen, denn wenn sie mit den Kindern spazierengingen, erfuhren sie von diesen die Namen aller Autotypen und überraschten sie in ihrer Unwissenheit. Bei den Kindern dieses Alters ist das Bedürfnis nach Worten unstillbar und die Fähigkeit, sie zu lernen, unerschöpflich, während das nicht für die folgende Periode zutrifft. Dann entwickeln sich andere Fähigkeiten, und es wird schwieriger, komplizierte Worte zu behalten. Wir haben beobachtet, daß Kinder, die die Gelegenheit hatten, diese Worte früh zu erlernen, sie später, mit acht oder neun Jahren und auch später, wenn sie ihnen in der normalen Schule wiederbegegneten, noch wußten und mit Leichtigkeit anwandten, während die Kinder, die die Worte zum erstenmal hörten, viel größeren Schwierigkeiten begegneten. Die logische Schlußfolgerung ist, daß wissenschaftliche Begriffe Kindern zwischen drei und sechs Jahren gelehrt werden müssen, natürlich nicht auf mechanische Weise, sondern im Zusammenhang mit den entsprechenden Gegenständen und der natürlichen Erforschung der Umgebung, so daß sich das Lernen auf Erfahrung gründet. Zum Beispiel werden wir sie die verschiedenen Teile der Blätter und der Blumen sowie die geographischen Gestalten lehren usw.: alles Dinge, die leicht darzustellen und in ihrer Umgebung sichtbar und daher zum Lernen geeignet sind. Die Schwierigkeit liegt hier mehr bei den Lehrerinnen, die manchmal diese Worte nicht kennen, sie vergessen haben oder verwechseln.

In Kodaikanal sah ich Jungen um vierzehn Jahre, Schüler einer normalen Schule, die unsicher über den Namen eines Blumenteils waren; da näherte sich ihnen ein kleines dreijähriges Kind und sagte: „Blütenstempel" und kehrte dann schnell zu seinem Spiel zurück. Wir zeigten den Kindern von sieben bis acht Jahren die Einteilung der Wurzeln gemäß den botanischen Büchern und erläuterten sie mit Bildern, die an der Wand hingen: Da kam einer der Kleinen herein und fragte, was diese Figuren bedeuteten. Wir erklärten es ihm; kurz darauf fanden wir im Garten viele ausgerissene

---

[59] Bildung ist hier verstanden im Sinne der Schulbildung (d. Hrsg.).

Pflanzen, denn die Kleinen hatten sich für die Sache interessiert und wollten nun wissen, was die Pflanzen für Wurzeln hätten. Wir hielten es also für angebracht, es ihnen direkt zu erklären und die Folge davon war, daß die Eltern kamen und protestierten, weil die Kinder zu Hause im Garten alle Pflanzen ausrissen und ihre Wurzeln wuschen, um zu sehen, wie sie beschaffen seien.

Kann sich der Verstand des Kindes auf das beschränken, was es sieht? Nein. Der Verstand des Kindes reicht über die konkreten Grenzen hinaus: Es kann sich viele Dinge vorstellen. Diese Möglichkeit, Dinge zu sehen, die sich nicht vor seinen Augen befinden, offenbart eine höhere Geistesform; der menschliche Verstand wäre sehr beschränkt, würde er sich auf das begrenzen, was er sieht. Der Mensch sieht nicht nur mit dem Auge, und die Kultur besteht nicht nur aus dem, was man sieht. Ein Beispiel dafür ist die Geographie. Wenn wir einen See oder den Schnee nicht sehen können, müssen wir unseren Verstand anstrengen, um sie uns vorzustellen. Wie weit reicht das Vorstellungsvermögen des Kindes? Da wir es nicht wußten, begannen wir, mit sechsjährigen Kindern Versuche anzustellen. Anstatt bei den geographischen Einzelheiten zu beginnen, machten wir den Versuch, ein *Ganzes* vorzustellen, das heißt den Wasser-Land-Globus, „die Welt".

Dem Wort „Welt" entspricht keinerlei sensorische Vorstellung in der Umwelt des Kindes. Wenn es sich also eine Idee von der Welt gebildet hat, dann nur aufgrund einer abstrakten Kraft des Geistes, des Vorstellungsvermögens. Wir bereiteten kleine Globen vor, auf denen wir die Erde mit einem glänzenden Pulver und die Ozeane mit einem tiefen Blau darstellten. Die Kinder begannen zu sagen: „Das ist die Erde", „Das ist das Wasser", „Das ist Amerika", „Das ist Indien". Sie hatten den Globus so gern, daß er zum Lieblingsgegenstand in unseren Klassen wurde. Der Verstand des Kindes zwischen drei und sechs Jahren verfestigt nicht nur die Funktion der Intelligenz im Verhältnis zum Gegenstand, sondern verfügt auch über eine höhere Kraft, das Einbildungsvermögen, das dem Individuum erlaubt, Dinge zu *sehen*, die den Augen nicht sichtbar sind. Die Psychologie hat immer gelehrt, daß diese Periode durch die Entwicklung des Einbildungsvermögens gekennzeichnet ist. Auch bei den ungebildeteren Völkern erzählen die Erwachsenen ihren Kindern Märchen von Feen, die sie sehr lieben, als wären sie begierig, die große Kraft ihres Einbildungsvermögens zu üben. Alle sind sich darüber im klaren, daß das Kind es liebt, sich etwas vorzustellen; aber sie bieten ihm nur Märchen und Spielzeug.

Wenn sich das Kind die Fee und das Feenland vorstellen kann, wird es ihm nicht schwerfallen, sich eine Vorstellung von Amerika oder einem anderen Ort zu machen. Anstatt unbestimmt von Amerika sprechen zu hören, wird es eine konkrete Hilfe für sein Einbildungsvermögen sein, wenn es einen Globus betrachtet, auf dem dieser Kontinent aufgezeichnet ist. Man vergißt zu oft, daß die Einbildungskraft eine Kraft für die Suche nach der *Wahrheit* ist. Der Geist ist keine passive Wesenheit, sondern eine verzehrende Flamme, die nie ruht und stets lebendig ist.

Als die sechsjährigen Kinder den Globus bekamen und davon zu sprechen begannen, kam ein Kleiner von dreieinhalb Jahren heran und sagte: „Laßt mich sehen! Ist das die Welt?" „Ja", antworteten die anderen ein bißchen überrascht. Darauf der Kleine: „Jetzt verstehe ich. Ich habe einen Onkel, der ist dreimal um die Welt gereist. Jetzt verstehe ich." Gleichzeitig war er sich aber auch darüber im klaren, daß dies nur ein Modell war, denn er wußte aus den Erzählungen, die er mit angehört hatte, daß die Welt unendlich groß ist.

Ein anderes, viereinhalbjähriges Kind wollte ebenfalls den Globus sehen; es beobachtete ihn aufmerksam. Es hörte den größeren Kindern zu, die, ohne auf das Kind zu achten, über Amerika sprachen. Plötzlich unterbrach es sie: „Wo ist New York?" Die anderen zeigten es ihm erstaunt. Dann fragte es: „Wo ist Holland?" Es herrschte noch größere Verwunderung. Daraufhin zeigte der Kleine auf das Blaue und sagte: „Dann ist das das Meer." Da befragten es die anderen Kinder mit großem Interesse, und es erzählte ihnen: „Mein Vater fährt zweimal im Jahr nach Amerika, nach New York. Wenn er abgefahren ist, sagt die Mutter viele Tage lang: ,Der Vater ist auf dem Meer.' Und dann: ,Vater ist in New York angekommen.' Und wieder ein paar Tage später sagt sie: ,Vater ist wieder auf dem Meer', und dann eines Tages: ,Jetzt ist er in Holland, und wir fahren zu ihm nach Amsterdam.'" Es hatte so viel von Amerika gehört, daß es stehen blieb und begierig war, zu sehen, als es die anderen Kinder um den Globus sah, wie sie auf Amerika zeigten und davon sprachen – und sein Gesicht schien sagen zu wollen: „Ich habe Amerika entdeckt." Die Visualisierung dessen, worüber es vergebens versucht hatte, sich in seiner *geistigen* Umwelt zu orientieren, mußte für das Kind eine Beruhigung sein; ähnlich, wie es sich in der Vergangenheit in der materiellen Umgebung orientiert hatte, denn bis jetzt hatte es sich mit den Worten zufriedengeben müssen, die es hörte, und sie mit der Phantasie auskleiden müssen.

Es wurde stets behauptet, daß das Spielen mit Spielsachen und das Üben der Einbildungskraft mit Hilfe von Märchen zwei Bedürfnisse dieser Lebensperiode darstellen: Die erste Aktivität soll ein direktes Verhältnis zur Umwelt herstellen, damit das Kind sich ihrer sozusagen bemächtigt und somit eine große geistige Entwicklung vollbringt. Die zweite Aktivität offenbart die Einbildungskraft, die das Kind bei seinen Spielen entwickelt. Wenn wir ihm mit der *Realität* verbundene Gegenstände in die Hand geben, damit es seine Einbildungskraft an ihnen üben kann, ist das logischerweise eine große Hilfe für das Kind, denn es kann dadurch sein Verhältnis zur Umwelt verbessern.

In diesem Alter wollen die Kinder oft Erklärungen haben. Es ist bekannt, daß das Kind neugierig ist und beständig fragt. Die Fragen der Kinder sind immer interessant, wenn man sie nicht als eine Qual betrachtet, sondern als Ausdruck eines nach Wissen forschenden Verstandes. In diesem Alter können sie keinen langen Erklärungen folgen, während die Menschen im allgemeinen zu ausgiebigen Erklärungen neigen. Ein Kind fragte einmal seinen Vater, warum die Blätter grün sind. Der Vater war der Meinung, daß sein Sohn sehr intelligent sei, und sprach lange über das Chlorophyll, seine Funktionen, die Sonnenstrahlen usw... Kurz darauf hörte er das Kind murren: „Ich will wissen, warum die Blätter grün sind, und nicht das ganze Zeug über das Chlorophyll und die Sonne!"

Spiel, Einbildung und Fragen, das sind die drei Charakteristiken dieses Alters. Das ist allen bekannt, wird aber im allgemeinen falsch aufgefaßt. Manchmal handelt es sich um schwierige Fragen: „Mutti, wo komme ich her?", aber das Kind hat lange über diese Frage nachgedacht. Eine intelligente Frau, die erwartete, eines Tages auf diese Frage antworten zu müssen, beschloß, die Wahrheit zu sagen. Als das vierjährige Kind sie fragte, antwortete sie: „Ich habe dich gemacht, mein Kind." Die Antwort kam schnell und kurz, und das Kind war sofort zufrieden. Etwa ein Jahr später sagte sie ihm: „Jetzt mache ich ein anderes Kind", und als sie in die Klinik ging, kündigte sie ihm an, daß sie das andere Kind mitzurückbrächte. Als sie zurückkam, zeigte sie es ihm: „Das ist dein Brüderchen. Ich habe es auf die gleiche Weise gemacht wie dich." Aber inzwischen war das Kind sechs Jahre alt und protestierte ungläubig: „Warum sagt du mir nicht wirklich, wie wir auf die Welt kommen? Jetzt bin ich groß, warum sagst du mir nicht die Wahrheit? Als du mir gesagt hast, daß du das andere Kind machst, habe ich dich genau angeschaut, aber du hast nichts getan." Auch die Wahrheit sagen ist nicht so einfach, wie es scheint. Es bedarf besonderer Weisheit der Lehrer und Eltern, um die Einbildungskraft des Kindes zu sättigen.

Die Lehrkräfte bedürfen einer besonderen Ausbildung, denn wir können diese Probleme nicht mit unserer Logik lösen. Wir müssen die Entwicklung des Kindes kennen und unsere Vorurteile fallenlassen. Um dem Geist eines Kindes vom dritten bis zum sechsten Lebensjahr zu folgen, sind viel Takt und Feingefühl notwendig, die ein Erwachsener fast nie zur Genüge aufweist. Glücklicherweise erlernt das Kind mehr aus der Umgebung als vom Lehrer; aber wir müssen die Psychologie des Kindes kennen, um ihm zu helfen, soviel wir können.

Geistige Entwicklung

Die Handlungsweise des Kindes ist für uns eine ständige Quelle der Offenbarungen.

Alles weist darauf hin, wie viele Vorurteile wir im Hinblick auf das Kind hegten, anstatt eine rechte „Kenntnis" seiner Psychologie zu besitzen; und es ist ein Beweis dafür, daß wir in der Leitung des Kindes nicht apriorisch vorgehen können; denn es weist eine Unbekannte auf: Nur das Kind selbst kann sich uns durch seine Äußerungen offenbaren und uns lehren, es kennenzulernen.

Wir haben so in tausend Fällen feststellen können, daß das Kind nicht nur nach einem interessanten Gegenstand verlangt, sondern es auch im Umgang mit diesem die genauen Bewegungen kennenlernen will. Es interessiert die Genauigkeit, und diese fesselt es an die Arbeit; das ist ein Zeichen dafür, daß es beim Umgang mit den Gegenständen gleichzeitig die unbewußte Absicht, das Bedürfnis, den Instinkt hat, seine eigenen Bewegungen zu koordinieren.

Weiterhin ist bemerkenswert, daß das Kind, wenn es mit Interesse arbeitet, eine Übung sehr oft wiederholt. Nichts überrascht uns mehr, als das Kind ganz aufmerksam bei den sogenannten Übungen des praktischen Lebens zu beobachten, wie es ein Messinggefäß putzt und dabei genau die erhaltenen Anweisungen befolgt, bis es den Gegenstand zum Glänzen bringt. Danach beginnt es mit der gleichen Arbeit in allen ihren Einzelheiten von vorn und putzt mehrmals das bereits glänzende Gefäß. Das ist der Beweis dafür, daß der äußere Zweck nur eine Anregung ist. Der wahre Zweck liegt im inneren Anstoß; die Absicht liegt somit in der Bildung, das heißt, durch die Wiederholung der Übungen stabilisiert das Kind die Koordination seiner Bewegungen. Dasselbe geschieht bei uns im Sport oder bei anderen Spielen, die wir mit Begeisterung wiederholen: Beim Tennis,

Fußball und ähnlichem liegt der wirkliche Zweck nicht darin, den Ball in eine bestimmte Richtung zu bewegen, sondern in uns die Beweglichkeit herauszubilden, die dann eben die Freude am Spiel bildet.

Man könnte sagen, daß das Kind in all seinen Übungen spielt. Aber durch diese Spiele erlangt es die Fähigkeiten und Kräfte, die es zu seiner Bildung und Entwicklung benötigt.

Der Instinkt der Anpassung wird durch die Aktivität erweckt und nimmt den Weg eines mühevollen Aufbaus, als würde jemand sagen: „Die Anstrengung, deine Bewegungen zu entwickeln, darf nicht zufällig sein, denn du bist dazu bestimmt, diese und keine anderen Bewegungen durchzuführen." Aber die Mittel zur Ausführung liegen in der Natur des Kindes. Daher behaupte ich, daß die Nachahmung eine Art Inspiration für eine konstruktive Arbeit ist.

Man sieht so eine Art Dynamik im Aufbau der Psyche. Die Handlungen, die das Kind beobachtet hat, regen es zur Tätigkeit an. Diese wird aufgrund einer Methode durchgeführt, die sich dem Individuum einprägt. Was prägt sich ein? Wie bei der Sprache prägt sich nur ein Schema ein, das heißt die Laute der Worte mit ihrem Rhythmus und Tonfall sowie die Ordnung der Worte im grammatikalischen Aufbau. Somit prägt sich mittels dieser Übungen das Schema des Verhaltens einer bestimmten Rasse ein. Die Periode zwischen drei und sechs Jahren ist eine Periode der Realisierung und der Perfektionierung. Hier entscheidet sich der individuelle Aufbau, der in der Personalität inkarniert bleibt. Die Weisen, sich zu bewegen, zu handeln, werden zu feststehenden Eigenschaften, die Zeichen dafür sind, welcher sozialen Klasse ein Individuum angehört. Damit werden Unterschiede zwischen den sozialen Gruppen festgelegt, so wie die Sprache Unterschiede zwischen den Rassen festlegte.

Wenn also ein Mensch aus niederer sozialer Herkunft aufgrund der Umstände in ein Leben höheren Niveaus versetzt wird, trägt er die Stigmata seiner Herkunft in sich. Und wenn sich ein Aristokrat in den Kleidern eines Arbeiters verstecken will, wird ihn etwas in seinen Gewohnheiten und in seinem Verhalten verraten. Dasselbe gilt für die Sprache. In diesem Alter prägen sich die Eigenarten des Dialektes ein, der auch bei einem Universitätsprofessor an seiner Aussprache erkennen läßt, aus welcher Gegend er stammt, selbst wenn seine Sprache perfekt, ausgewählt und reich an wissenschaftlichen Ausdrücken ist. Keine spätere Erziehung kann auslöschen, was in der konstruktiven Epoche der Kindheit inkarniert wurde. Unter diesem Gesichtspunkt wird die soziale Bedeutung der Erziehung in diesem

Alter verständlich. Hier besteht noch die Möglichkeit, durch Hindernisse hervorgerufene Fehler zu verbessern, die den Aufbau der kindlichen Psyche während der ersten drei Jahre verfälscht haben; denn hier handelt es sich um eine natürliche Periode der Vervollkommnung. Wenn die Erziehung nach wissenschaftlichen Grundsätzen durchgeführt wird, können gleichzeitig die Unterschiede, die die Menschen in Gesellschaften und Rassen trennen, verringert und damit eine größere Harmonie hergestellt werden, das heißt, die Kultur kann auf den Menschen Einfluß nehmen, wie sie die äußere Umgebung der Natur beeinflußt hat, und das verleiht eine magische Macht.

Übungen der Sinne und mathematischer Geist

Die sich bildende Personalität offenbart sich in jeder Aktivität des Kindes. Das geschieht auch bei den Übungen mit dem Sinnesmaterial.

Was ist zu bedenken bei der Erziehung der Sinne? Die Sinne sind Kontaktpunkte mit der Umgebung, und der Verstand vervollkommnet sich im Gebrauch dieser Organe, indem er sich übt, die Umgebung zu beobachten, wie ein Pianist mit der gleichen Tastatur Töne erzeugen kann, die in unendlicher Perfektion variieren. So kann der Verstand durch die Sinne immer genauere und verfeinerte Eindrücke sammeln. So erlangen zum Beispiel die Seidenweberinnen ein solches Fingerspitzengefühl, daß sie bei dem ganz feinen Faden, der durch ihre Finger läuft, fühlen können, ob er einfach oder doppelt ist. Es gibt primitive Völker, die die leisesten Geräusche vernehmen, die von Schlangen oder anderen wilden Tieren erzeugt werden.

Das ist die Erziehung der Sinne, die aufgrund der Tätigkeit in der Umgebung erlangt wird, sich jedoch je nach den individuellen Unterschieden immer ändert. Ohne eine Zusammenarbeit der Intelligenz mit der Bewegung kann es jedoch keine Erziehung der Sinne geben. Und die individuellen Unterschiede hängen von der inneren Veranlagung ab, die das Interesse anregt, das in den Individuen mehr oder weniger ausgebildet ist. Es bestehen also angeborene Neigungen, der eigenen Natur entsprechend zu wachsen und sich zu entwickeln.

Das Kind, das unser Material benutzt hat, ändert seine Handbewegungen und erlangt Geschicklichkeit sowie Feinfühligkeit im Wahrnehmen der Sinnesreize in der Umgebung. Die gleiche Umgebung reichert sich in dem Maße an, wie das Kind fähig wird, feinere Unterschiede zwischen den Dingen wahrzunehmen; denn Dinge, die sich nicht voneinander unterscheiden, sind, als ob sie nicht da wären. Mit dem Sinnesmaterial geben wir eine Führung, eine Art Einteilung der Eindrücke, die von jedem Sinnesorgan empfangen werden können: die Farben, die Laute, die Geräusche, die Formen und Dimensionen, die Gewichte, das Tastgefühl, der Geruch und Geschmack. Zweifellos handelt es sich auch hier um eine Form von Bildung, die die Aufmerksamkeit auf sich selbst und die Umgebung lenkt. Es ist eine jener Bildungsformen, die zur Vervollkommnung der Personalität führen wie auch die Sprache und die Schrift, das heißt, sie bereichern die natürlichen *Potentialitäten.*

Da die Sinne die Erforscher der Umgebung sind, öffnen sie den Weg zum Wissen. Das Material zur Erziehung der Sinne wird wie eine Art Schlüssel angeboten, der die Tür zur Erforschung der äußeren Dinge öffnet; wie ein Licht, das mehr Dinge und mehr Einzelheiten erkennen läßt, die im Dunkeln (im ungebildeten Zustand) nicht gesehen werden könnten.

Gleichzeitig wird alles, was mit den höheren Energien in Verbindung steht, zu einer Anregung, die die schöpferischen Kräfte in Bewegung setzt, indem es die Interessen des erforschenden Verstandes vermehrt.

In der gewöhnlichen Erziehung besteht das Vorurteil, daß man den Kindern einen Gegenstand geben müsse, damit es die verschiedenen Eigenschaften, wie Farbe, Oberfläche, Form usw., kennenlernen kann. Aber Gegenstände gibt es unendlich viele, die Eigenschaften hingegen sind begrenzt. Die Eigenschaften könnten mit dem Alphabet verglichen werden: wenige Laute im Vergleich zu den unzähligen Worten.

Indem man die Eigenschaften getrennt gibt, ist es, wie wenn man das Alphabet zur Erforschung gäbe: also einen Schlüssel, der die Türen zu den Wissensbereichen öffnet. Wer nicht nur die Eigenschaften eingeordnet hat, sondern auch bereits die Gradationen jeder Eigenschaft abschätzen kann, kann alles in der Umgebung und in der Natur erkennen.

Dieses Alphabet, das die äußere Welt betrifft, ist von unschätzbarem Wert. Tatsächlich wird die Kultur, wie wir bereits sagten, nicht nur durch das Lernen erlangt, sondern durch die Erweiterung der Personalität. So ist es etwas ganz anderes, Kinder zu unterrichten, deren Sinne erzogen sind, als solche, die ohne diese Erziehungshilfe aufgewachsen sind. Gibt man im ersten Fall den Kindern Gegenstände und die Elemente der Kultur oder läßt man sie direkt die Umgebung erforschen, zeigen sie Interesse; denn sie sind schon sensibel für die kleinen Unterschiede zwischen den Blattformen, den Farben der Blumen und den Besonderheiten der Insekten. Das Wichtige ist, die Dinge zu sehen und das Interesse zu verspüren, sie kennenzulernen. Ein ausgebildeter Verstand ist wichtiger als ein mehr oder weniger fähiger Lehrer.

Wie ich schon sagte, steckt in unserem Material eine Klassifikation der Eigenschaften der Gegenstände, und daraus entspringt eine der wirkungsvollsten Hilfen für die geistige Ordnung.

Der Geist neigt von Natur aus dazu, die Eigenschaften unabhängig von den Gegenständen zu unterscheiden. Alle unterscheiden Farben, Laute, Formen usw. ohne jegliche Erziehung. Diese Tatsache jedoch betrifft die Form des menschlichen Geistes selbst.

Der menschliche Geist hat von Natur aus nicht nur die Fähigkeit, sich Dinge vorzustellen, die er nicht vor sich sieht, sondern auch die Fähigkeit, Synthesen zu machen, das heißt aus den unzähligen Dingen der Umgebung ein Alphabet herauszuziehen. Diese Fähigkeit ist die natürliche Veranlagung des Geistes zur Abstraktion. Die, die das Alphabet erfanden, hatten diese Fähigkeit der Abstraktion: Sie legten die wenigen Laute fest, aus denen sich Worte zusammensetzen. Daher ist eben das Alphabet etwas Abstraktes, während die Worte wirklich bestehen. Besäße der Mensch nicht die Einbildungs- und Abstraktionsfähigkeit, wäre er nicht intelligent, oder seine Intelligenz würde der der höheren Tiere ähneln: sie wäre statisch und begrenzt auf die Bedürfnisse seines speziellen Verhaltens und daher ohne Entwicklungsmöglichkeit.

Nun sind aber die Abstraktionen genau begrenzt, während die Vorstellungskraft ins Unendliche eindringen kann. Die Grenzen sind um so wertvoller, je genauer sie sind. Sie stellen auf geistigem Gebiet eine Art Präzisionsorgan dar, das zur Orientierung im Raum notwendig ist, wie die Uhr zur Orientierung in der Zeit benötigt wird.

Diese beiden Eigenschaften des Geistes, die über das einfache Wahrnehmen der Dinge hinausgehen, stehen beim geistigen Aufbau in Beziehung zueinander. Beide sind für den Aufbau der Sprache notwendig: einerseits das Alphabet in seiner Genauigkeit und andererseits die grammatikalischen Regeln, die eine unendliche Anreicherung des Wortschatzes erlauben. Die Worte müssen sich in ein genaues Schema der Laute und der Grammatik einordnen, damit sie gebraucht werden zur Anreicherung der Sprache.

Beim Aufbau der Sprache geschieht dasselbe wie beim geistigen Aufbau. Wenn man sagt: „Dieses Individuum hat einen unsteten Geist; es ist intelligent, aber unentschieden", bedeutet das, daß es Ideen ohne eine Ordnung entwickelt. Von einem anderen sagt man hingegen: „Das ist ein klarer Kopf, er weiß die Umstände einzuschätzen."

Geben wir also diesem Teil des Geistes, der sich durch die Exaktheit aufbaut, einen Namen und nennen ihn „mathematischer Geist". Der Begriff stammt von dem französischen Philosophen, Physiker und Mathematiker Pascal. Er behauptete, daß die Form des menschlichen Geistes eine mathematische sei; das Abschätzen der exakten Dinge führt zum Wissen und zum Fortschritt.

Die Form der Sprache wird durch die Laute des Alphabets und die Anordnung der Worte bestimmt. So ist die Geistesform des Menschen, das Schema, in das sich alle durch direkte Wahrnehmung oder Vorstellung erworbenen Reichtümer einordnen können, eine fundamentale *Ordnung*.

Und prüft man das Werk derer, die in der Welt Spuren ihrer für den Fortschritt der Kultur nützlichen Erfindungen hinterlassen haben, wird deutlich, daß sie von einer Ordnung ausgingen, von einer Genauigkeit, die sie dazu geführt hat, etwas Neues zu schaffen. Auch auf dem imaginären Gebiet der Musik und der Poesie finden wir eine exakte Basis, die als „Metrum", das heißt Maß, bezeichnet wird.

Wir müssen daher in der Erziehung zwei geistigen Eigenschaften Rechnung tragen. Obwohl die eine der beiden in jedem Individuum vorherrscht, müssen beide Eigenschaften nebeneinanderbestehen und sich ergänzen. Würde die geistige Erziehung der Kinder nur der Einbildungskraft Rechnung tragen, führte das zur Unausgeglichenheit und schüfe ein Hindernis für die nützliche Orientierung in der Welt, das heißt, um zu praktischer Entscheidung im Leben zu kommen.

Bei unseren kleinen Kindern hat sich der mathematische Geist auf eine besondere und spontane Weise geäußert.

Wenn wir sie die präzise Exaktheit beim Arbeiten lehrten, schien gerade diese Präzision sie zu interessieren. Der erste Beweggrund lag in einem wirklichen Ziel, das sie mit ihren Arbeiten erreichen sollten, aber die genaue Ausführung hielt das Kind konstant bei seiner Tätigkeit, und somit konnte es einen Fortschritt in der Entwicklung verwirklichen. Die Ordnung und die Präzision sind die Richtlinien bei der spontanen Arbeit.

Kehren wir zum Sinnesmaterial zurück, das geeignet ist, besonders bei kleinen Kindern zwischen drei und vier Jahren Konzentration zu erzeugen. Es besteht kein Zweifel, daß dieses Material nicht nur als Schlüssel zur Erforschung der Umgebung, sondern auch als Mittel zur Entwicklung des mathematischen Geistes betrachtet werden muß[60].

[60] Wer sich über mein Entfaltungsmaterial orientieren will, siehe mein Buch: Die Entdeckung des Kindes, Freiburg i. Br. 1969.

Die Ergebnisse bei unseren kleinen Kindern stehen im Gegensatz zu der Tatsache, daß die Mathematik im allgemeinen in der Schule eine Klippe darstellt statt einer Attraktion und daß die meisten Menschen eine geistige Abneigung der Mathematik gegenüber empfinden. Zusammenfassend können wir sagen: Alles wird leicht, wenn das Wissen im *absorbierenden Geist* verwurzelt ist.

Die mathematischen Gegenstände sind nicht in der Umgebung verteilt wie die Bäume, die Blumen und die Tiere. Somit fehlt die Gelegenheit, im Kindesalter spontan den mathematischen Geist zu entwickeln. Das verursacht ein Hindernis in der darauffolgenden geistigen Entwicklung. Wir nennen daher das Material zur Erziehung der Sinne *materialisierte Abstraktionen* oder grundlegendes mathematisches Material. Mein Plan zur mathematischen Erziehung ist in zwei anderen Werken ausgeführt, die die besondere Psychologie dieser speziellen Entwicklung behandeln[61].

Embryonale Entwürfe

Die Tatsache, daß das Kind – in der Begegnung – einem ersten Schema der Errungenschaften, die es in der Umgebung machen muß, folgt, ist ein embryonales Phänomen. Denn der Embryo ist von Entwürfen bestimmt: seien es die der Organe des Körpers in den Genen, seien es die des Verhaltens nach der Entdeckung von Coghill.

So stellt das Kind hinsichtlich der Sprache ein genaues, festliegendes Schema auf: die Laute und die grammatikalische Anordnung der Worte. Diese Laute und die Anordnung der Sprache lagen nicht in der Natur, sondern wurden von der Gesellschaft aufgebaut. Denn wie wir bereits gesehen haben, liegt der Verfestigung der Worte in ihrem Sinn eine Übereinkunft der Menschen zugrunde, die sich untereinander verstehen mußten.

Auch andere Dinge wurden von der Gesellschaft festgelegt, zum Beispiel die Sitten, die später als *Moral* der Gruppe sanktioniert wurden. Es ist interessant, festzustellen, daß sich die Sitten nicht herausgebildet haben, um das Leben leichter zu gestalten, wie es von der Evolutionstheorie erklärt wurde. In mancher Hinsicht stehen die Anpassung und der soziale Aufbau genau im Gegensatz zu diesen Auffassungen.

Der „Lebensinstinkt" sorgt nicht nur für die bestmöglichen Lebens-

---

[61] Siehe Maria Montessori, Psico-aritmética und Psico-geometría, Barcelona 1934 (italienische Neuauflage ist beabsichtigt; d. Hrsg.).

bedingungen, im Gegenteil, es erscheinen Einschränkungen dieses Instinktes, die eher an andere angeborene Instinkte der Aufopferung erinnern, wenn man nicht daran dächte, daß man einen unförmigen Block, dem man eine Form geben will, modellieren und damit einige Teile von ihm abtrennen, das heißt opfern muß. Tatsächlich findet man beim Studium primitiver Völker, daß Einschränkungen (Verbote – Tabus) und körperliche Opfer zu den Sitten aller primitiven Rassen gehören.

Selbst die Schönheit wird oft in künstlichen Deformationen gesucht, die auferlegt werden, obwohl sie ein schweres Opfer bedeuten (man denke zum Beispiel an den berühmten Fuß der chinesischen Frau oder die vom Schmuck zerlöcherten und verformten Ohren und Nasen).

Aber die Einschränkungen betreffen vor allem die Ernährung. Die Millionen von Indern, die vor kurzem [62] an Hunger gestorben sind, lebten in der Nähe von Herden, die zu den zahlreichsten der Welt zählen. Aber ihre Sitten verboten ihnen, diese zu töten und sich damit zu ernähren; die Sitte war stärker als der Tod.

Nun handelt es sich bei der Moral um einen Überbau des gesellschaftlichen Lebens, der es in einer bestimmten Form verfestigt. Man darf außerdem nicht vergessen, daß auch diese charakteristischen Gebräuche durch ein allgemeines Einverständnis im gleichen Maße festgelegt werden mußten, wie sie sich entwickelten.

Dasselbe gilt für die Religionen: Das Götterbild muß durch ein soziales Einvernehmen anerkannt werden. Die Religionen sind nicht nur ein Einverständnis in bezug auf bestimmte Ideen, sondern entspringen zweifellos geistigen Bedürfnissen des Menschen, *anzubeten* und gewisse Tatsachen nicht nur verstandesmäßig aufzufassen. So beten primitive Völker einige Naturerscheinungen an, da sie von ihrer geheimnisvollen Größe beeindruckt sind, und vereinigen Dankbarkeit oder Schrecken mit der Bewunderung. Diese tiefgreifenden psychischen Reaktionen werden schließlich durch allgemeines Einverständnis mit einigen Phänomenen und Gegenständen verbunden, die dann für diese Gruppe heilig werden. Es sind nicht Phänomene und Gegenstände, die den Geist nur von der Einbildungskraft her beeindrucken, sondern sie werden vom Geist auch aufgenommen, indem er daraus Synthesen zieht; so wie es bei den Sinneseindrücken geschieht, die zur Abstraktion führen. Die Eigenschaften der Dinge werden

---

[62] Nach Auskunft von Herrn Mario Montessori ist hier auf die Hungersnot im burmesisch-indischen Grenzgebiet während der japanischen Invasion Bezug genommen (d. Hrsg.).

aufgrund einer fundamentalen geistigen Arbeitsweise bestimmt. Aber da, wo das Unbewußte seinen Einfluß ausübt, wie bei den Gefühlen, die zur Anbetung führen, gelangt man zur Darstellung ähnlicher Abstraktionen; das was mit den Symbolen geschieht, die sie personifizieren. Diese Symbole müssen allgemein anerkannt sein, um als soziales Element aufzutreten. Zu diesen symbolischen Handlungen gehören auch die Handlungen der Anbetung und damit die Riten, die sich in der Gruppe gebildet haben. All das bildet sich im Laufe der Jahrhunderte heraus. Es wird nicht nur fest erworben, wie die moralischen Sitten, sondern wird zum Merkmal der Einheit für die Menschen einer sozialen Gruppe, ein Merkmal, das hilft, sie von anderen Gruppen zu unterscheiden. So bilden sich die unterscheidenden Merkmale der menschlichen Gruppen, wie sich die Merkmale einer Art entwickeln. Sie werden von Generation zu Generation weitervermittelt, wie sich die Merkmale einer Art durch Vererbung weitervermitteln.

Diese Merkmale werden also nicht nur in der Vorstellung entworfen, aufgenommen und festgelegt. Die Einbildungskraft nimmt infolge geistiger Bedürfnisse auf, wie die Sinne auf einer anderen Ebene aufnehmen. Aber die Abstraktion synthetisiert durch ihr Eingreifen, und somit gibt der Verstand der Unendlichkeit bestimmte Formen.

Es handelt sich um bestimmte und festliegende Formen, deren einfache Symbole allen zugänglich sind. Daraus ergibt sich die Beständigkeit der Handlungen, die fast mathematisch definiert werden. Die Eindrücke der Phantasie und des Verstandes werden so kraft der mathematischen Eigenschaften des ordnenden Geistes festgelegt und anerkannt.

Was absorbiert nun ein Kind wirklich, wenn es die Sitten, die Moral und die Religion eines Volkes absorbiert?

Ähnlich wie bei der Sprache nimmt es einen Entwurf auf, das heißt die Beständigkeit und Präzision, die von der Abstraktion herrühren und dem mathematischen Geist entsprechend angeordnet wurden. Dieser Entwurf wurde auf embryonale Weise von ihm aufgenommen, das heißt wie ein mächtiger und schöpferischer biologischer Entwurf, der der Personalität Form verleihen wird wie die von den *Genen* aufgezeichnete Vererbung und der Entwurf des Verhaltens in unseren Nervenzentren.

Das Kind absorbiert während seiner psychoembryonalen Periode, das heißt nach der Geburt, aus der Umwelt die Entwürfe der unterscheidenden Merkmale, die sich in der Gesellschaft einer bestimmten Gruppe gebildet haben, das heißt, es absorbiert nicht den geistigen Reichtum seiner Rasse, sondern nur die Entwürfe, die sich daraus ergeben haben. Es absorbiert also den fundamentalen, zusammenfassenden, genauen Teil, der sich daher im gewöhnlichen Leben eines Volkes wiederholt: Es absorbiert den mathematischen Teil.

Sind diese Entwürfe einmal festgelegt, werden sie zu Merkmalen wie die Muttersprache.

Der Mensch wird sich unbegrenzt entwickeln können, aber er tut es von diesem Entwurf aus. So kann sich auch die Muttersprache unbegrenzt anreichern, aber sie tut es von dem Entwurf der Laute aus und von der Ordnung, die sich in der embryonalen Periode befestigt hat.

Daß der mathematische Geist bereits vom ersten Lebensalter an wirkt, sieht man, wie wir angedeutet haben, nicht nur daran, daß die Genauigkeit jede Handlung des Kindes attraktiver gestaltet. (Das Kind bleibt bei seiner Aktivität nur dann, wenn eine genaue Handlungsweise zu verfolgen ist, und nur dadurch kann es sich konzentrieren und konstant seine Arbeit ausführen.) Man erkennt es auch daran, daß die Ordnung eine der stärksten und hervorragendsten Sensibilitäten ist, die dem Anfang der formativen Periode eignet. Die Sensibilität für die Ordnung der Dinge, ihre Position zueinander fällt zeitlich mit den einfachen Sinneseindrücken, das heißt mit dem Absorbieren der Eindrücke aus der Umgebung zusammen.

Dem entspringt für uns die Idee eines „fundamentalen Aufbaus" der psychischen Eigenschaften der Personalität: Es bildet sich aufgrund festliegender Entwürfe ein psychischer Organismus. Andernfalls würde die psychische Welt nur durch den Verstand und den Willen geregelt, das heißt, sie würde durch später erlangte Fähigkeiten geschaffen, was eine Absurdität darstellen würde. So wie der Mensch seinen Körper nicht aufgrund einer logischen Überlegung schafft, so geschieht dies auf ähnliche Weise auch nicht beim Aufbau seiner psychischen Gestalt. Die Schöpfung ist das geheimnisvolle einfache Faktum, das „einem Etwas" Ursprung verleiht, das zuvor nicht existierte und das dazu bestimmt ist, nach den Gesetzen des Lebens zu wachsen. Aber alles geht aus irgendeiner Schöpfung hervor: *Omne vivum ex ovo.*

So baut sich auch die menschliche Psyche auf einem gleichfalls schöpferischen Teil auf, aber in der Zeit nach der Geburt, denn die Psyche muß sich auf Kosten der Umwelt bilden, indem sie diese als fundamentalen Entwurf inkarniert. Damit wird aus jedem Individuum ein Typ seines Volkes. Und so gibt es die differentielle Kontinuität, die den verschiedenen menschlichen Gruppen eigen ist, welche ihre Kultur über Generationen hindurch entwickeln. Die Kontinuität eines Prozesses, der nicht von Natur aus fixiert ist, sondern aufgrund sukzessiver Entwicklungen stufenweise verläuft wie die Entwicklung einer Kultur, ist nur dadurch möglich, daß die neugeborenen Individuen eine psychische Schöpfungskraft aufweisen, die eine Anpassung an die Umgebung vollbringt, wie sie das Individuum vorfindet. Darin liegt die biologische Funktion des Kindes – durch sie wird unser sozialer Fortschritt gesichert. Aber gerade weil es sich um ein schöpferisches Faktum handelt, das wir kontrollieren können, hat es für uns eine unschätzbare Bedeutung.

18. Der Charakter und seine Fehler bei den Kindern

Natürlicher Aufbau des Charakters

Bezüglich der Bildung des Charakters bei kleinen Kindern müssen noch weitere wichtige Tatsachen hervorgehoben werden. Die Charaktererziehung war der Schwerpunkt der alten Pädagogik, eines ihrer Hauptziele. Gleichzeitig aber gab diese Pädagogik keine klare Definition des Charakters. Sie zeigte auch keine Methode zu seiner Erziehung auf. Sie beschränkte sich darauf, festzustellen, daß die geistige und praktische Erziehung nicht ausreicht und daß auch diese Unbekannte, dieses X, mit dem Wort Charakter bezeichnet, berücksichtigt werden muß. Diese alten Erzieher beweisen jedoch in diesem Zusammenhang eine gewisse Intuition, denn sie wollen menschliche Werte verwirklichen. Doch ihnen ist nicht klar, wie sie diese Werte anstreben sollen. Man verleiht gewissen Tugenden einen Wert: Mut, Ausdauer, Sicherheit in dem, was einer tun müßte, und das moralische Verhältnis zu den Nächsten; denn bei der Erziehung des Charakters spielt die Moral eine große Rolle.

Im übrigen sind auf der ganzen Welt die Ideen über das Wesen des Charakters sehr vage.

Obwohl sich die Philosophen und Biologen seit der Antike mit diesem Thema befaßt haben, ist man jedoch nicht zu einer genauen Definition des Charakters gelangt. Von der Zeit der Griechen bis heute, von Theophrast bis Freud und Jung gibt es viele Versuche, eine Definition für den Charakter zu finden. Aber es handelt sich, wie Rümke[63] richtig erklärt, immer um Versuche, und es wurde noch kein endgültiger Begriff gefunden, der von allen Wissenschaftlern akzeptiert werden kann. Sie fühlen jedoch intuitiv die Bedeutung dieser Gesamtheit, die als Charakter bezeichnet wird. Unter diesem Wort wurden von den modernen Gelehrten physische, mo-

---

[63] H. C. Rümke, Inleiding tot de karakterkunde, Haarlem 1937.

ralische und intellektuelle Elemente betrachtet: die Personalität und die Vererbung. Man kann sagen, daß fast ein wissenschaftlicher Zweig zum Studium des Charakters gegründet wurde, als Bahnsen 1876 als erster das Wort „Charakterologie" einführte. Auf diesem Gebiet von mehr analysierend betrachtender als von entschieden wissenschaftlicher Art gaben auch die modernsten Gelehrten und Erneuerer ihren Beitrag[64]. Sie gehen jedoch alle vom Menschen aus, entweder als abstrakter Figur oder als konkreter Person. Auch die, die sich auf die Erziehung bezogen, sei es von einem positiven oder religiösen Standpunkt aus, haben bei ihren Untersuchungen im allgemeinen die kleinen Kinder vernachlässigt, obwohl viele von „Vererbung" sprachen, also von Einflüssen, die der Geburt vorangehen. Im Gesamtbild ergibt sich so ein Sprung von der Vererbung zur Bildung der menschlichen Personalität, und es bleibt eine unerforschte Leere, mit der sich nur wenige befassen.

Unsere Untersuchungen bewegten sich hingegen gerade auf diesem Gebiet, und das Kind leistete einen spontanen Beitrag, der uns auf neue Wege in der nicht entschiedenen Frage des Charakters wies. Das Kind ermöglichte uns, den Aufbau des Charakters zu erkennen und seine Entwicklung durch individuelle Anstrengungen, die sich sicherlich nicht auf einige Faktoren der „Erziehung" beziehen, sondern die von der vitalen Schöpfungsenergie und von den Hindernissen abhängen, die in der Umgebung angetroffen werden können. Somit richtete sich unser Interesse darauf, die Arbeit, die die Natur beim Aufbau des Menschen auf psychischem Gebiet von der Geburt an leistet, zu beobachten und zu interpretieren. Besondere Aufmerksamkeit wurde dabei auf das Kleinstkind verwendet: angefangen beim Neugeborenen, dessen Charakter und Personalität sich auf dem Nullpunkt befinden, bis zum Alter, in dem sich eine Personalität abzuzeichnen beginnt. Zweifellos bestehen Naturgesetze, die im Unbewußten ihren Ausgangspunkt haben, für alle Menschen gleich sind und die psychische Entwicklung bestimmen, während die individuellen Unterschiede zum Großteil von den Lebensumständen in der Umgebung abhängen, von den schnellen Fortschritten, von Rückfällen oder Regressionen und psychischen Umständen, aufgrund deren sich das Individuum durch die vom Leben erstellten Hindernisse vorwärtsbewegt.

Zweifellos muß ein solches Prinzip auch in der Lage sein, die Deutung

---

[64] Dieser Passus, der sich auf Rümke stützt, taucht erstmalig in der niederländischen Ausgabe von 1951 auf; die Übersetzung lehnt sich hier an diese Ausgabe an (d. Hrsg.).

des Charakters während der Entwicklung in den darauffolgenden Jahren bis zur Reife des Menschen zu leiten. Einstweilen betrachten wir das Leben, das sich entwickelt, als wesentliche Basis und als Richtschnur inmitten der unendlichen Variationen, die die Individuen bei den Anpassungsbemühungen aufweisen können.

Vom Gesichtspunkt des Lebens aus können wir alles, was den Charakter betrifft, als Verhalten des Menschen bezeichnen. Wie ich bereits anführte, kann das Leben des Individuums von null bis achtzehn Jahre in drei Perioden eingeteilt werden: von null bis sechs Jahre, von sechs bis zwölf Jahre und schließlich von zwölf bis achtzehn Jahre. Jede dieser Perioden ist in zwei Unterphasen unterteilt. Betrachten wir diese Gruppen getrennt, stellen wir bei jeder eine so unterschiedliche Geistesform fest, daß es den Eindruck erweckt, es handle sich um verschiedene Individuen.

Wie wir bereits gesehen haben, ist die erste eine schöpferische Periode. Hier finden wir die Wurzeln des Charakters, obwohl das Kind bei seiner Geburt noch keinen Charakter besitzt. Die Periode von null bis sechs Jahre ist daher auch im Hinblick auf den Charakter die wichtigste des Lebens. Es wurde allseits anerkannt, daß das Kind in diesem Alter nicht durch das Beispiel oder äußeren Zwang beeinflußt werden kann; folglich werden die Fundamente des Charakters von der Natur selbst gelegt. Das Kind dieses Alters kennt noch nicht den Unterschied zwischen Gut und Böse, es lebt außerhalb unserer moralischen Lebensauffassung. In der Tat bezeichnen wir ein Kind dieses Alters nicht als schlecht oder böse, sondern als Schelm, um auszudrücken, daß sein Verhalten kindlich ist. So sprechen wir in diesem Buch auch nicht von Gut und Böse oder von Moralität. In der zweiten Periode von sechs bis zwölf Jahre beginnt das Kind sich des Guten und Bösen bewußt zu werden, nicht nur bei den eigenen Handlungen, sondern auch bei denen anderer. Das Problem von Gut und Böse ist charakteristisch für dieses Alter; es bildet sich das moralische Bewußtsein, das später zum sozialen Bewußtsein führt. In der dritten Periode, von zwölf bis achtzehn Jahre, entsteht das Gefühl der Liebe zur Heimat, das Gefühl für die Zugehörigkeit zu einer Gruppe und die Ehre dieser Gruppe.

Ich habe bereits darauf hingedeutet, daß, obwohl die Eigenschaft jeder dieser Perioden so grundlegend verschieden ist von den anderen beiden, doch jede die Fundamente für die folgende legt. Um sich normal in der zweiten Periode entwickeln zu können, muß man sich in der ersten gut entwickelt haben. Auch die Raupe und der Schmetterling unterscheiden sich im Anblick und in ihren Äußerungen, und doch ist die Schönheit des

Schmetterlings Folge seines Lebens als Raupe, und er kann sich nicht durch die Nachahmung des Beispiels eines anderen Schmetterlings entwickeln. *Um die Zukunft aufzubauen, muß auf die Gegenwart achtgegeben werden.* Je mehr Aufmerksamkeit den Bedürfnissen einer Periode geschenkt wird, um so größer wird der Erfolg in der darauffolgenden sein.

Das Leben beginnt mit dem Akt der Empfängnis. Wenn diese Empfängnis aus der Verbindung zweier gesunder Wesen hervorgeht, die nicht alkoholisiert oder degeneriert sind, wird das Individuum frei von gewissen erblichen Gebrechen geboren. Die Art und Weise, wie sich der Embryo entwickelt, ist also durch die Empfängnis bedingt. Später kann das Kind beeinflußt werden, aber nur durch die Umgebung, das heißt während der Schwangerschaft durch den Zustand, in dem sich die Mutter befindet. Wenn die Umgebung günstig ist, entsteht ein kräftiges, gesundes Wesen. So ist das Leben nach der Geburt durch die Empfängnis und die Schwangerschaft bedingt.

Wir haben das Trauma der Geburt erwähnt und die Möglichkeit, daß es zu Regressionen führt: Die Eigenschaften dieser Regressionen sind schwerwiegend, aber nicht so sehr wie die des Alkoholismus oder erblicher Krankheiten (Epilepsie usw.).

Nach der Geburt folgen die entscheidenden Jahre, mit denen wir uns bereits befaßt haben. Während der ersten zwei oder drei Jahre wirken auf das Kind Einflüsse ein, die seinen Charakter im zukünftigen Leben verändern können. Wenn das Kind irgendein Trauma erlitten, eine heftige Erfahrung gemacht hat oder auf beachtenswerte Hindernisse während dieser Periode gestoßen ist, können daraus Abweichungen entstehen. Der Charakter entwickelt sich also im Verhältnis zu den Hindernissen, die ihm begegnet sind, oder der Freiheit, die seine Entwicklung gefördert hat. Wenn das Kind während der Empfängnis, der Schwangerschaft, der Geburt und der darauffolgenden Periode nach wissenschaftlichen Erkenntnissen behandelt würde, müßte es im Alter von drei Jahren ein Muster-Individuum sein. Dieses Ideal von Vollkommenheit wurde nie erreicht, da, abgesehen von anderen Ursachen, viele Hindernisse auftreten können. Mit drei Jahren weisen die Kinder unterschiedliche Charaktermerkmale auf. Diese sind von unterschiedlicher Bedeutung und hängen nicht nur vom Ernst der Erfahrungen ab, sondern vor allem davon, in welchem Lebensabschnitt sie gemacht wurden. Wenn die Charaktermerkmale auf nachgeburtliche Schwierigkeiten zurückzuführen sind, sind sie weniger schwerwiegend als die, die aus der Schwangerschaft stammen; und diese sind ihrerseits wieder geringer als die, die in die Zeit der Empfängnis fallen. Im Zusammenhang mit den Möglichkeiten, die sich zur Korrektur kindlicher Fehler anbieten, hat sich praktisch ergeben, daß die Fehler, die nach der Geburt erworben wurden, von null bis zu drei Jahre, in der darauffolgenden Periode von drei bis zu sechs Jahren korrigiert werden können. Diese ist von Natur aus besonders vervollkommnungsaktiv.

Unsere Schulen haben hinsichtlich dieser Periode einen Beitrag an Erfahrungen und Ergebnissen gebracht, die uns erlauben, mit äußeren Mitteln zu wirken, das heißt mit der Erziehung. Wenn aber die zwischen null und drei Jahren aufgetretenen Fehler aus Nachlässigkeit oder falscher Behandlung nicht korrigiert werden, bleiben sie nicht nur, sondern verschlimmern sich auch noch. So kann ein Kind mit sechs Jahren die Abweichungen, die es in der Zeit von null bis drei Jahre erworben hat, und weitere aus der darauffolgenden Periode aufweisen. Nach dem sechsten Lebensjahr nehmen diese wiederum Einfluß auf die zweite Periode und auf die Entwicklung des Bewußtseins von Gut und Böse.

Alle diese Fehler spiegeln sich im geistigen Leben und in der Intelligenz wider. Den Kindern, die in der vorhergehenden Periode für ihre Entwicklung ungünstige Bedingungen angetroffen haben, fällt das Lernen schwerer. Daher kann ein Kind von sechs Jahren eine Anhäufung von Charaktermerkmalen aufweisen, die nicht wirklich von ihm zu stammen brauchen, sondern das Ergebnis ungünstiger Umstände sind; so kann es ihm zum Beispiel an moralischem Bewußtsein fehlen, das sich zwischen sieben und zwölf Jahren entwickelt, oder es kann eine nicht normale Intelligenz haben. Wir stehen dann einem Kind gegenüber, das ohne Charakter ist und unfähig zu lernen. In der letzten Periode werden weitere Fehlerscheinungen aufgrund seiner Unterlegenheit hinzukommen, und aus ihm wird ein Mensch mit Fehlern, die auf Schwierigkeiten zurückzuführen sind, die auf ihn eingewirkt haben.

In unseren Schulen (und in vielen anderen modernen Schulen) wird ein biologisches Diagramm der Charaktermerkmale eines jeden Kindes geführt, um zu wissen, wie man sich bei seiner Erziehung verhalten soll. Wenn wir die Störungen der verschiedenen Perioden kennen, können wir uns bezüglich ihrer Schwere und ihrer geeigneten Behandlungsweise orientieren. Daher erkundigen wir uns bei den Eltern, ob erbliche Krankheiten vorliegen, wie alt sie bei der Geburt des Kindes waren, und wir fragen vorsichtig, wie das Leben der Mutter während der Schwangerschaft verlaufen ist, ob sie vielleicht hingefallen ist usw. Weiterhin suchen wir zu erfahren, ob die Geburt normal verlaufen ist, ob es dem Kind gut ging oder ob es bei der Geburt fast erstickt wäre. Andere Fragen sind auf das Leben des Kindes zu Hause gerichtet: Waren die Eltern streng? Hat das Kind Schrecken erlebt oder anderes? Stehen wir einem schwierigen oder launischen Kind gegenüber, suchen wir den Grund für sein Verhalten in seinem bisherigen Leben. Wenn die Kinder mit drei Jahren zu uns kommen, weisen sie fast alle nicht normale, jedoch korrigierbare Charaktermale auf.

Betrachten wir kurz die häufigsten Charakterabweichungen. Im allgemeinen werden die Fehler der Kinder in diesem Alter jeder für sich betrachtet, und es wird versucht, sie direkt und getrennt zu korrigieren. Wir teilen hingegen die unzähligen Fehler, die bei den Kindern in diesem Alter auftreten können, nur in zwei Kategorien ein, das heißt die des starken Kindes, das kämpft und die Hindernisse, die die Umwelt aufweist, überwindet, und die des schwachen Kindes, das durch ungünstige Bedingungen unterliegt.

Fehler der starken Kinder

Die erste Kategorie weist starke Launen, Zornesausbrüche und Akte von Rebellion und Aggression auf. Eines der Hauptkennzeichen dieser Kinder ist der Ungehorsam, ein anderes der Zerstörungstrieb. Weiterhin besteht das Verlangen nach Besitz und damit Egoismus und Neid (letzterer äußert sich nicht passiv, sondern in dem Versuch, sich dessen zu bemächtigen, was andere Kinder haben); Mangel an Ausdauer (bei den Kleinen sehr häufig), Unfähigkeit zur Aufmerksamkeit, Schwierigkeit bei der Koordination der Handbewegungen, so daß ihnen anvertraute Gegenstände herunterfallen und zerbrechen, geistige Ungeordnetheit, starke Phantasie. Sie brüllen oft, schreien und machen großen Lärm; sie werden lästig und quälen oft grausam schwache Kinder und Tiere. Häufig sind sie naschhaft.

Fehler der schwachen Kinder

Die Kinder, die zu dieser zweiten Kategorie gehören, sind passiv und weisen negative Fehler auf: Trägheit und Untätigkeit; sie weinen, um etwas zu erreichen, und versuchen andere für sich arbeiten zu lassen; sie wollen sich unterhalten lassen und langweilen sich leicht. Sie haben Angst vor allem und hängen sich an die Erwachsenen. Oft lügen sie (eine passive Form der Verteidigung) und stehlen (eine andere Form, sich dessen zu bemächtigen, was anderen gehört) usw.

Es kann auch geschehen, daß das Kind gewisse fehlerhafte physische Charaktermerkmale aufweist, die psychischen Ursprungs sind, so zum Beispiel die Ablehnung der Nahrung und die Appetitlosigkeit; oder im Gegenteil übertriebene Naschhaftigkeit; ferner auch Alpträume, Angst vor der Dunkelheit, unruhiger Schlaf, die körperlichen Schaden zufügen und zur Anämie führen können. (Gewisse Formen der Anämie oder der Leberstörungen sind auf psychische Faktoren zurückzuführen.) Es gibt auch nervöse Formen. Alles, was psychischer Herkunft ist, ist im allgemeinen mit den Mitteln der normalen Medizin nicht zu heilen.

Diese Charaktermerkmale gehören in den Bereich der moralischen Probleme des Verhaltens und, allgemein, zu den Charakterfehlern. Viele dieser Kinder (vor allem die starken) werden von der Familie nicht als ein Segen betrachtet. Die Eltern versuchen, sich ihrer zu entledigen und vertrauen sie gern Kindermädchen und Schulen an. So werden diese Kinder zu Waisen, obwohl ihre Eltern noch leben. Sie sind krank, obwohl ihr Körper gesund ist, und neigen unvermeidlich zu einem schlechten Betragen. Die Eltern möchten wissen, was sie mit ihnen tun sollen: Einige bitten um Rat, andere versuchen, ihr Problem ohne Hilfe zu lösen. Manchmal entscheiden sie sich für die Strenge und sind überzeugt, daß sie auf diese Weise die Kinder korrigieren. Sie greifen zu allen Mitteln: Ohrfeigen, Schelte, ohne Abendessen ins Bett... aber die Kinder werden immer wilder und bösartiger, das heißt, sie zeigen das passive Äquivalent des gleichen Fehlers. Dann versucht man es mit der Taktik der Überredung, man spricht mit ihnen, appelliert an ihr Gefühl: „Warum fügst du der Mutter Leid zu?", und am Ende hören die Eltern auf, sich darum zu kümmern.

Um die passiven Kinder sorgen sich die Eltern im allgemeinen nicht, und diese stellen kein Problem dar. Die Mutter glaubt, ihr Kind sei gut und folgsam, da es nichts Schlechtes tut. Sie ist der Meinung, daß es aus Anhänglichkeit in ihrer Nähe bleibt. Es liebt mich so, sagt sie, daß es nicht ohne mich ins Bett gehen will. Aber dann bemerkt sie, daß es spät anfängt zu sprechen und sich zu bewegen und schwach im Laufen ist: „Es ist gesund, aber so sensibel und hat Angst vor allem! Es hat nicht einmal Lust zum Essen; es ist wirklich ein geistiges Kind: Ich muß ihm immer Geschichten erzählen, damit es ißt. Es muß ein Heiliger sein oder ein Dichter!" Endlich denkt sie, es sei krank, und ruft den Arzt. Mehr oder weniger machen die psychischen Krankheiten die Kinderärzte reich.

Alle diese Probleme sind lösbar, wenn wir den Zyklus der konstruktiven Aktivität des einzelnen Kindes kennen. Wir wissen, daß alle Charakterfehler auf eine falsche Behandlung des Kindes in der ersten Periode zurückzuführen sind. Wenn die Kinder in dieser Periode vernachlässigt wurden, ist ihr Geist leer, denn es wurde ihm nicht die Möglichkeit gegeben, sich zu bilden. Dieser ausgehungerte Geist (für den sich die Psychologen inzwischen sehr interessieren) ist die Hauptursache für viele Krankheiten. Ein anderer Grund liegt im Mangel an spontaner, von konstruktiven Impulsen geleiteter Aktivität. Wenige dieser Kinder fanden die zu einer vollen Entwicklung notwendigen Bedingungen; sie wurden oft isoliert und fast eingeschläfert: Die Erwachsenen haben alles für sie getan, und sie konnten nicht frei den Zyklus ihrer Aktivität vollenden. So wurden sie passiv und untätig. Man gab ihnen nicht die Möglichkeit, die Gegenstände zu beobachten, die man ihnen aus den Händen nahm. Sie durften sie nicht anrühren, und wenn es ihnen gelang, eine Blume oder ein Insekt zu ergreifen, wußten sie nicht mehr, was sie damit tun sollten, und rissen es in Stücke.

Auch für die Angst ist die Ursache in der ersten Periode zu finden.

Einer der Gründe, warum sich unsere Schulen verbreiteten, war das sichtbare Verschwinden dieser Fehler, sobald den Kindern die Möglichkeit gegeben wurde, ihre Erfahrungen in der Umwelt zu sammeln und durch freie Übungen ihren Verstand zu nähren. So, umgeben von Interesse für ihre Aktivität, wiederholten sie ihre Übungen und gingen von einer Periode der Konzentration zur anderen über. Hatte das Kind dieses Stadium erreicht und konnte sich auf eine Tätigkeit konzentrieren, die es wirklich interessierte, verschwanden die Fehler: ein unordentliches Kind wurde ordentlich, ein passives aktiv, ein störendes wurde zum Helfer in der Schule. Dieses Ergebnis ließ uns verstehen, daß ihre Fehler erworben und nicht angeboren waren. Die Kinder unterschieden sich nicht dadurch, daß das eine log und das andere unfolgsam war. Sondern alle Mängel hatten die gleiche Ursache: die fehlende Nahrung für das geistige Leben.

Welchen Rat können wir den Müttern geben? Sie sollen ihren Kindern interessante Arbeiten und Beschäftigungen vermitteln, ihnen nicht helfen, wenn es nicht nötig ist, und sie nicht unterbrechen, wenn sie mit einer intelligenten Arbeit begonnen haben. Sanftheit, Strenge und Medikamente helfen nicht: die Kinder leiden an geistigem Hunger. Wenn jemand Hunger hat und essen möchte, dann bezeichnen wir ihn nicht als dumm, noch schlagen wir ihn oder appellieren an sein Gefühl. Das würde nichts nützen, denn er muß essen. Auch in diesem Fall würden weder Sanftheit noch Härte das Problem lösen. Der Mensch ist ein geistiges Wesen und benötigt geistige Nahrung beinahe mehr als Brot. Im Unterschied zu den Tieren muß er sich sein Verhalten aufbauen. Wenn einem Kind der Weg bereitet wird, der es ihm erlaubt, sein Verhalten und sein Leben aufzubauen, wird alles gutgehen: Die Beschwerden und die Alpträume werden vergehen, die Verdauung wird sich normalisieren, und die Naschhaftigkeit wird sich legen. Das Kind wird normal werden, da seine Psyche normal sein wird.

Das ist kein Problem von moralischer Erziehung, sondern von Charakterentwicklung. Der Mangel an Charakter und die Charakterfehler vergehen ohne Reden und Beispiele seitens der Erwachsenen. Es sind weder Drohungen noch Schmeicheleien nötig, sondern nur normale Lebensbedingungen.

19. Der soziale Beitrag des Kindes: Normalisierung

Alle Charaktermerkmale, die wir im vorangegangenen Kapitel beschrieben haben – wir sprachen vom Verhalten des starken und des schwachen Kindes –, werden von der öffentlichen Meinung nicht als Übel bezeichnet; im Gegenteil, einige von ihnen werden geschätzt. Die Kinder, die einen passiven Charakter aufweisen, werden als gut betrachtet; die, die entgegengesetzte Charaktermerkmale aufweisen, wie körperlichen Übermut, lebhafte Phantasie usw., werden als besonders geistvoll oder sogar überlegen angesehen.

Somit können wir sagen, daß die Kinder in drei Gruppen eingeteilt werden:

1. solche, deren Fehler korrigiert werden müssen;
2. solche, die gut (passiv) sind und als Beispiel dienen;
3. solche, die als überlegen betrachtet werden.

Die letzten beiden Typen gehören zu den sogenannten wünschenswerten, und ihre Eltern sind sehr stolz, auch wenn (wie bei der letzten Gruppe) ihre Gegenwart sich nicht als besonders angenehm erweist.

Ich habe auf diesen Punkt insistiert und auf diese Einteilung aufmerksam gemacht, da sie seit Jahrhunderten festgelegt ist. Und doch habe ich in meiner ersten Schule und in den späteren gesehen, daß diese Charaktermerkmale verschwinden, sobald sich die Kinder für eine anziehende Arbeit interessieren. Die sogenannten schlechten Eigenschaften, die guten und die überlegenen, *alle verschwinden,* und es bleibt nur ein Kind, das keine der genannten Charaktermerkmale mehr aufweist. Das bedeutet, daß die Welt bisher das Gute und das Schlechte oder das, was beide Qualitäten überragt, nicht abzuschätzen wußte: das, was als wahr angesehen wurde, ist es nicht. Das erinnert an einen mystischen Ausspruch: „Nichts ist wahr, außer dir, o Gott, alles andere ist Irrtum." In unseren Schulen bewiesen die Kinder, daß ihr wahres Streben der Ausdauer in der Arbeit gilt. Das war bisher noch nie beobachtet worden, so wie sich das Kind noch nie spontan für die Arbeit entschieden hatte. Einer inneren Anleitung folgend, beschäftigten sich die Kinder (jedes auf andere Art) mit etwas, was ihnen Ausgeglichenheit und Freude verlieh; es trat noch etwas anderes in Erscheinung, was noch nie bei einer Gruppe von Kindern beobachtet worden war: eine spontane Disziplin. Diese Tatsache beeindruckte mehr als alles andere. Die Disziplin in der Freiheit schien ein Problem zu lösen, das bis dahin als unlösbar erschien. Die Lösung lag darin, daß Disziplin erlangt wurde, indem man Freiheit gab. Diese Kinder, die sich in Freiheit eine Arbeit suchten, jedes auf eine unterschiedliche Beschäftigung konzentriert und doch in einer einzigen Gruppe vereint, boten den Eindruck einer vollkommenen Disziplin. Das hat sich über vierzig Jahre [65] in den verschiedensten Ländern wiederholt und beweist: Werden die Kinder in eine Umgebung versetzt, die ihnen die Möglichkeit bietet, eine geordnete Tätigkeit auszuüben, gewähren sie diesen neuen Anblick, das heißt, sie entwickeln einen psychischen Typ, der für die gesamte Menschheit gleich ist; der vorher nicht erkannt werden konnte, da er unter anderen in Erscheinung tretenden Charaktermerkmalen verborgen war. Die Veränderung, die fast eine Gleichheit des Typs schafft, geschieht nicht allmählich, sondern plötzlich. Sie findet dann statt, wenn das Kind auf eine Tätigkeit konzentriert ist. Die Lehrerin treibt nicht etwa das faule Kind zur Arbeit an, es genügt, daß sie nur den Kontakt mit Mitteln zur Aktivität erleichtert, die sich in der für das Kind vorbereiteten Umgebung befinden. Sobald es die Möglichkeit findet zu arbeiten, verschwinden seine Fehler. Es ist nicht nötig, Überlegungen mit den Kindern anzustellen; in ihnen scheint etwas frei zu werden in Richtung auf eine äußere Aktivität, die diese Energie anzieht und an eine beständige und wiederholte Arbeit fesselt.

Das menschliche Individuum ist eine Einheit. Diese Einheit muß durch von der Natur angeregte aktive Erfahrungen in der Umwelt aufgebaut und gefestigt werden.

Die embryonalen Entwicklungen, die getrennt, jede zu einem bestimmten Zeitpunkt, von null bis zu drei Jahren stattgefunden haben, müssen zum Schluß alle gemeinsam wirken und sich in den Dienst der Personalität stellen. Das geschieht in der folgenden Periode von drei bis sechs Jahre, wenn der Verstand die Arbeit der Hand anleitet.

[65] Diese Bemerkung findet sich nur in der italienischen Ausgabe (d. Hrsg.).

Wenn die äußeren Umstände diese Integration nicht erlauben, sind die Energien weiterhin Antrieb für die Teilbildungen. Diese wickeln sich unorganisiert ab, indem sie von ihrem Endziel abweichen.

Die Hand bewegt sich ohne Zweck; der Geist entfernt sich von der Wirklichkeit; die Sprache versucht Gefallen an sich selbst zu finden; der Körper bewegt sich ohne Ordnung. Diese getrennten Energien, die nie Befriedigung finden, bewirken unzählige Kombinationen abwegiger Entwicklung, die die Ursache für Konflikte und Störungen ist.

Diese Abweichungen sind nicht Fehlern der Personalität zuzuschreiben, sondern müssen als Folge einer fehlenden Organisation der Personalität betrachtet werden.

Es handelt sich um vergängliche Erscheinungen; in sich sind sie jedoch unverbesserlich, denn sie können erst dann korrigiert werden, wenn alle Aktivitäten zu ihrem Endzweck zusammenwirken.

Wenn aber die Umgebung anziehend ist oder Motive für eine aufbauende Tätigkeit bietet, dann konzentrieren sich alle Energien, und die Abweichungen verschwinden. Dann tritt ein einheitlicher Typ von Kind in Erscheinung, „ein neues Kind", das heißt die „Personalität" des Kindes, dem es gelungen ist, sich normal aufzubauen.

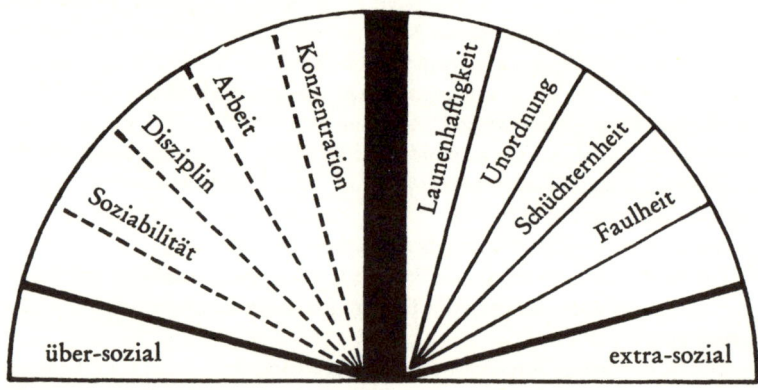

Abb. 7: Normale und abweichende Charakterzüge des Kindes

Auf Abbildung 7 sehen wir auf der linken Seite die verschiedenen Charaktermerkmale der Kinder, wie wir sie kennen. Sie sind durch Linien dargestellt, die sich fächerförmig öffnen. Die dicke senkrechte Mittellinie ist das Symbol für die Konzentration auf einen Punkt. Es ist die Linie der

Normalität. Wenn die Kinder sich konzentrieren können, verschwinden alle Linien rechts von der Mittellinie, und es verbleiben nur die Charaktermerkmale, die auf der linken Seite aufgeführt sind. Der Verlust so vieler an der Oberfläche befindlicher Fehler ist nicht das Werk eines Erwachsenen, sondern des Kindes selbst, das mit seiner gesamten Personalität die Hauptlinie durchläuft: damit wird die Normalität erreicht.

Dieses Phänomen hat sich konstant in unseren Schulen wiederholt mit Kindern aus verschiedenen sozialen Klassen, Rassen und Kulturen[66]. Das ist die bedeutendste Erfahrung in unserer Arbeit.

Der Übergang zwischen den beiden Stadien geschieht immer nach einer Arbeit der Hand mit einem Gegenstand, einer Arbeit, die von einer geistigen Konzentration begleitet ist. Wir haben dieses psychische Phänomen, das an die Genesung des Erwachsenen durch die Psychoanalyse erinnert, als „Normalisierung" bezeichnet.

Heute, nach so vielen Jahren und so reichhaltigen Erfahrungen, hat sich diese Tatsache durchgesetzt. Die Kliniken für die Betreuung des Kindes (Child Guidance Clinics), die zur Pflege „schwieriger Kinder" im Entstehen sind, bieten eben dem Kind eine Umgebung, die reich an Aktivitätsmotiven ist, wo sich das Kind seine Aktivität wählen kann, frei von jeglicher Kontrolle der Lehrer und der Erwachsenen im allgemeinen.

Auch die *Spieltherapie* läßt dem Kind freie Auswahl unter vielen Spielsachen oder nachahmenden Spielen; diese sind viel mannigfaltiger und zahlreicher, als sie die Familie im allgemeinen bieten kann.

In diesen modernen Einrichtungen stellt man eine Besserung des kindlichen Charakters fest.

Diese Besserung muß außer der Freiheit auch dem „sozialen" Leben mit anderen Kindern zugeschrieben werden.

Aber der Zweck dieser Einrichtungen ist zu begrenzt. Sie stellen nur einen Ort der Pflege dar, als wären sie „Sanatorien" für kranke (schwierige) Kinder. Es fehlt das Verständnis dafür, daß, wenn Arbeit und Freiheit die Wachstumsfehler heilen, Arbeit und Freiheit normalerweise für die Entwicklung des Kindes notwendig sind.

Wenn die Kinder, die geheilt wurden oder sich gebessert haben, in die gleichen Lebensbedingungen zurückkehren, in denen ihre „Abweichungen von der Normalität" entstanden sind, geschieht es tatsächlich oft, daß sie nicht die Kraft oder die Mittel haben, um in diesem normalen Zustand zu verbleiben, und ihre Besserung ist nur vorübergehend.

[66] Siehe: Kinder sind anders, Stuttgart 1952.

In einigen Ländern hat man daher versucht, Freiheit und Aktivität auch in den Schulen zu praktizieren; aber Freiheit und Aktivität werden zu empirisch gedeutet.

Die Freiheit wird auf primitive Weise als das unmittelbare Erlangen einer Unabhängigkeit von repressiven Bindungen verstanden: als eine Aufhebung der Korrektur und der Unterordnung unter den Willen des Erwachsenen. Diese Auffassung ist offensichtlich negativ; das heißt, sie bezeichnet nur die Beseitigung von Zwang. Oft hat sich daraus eine einfache „Reaktion" ergeben: eine ungeordnete Entfesselung nicht mehr kontrollierter Impulse, da sie zuvor nur vom Willen des Erwachsenen kontrolliert waren.

„Dem Kind seinen Willen lassen, das seinen Willen nicht entwickelt hat", heißt den Sinn der Freiheit verraten.

Daraus ergeben sich ungeordnete Kinder, denn die Ordnung war ihnen von der Willkür der Erwachsenen aufgezwungen; faule Kinder, denn die Arbeit war ihnen von den Erwachsenen aufgezwungen; ungehorsame Kinder, denn der Gehorsam war eine erzwungene Notwendigkeit.

Die Freiheit ist hingegen eine Folge der Entwicklung; sie ist die Entwicklung einer verborgenen Führung, die durch die Erziehung unterstützt wird. Die Entwicklung ist aktiv, sie ist Aufbau der Personalität, der durch die Mühe und die eigene Erfahrung erreicht wird; sie ist die große Arbeit, die jedes Kind vollbringen muß, um sich selbst zu entwickeln.

Alle können einer schwachen und unterlegenen Person befehlen und sie unterdrücken, aber niemand kann eine andere Person „entwickeln". Die „Entwicklung" kann nicht gelehrt werden.

Wenn die Freiheit in dem Sinn verstanden wird, daß man die Kinder sich bewegen läßt, wie sie wollen, und die Gegenstände, die sie umgeben, benutzen oder auch falsch benutzen läßt, wird offensichtlich den „Abweichungen freie Entwicklung gestattet", und die unnormalen Bedingungen verschlechtern sich für das Kind.

Die Normalisierung kommt von der „Konzentration" auf eine Arbeit. Zu diesem Zweck müssen sich Motive in der Umgebung befinden, die geeignet sind, diese Aufmerksamkeit wachzurufen; werden die Gegenstände ihrem Zweck gemäß benutzt, führt das zu einer „geistigen Ordnung"; und werden sie außerdem auch „genau benutzt", führt das zur „Koordination der Bewegungen".

Die nach einem wissenschaftlichen Kriterium geleitete geistige Ordnung und die Koordination der Bewegungen bereiten die Konzentration vor. Hat diese einmal stattgefunden, „befreit sie die Handlungen des Kindes" und bringt ihm die Genesung von seinen Fehlern. Wir sagen „Konzentration" und nicht nur „Beschäftigung". Denn wenn die Kinder teilnahmslos von einem Ding zum anderen übergehen, auch wenn sie es richtig benutzen, verschwinden dadurch ihre Fehler nicht.

Es muß sich in bezug auf eine Beschäftigung ein Interesse äußern, das die Personalität einbezieht.

In unseren Schulen ist diese „Genesung" nicht der Endzweck wie in den Kliniken für schwierige Kinder, sondern der Ausgangspunkt. Danach festigt und entwickelt sich die „Freiheit zum Handeln", die Personalität.

Nur die „normalisierten", von der Umgebung unterstützten Kinder offenbaren in ihrer sukzessiven Entwicklung die wunderbaren Fähigkeiten, die wir beschreiben: die spontane Disziplin, die ständige, freudige Arbeit, die sozialen Gefühle der Hilfe und des Verständnisses für die anderen. Die Aktivität zur „freien Wahl der Beschäftigung" wird zur ständigen Lebensweise. Die Genesung ist der Beginn einer neuen Lebensform.

Das Hauptkennzeichen bleibt immer das gleiche: „Das Aufgehen in einer Arbeit", einer interessanten, frei gewählten Arbeit, die die Kraft hat zu konzentrieren und, anstatt zu ermüden, die Energien, die geistigen Fähigkeiten und die Selbstbeherrschung erhöht.

Um eine solche Entwicklung zu unterstützen, genügen nicht Gegenstände irgendwelcher Art, sondern es muß eine Umgebung von „progressiven Interessen" gestaltet werden. Daraus ergibt sich dann eine Erziehungsmethode, die sich auf die Psychologie der Entwicklung des Kindes stützt.

In unseren Schulen stärkt sich nicht nur der Charakter, sondern auch die Intelligenz scheint unersättlich in ihrer Suche nach Wissen zu sein.

Man könnte meinen, die Kinder machen geistliche Übungen, da sie den Weg zur Vervollkommnung und zum Aufstieg gefunden haben.

Die Arbeit in der Entwicklung des Kindes erinnert mich an einige Prinzipien, die im Buch der indischen Weisheit „Gita" zu finden sind: „Es ist wichtig, die angemessene Arbeit zu geben. Der Geist benötigt ständig eine Arbeit. Ihn immer in gesunder Tätigkeit halten ist geistliche Übung. Wenn sich der Geist der Ruhe, dem Nichtstun hingibt, bemächtigt sich seiner der Teufel. Ein tatenloser Mensch kann nicht geistig sein."

Unsere Auffassung erklärt auch die Worte Gibrans: „Die Arbeit ist sichtbar gewordene Liebe."[67]

[67] Kahlil Gibran, The Prophet, New York 1948, S. 33.

20. Der Aufbau des Charakters ist eine Eroberung

Wie wir in den vorhergehenden Kapiteln erläutert haben, bauen die Kinder ihren Charakter durch die Erarbeitung der Eigenschaften auf, die wir an ihnen bewundern. Diese haben ihren Ursprung nicht im Beispiel der Erwachsenen oder in deren Ermahnungen, sondern allein in langwierigen, allmählichen, individuellen Übungen in der Zeit vom dritten bis zum sechsten Lebensjahr.

Die Erwachsenen können in dieser Zeit nicht die Werte, die einen Teil des Charakters bilden, „lehren". Das einzige, was man tun kann, ist, die Erziehung auf wissenschaftlicher Basis durchzuführen, damit das Kind seine Aufgabe erfolgreich, ungestört und ohne Hindernisse durchführen kann.

Erst später ist es möglich, den Geist des Kindes mit Überlegungen und Ermahnungen anzusprechen. Erst nach dem sechsten Lebensjahr können wir Missionare der Moral werden, denn sein Gewissen ist zwischen dem sechsten und dem zwölften Lebensjahr erwacht, und es erkennt die Probleme des Guten und des Bösen. Noch mehr kann man zwischen zwölf und achtzehn Jahren erreichen, wenn der Jugendliche beginnt, Ideale zu haben, wie die Vaterlandsliebe, das soziale Gefühl, die Religion usw. Dann können wir für sie wie für die Erwachsenen Missionare werden. Schade ist, daß die Kinder nach dem sechsten Lebensjahr nicht mehr „spontan" Charaktereigenschaften entwickeln können, und die Missionare, die ebenfalls unvollkommen sind, stehen einer großen Schwierigkeit gegenüber: Ihre Arbeit stützt sich auf Rauch und nicht auf Feuer. Obwohl sie Naturwissenschaften, Literatur usw. unterrichten können, beklagen sich die Erzieher über die Tatsache, daß sie Jugendlichen gegenüberstehen, die nicht in der Lage sind zu lernen – nicht, weil es ihnen an der nötigen Intelligenz fehlt, sondern weil sie keinen Charakter haben. Fehlt aber dieser, so fehlt die vorantreibende Kraft des Lebens. Nur die, die über die Unwirren und Fehler ihrer Umgebung hinweg einige oder alle ihrer grundlegenden Charaktereigenschaften retten konnten, haben eine Personalität. Leider fehlt sie den meisten. Nun können wir ihnen nicht befehlen, sich zu konzentrieren, denn gerade das, was ihnen fehlt, ist die Konzentrationsfähigkeit. Wie können wir von ihnen verlangen, daß sie ihre Aufgabe mit Ausdauer und Genauigkeit erfüllen, wenn ihnen die dazu notwendigen Eigenschaften fehlen? Es wäre das gleiche, wenn wir zu einem, der keine Beine hat, sagen würden: „Gehe aufrecht!" *Diese Fähigkeiten können nur durch die Übung erlangt werden, nie infolge eines Befehls.* Was bleibt uns da zu tun? Die Gesellschaft sagt im allgemeinen: „Habt Geduld mit der Jugend; man muß mit guten Absichten und gutem Beispiel insistieren." Und man glaubt, mit der Zeit und mit Geduld etwas erreichen zu können. Aber man erreicht nichts. Mit der Zeit wird man älter, aber es bildet sich nichts. Nichts kann *nur* mit Zeit und Geduld verwirklicht werden, wenn man nicht die Gelegenheiten wahrnimmt, die sich während der schöpferischen Periode bieten.

Auch ein anderer Punkt erhellt sich, betrachtet man die Menschheit. Es scheint, als würden sich die Erwachsenen, wie die Kinder, in ihren Fehlern unterscheiden, aber es sieht so aus, als hätten sie in ihrem Innern etwas Gemeinsames, das jedoch verborgen bleibt. Alle Menschen haben die Neigung, so unbebestimmt und unbewußt sie auch sein mag, sich selbst zu verbessern und nach etwas Geistigem zu streben. Diese Neigung, die, wenn auch nur schwach, auf die Charakterfehler einwirkt, hat später die Kraft, zur Besserung anzuregen. Die Individuen und die Gesellschaft haben den ständigen Fortschritt gemeinsam. Ein kleines Licht im Unbewußten der Menschheit führt sowohl auf äußerer wie auf innerer Ebene zu einer Verbesserung. Mit anderen Worten, das Verhalten des Menschen ist nicht unveränderlich wie bei den anderen Lebewesen, sondern kann voranschreiten, und es ist daher natürlich, daß der Mensch diesen inneren Antrieb zum Fortschritt fühlt.

Auf Abbildung 8 sehen wir in der Mitte einen schwarzen Kreis, das Zentrum der Vollkommenheit; daran schließt sich eine graue Fläche an, die die Kategorie der starken und normalen Menschen darstellt. Die darumliegende weiße Fläche steht für die große Masse der Menschen, die – in verschiedenen Graden – keine normale Entwicklung erreicht haben. An der Peripherie sehen wir einen angedunkelten Kreis mit kleinerem Flächeninhalt, der die Kategorie derer darstellt, die sich außerhalb der normalen Menschheit befinden – die sehr wenigen Extra-Sozialen oder Anti-Sozialen

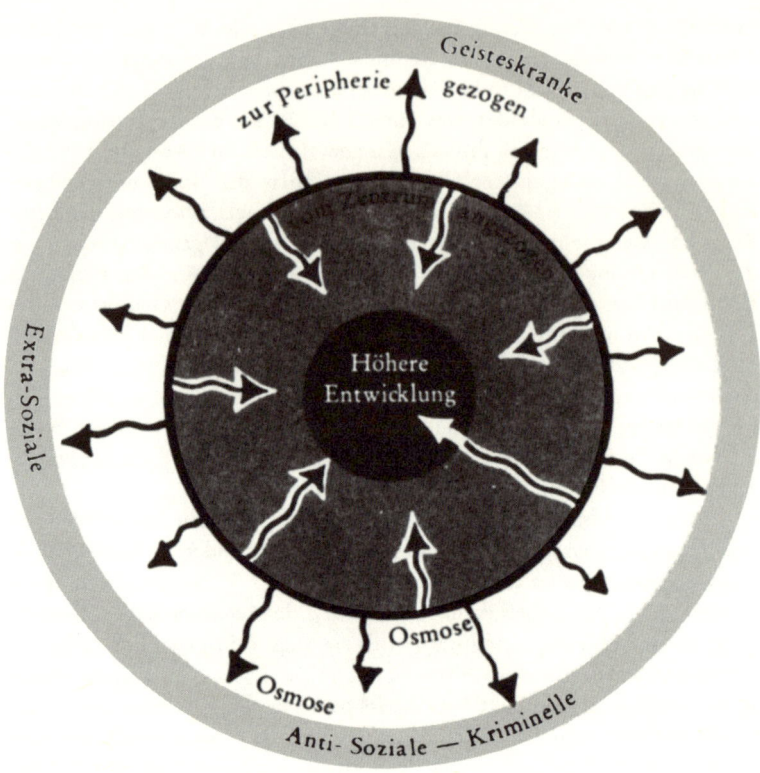

Abb. 8: Kreise der Anziehung zu den höheren und niederen Typen

(die Extra-Sozialen sind die Geistesschwachen oder Geisteskranken, und die Anti-Sozialen sind die Verbrecher). Die Kriminellen und die Geisteskranken haben sich nicht an die Gesellschaft anpassen können; alle anderen haben sich mehr oder weniger angepaßt. Das Problem der Erziehung bezieht sich daher auf die, die es verstanden haben, bis zu einem gewissen Punkt in den Grenzen der Anpassung zu bleiben.

Diese Anpassung an die Umgebung vollzieht sich in den ersten sechs Jahren. Hier liegt also der Ursprung des menschlichen Charakters. Die Anpassung ist ein schwieriges Problem! Der graue Kreis umfaßt die, die sich der Vollkommenheit am nächsten befinden; sie sind stärker, weil sie größere Lebensenergien aufweisen und auf bessere Umweltbedingungen getroffen sind, während die im weißen Kreis mit schwächeren Lebensenergien ausgestattet sind oder größeren Hindernissen begegnet sind. In der Gesellschaft werden die ersten als starke Charaktere anerkannt, während die anderen (weiße Zone) als schwache Charaktere betrachtet werden. Die ersten fühlen eine natürliche Anziehung zur Vollkommenheit hin (schwarzes Zentrum), die zweiten neigen zum Anti- und Extra-Sozialen. Diese begegnen auf ihrem Weg vielen Versuchungen. Es kostet sie eine ständige Anstrengung, damit sie sich nicht unterlegen fühlen, und sie haben daher eine moralische Unterstützung notwendig, um nicht den Versuchungen zu unterliegen. Es handelt sich nicht um einen Zug zum Vergnügen hin, da wohl niemand an dem Gedanken Gefallen finden kann, sich auf dem Weg zur Kriminalität oder zum Wahnsinn zu befinden. Es ist eine unwiderstehliche Anziehung wie die Schwerkraft und verlangt ständig Kampf und Verteidigung. Die Kraft, dem Bösen zu widerstehen, wird als Tugend betrachtet, denn tatsächlich hindert sie uns daran, in eine moralische Schwäche zu fallen. Diese Individuen werden sich Regeln auferlegen, die sie vor dem Fall schützen; sie werden sich an jemanden halten, der besser ist als sie; sie werden den Allmächtigen bitten, daß er ihnen hilft gegen die Versuchungen; sie werden sich immer mehr Tugenden zueignen, aber sie werden ein schwieriges Leben haben. Der Buße entspringt keine Freude. Eine ähnliche Anstrengung vollbringt der Alpinist, der sich an einen Vorsprung klammern muß, damit er nicht vom Felsen stürzt. Die Jugend verspürt diese Angst vor der Leere, und der Erzieher versucht ihr mit Beispielen und Ermahnungen zu helfen, indem er sich als Vorbild hinstellt, auch wenn er selbst manchmal den gleichen Impuls der Angst verspürt. Wie oft sagt er sich: „Ich muß Vorbild sein, was sollen sonst meine Schüler tun?", und sie fühlen auf ihren Schultern die Last dieser Verantwortung. Schüler und Erzieher gehören zur Kategorie der tugendhaften Menschen (weißer Kreis). Das ist die Umgebung, in der heute der Charakter erzogen und die Moral gelehrt wird. Sie wurde als einzig mögliche Art der Erziehung akzeptiert. Daraus folgt, daß sich die Mehrheit stets in diesen Grenzen aufhält; und die Menschheit betrachtet den, der sich ständig in der Verteidigung befindet, im allgemeinen als den wirklichen Menschen.

Im grauen Kreis befinden sich die stärkeren Personen, die zur Vollkommenheit neigen: Hier besteht keine Schwerkraft, sondern der *wahre*

Wunsch, sich dem Besseren zu nähern. Es kann sich oft um Bestrebungen handeln, ohne die Möglichkeit, eine wahre Vollkommenheit zu erreichen, aber diese Menschen neigen auf jeden Fall natürlicherweise und ohne Anstrengung zur Vollkommenheit. Nicht etwa, weil sie sich vor dem Gefängnis fürchten, stehlen sie nicht; sie werden nicht nur mühsam Herr über den Wunsch, das zu besitzen, was ihnen nicht gehört, noch neigen sie zur Gewalt, auch werden sie nicht nur durch gefälschte Tugend zurückgehalten: Es reizt sie einfach nicht, sich der Sachen anderer zu bemächtigen, und sie empfinden Widerwillen gegenüber der Gewalt. Sie werden von der Vollkommenheit angezogen, denn sie liegt in ihrer Natur. Der Weg zur Vollkommenheit kostet sie kein Opfer, sondern es ist, als würden sie damit ihren sehnlichsten Wunsch erfüllen.

Es ist fast wie bei den Vegetariern und den Nichtvegetariern. Viele, die Fleisch essen, verzichten an gewissen Wochentagen darauf, und während der Fastenzeit fasten sie vierzig Tage lang, das heißt, sie verzichten auf Fleisch und andere Genußmittel. Das stellt für sie eine lange Zeit der wirklichen Buße dar, und daher halten sie sich für tugendhaft, weil sie der Versuchung widerstehen.

Es handelt sich um Individuen, die die von anderen und von den geistlichen Führern gesetzten Regeln befolgen. Die aus dem grauen Feld sind die Himmlischen, die Vegetarier, die nicht durch das Fleisch versucht werden: sie meiden es. Ihnen muß man keinen Missionar schicken: sie befolgen die Gebote mit ihrem vollen Willen.

Ein anderes Beispiel ist durch den körperlich starken und schwachen Menschen gegeben. Leidet ein Individuum zum Beispiel unter chronischer Bronchitis, wird es seine Brust mit warmer Wollkleidung beschützen müssen; es wird Bäder und Massagen für seinen schlechten Kreislauf benötigen. Scheinbar normal, muß es sich jedoch pflegen. Oder vielleicht hat es eine schlechte Verdauung, und um weiterleben zu können, muß es eine besondere Nahrung zu bestimmten Stunden zu sich nehmen. Diese Art von Personen erhalten sich unter den normalen Menschen, aber nur aufgrund besonderer Pflege und mit der ständigen Angst vor dem Krankenhaus und vielleicht dem Tod. Sie sind immer an die Ärzte, die Krankenschwestern und die Leute zu Hause gebunden und bitten immerfort um Hilfe. Sehen Sie hingegen die, die gesund sind: Sie essen, was sie wollen, ohne sich an Regeln zu halten; gehen in die Kälte hinaus, sie springen in den kalten Fluß, um zu schwimmen, wenn die anderen nicht den Mut haben, die Nase aus dem Haus zu stecken. Im weißen Feld der Schwachen sind geistige Ratgeber jeder Art notwendig, um den Sturz in die Tiefe der Versuchung oder der Schwäche zu verhindern; aber die Individuen aus dem grauen Feld haben diese nicht nötig oder wenigstens nicht auf gleiche Weise; für sie gibt es Freuden, die die anderen sich nicht einmal erträumen.

Betrachten wir nun den Kreis der Vollkommenheit, um den Charakter auf Tatsachen zu gründen. Was ist Vollkommenheit? Handelt es sich vielleicht um den Besitz der Tugenden im höchsten Grad? Und wozu? Hier müssen wir noch erklärend einfügen: Unter Charakter verstehen wir das zum Fortschritt treibende Verhalten der Menschen (wenn auch in vielen Fällen unbewußterweise). Das ist die allgemeine Tendenz: Die Menschheit und die Gesellschaft müssen in der Entwicklung fortschreiten. Es gibt natürlich die Anziehung durch Gott; hier betrachten wir nur ein Zentrum rein menschlicher Vollkommenheit: den Fortschritt der Menschheit. Ein Individuum macht eine Entdeckung, und die Menschheit schreitet auf dieser Linie fort. Dasselbe geschieht auf geistigem Gebiet. Ein Individuum erreicht ein hohes Niveau und wird dadurch zum Ansporn für die Gesellschaft. Alles, was wir auf geistigem Gebiet wissen und was wir auf physischem Gebiet sehen, ist Werk eines Menschen. In der Geographie und der Geschichte können wir diesen unaufhörlichen Fortschritt beobachten; denn in jeder Epoche fügt ein Mensch einen Punkt dem Kreis der Vollkommenheit hinzu, der ihn in seinen Bann gezogen und zum Handeln angespornt hat. Dieser Mensch gehört zu denen im grauen Feld, die sich ihrer selbst sicher sind und ihre Energien nicht im Kampf gegen die Versuchungen verschwenden. Er verwendet dieselben Energien, um Werke zu vollbringen, die denjenigen, die gegen die Misere des eigenen Ichs kämpfen müssen, als unrealisierbar erscheinen. Admiral Byrd unterwarf sich der Demütigung, Geld zu sammeln, um den Südpol erforschen zu können, und nahm alle Schwierigkeiten einer Polarexpedition auf sich; er fühlte sich nur davon angezogen, etwas zu erreichen, was noch nicht erreicht worden war, und fügte somit seinen Punkt zu denen, die den Kreis der Vollkommenheit bilden, hinzu.

Abschließend können wir sagen, daß die Menschheit in bezug auf den Charakter zu zahlreich an Individuen ist, die sich im weißen Kreis befinden. Es gibt zu viele Menschen, die sich mit Krücken aufrechthalten, und wenn die Welt fortfährt, die Erziehung auf dem gegenwärtigen Niveau festzuhalten, wird das Niveau der Menschheit immer tiefer sinken.

Stellt man sich einen Missionar aus dem weißen Feld vor, der den Kindern aus dem grauen Feld predigt: „Verzichtet auf das Fleisch, oder ihr sündigt", und diese Kinder antworten: „Wir werden nicht sündigen, denn das Fleisch interessiert uns nicht." Oder: „Zieht euch warm an, sonst erkältet ihr euch", und sie antworten: „Wir haben es nicht nötig, uns warm anzuziehen, wir haben keine Angst vor der Kälte." Wir müssen uns darüber im klaren sein, daß die aus dem weißen Feld stammenden Erzieher das Niveau der Kinder eher herabsetzen, als es zum Zentrum der Vollkommenheit zu erheben. Betrachten wir die Schulbücher, wird uns klar, wie armselig und trocken sie sind. Die Erziehung von heute ist demütigend und führt zum Minderwertigkeitskomplex und zur künstlichen Herabsetzung der menschlichen Kräfte; durch ihre eigene Art von Organisation setzt sie dem Wissen Grenzen, die unter dem menschlichen Niveau liegen. Sie verleiht den Menschen Krücken, während diese auf starken Beinen laufen könnten. Die Erziehung baut sich auf den niederen und nicht auf den höheren Eigenschaften des Menschen auf; und es ist Schuld der Menschheit selbst, wenn die Masse sich aus niederen Menschen zusammensetzt. Sie hatten nicht die Möglichkeit, ihren Charakter während der konstruktiven Periode zu bilden. Wir müssen uns darum bemühen, das wahre menschliche Niveau wiederzufinden, indem wir den Kindern erlauben, sich ihrer schöpferischen Kraft zu bedienen; der graue Raum, der nicht der der Vollkommenheit ist, aber zu ihr neigt, der nicht Verteidigung, sondern Eroberung bedeutet, würde den gesamten weißen Raum einnehmen. Wenn es im Leben des Menschen nur eine einzige Periode des psychischen Aufbaus gibt und dieser aufgrund einer falschen Umgebung nicht stattfindet oder schlecht verläuft, ergibt sich daraus natürlicherweise eine Masse nicht entwickelter Menschen. Würde man hingegen eine naturgemäße Entwicklung des Charakters erlauben und die Möglichkeit zu einer aufbauenden Tätigkeit geben, dann würde die Welt nach einer anderen Art der Erziehung verlangen.

Die künstlichen Einschränkungen müssen abgeschafft und die Menschheit vor große Aufgaben gestellt werden. Einer kann die gesamte Geschichte der Philosophie lesen und völlig ungebildet bleiben. Stellt man aber die *Mittel* zur Verfügung, die zu großen Anstrengungen anspornen, werden die Ergebnisse anders aussehen. Dazu müssen wir uns aber an etwas halten, was im Menschen eine Entsprechung findet. Die Eigenschaften, die wir ermutigen müssen, bilden sich während der schöpferischen Periode. Wenn sie jedoch nicht die Möglichkeit hatten, sich herauszubilden, können wir sie später nicht finden, und dann ist es zwecklos, zu predigen und ein gutes Beispiel zu geben, um sie hervorzurufen.

Hier liegt der Unterschied zwischen der alten und der neuen Erziehung: Wir wollen den Selbstaufbau des Menschen in der dazu geeigneten Periode unterstützen, um ihm die Möglichkeit zu geben, zu etwas Großem aufzusteigen. Die Gesellschaft hat Mauern und Barrieren errichtet. Die neue Erziehung muß sie niederreißen und den freien Horizont zeigen. Die neue Erziehung ist eine Revolution ohne Gewalt. Nach ihr wird keine gewalttätige Revolution mehr möglich sein.

21. Die Sublimierung des Besitzinstinktes

Nachdem wir nun das Phänomen im allgemeinen betrachtet haben, wenden wir uns den einzelnen Fakten zu, die wir erklären werden. Bedingt durch das Alter der Kinder und ihr tiefes Interesse, das sie aufwiesen, lieferten uns die Ergebnisse reiches Beobachtungsmaterial; um so mehr, da die Handlungen unserer Kinder in einem Verhältnis zu den wertvollsten Charaktermerkmalen der Menschheit zu stehen schienen.

Beim Studium der verschiedenen Phänomene kann man einen Aufbauprozeß erkennen, der dem Verhalten der Raupen in einem bestimmten Stadium ähnelt. Anstatt auf den Ästen herumzukriechen, wie sie es bis dahin getan hatten, ziehen sie sich in eine Astgabel zurück; dort beginnen sie mit einer geheimnisvollen Tätigkeit. Nach einiger Zeit kann man Wölkchen feinster, durchsichtiger Fäden beobachten, die der Anfang des Kokons sind. Wie bei der Raupe, war in unseren Schulen die Konzentration auf einen Punkt das erste Phänomen, das uns beeindruckte. Bei einem dreieinhalbjährigen Mädchen, das unsere erste Schule besuchte, war diese Konzentration von großer Intensität: In ihrer Umgebung befanden sich viele interessante Dinge, aber es war unmöglich, sie von ihrer Arbeit abzulenken. Ein solcher Grad der Konzentration kann nur bei einigen Erwachsenen beobachtet werden, und eine solche Kraft der Konzentration ist bei Erwachsenen nur den Genies eigen. Natürlich konnte die Konzentration bei dem kleinen Mädchen von dreieinhalb Jahren nicht von der gleichen Art sein; da diese Konzentration jedoch bei verschiedenen Kindern beobachtet wurde, muß anerkannt werden, daß es sich um ein Aufbauprinzip handelt. So wie es beim Zirkel notwendig ist, einen Punkt festzulegen, damit der Kreis genau wird, so ist beim Aufbau des Kindes die Aufmerksamkeit der wesentliche Punkt. Es ist nicht gesagt, daß sie sich immer auf die gleiche Weise fixieren muß; fixiert sie sich aber nicht, kann der Aufbau nicht beginnen. Ohne diese Konzentration sind die Gegenstände Herr über das Kind, das heißt, es läßt sich von allen Reizen anlocken und springt von einem zum anderen. Wenn es aber seine Aufmerksamkeit auf etwas konzentriert hat, beherrscht es seine Umwelt und kontrolliert sie.

Wenn wir in der Welt der Erwachsenen jemandem begegnen, der sehr oft seinen Beruf wechselt, bezeichnen wir ihn als einen Menschen mit einem unbeständigen Charakter und wissen, daß er nie im Leben eine Verantwortung übernehmen kann, während wir bei einem Menschen, der auf ein bestimmtes Ziel hinarbeitet und der sich seine Arbeit mit Verstand einzuteilen weiß, sicher sind, daß er in der Welt etwas verwirklichen wird. Für uns ist das sehr wichtig, und wir wiederholen oft, daß wir unsere Schüler gern auf die Arbeit konzentriert sehen möchten, aber leider kann es uns nicht gelingen: Das beweist, daß es unmöglich ist, befriedigende Ergebnisse mit rein erzieherischen Mitteln zu erreichen. Wenn das bei Jugendlichen unmöglich ist, wie könnte dann eine Lehrerin bei dreieinhalbjährigen Kindern eine Konzentration erreichen? Und die Kinder erreichen die Konzentration nicht aufgrund der eigenen Willenskraft. Dieses Phänomen bringt mit einer neuen psychischen Einzelheit Licht in das Vorgehen der Natur und in ihre aufbauende Arbeit. Sie schreibt dem Kind intensive Interessen vor, Interessen besonderer Art für die Schöpfung eines jeden Elementes.

Nach der Konzentration kommt die Ausdauer. Wie ich bereits sagte, hat die Wiederholung der Übungen keinen äußeren Zweck und muß daher einen inneren Zweck verfolgen. Die Wiederholung, die nach dem ersten Phänomen der Konzentration beginnt, ist eine Art Training, mit dem der Aufbau dieses anderen Elementes des menschlichen Charakters beginnt. Auch hier handelt es sich nicht um den Willen des Kindes, sondern um den Willen der Natur. Damit entsteht im Individuum jene Kraft, Begonnenes zu Ende zu führen, die gewissen Erwachsenen eigen ist.

Ein weiteres Phänomen, das sich beim Kind zusammen mit der Wiederholung der Übungen offenbart, ist der Entschluß, die eigenen Handlungen zur Vollendung zu führen. Die Kinder in unseren Schulen wählen ihre Arbeit frei und versäumen es nicht, sich in diesem Entschluß zu üben. Sie tun dies täglich, über Jahre hinaus. Wenn wir auf Personen treffen, die nie wissen, was sie wollen, bezeichnen wir sie als willenlos. Und bei Personen, die wissen, was sie wollen und was sie zu tun haben, sagen wir, daß sie willensstark und Herrn über ihr Handeln sind.

Bei den Kindern ist das Handeln durch die Naturgesetze bestimmt, bei den Erwachsenen durch Reflexion. Es ist offensichtlich, daß für das Üben dieser Kraft dem Kind nicht ständig gesagt werden darf, was es tun soll, denn dieser Entschluß entspringt der Aktionsmöglichkeit der inneren Kräfte.

Wenn jemand die Aufgabe der inneren Führung an sich reißt, kann das Kind weder seine Entschlußkraft noch seine Konzentration entwickeln. Wollen wir also erreichen, daß diese Eigenschaften Fuß fassen, müssen wir als erstes das Kind vom Erwachsenen unabhängig machen. Der stärkste Instinkt des Kindes ist übrigens gerade der, sich vom Erwachsenen zu befreien. Das ist logisch, wenn wir die Schlußfolgerungen betrachten, aber das Kind handelt nicht nach der Logik, sondern nach der Natur. Wie wir bereits gesagt haben, zeichnet die Natur den besonderen Weg vor, dem es folgen muß. Man kann hier eine Parallele in der Charakterentwicklung beim Menschen und beim Tier erkennen, denn auch die Tiere müssen ihren Weg gehen, indem sie sich von den Erwachsenen ihrer Art unabhängig machen. Das Wachstum und die Bildung werden von Naturgesetzen gelenkt, und das Individuum *muß* diesen Gesetzen folgen, um seinen Charakter und seine Psyche aufzubauen.

Der Aufbau der Psyche kann in jedem ihrer Elemente verfolgt werden; und die Beobachtung bestätigt, daß der menschliche Charakter nicht nur ein Ergebnis der Erziehung ist, sondern zu der umfassenden Führung des Universums gehört: Es handelt sich um den Willen der Natur und nicht um ein Ergebnis unserer Befehle; es ist ein Element der Schöpfung und nicht der Erziehung. Das beweist ein anderes Phänomen, das die vorhergehenden begleitet: das Verschwinden gewisser bei Kindern häufig vorkommender Eigenschaften, die nicht die Möglichkeit haben, sich voll zu entwickeln.

Die Gier nach Besitz ist einer der verbreitetsten Fehler bei den Kindern, die sich nicht normal entwickeln konnten. Das normalisierte Kind hat die aktive Möglichkeit, sich für alles zu interessieren, daher beschäftigt es sich nicht mehr nur mit dem Gegenstand, sondern mit der *Erkenntnis* desselben. So unterliegt der Besitztrieb einer Umformung. Es ist seltsam, daß das Kind einen bestimmten Gegenstand, den es heiß begehrte, verliert oder zerbricht. Das Verlangen nach Besitz hat das der Zerstörung im Gefolge, was sich dadurch erklärt, daß der Gegenstand kein dauerhaftes Interesse hervorruft. Er ist nur einen Moment begehrenswert und wird dann beiseite gelegt. Zum Beispiel: eine Uhr. Ihr wahrer Wert liegt darin, die Zeit anzugeben. Ein kleines Kind, das noch nicht einmal weiß, was Zeit bedeutet, und sich daher auch nicht für ihren wahren Zweck interessieren kann, zerbricht sie fast immer, wenn es sie in die Hände bekommt. Das größere Kind hingegen,

das sich über die Funktion der Uhr im klaren ist, kann den Wunsch haben, zu wissen, wie sie gemacht ist; es wird sie mit Sorgfalt öffnen, um das Räderwerk zu sehen, das mit seinen Bewegungen die Zeit angibt. Diese komplizierte Maschine interessiert es wegen ihrer *Funktion.*
Eine zweite Art zu besitzen ist das Interesse am Funktionieren der Gegenstände. Das können wir auch auf anderen Gebieten beobachten. Die Kinder pflücken Blumen, um sie zu besitzen, und zerstören sie dann. Die Manie des materiellen Besitzes und der Zerstörungstrieb gehen immer Hand in Hand. Wenn hingegen das Kind die verschiedenen Teile der Blumen kennt, die Art der Blätter, die Form des Stengels, so entsteht in ihm nicht der Wunsch, sie zu pflücken und zu zerstören, sondern es möchte sie beobachten. Es empfindet für die Pflanze ein intellektuelles Interesse und nimmt sie intellektuell in Besitz. So wird das Kind einen Schmetterling töten, um sich in seinen Besitz zu bringen; aber wenn sein Interesse dem Leben und der Funktion des Insekts gilt, wird sein Interesse immer noch auf den Schmetterling gerichtet sein, aber nicht um ihn zu besitzen und zu töten, sondern um ihn zu beobachten. Dieser intellektuelle Besitz äußert sich in einer derart starken Anziehungskraft, die wir beinahe Liebe nennen können. Diese läßt das Kind die Dinge pflegen und mit äußerster Sorgfalt behandeln.
Man kann sagen, daß diese Leidenschaft, wenn sie einem intellektuellen Interesse entspringt, auf ein höheres Niveau gehoben wird und das Kind anregt, in der Erforschung des Lebens fortzuschreiten. Im Gegensatz zum Besitztrieb liegt in diesem höheren Interesse ein Streben zum Kennenlernen, Lieben und Dienen. In gleicher Weise wandelt sich die Neugierde in wissenschaftlichen Forschungsdrang: Die Neugierde ist ein Anstoß zum Lernen. Wenn sich das Kind für *einen* Gegenstand begeistert und ihn liebt, wird es sich voller Fleiß für die Erhaltung *aller* Gegenstände einsetzen. Die Umwandlung der Kinder in unserer ersten Klasse zeigte uns, wie sich in ihnen der Wunsch nach Besitz in eine höhere Auffassung der Liebe und in das Bemühen um die ihnen anvertrauten Dinge wandelte. Ihre vollgeschriebenen Schulhefte wiesen weder einen Knick noch einen Fleck oder Radierspuren auf, sondern waren blitzsauber und sogar verziert.
Wenn wir die Menschheit in ihrer Größe betrachten, wie sie sich uns im Laufe der Geschichte und der Entwicklung offenbart, sehen wir, daß dieser Drang zum Höheren ein menschlicher Instinkt ist, der in jeden Bereich einzudringen sucht, um das Leben zu beschützen und zu verbessern. Er unterstützt das Leben durch die intellektuelle Durchdringung.

Verbringt nicht der Bauer sein ganzes Leben damit, Pflanzen und Tiere zu pflegen, und der Wissenschaftler damit, sorgfältig Mikroskope und Linsen zu handhaben? Die Menschheit beginnt mit Raub und Zerstörung und endet damit, daß sie jedes Ding mit dem Intellekt liebt und ihm dient. Die Kinder, die die Gartenblumen abrissen, überwachen heute deren Wachsen, zählen und messen ihre Blätter. Sie sprechen nicht mehr von *meiner* Pflanze, sondern von *der* Pflanze. Diese Sublimierung und diese Liebe sind das Ergebnis des vom Geist erlangten Bewußtseins. Die Zerstörung wird sich nie durch Vorhaltungen vermeiden lassen können. Wenn ein Kind etwas für sich haben will, damit es andere nicht bekommen, und wir nun versuchen, es durch Worte zu korrigieren, oder an sein Gefühl appellieren, wird es für fünf Minuten davon ablassen, aber danach wieder von vorne anfangen. Nur die Arbeit und die Konzentration, die zuerst Wissen und dann Liebe geben, können es zu einer Umwandlung führen, die den geistigen Menschen offenbart.

Kennen, Lieben und Dienen sind die Dreiheit aller Religionen; aber der Schöpfer unserer Geistigkeit ist das Kind. Es hat offenbart, daß in der Natur ein Plan für unser Verhalten und für unseren Charakter vorliegt: ein Plan, der in allen Einzelheiten, wie Alter, Arbeit, Freiheitsbedürfnis und Arbeitsintensität, gemäß den Gesetzen des Lebens wohlumrissen ist. Es zählen weder Physik noch Botanik, noch materielle Arbeit, sondern der Wille und die geistigen Elemente, die sich durch die Übung bilden: Das Kind ist der geistige Erbauer von uns Erwachsenen[68], und die Hindernisse, die wir seiner freien Entwicklung in den Weg stellen, werden zu den Bausteinen des Gefängnisses der menschlichen Seele.

---

[68] Der sprachliche Unterschied des hier folgenden Satzes im Vergleich zur ersten englischen Ausgabe ist ganz typisch; es heißt dort: Erfindungen, die wir als Erwachsene machen, fallen oft auf unseren eigenen Kopf (wie tatsächlich im kürzlichen Krieg), weil wir die Seele vergessen haben, die das Kind aufgebaut hat, oder – öfter – weil wir es gehindert haben, sie normal aufzubauen.

22. Soziale Entwicklung

Die Umgebung

Als erstes muß das Kind den Weg und die Mittel zur Konzentration finden, die die Grundlagen des Charakters und das soziale Verhalten stabilisieren. Die Bedeutung der Umgebung dafür wird plötzlich offenbar; denn da niemand dem Kind von außen die Konzentration und die Gestaltung seiner Psyche geben kann, muß es dies von sich aus tun. Die Bedeutung unserer Schulen liegt darin, daß es dort die Art der Arbeit findet, die ihm diese Möglichkeit gibt. Eine geschlossene Umgebung (unsere Schule oder eine Klasse) fördert die Konzentration. Allen ist bekannt, daß man sich in jeder Lebenslage zurückzieht, wenn man sich konzentrieren will. Durch eine fördernde Tätigkeit in einem ruhigen Ort bildet sich die Konzentration, der Charakter, und die Schöpfung des Individuums vollendet sich. Dazu kommt, daß die Kinder erst nach dem fünften Lebensjahr in die allgemeinen Schulen aufgenommen werden, das heißt, wenn sie bereits die erste und wichtigste Periode der Bildung beendet haben. Unsere Schulen bieten den Kleinen eine schützende Umgebung, in der sich die ersten Elemente des Charakters bilden können und ihre besondere Bedeutung erlangen.

Als auf den Wert hingewiesen wurde, den die besonders geeignete Umgebung hat, rief das ein großes Interesse hervor.

Unter Mitarbeit von Architekten, Künstlern und Psychologen wurden mit Sorgfalt die Größe und Höhe der Zimmer und die künstlerischen Elemente ausgewählt für eine Schule, die nicht nur ein Zufluchtsort sein sollte, sondern eine Hilfe für die Konzentration der Kleinen. Es handelte sich um etwas mehr als um eine schützende Umgebung, man könnte sie als „psychische Umgebung" bezeichnen. Ihre Bedeutung lag jedoch nicht so sehr in der Form und in der Ausdehnung des Gebäudes – denn allein dadurch hätte sie ihren Zweck nicht erreicht –, sondern vielmehr in den

Gegenständen, denn ohne Gegenstände kann sich das Kind nicht konzentrieren. Diese wurden ihrerseits aus der Erfahrung mit den Kindern selbst bestimmt.

Die erste Idee war, von allem etwas in die Umgebung zu bringen und es den Kindern zu überlassen, sich auszusuchen, was sie bevorzugten. Wir sahen, daß sie nur bestimmte Gegenstände nahmen und andere unbenutzt blieben; und diese wurden ausgeschieden. Alles, was in unseren Schulen Verwendung findet, hat sich aus Versuchen nicht nur in einem Land, sondern in der ganzen Welt ergeben, und man kann wohl sagen, daß es von den Kindern selbst ausgewählt wurde. Es sind also Dinge, die *alle* Kinder bevorzugen, und diese wurden von uns als wesentlich betrachtet; andere Dinge hingegen wurden in allen Ländern selten von den Kindern verwendet (obwohl die Erwachsenen entgegengesetzter Meinung waren). Überall, wo unsere normalisierten Kinder freie Wahl hatten, geschah das gleiche; und ich mußte an die Insekten denken, die immer nur bestimmte Blumen anfliegen, die sie benötigen. Offensichtlich stellten diese Gegenstände eine Notwendigkeit für das Kind dar: sie wählen die Gegenstände aus, die ihnen beim Aufbau ihrer selbst helfen. Zu Beginn gab es viele Spielsachen, aber die Kinder vernachlässigten sie; es gab auch verschiedenes Material, um die Farben zu lehren, aber die Kinder entschieden sich nur für einen Typ: die bunten Täfelchen, die wir inzwischen überall verwenden. Das geschah in allen Ländern. Auch bezüglich der Form der Gegenstände und der Farbintensität stützten wir uns auf das, was die Kinder bevorzugten. Das führte in unserer Methode zu einer Festlegung der Gegenstände, die sich auch im sozialen Leben der Klassen widerspiegelt; denn wenn zu viele Dinge oder mehr als eine Materialserie für eine Gruppe von dreißig oder vierzig Kindern zur Verfügung steht, ergibt sich daraus eine Verwirrung; so hingegen gibt es wenige Gegenstände, auch wenn es viele Kinder sind[69].

In jeder Klasse mit vielen Kindern wird sich jeweils nur ein Exemplar eines Gegenstandes befinden. Wenn ein Kind etwas haben möchte, womit sich ein anderes beschäftigt, wird es das nicht haben können; und wenn es sich um ein normalisiertes Kind handelt, wird es warten, bis das andere mit seiner Arbeit fertig ist. So entwickeln sich bestimmte soziale Eigenschaften, die von großer Bedeutung sind: Das Kind weiß, daß es Gegenstände, die von anderen verwendet werden, respektieren muß – nicht weil

---

[69] Zwar ist von jeder Kategorie nur ein Exemplar vorhanden (etwa die Farbtäfelchen oder die „große Division"); aber im ganzen ist es doch ein reichhaltiges Material (d. Hrsg.).

man ihm das gesagt hat, sondern weil es diese Realität aus seinen gesellschaftlichen Erfahrungen kennt. Es sind viele Kinder und nur ein Gegenstand. Da bleibt nichts anderes übrig, als zu warten. Und wenn dies über Jahre hinaus zu jeder Tagesstunde geschieht, prägt sich der Begriff des Respektierens und des Wartens in das Leben eines jeden Individuums ein, wie eine Erfahrung, die mit der Zeit reift.

Daraus ergibt sich eine Umformung, eine Anpassung, die der Aufbau des gesellschaftlichen Lebens selbst ist. Die Gesellschaft gründet sich nicht auf Bevorzugungen, sondern auf einer Kombination von Tätigkeiten, die in Harmonie gebracht werden müssen. Aus ihren Erfahrungen entwickelt sich in den Kindern eine weitere soziale Tugend: die Geduld, eine Art Selbstverleugnung in der Hemmung der eigenen Impulse. Somit festigen sich spontan die Charakterzüge, die wir als Tugenden bezeichnen. Nicht wir, sondern die Erfahrung kann die dreijährigen Kinder diese Form der Moral lehren. Da in anderen Umgebungen die Normalisierung nicht stattfinden konnte und alle Kinder auf der Welt um den Besitz der Dinge kämpften, während die Kinder in unseren Schulen darauf warteten, stach diese Tatsache noch mehr den Personen in die Augen, die mich fragten: „Wie konnten Sie diese Disziplin bei so kleinen Wesen erreichen?" Aber nicht ich, sondern die vorbereitete Umgebung und die in ihr gegebene Freiheit ermöglichen das Auftreten von Eigenschaften, die man im allgemeinen bei Kindern von drei bis sechs Jahren nicht antrifft.

Das Eingreifen der Erwachsenen in diese erste Vorbereitung auf das gesellschaftliche Verhalten ist fast immer verkehrt. Bei der Übung des „Gehens auf der Linie" verfehlt eines der Kinder die Richtung, und ein Zusammenstoß scheint unabwendbar. Der Erwachsene verspürt den Impuls, den Kleinen zu nehmen und umzudrehen, aber das Kind wird allein fertig und wird das Problem lösen, nicht immer auf die gleiche Art, aber immer in zufriedenstellender Weise. Andere ähnliche Probleme treten laufend auf, und das Kind freut sich, auf diese zu treffen. Die Kinder ärgern sich, wenn die Erwachsenen eingreifen: Sich selbst überlassen, lösen sie diese Probleme gut. Auch das ist eine Übung in sozialer Erfahrung, und diese Probleme, friedlich gelöst, konstituieren eine ständige Erfahrung in Situationen, die der Lehrer nie schaffen könnte. Im allgemeinen greift der Lehrer ein, und da seine Lösung anders ist als die der Kinder, stört er die soziale Harmonie der Klasse. Wenn eines dieser Probleme auftritt, sollten wir die Kinder, abgesehen von besonderen Fällen, selbst damit fertig werden lassen. Auf diese Weise können wir mit größerer Objektivität die

Äußerungen und das Verhalten der Kinder beobachten, über die der Erwachsene noch sehr im dunkeln ist. Durch diese täglichen Erfahrungen festigt sich ein gesellschaftlicher Aufbau.

Die Anhänger der direkten Unterrichtsmethode verstehen nicht, wie sich in einer Montessori-Schule das soziale Verhalten entwickeln kann, wo, wie sie glauben, man sich nur um den schulischen Stoff kümmert, aber nicht um das soziale Leben. Sie sagen: „Wenn die Kleinen alles alleine tun, wo bleibt dann noch das soziale Leben?" Aber was ist das soziale Leben anderes als Lösen von Problemen, gutes Verhalten und Entwerfen von Plänen, die für alle annehmbar sind? Sie glauben, das soziale Leben bestünde darin, nebeneinander dazusitzen und einem zuzuhören, der spricht; das ist keineswegs soziales Leben.

Die einzige Gelegenheit zu sozialem Leben haben die Kinder in öffentlichen Schulen nur in den Pausen oder bei den seltenen Ausflügen; während die Kinder unserer Schule immer in einer Arbeitsgemeinschaft leben.

Soziales Leben

Je zahlreicher die Kinder einer Klasse sind, um so besser zeigen sich die Charakterunterschiede, und es ist einfacher, die verschiedenen Erfahrungen zu machen. Diese werden fehlen, wenn nur wenige Kinder da sind. Die größte Vervollkommnung der Kinder wird durch die sozialen Erfahrungen erreicht.

Betrachten wir nun den Aufbau dieser Kindergesellschaft. Sie wurde durch Zufall gebildet, aber für einen weisen Zweck. Die Kinder, die sich in einer geschlossenen Umwelt vereinigt fanden, waren aus verschiedenen Altersgruppen (von drei bis sechs Jahre). Normalerweise wird das in den Schulen nicht so gehandhabt, so lange zumindest nicht, als die Älteren nicht geistig zurückgeblieben sind. Die Kinder werden immer altersmäßig in Klassen zusammengefaßt; nur in wenigen Schulen finden wir diese *vertikale* Gliederung in der gleichen Klasse.

Als einige unserer Lehrerinnen das Kriterium der Gleichaltrigkeit in den Klassen anwenden wollten, zeigten die Kinder selbst die sich daraus ergebenden Schwierigkeiten auf. In der Familie ist es schließlich das gleiche. Eine Mutter kann sechs Kinder haben und doch den Haushalt leicht führen. Die Schwierigkeiten beginnen bei Zwillingen oder bei Gruppen gleichaltriger Kinder, denn es ist mühsam, kleine Kinder zu betreuen, die alle dasselbe benötigen. Die Mutter, die sechs Kinder verschiedenen Alters hat, ist viel besser dran als die mit nur einem Kind. Ein Einzelkind ist immer schwierig, nicht nur, weil es oft verwöhnt ist, sondern weil ihm die Spielgefährten fehlen und es darunter mehr als die anderen leidet. Die Familien haben oft mit dem Erstgeborenen Schwierigkeiten, nicht mit den darauffolgenden Kindern. Die Eltern glauben, das liege an ihrer größeren Erfahrung, aber der wahre Grund ist, daß die Kinder Gefährten haben.

Das Interessante an der Gesellschaft sind die verschiedenen Typen, aus denen sie sich zusammensetzt. Ein Altersheim für alte Männer oder alte Frauen ist etwas Totes. Es ist unmenschlich und grausam, Menschen gleichen Alters zusammenzutun. Dasselbe trifft für die Kinder zu, denn dadurch zerreißen wir das Band des sozialen Lebens und nehmen ihm die Nahrung. In den meisten Schulen besteht einmal eine Trennung nach den Geschlechtern und dann nach dem Alter, das ungefähr in allen Klassen gleich ist. Das ist ein grundlegender Fehler, der zu jeder Art anderer Fehler führt: Es ist eine künstliche Isolierung, die die Entwicklung des sozialen Gefühles verhindert. Unsere Kinder befinden sich im allgemeinen in gemischten Klassen. Es ist jedoch nicht so wichtig, Jungen und Mädchen beisammen zu haben, die sehr wohl auch getrennte Schulen besuchen können, als vielmehr Kinder verschiedenen Alters. Unsere Schulen haben bewiesen, daß sich die Kinder verschiedenen Alters untereinander helfen; die Kleinen sehen, was die Größeren tun, und bitten sie um Erklärungen, die diese ihnen gern geben. Es ist ein regelrechter Unterricht, da die Geistesform des fünfjährigen Kindes dem des dreijährigen so nahe ist, daß das Kleine von ihm leicht aufnimmt, was wir ihm nicht erklären können. Zwischen ihnen besteht eine Harmonie und eine Lehrgabe, wie sie selten zwischen Erwachsenen und Kindern zu finden sind.

Die Lehrer können eine Reihe von Dingen einem dreijährigen Kind nicht klarmachen, die ein fünfjähriges hingegen sehr gut erklären kann. Unter ihnen besteht eine natürliche geistige Osmose. Dazu kommt, daß sich das dreijährige Kind dafür interessiert, was das fünfjährige tut, denn es liegt nicht weit außerhalb des Bereiches seiner Möglichkeiten. Alle die Größeren werden zu Helden und Meistern, und die Kleinen bewundern sie. Sie lassen sich von ihnen inspirieren und arbeiten dann allein. In den anderen Schulen, wo alle Kinder gleichaltrig sind, könnten die intelligenteren sehr gut die anderen unterrichten, aber im allgemeinen erlaubt das der Lehrer nicht; diese beschränken sich also darauf, zu antworten, wenn es die anderen nicht wissen, und so kommt oft der Neid auf. Bei kleinen Kindern gibt es keinen Neid; es kränkt sie nicht, daß die großen mehr wissen als sie, denn sie fühlen, wenn sie einmal gewachsen sind, wird die Reihe an ihnen sein. Es besteht Liebe, Bewunderung und eine wirkliche Brüderlichkeit unter ihnen. In den alten Schulen ist der Wettstreit die einzige Art, das Klassenniveau zu heben. Aber das führt natürlich leider zu Neid, Haß und Demütigung, was bedrückende und antisoziale Gefühle sind. Das intelligentere Kind wird somit eitel und bekommt die Macht über die anderen, während sich in unseren Schulen die Fünfjährigen als Beschützer ihrer kleineren Gefährten fühlen. Es ist schwer vorstellbar, wie sich diese Atmosphäre des Beschützens und der Bewunderung verstärkt und in den Handlungen der Kinder niederschlägt: Die Klasse wird eine durch Liebe vereinte Gruppe. Die Kinder lernen untereinander ihre Charaktere kennen und schätzen sich gegenseitig. In den alten Schulen heißt es nur: „Dieser hat den ersten Preis bekommen, und der andere eine schlechte Note." So kann sich keine Brüderlichkeit entwickeln; und doch formen sich in diesem Alter die sozialen und antisozialen Eigenschaften, je nach der Umgebung. Dort liegt der Ausgangspunkt.

Einige befürchten, daß das fünfjährige Kind, wenn es sich mit dem Lehren beschäftigt, selbst nicht lernen könne; aber erstens lehrt das Kind ja nicht immer, und seine Freiheit wird respektiert, und zweitens vervollkommnet das Kind das, was es weiß, indem es lehrt, denn es muß seinen kleinen Wissensschatz analysieren und umarbeiten, will es ihn an andere weitergeben. Dadurch sieht es die Dinge klarer und wird für den Austausch entschädigt.

Die Klassen der drei- bis sechsjährigen Kinder und der sieben- bis neunjährigen Kinder sind auch nicht streng voneinander getrennt, so daß die sechsjährigen Kinder von der darauffolgenden Klasse Anregungen empfangen. Die Trennwände in unseren Schulen sind nicht durchgezogen, und die Schüler können leicht von einer Klasse in die andere gehen. Wenn ein Kind von drei Jahren in eine Klasse der sieben- bis neunjährigen Kinder kommt, hält es sich dort nicht auf, denn es merkt sofort, daß es nichts nützliches für *sich* empfangen kann. Es gibt also Begrenzungen, aber keine Trennungen, und alle Gruppen stehen miteinander in Verbindung. Jede Gruppe hat ihre Umgebung, aber ist nicht isoliert. Es besteht immer die Möglichkeit zu einem geistigen Spaziergang. Ein dreijähriges Kind kann beobachten, wie das neunjährige Quadratwurzeln zieht, und kann es fragen, was es macht. Wenn es durch die Antwort nicht befriedigt wird, wird es in seine Klasse zurückkehren, wo es interessantere Dinge findet; ein sechsjähriges Kind hingegen kann etwas davon verstehen und für sich etwas davon verwerten. In dieser Form von Freiheit kann man die unterschiedlichen Grenzen der Intelligenz in den verschiedenen Altersklassen beobachten. So sahen wir, wie Kinder von acht oder neun Jahren das Quadratwurzelziehen verstanden, indem sie die Arbeit der zwölf- bis vierzehnjährigen Kinder verfolgten; auf diese Weise wurde uns klar, daß sich die achtjährigen Kinder für Algebra interessieren konnten. Nicht allein das Alter führt zu einem Fortschritt, sondern auch die Freiheit, sich umzuschauen.

In unseren Schulen herrscht lebhafter Verkehr. Die Kleinen sind voller Begeisterung, weil sie *verstehen*, was die Größeren tun, und diese ihrerseits, weil sie ihr Wissen vermitteln können. Es gibt keine Minderwertigkeitskomplexe, sondern ein normales gegenseitiges Verhalten, das dem psychischen Kräfteaustausch entspringt.

All dies und anderes beweist, daß diese Phänomene an unseren Schulen, die so außerordentlich zu sein schienen, in Wirklichkeit nichts anderes sind als das Ergebnis natürlicher Gesetze.[69a]

Indem man das Verhalten dieser Kinder und ihre gegenseitigen Beziehungen in einer Atmosphäre der Freiheit untersucht, enthüllt sich das wahre Geheimnis der Gesellschaft. Diese feinen und zarten Dinge, die mit einem geistigen Mikroskop untersucht werden müssen, sind Fakten von ungeheurem Interesse, die die wahre Natur des Menschen offenlegen. An unseren Schulen beobachten wir deshalb wie in psychologischen Forschungslaboratorien, wobei es sich nicht um echte Forschung, sondern um Beobachtungen handelt. Es sind noch andere, bemerkenswerte Tatsachen mitzuteilen.

Wir haben bereits darüber gesprochen, daß die Kinder ihre eigenen Probleme selber lösen, aber noch nicht darüber, wie sie es tun. Wenn wir die Kinder, ohne einzugreifen, beobachten, sehen wir etwas, das sonderbar erscheint: Die Kinder helfen einander nicht in der Weise wie wir es tun. Da schleppen Kinder schwere Gegenstände, und keines der anderen rührt sich, ihnen zu helfen. Sie respektieren sich gegenseitig und greifen nur ein, wenn Hilfe nötig ist. Dieser Vorgang macht uns klar, daß sie das existentielle Bedürfnis des Kindes intuitiv erfassen und respektieren: nicht unnötig Hilfe zu erhalten. Einer unserer Schüler hatte einmal das ganze geometri-

---

[69a] Im ursprünglichen Text fuhr Montessori hier fort:
„Alle diese Energien werden im üblichen Unterricht einfach vergeudet. Werden sie nicht länger verspielt, nun, so verspricht das neuen geistigen Reichtum für die neuen Generationen."
(The Absorbent Mind, Madras 1949, S. 336)

sche Arbeitsmaterial auf dem Boden ausgebreitet, als man plötzlich von der Straße das Spielen einer Kapelle hörte, die eine Prozession begleitete, welche unter den Fenstern vorbeizog. Alle Kinder liefen, um zu sehen, was los ist, außer jenem, das das Material auf dem Boden ausgebreitet hatte; es wäre nie auf den Gedanken gekommen, soviel Dinge in dieser Weise ringsum liegen zu lassen. Es mußte sie ganz normal einsammeln, und keines half ihm dabei; seine Augen jedoch standen voller Tränen, weil es zu gerne die Prozession gesehen hätte. Als die anderen das bemerkten, kamen viele zurück, um ihm zu helfen. Die Erwachsenen besitzen nicht dieses feine Unterscheidungsvermögen für Notsituationen. Sie helfen häufig, wenn es nicht notwendig ist. Wenn eine Dame sich setzen möchte, wird ein höflicher Mann aufgrund seiner guten Umgangsformen oft einen Stuhl oder Tisch zurechtrücken, obwohl sie sich bestens allein setzen könnte; oder er bietet ihr den Arm, um eine Treppe hinunterzugehen, während sie sehr gut auch ohne Unterstützung hinuntergehen könnte. Aber wenn man sich einer echten Not gegenübersieht, ändert sich alles. Wenn man Hilfe braucht, findet man niemanden; aber wenn man keine Unterstützung braucht, sind alle zur Stelle. Auf diesem Gebiet kann der Erwachsene den Kindern nichts beibringen. Ich glaube, daß das Kind wahrscheinlich in seinem Unbewußten die Erinnerung seines vorrangigen Wunsches und Bedürfnisses besitzt, seine Kräfte bis zum Äußersten anzuspannen. Deswegen wird es instinktiv nie einem anderen helfen, wenn die Hilfe ein Hindernis sein könnte.

Ein anderer, interessanter Zug im Verhalten der Kinder ergibt sich gegenüber Störenfrieden. Nehmen wir zum Beispiel ein Kind an, das erst vor kurzem in die Schule aufgenommen wurde und sich noch nicht an die Umgebung gewöhnt hat: es ist unruhig, stört und stellt für alle ein Problem dar. Im allgemeinen wird es der Lehrer zurechtweisen: „Das gehört sich nicht, das ist nicht nett", oder: „Du bist ein böses Kind." Die Reaktion seiner Schulkameraden jedoch ist grundverschieden. Einer von ihnen geht zu dem Neuankömmling hin und erklärt ihm: „Du bist ungezogen, aber das macht nichts, als wir hier neu waren, sind wir auch nicht besser gewesen." Indem er Verständnis für ihn hatte und seine Bosheit als Unglück ansah, wollte der kleine Kamerad den anderen trösten und all das Gute hervorholen, das möglicherweise in ihm steckte. Was für eine gesellschaftliche Umwälzung wäre es, wenn der Übeltäter Mitleid erwecken und wir uns bemühen würden, ihn zu trösten, mit dem gleichen Mitleid etwa, das wir für einen Kranken empfinden. Böses zu tun ist im übrigen oft eine psychische Krankheit, hervorgerufen durch eine schlechte Umwelt, durch die Bedingungen bei der Geburt oder durch andere unglückliche Umstände, und müßte eigentlich Mitleid und den Wunsch zu helfen hervorrufen; dadurch würde wohl unsere Sozialstruktur viel besser werden.

Wenn einem unserer Kinder ein Unglück geschieht, wenn es zum Beispiel eine Vase zerbrochen hat, wird das Kind, das sie fallen ließ, oft verzweifelt sein, weil es die Zerstörung nicht wollte, und es hat ein Gefühl der Minderwertigkeit, weil es nicht in der Lage war, den Gegenstand richtig zu tragen. In seiner instinktiven Reaktion sagt der Erwachsene: „Schau, jetzt hast du sie zerbrochen. Warum läßt du deine Finger nicht von Sachen, die ich dir verboten habe anzufassen?" Zumindest wird ihm der Erwachsene den Befehl geben, die Scherben aufzulesen, in dem Gedanken, daß das Kind so besser seine Schuld fühlt, wenn es die Stücke zusammensuchen muß. Was tun hingegen unsere Kinder? Sie kommen alle herbei, um zu helfen, und sagen mit einem ermutigenden Ton in ihren Stimmen: „Das macht nichts, wir werden eine andere Vase finden." Einige sammeln die Scherben ein, während andere das auf dem Boden verschüttete Wasser aufwischen. Ihr Instinkt läßt sie dem Schwachen durch Trost und Mutzuspruch helfen. Dies ist ein Instinkt des sozialen Fortschritts. Es wäre ein großer Schritt in unserer Weiterentwicklung, wenn die Gesellschaft den Schwachen und den Armen helfen würde, statt sie zu unterdrücken. Unsere gesamte medizinische Wissenschaft beruht auf diesem Prinzip; aus diesem Instinkt heraus entstand der Wille, nicht nur denen, die Mitleid erwecken, zu helfen, sondern der Menschheit insgesamt. Es ist keineswegs ein Fehler, den Schwachen und Unterlegenen Mut zu machen, sondern es ist ein Beitrag zum Fortschritt der gesamten Gesellschaft. Die Kinder weisen diese Gefühle auf, kaum daß sie sich normalisiert haben, und sie zeigen sie nicht nur untereinander, sondern auch den Tieren gegenüber.

Man glaubt, daß den Kindern die Achtung vor den Tieren anerzogen werden muß; denn man ist der Meinung, die Kinder seien von Natur aus grausam oder gefühllos; aber das stimmt nicht. Wenn sich die Kinder normalisiert haben, beschützen sie eher instinktiv die Tiere. In Laren hatten wir eine kleine Ziege. Ich brachte ihr jeden Tag Futter und hielt es so hoch, daß die Ziege sich auf die Hinterbeine stellen mußte, um fressen zu können. Es interessierte mich, sie in dieser Stellung zu sehen, und die Ziege schien sich zu vergnügen. Aber eines Tages kam ein Kleines und hielt seine Händchen unter ihren Leib, um sie zu stützen. Es hatte einen ängstlichen Gesichtsausdruck, denn es fürchtete, das Tier könnte ermüden, wenn es nur auf zwei Beinen stehen muß. Das war zweifellos ein sehr freundliches und spontanes Empfinden.

Ein weiteres Charakteristikum unserer Schulen ist die Bewunderung für die Besten. Die Kinder sind nicht nur nicht neidisch, sondern alles, was gut gemacht wird, ruft ihre begeisterte Bewunderung hervor. Dies geschah bei der unerwarteten Explosion des Schreibens. Das erste Wort, was einer von ihnen geschrieben hatte, war für sie Anlaß zu großer Freude und Gelächter: Alle schauten mit Bewunderung auf den „Schreiber" und wurden sofort angeregt, dem Beispiel zu folgen: „Ich kann es auch!" riefen sie. Die gute Arbeit des einen regt die der ganzen Gruppe an.

Dasselbe geschah beim Alphabet. Einmal machte eine ganze Klasse, indem die Kinder die Buchstabenkarten wie Fahnen trugen, eine Prozession, und die Freude und das Geschrei waren so groß, daß alle aus den unteren Stockwerken (die Schule befand sich auf dem Dach) heraufkamen, um zu sehen, was passiert war. Die Lehrerin erklärte ihnen: „Sie sind vom Alphabet begeistert."

Unter den Kindern besteht eine offensichtliche Form von Brüderlichkeit, die auf einem höheren Gefühl beruht, das Einheit in der Gruppe schafft. Anhand dieser Beispiele können wir erkennen, daß in einer Umgebung, in der sich die Gefühle auf einem hohen Niveau befinden und die Kinder normalisiert sind, eine Art Anziehung geschaffen wird. So wie sich die Größeren den Kleineren zuwenden und umgekehrt, so werden die normalisierten Kinder von den neu ankommenden angezogen, und diese wieder von den bereits eingewöhnten.

23. Gesellschaft durch Kohäsion[70]

Das gesellschaftliche Zusammenleben unter den oben beschriebenen freien Erfahrungen führt die Kinder schließlich dazu, sich als Gruppe zu fühlen und als solche zu handeln. Sie bilden eine wirkliche *Gesellschaft,* verbunden durch geheimnisvolle Bande, die wie ein einziger Körper handelt. Es waren Bande gemeinsamer und doch individueller Gefühle; obwohl es sich um „unabhängige Individuen" handelte, wurden sie von dem gleichen Impuls bewegt. Eine solche Gesellschaft scheint eher durch den *absorbierenden Geist* verbunden zu sein als durch das Bewußtsein.

Die Linie des Aufbaus, die wir beobachtet haben, ist mit der Arbeit der Zellen während des Aufbaus des Organismus vergleichbar. Offenbar hat auch die Gesellschaft eine embryonale Phase, die in ihrer Anfangsform bei den sich entwickelnden Kindern beobachtet werden kann.

Es ist bemerkenswert, zu sehen, wie sie sich langsam bewußt werden, daß sie eine Gemeinschaft bilden und sich als solche verhalten. Sie bemerken, daß sie einer Gruppe angehören und zur Aktivität dieser Gruppe beitragen. Sie beginnen nicht nur, sich dafür zu interessieren, sondern man könnte sagen, daß sie sich damit in der Tiefe ihres Geistes befassen. Wenn die Kinder dieses Niveau erreicht haben, handeln sie nicht mehr mechanisch, sondern sehen in erster Linie darauf, die Ehre der Gruppe zu erhalten. Diesen ersten Schritt hin zum sozialen Bewußtsein habe ich als „Familien- oder Stammesgeist" bezeichnet und beziehe mich damit auf die primitiven menschlichen Gesellschaften, bei denen das Individuum in der Liebe, der Verteidigung und der Achtung der Werte der eigenen Gruppe den Sinn der individuellen Aktivität erblickt.

Die ersten Äußerungen dieses Phänomens verwunderten uns, denn sie

---

[70] Frühstufe des sozialen Bezugs; Montessori lehnt sich bei der Kennzeichnung anthropologischer Gegebenheiten oft an biologische oder auch physikalische Termini an (d. Hrsg.).

geschahen völlig unabhängig und ohne Beeinflussung unsererseits. Sie erschienen wie die aufeinanderfolgenden Zeichen der Entwicklung, so wie in einem gewissen Alter die ersten Zähne das Zahnfleisch durchbrechen. Diese Verbindung, die sich aus einem spontanen Bedürfnis gebildet hat, geleitet durch eine innere Kraft und angeregt durch einen sozialen Geist, habe ich als „Gesellschaft durch Kohäsion" bezeichnet.

Ich kam zu dieser Auffassung aufgrund spontaner Äußerungen der Kinder, die uns sehr verwunderten. Ich führe hierzu ein Beispiel an: Als der argentinische Botschafter von unseren Schulen hörte, wo vier- und fünfjährige Kinder völlig selbständig arbeiteten, spontan lasen und schrieben und eine nicht von der Autorität des Lehrers auferlegte Disziplin hielten, wollte er es nicht recht glauben. Anstatt seinen Besuch anzukündigen, zog er es vor, überraschend zu kommen. Leider kam er an einem freien Tag, und die Schule war geschlossen. Die Schule nannte sich „Kinderhaus" und befand sich in einem Wohnblock, wo die Kinder mit ihren Eltern wohnten. Ein Kleines war zufällig im Schulhof, als der Botschafter eintrat, und vernahm seine Worte des Bedauerns. Es begriff, daß es sich um einen Besucher handelte, und sagte zu ihm: „Das macht nichts, wenn die Schule zu ist, der Hausmeister hat die Schlüssel, und wir sind alle zu Hause." Die Tür wurde geöffnet, die Kinder kamen in die Klasse und begannen zu arbeiten. Sie fühlten sich verpflichtet, zur Ehre der Gruppe alles gut zu machen. Keines erwartete sich einen persönlichen Vorteil, keines wollte sich hervorheben, alle arbeiteten für ihre Gemeinschaft zusammen. Die Lehrerin erfuhr erst am folgenden Tag, was geschehen war.

Dieses soziale Bewußtsein, das nicht durch Belehrung eingeflößt war und nichts mit irgendeiner Form des Wettbewerbs oder persönlichem Interesse zu tun hat, war eine Naturgabe. Es handelte sich also entschieden um ein Ziel, das die Kinder kraft ihrer Anstrengung ereicht hatten. Wie Coghill sagt: „Die Natur bestimmt das Verhalten, aber dieses entwickelt sich nur aufgrund der Erfahrungen in der Umgebung." [71] Die Natur erstellt offensichtlich ein Schema für den Aufbau der Personalität und der Gesellschaft, aber dieses Schema verwirklicht sich nur durch die Arbeit des Kindes, wenn ihm die Möglichkeit gegeben wird, diese zu Ende zu führen. Auf diese Weise illustriert uns das Kind die aufeinanderfolgenden Phasen der gesellschaftlichen Entwicklung. Dieser Gemeinschaftsgeist, der die Gesellschaft beherrscht und sie vereint, entspricht nahezu dem, was der amerikanische

---

[71] G. F. Coghill, Anatomy and the Problem of Behaviour, Cambridge 1929.

Pädagoge Washburne *soziale Integration* nennt. Er behauptet, daß diese der Schlüssel für eine soziale Neuordnung sei und daß sie die Basis für die gesamte Erziehung bilden müsse. Die soziale Integration ist erreicht, wenn sich das Individuum mit der Gruppe, zu der es gehört, identifiziert. Wenn das geschieht, denkt das Individuum mehr an den Erfolg der Gruppe als an seinen persönlichen. Washburne erläutert seine Auffassung mit dem Beispiel der Ruderregatten von Oxford und Cambridge: „Jedes Individuum vollbringt die höchste Anstrengung für die Ehre seiner Farben, obwohl es weiß, daß ihm daraus weder ein Vorteil noch ein besonderer Ruhm erwächst. Wenn das bei jedem sozialen Unternehmen der Fall wäre, von den bedeutenden, die die gesamte Nation betreffen bis zu denen der Industrie usw., wenn alle von dem Wunsch beseelt wären, der Gemeinschaft, der sie angehören, und nicht sich selbst Ehre zu bereiten, wäre die gesamte Menschheit erneuert. In den Schulen müßte dieses Gefühl der Integration des Individuums in die Gesellschaft gefördert werden, denn gerade das fehlt überall, und dieser Mangel führt die Gesellschaft zum Zusammenbruch und zur Zerstörung." [72]

Das Beispiel einer Gesellschaft, in der die soziale Integration besteht, ist die Gesellschaft der kleinen Kinder, die von den geheimnisvollen Kräften der Natur geleitet sind. Wir müssen sie schätzen und uns zu eigen machen, denn weder der Charakter noch die Gefühle können sich aufgrund der Belehrung bilden: sie sind ein Erzeugnis des Lebens.

Die Kohäsionsgesellschaft ist nicht dasselbe wie die organisierte Gesellschaft, die über das Schicksal des Menschen regiert; es ist einfach die letzte Phase in der Entwicklung des Kindes, es ist die fast göttliche und geheimnisvolle Schöpfung eines sozialen Embryos.

Organisierte Gesellschaft

Wenn das Kind mit dem sechsten Lebensjahr in eine neue Phase der Entwicklung tritt, die den Übergang vom sozialen Embryo zum sozialen Neugeborenen bezeichnet, beginnt plötzlich deutlich eine andere spontane Lebensform: eine bewußt organisierte Vereinigung. Nun suchen die Kinder die Prinzipien und Gesetze kennenzulernen, die die Erwachsenen festgelegt haben. Sie suchen nach einem Anführer, der die Gemeinschaft

---

[72] Carleton Washburne, Living Philosophy of Education, New York (Fußnote nur in der italienischen Ausgabe; d. Hrsg.).

führt. Der Gehorsam gegenüber dem Anführer und den Regeln bildet offensichtlich das Bindegewebe dieser Gesellschaft. Wie wir wissen, wurde dieser Gehorsam in dem vor der Periode der Entwicklung liegenden embryonalen Stadium vorbereitet. McDougall beschreibt diese Art von Gesellschaft, die die Kleinen von sechs, sieben Jahren bereits beginnen aufzubauen. Sie unterwerfen sich den älteren Kindern, als würden sie einem Instinkt folgen, der „Herdentrieb" [73] genannt wird. Vernachlässigte und sich selbst überlassene Kinder organisieren oft Banden, Gruppen, die sich gegen die Prinzipien und die Autorität der Erwachsenen auflehnen. Diese natürlichen Bedürfnisse, die fast immer zu einem rebellischen Verhalten führen, wurden durch die Bewegung der Pfadfinder auf ein höheres Niveau gehoben. Diese Bewegung entspricht einem wirklichen sozialen Entwicklungsbedürfnis, das der Natur der Kinder und der Jugendlichen innewohnt.

Dieser „Herdentrieb" ist etwas anderes als die Kohäsionskraft, welche die Basis für die Gesellschaft der Kleinkinder war. Die darauffolgenden Gesellschaftsformen, die sich weiterentwickeln, bis sie das Niveau der Gesellschaft der Erwachsenen erreichen, sind bewußt organisiert und brauchen von einem Menschen aufgestellte Regeln, wie auch einen Anführer, der sich Respekt verschafft.

Das Leben in der Gesellschaft ist ein natürliches Faktum, und als solches gehört es zur menschlichen Natur. Es entwickelt sich wie ein Organismus, der während seines Aufbaus verschiedene Merkmale aufweist. Ich möchte ihn mit der Herstellung eines Gewebes vergleichen, dem Spinnen, dem Weben, die von großer Bedeutung in der indischen Heimindustrie sind. Natürlich muß man bei den Anfängen beginnen und zuerst das weiße Büschel betrachten, das die Baumwollpflanze um ihren Samen bildet. Wollen wir den Aufbau der menschlichen Gesellschaft betrachten, müssen wir ebenfalls beim Kleinkind beginnen und es in seiner familiären Umgebung beobachten, in der es geboren wurde. Sobald die Baumwolle gepflückt ist, wird sie gereinigt – was auch die erste Arbeit in Gandhis Landwirtschaftsschulen ist –, indem man sie von den schwarzen Samen befreit, die an den Büscheln kleben. Diese erste Arbeit entspricht unserer Tätigkeit, wenn wir die Kinder aus den Familien bekommen und ihre Fehler korrigieren, ihnen helfen, sich zu konzentrieren und zu normalisieren. Gehen wir zur Arbeit des Spinnens über. Bei unserem Beispiel entspricht das Spinnen der Bildung der Personalität des Kindes, die durch Arbeit und soziale Erfahrung er-

---

[73] William McDougall, An Introduction to Social Psychology, London 1948.

reicht wird. Das ist die Basis des Ganzen: die Entwicklung der Personalität. Ist der Faden gut gezwirnt und fest, wird auch das Gewebe daraus in gleicher Weise fest sein. Die Qualität des Tuches hängt vom Garn ab. Diese Tatsache muß in erster Linie beachtet werden, denn das Gewebe aus schlechtem Garn hat keinen Wert.

Dann kommt der Moment, wo die Fäden auf den Webstuhl gespannt werden, alle in die gleiche Richtung und durch Häkchen an den Seiten befestigt. Sie laufen alle parallel und sind gleich lang und so getrennt, daß sie sich nicht berühren. Sie bilden den Einschlag eines Stoffes, sind aber nicht der Stoff selbst. Und doch könnte der Stoff ohne den Einschlag nicht gewebt werden. Wenn die Fäden zerreißen oder von der Stelle rücken, weil sie nicht gut in der gleichen Richtung befestigt waren, kann die Spule sie nicht durchqueren. Dieser Einschlag entspricht der Kohäsion der Gesellschaft. Die Vorbereitung der menschlichen Gesellschaft gründet sich auf die Tätigkeit der Kinder, die, getrieben von den Naturbedürfnissen in einer begrenzten Umgebung, handeln entsprechend unserem Beispiel mit dem Webstuhl. Schließlich sind sie alle in der Tendenz auf das gleiche Ziel verbunden.

Nun beginnt das eigentliche Weben, wenn die Spule durch die Fäden läuft und sie vereint, indem sie sie durch Querfäden fest an ihren Platz bindet. Dieses Stadium entspricht der organisierten Gesellschaft der Menschen, die sich auf Gesetze stützt und unter der Leitung einer Regierung steht, der alle gehorchen. Wenn wir es mit einem wirklichen Stück Stoff zu tun haben, bleibt dieses ganz, auch wenn wir es vom Webstuhl lösen. Es ist auch unabhängig fähig zu bestehen und kann benützt werden. Es kann eine unbegrenzte Menge davon erzeugt werden. Die Menschen bilden nicht nur deshalb eine Gesellschaft, weil sich jedes Individuum einer besonderen Aufgabe in seiner Umgebung zugewandt hat und eine bestimmte Arbeit leistet, wie das Kind in seiner Gruppe: Die letzte Form der menschlichen Gesellschaft gründet sich auf die Organisation.

Die beiden Dinge gehen allerdings ineinander über. Die Gesellschaft stützt sich nicht nur auf die Organisation, sondern auch auf die Kohäsion – und von den beiden ist letzteres das grundlegende Element und dient als Basis für den Aufbau der Organisation. Gute Gesetze und eine gute Regierung können nicht die Massen zusammenhalten und handeln lassen, wenn die Individuen nicht auf etwas ausgerichtet sind, was sie zusammenhält und zu einer Gruppe macht. Die Massen sind ihrerseits wieder mehr oder weniger stark und aktiv, je nach dem Entwicklungsgrad der Personalität der einzelnen Individuen und ihrer inneren Ausrichtung.

Bei den Griechen war die Bildung der Personalität die Grundlage für den gesellschaftlichen Aufbau. Alexander der Große, der einst ihr Anführer war, eroberte mit wenigen Männern ganz Persien. Auch die Moslems bilden eine gewaltige Einheit, nicht so sehr aufgrund ihrer Gesetze und ihrer Führer als wegen ihrer gemeinsamen Ideale. Periodisch ziehen sie in großen Pilgermassen nach Mekka. Diese Pilger kennen sich nicht untereinander, sie sind weder durch ein privates Interesse noch von einem Ehrgeiz getrieben; es sind Individuen, die auf das gleiche Ziel zustreben. Keiner treibt sie an, keiner befiehlt ihnen, und doch sind sie zu enormen Opfern bereit, um ihr Gelübde zu erfüllen. Diese Pilgerfahrten sind ein Beispiel für Kohäsion.

In der Geschichte Europas begegnen wir im Mittelalter einem Phänomen, das man in den heutigen, von Kriegen zerrütteten Zeiten vergeblich zu erreichen versucht hat: die echte Einheit der europäischen Nationen. Und wie kam es dazu? Das Geheimnis dieses Triumphes lag im religiösen Glauben, der alle Individuen der europäischen Reiche und Nationen erobert hatte und der sie durch seine gewaltige Kohäsionskraft vereinte. Damals gabe es wirklich Könige und Kaiser (von denen jeder sein Volk nach eigenen Gesetzen führte), die alle der Kraft des Christentums ergeben waren. Die Kohäsion genügt jedoch nicht, um eine Gesellschaft aufzubauen, die in der Welt tätig ist und eine auf Arbeit und Intelligenz gegründete Kultur schafft. In unseren Tagen können wir uns auf die Juden beziehen, die durch eine tausendjährige Kraft der Kohäsion zusammengehalten wurden, aber erst jetzt im Begriffe sind, sich als Nation zu organisieren. Sie sind wie der „Einschlag" eines Volkes.

Es ist bemerkenswert, daß wir in letzter Zeit auch ein neues geschichtliches Beispiel vor Augen haben. Mussolini und Hitler waren sich als erste darüber klar, daß man die Individuen von ihrer ersten Kindheit an vorbereiten muß, wenn man eine sichere Eroberung anstrebt. Sie erzogen die Kinder und Jugendlichen über Jahre hinaus und flößten ihnen ein Ideal ein, damit es sie vereine. Hierbei handelte es sich um ein neues logisches und wissenschaftliches Vorgehen, was immer auch der moralische Wert gewesen sein mag. Diese Führer fühlten, daß sie eine „Kohäsionsgesellschaft" als Basis für ihre Pläne benötigten, und bereiteten sie von Grund auf vor.

Die Kohäsionsgesellschaft ist jedoch ein Naturphänomen, das sich spontan und aufgrund der schöpferischen Anregung der Natur aufbauen muß. Keiner kann an Gottes Stelle treten, und wer es versucht, wird ein Dämon.

Das gleiche geschieht, wenn die Erwachsenen mit ihrem Stolz die schöpferischen Energien der kindlichen Personalität unterdrücken.

Auch die Kraft der Kohäsion bei den Erwachsenen beruht auf Idealen, die dem Mechanismus der Organisation überlegen sind. Es müßte zwei miteinander verflochtene Gesellschaften geben: Eine würde ihre Wurzeln sozusagen in der unbewußten schöpferischen Zone des Geistes haben, die andere würde von den Menschen, die bewußt handeln, abhängig sein. Mit anderen Worten: Die eine beginnt in der Kindheit, und die andere legt sich von seiten des Erwachsenen darüber. Denn wie wir zu Beginn dieses Buches gesehen haben, *absorbiert* der *absorbierende Geist* des Kindes die Merkmale des Volkes. Die Merkmale, die das Kind aufweist, wenn es als „geistiger Embryo" lebt, sind weder Entdeckungen des Verstandes noch der menschlichen Arbeit, sondern es handelt sich um jene Merkmale, die sich im kohäsiven Teil der Gesellschaft finden. Das Kind nimmt sie auf, inkarniert sie und formt dadurch seine eigene Personalität. Somit wird es ein Mensch mit einer bestimmten Sprache, einer bestimmten Religion und einer bestimmten Art von Gebräuchen. Das, was fest und fundamental ist, was grundlegend in der immer in Umwälzung befindlichen Gesellschaft ist, ist ihr kohäsiver Teil. Wenn wir dem Kind erlauben, daß es sich entwikkelt und die unsichtbaren Wurzeln dessen bildet, was der Erwachsene einmal sein wird, können wir das Geheimnis erkennen, von dem unsere individuelle und soziale Kraft abhängt.

Indessen – und wir brauchen uns nur umzuschauen, um es zu bemerken – beurteilen, handeln und richten sich die Menschen nur nach dem organisierten, bewußten Teil der Gesellschaft; sie wollen die Organisation festigen und sichern, als ob sie allein deren Schöpfer wären; sie schenken den unentbehrlichen Grundlagen dieser Organisation keinerlei Beachtung, sondern kümmern sich nur um die menschlichen Richtlinien, und ihr Streben gilt dem Finden einer Führung.

Wie viele hoffen auf einen neuen Messias, auf ein Genie, das die Kraft hat, zu erobern und zu organisieren! Nach dem Ersten Weltkrieg wurde der Vorschlag gemacht, Schulen für die Vorbereitung von *Führern* einzurichten, denn es hatte sich gezeigt, daß die, die es bereits gab, nicht genügend vorbereitet und nicht Herr der Geschehnisse waren. Es wurde tatsächlich versucht, durch „Tests" überlegene Personen herauszufinden, junge Leute, die sich während der Schulzeit als besonders geeignet gezeigt hatten, um sie für führende Stellungen vorzubereiten. Aber wer konnte sie ausbilden, wenn es zu diesem Zweck keine überlegenen Lehrkräfte gab?

Es sind nicht die Führer, die fehlen – oder wenigstens beschränkt sich die Frage nicht auf diese Einzelheit. Die Frage ist viel weitgreifender: Leider sind es die Massen, die für das soziale Leben unserer Zivilisation völlig unvorbereitet sind. Das Problem liegt also darin, die Massen zu erziehen, die Charaktere der Individuen zu erneuern, die in jedem von ihnen verborgenen Schätze aufzudecken und ihre Werte zu entwickeln. Das kann kein Führer vollbringen, auch wenn er ein noch so großes Genie ist. Mit einer unvorbereiteten Menge wird dieses Problem nie gelöst werden können.

Das ist das wichtigste und quälendste Problem unserer Zeit. Das Niveau der menschlichen Massen ist niedriger, als es sein müßte. Wir haben bereits das Diagramm der beiden Anziehungskräfte betrachtet, die eine, die vom Zentrum ausgeht, und die andere von der Peripherie. Die große Aufgabe der Erziehung muß darin liegen, die Normalität zu retten, die mit eigener Kraft dem Zentrum der Vollkommenheit zustrebt. Heute hingegen macht man nichts anderes, als künstlich unnormale Menschen, die zu Geisteskrankheiten neigen und ständiger Fürsorge bedürfen, zu betreuen, damit sie nicht in die Peripherie abgleiten; denn sind sie einmal dorthin geraten, werden sie zu extra-sozialen Wesen. Das, was heute geschieht, ist ein wahres Verbrechen an der Menschheit. Es schlägt auf uns alle zurück und könnte uns vernichten. Die Masse der Ungebildeten, die die halbe Erde bedeckt, ist keine wirkliche Last für die Gesellschaft. Das, was wiegt, ist die Tatsache, daß wir, ohne es zu bemerken, die Schöpfung des Menschen ignorieren und die von Gott selbst dem Kind mitgegebenen Schätze mit Füßen treten; denn dort ist die Quelle der moralischen und geistigen Werte, die die ganze Welt auf ein höheres Niveau bringen können. Wir weinen angesichts des Todes und streben danach, die Menschheit vor der Vernichtung zu bewahren. Aber es ist nicht die Rettung vor Gefahren, sondern unsere individuelle Erhebung und unser Schicksal selbst als Menschen, was wir vor Augen haben müssen. Nicht der Tod, sondern das verlorene Paradies muß uns betrüben.

Die größte Gefahr liegt in unserer Unwissenheit: Wir finden Perlen in den Austernschalen, Gold im Felsen, Kohle in den Eingeweiden der Erde, aber wir ignorieren den geistigen Keim, die Nebula der Schöpfung, die das Kind in sich birgt, wenn es in unsere Welt kommt, um die Menschheit zu erneuern.

Wenn in den normalen Schulen die bereits beschriebene spontane Organisation erlaubt wäre, würde diese zu einer erheblichen Verbesserung führen. Die Lehrer hingegen glauben, daß die Kinder beim Lernen nicht aktiv sind, und treiben sie dazu an und ermutigen sie, oder sie strafen und loben sie; und um sie anzuregen, ermutigen sie den Wettstreit und wollen damit die Anstrengung beleben. Man könnte meinen, daß alle auf der Suche des Bösen sind, um dann die Genugtuung zu haben, es zu bekämpfen: Der Erwachsene hat die Veranlagung, das Laster zu entdecken, um es zu unterdrücken. Aber das Verbessern der Fehler ist oft demütigend und entmutigend; und da es die Grundlage der Erziehung ist, ergibt sich daraus im allgemeinen ein Absinken des Lebensniveaus. In den Schulen ist es nicht erlaubt abzuschreiben. Es wird als eine Schuld angesehen, einem schwächeren Schüler zu helfen. Der Schüler, welcher seinem Gefährten hilft, der seine Aufgabe nicht fertigbringt, wird genauso als schuldig betrachtet wie der, der die Hilfe annimmt. Auf diese Weise bildet sich keine Einheit, und es wird ein Prinzip von Moralität auferlegt, das das normale Niveau senkt. Bei jeder Gelegenheit wird wiederholt: „Du sollst *nicht* trödeln", „Du sollst *nicht* unruhig sein", „Du sollst *nicht* helfen", „Antworte *nicht*, wenn du nicht gefragt bist." Alles ist negativ ausgerichtet. Was sollen wir in dieser Situation tun? Auch wenn der Lehrer versucht, das Niveau seiner Klasse zu heben, wird er dies immer anders tun, als es die Kinder tun würden. Vielleicht wird er bestenfalls sagen: „Sei nicht neidisch, wenn jemand besser ist als du", oder: „Räche dich nicht, wenn dich jemand beleidigt hat." Da die geläufige Erziehung voller Verbote ist, ist es allgemeine Ansicht, daß alle unrecht haben und die Aufgabe darin besteht, sie im Bereich des Möglichen zu verbessern. Aber die Kinder tun oft Dinge, die der Lehrer sich nicht einmal vorstellen kann: Sie sind nicht nur „nicht neidisch", sondern *bewundern* die, die besser sind als sie. Bestimmte Verhaltensweisen des Geistes können nicht erweckt werden, wenn sie nicht bestehen, aber wenn sie bestehen und instinktiv sind (wie sie es in Wirklichkeit sind), ist es außerordentlich wichtig, sie zu ermutigen und zu pflegen. Dasselbe kann auch gesagt werden über: „Du sollst dich nicht rächen!" Es geschieht oft, daß ein Kind mit einem anderen Freundschaft schließt, das es beleidigt hat; aber niemand kann es dazu *zwingen*. Man kann Sympathie und Liebe für jemanden empfinden, der Schlechtes tut; aber diese Sympathie kann uns nicht *aufgezwungen* werden. Es ist schön, einem geistig schwächeren Gefährten zu helfen, aber nicht aus *Zwang*. Wie ich sagte, müssen die natürlichen Gefühle unterstützt werden. Leider werden sie hingegen oft verhärtet, und die gesamte Arbeit der Schulen wickelt sich in der unteren weißen Zone ab (siehe Abb. 8), die zur anti-sozialen und extra-sozialen Peripherie neigt. Der Lehrer ist als erster der Meinung, daß das Kind unfähig ist und unterrichtet werden muß, und dann glaubt er gut daran zu tun, wenn er sagt: „Tu dies oder jenes nicht", oder mit anderen Worten: „Du sollst nicht in die Peripherie rutschen." Die normalisierten Kinder hingegen weisen einen klaren Hang zum Guten auf und haben nicht das Bedürfnis, das Schlechte zu „meiden". Ein weiterer negativer Akt ist die Unterbrechung der Arbeit nach einem Stundenplan, zu bestimmten Zeiten. Man sagt zum Kind: „Widme dich nicht zu lange einer Sache, sonst ermüdest du", während das Kind offensichtlich zeigt, daß es die größte Anstrengung vollbringen möchte. Die Schulen, die wir heute haben, können den schöpferischen Instinkt des Kindes nicht unterstützen. Die Kinder haben in sich einen Überschwang von Aktivität; eine Überschwenglichkeit in der intensiven Arbeit, in der Hochschätzung der Arbeit, im Trösten der Traurigen und in der Hilfe für die Schwachen. Ich möchte das Verhältnis der gewöhnlichen und der normalisierten Schulen mit dem des Alten und des Neuen Testaments vergleichen. Die Zehn Gebote des Alten Testaments: „Du sollst nicht töten", „Du sollst nicht stehlen", und all die anderen negativen Formeln eines Gesetzes sind nur für Menschen notwendig, deren Geist noch verdunkelt und verwirrt ist. Im Neuen Testament hingegen gibt uns Christus, ähnlich wie die Kinder, positive Gebote, wie: „Liebe deinen Feind!" Denen, die den anderen überlegen schienen, die die Gesetze befolgten und daher bewundert sein wollten, sagt Christus: „Ich bin für die Sünder gekommen." Es genügt jedoch nicht, die Menschen diese Prinzipien zu lehren; es genügt nicht, zu wiederholen: „Liebe deinen Feind", da dies nur in der Kirche gesagt wird und nicht auf dem Schlachtfeld, wo das Gegenteil geschieht. Wenn man sagt: „Du sollst nicht töten", wird die Aufmerksamkeit nur auf das Schlechte gelenkt, um sich selbst zu beschützen, als ob das Gute unerreichbar sei. Einen Feind zu lieben scheint so unmöglich zu sein, daß es im allgemeinen ein leeres Ideal bleibt.

Und warum? Weil die Güte ihre Wurzeln nicht im Herzen des Menschen hat: Vielleicht war es einmal so, aber inzwischen ist sie tot und begraben. Wenn Rivalität, Wetteifer und Ehrgeiz während der gesamten Erziehungsperiode ermutigt wurden, wie kann man dann von Menschen erwarten, die in dieser Atmosphäre aufgewachsen sind, daß sie mit zwanzig oder dreißig Jahren gut sind, nur weil ihnen Güte gepredigt wird? Ich bin der Meinung, daß das unmöglich ist, da für das geistige Leben keine Vorbereitung stattgefunden hat.

Nicht die Predigten, sondern die schöpferischen Instinkte sind wichtig, da sie eine Wirklichkeit darstellen: Die Kinder handeln der Natur entsprechend und nicht, weil sie der Lehrer dazu ermahnt. Das Gute sollte in der gegenseitigen Hilfe seinen Ursprung haben, in der Einheit, die der geistigen Kohäsion entspringt. Diese Gesellschaft, die sich aus der Kohäsion entwikkelt, wie es uns das Kind offenbart hat, ist die Grundlage aller Organisation. Daher bin ich der Meinung, daß wir Kinder von drei bis sechs Jahren nicht belehren können. Wir können sie täglich und stündlich bei ihren ununterbrochenen Übungen mit Verständnis beobachten und ihre Entwicklung verfolgen. Das, was eine Gabe der Natur ist, entwickelt sich durch ständige Arbeit: Die Natur bietet eine Führung, aber sie zeigt auch, daß für jede Entwicklung auf jedem Gebiet eine ständige Anstrengung und Erfahrung notwendig sind. Wenn diese Möglichkeit fehlt, können keine Predigten helfen. Das *Wachstum* hat seinen Ursprung in der Aktivität, nicht im intellektuellen Begreifen. Daher ist die Erziehung der Kleinen vor allem zwischen dem dritten und dem sechsten Lebensjahr wichtig, denn das ist die embryonale Periode für die Bildung des Charakters und der Gesellschaft (genauso, wie sich in der Periode von der Geburt bis zu drei Jahren die Psyche bildet und in der Periode vor der Geburt das physische Leben). Das, was das Kind zwischen dem dritten und sechsten Lebensjahr vollbringt, ist nicht von einer Doktrin abhängig, sondern von göttlichen Richtlinien, die den Geist beim Aufbau anleiten. Es sind die Keime des ,,menschlichen Verhaltens", und diese können sich nur in einer rechten Umgebung von Freiheit und Ordnung entfalten.

24. Der Fehler und seine Kontrolle

Die Kinder in unseren Schulen sind frei, aber eine Organisation ist notwendig: eine sorgfältigere Organisation, damit die Kinder frei sind zu *arbeiten*. Das Kind, das seine Erfahrungen in einer vorbereiteten Umgebung macht, vervollkommnet sich, aber es benötigt dazu ein besonderes Arbeitsmaterial. Wenn das Kind einmal zur Konzentration gelangt ist, kann es sich auch bei jeder Art der Tätigkeit konzentrieren. Je aktiver das Kind ist, um so weniger ist es der Lehrer, bis er fast völlig in den Hintergrund tritt.

Wir haben bereits angedeutet, daß sich die Kinder aufgrund von in Freiheit wiederholten Übungen zu einer besonderen Gemeinschaft zusammenschließen, die viel vollkommener ist als unsere. Dadurch wurden wir überzeugt, daß den Kindern immer Freiheit gelassen werden sollte, ohne daß wir uns einmischen. Es handelt sich um ein Phänomen des Lebens, so delikat wie das des embryonalen Lebens; und es sollte nicht im geringsten berührt werden. Wenn die notwendigen Bedingungen geschaffen werden, wird jeder Gegenstand, der den Bedürfnissen der Entwicklung entspricht, diese anregen.

In unseren Schulen besteht ein bestimmtes Verhältnis zwischen Lehrer und Kind. Die Aufgabe des Lehrers wird in einem anderen Kapitel erläutert werden, aber auf jeden Fall darf sich der Lehrer nicht durch Loben, Strafen oder Verbessern von Fehlern einschalten. Für viele Erzieher ist das ein falsches Prinzip, und sie sind immer in diesem Punkt gegen unsere Methode. Sie sagen: „Wie kann das Kind Fortschritte machen, wenn ihr nicht seine Fehler verbessert?" In der üblichen Erziehung ist es die grundlegende Aufgabe des Lehrers, sowohl auf moralischem wie auch auf intellektuellem Gebiet, zu verbessern. Die Erziehung bewegt sich in zwei Richtungen: entweder Lohn oder Strafe. Aber wenn ein Kind Lohn und Strafe erhält, bedeutet das, daß es nicht die Energie hat, um sich selbst zu lenken, und sich der ständigen Leitung des Lehrers unterordnet. Der Lohn und die Strafe

– die den spontanen Mühen der Entwicklung des Kindes fremd sind – unterdrücken und verletzen die Spontaneität des Geistes. Sie können daher in Schulen wie den unseren keinen Platz haben, wo man die Spontaneität ermöglichen und verteidigen möchte. Kinder, denen Freiheit gelassen wird, sind absolut indifferent gegenüber Lohn und Strafe.

Das Abschaffen der Preise hätte keine Proteste hervorgerufen, denn schließlich war das eine Ersparnis; auf jeden Fall bekamen nur wenige Kinder Preise, und im allgemeinen nur zum Jahresende. Aber die Strafen! Das war etwas anderes: Diese fielen jeden Tag an. Was bedeuten die Korrekturen im Aufgabenheft? Sie bedeuten, daß eine Eins oder eine Sechs erteilt wird. Wie kann eine Sechs eine „Korrektur" darstellen? In diesem Fall sagt die Lehrerin: „Ihr macht immer die gleichen Fehler; ihr hört nicht zu, wenn ich spreche; ihr werdet durch die Examen fallen." Alle Zensuren in den Heften und die Bemerkungen der Lehrerinnen erzeugen eine Verminderung der Energie und des Interesses. Zu sagen: „Du bist schlecht" oder: „Du bist dumm", ist demütigend. Es ist eine schwere Beleidigung, aber keine Korrektur. Denn das Kind muß besser werden durch das Korrigieren. Wie kann es aber besser werden, wenn es bereits unter dem Durchschnitt liegt und außerdem noch gedemütigt wird? Früher setzten die Lehrer den Kindern, die dumm zu sein schienen, Eselsohren auf und schlugen sie auf die Finger, wenn sie schlecht schrieben. Und wenn sie auch das ganze Papier der Welt dazu verwendet hätten, Eselsohren zu machen und die armen Fingerchen völlig zerschlagen hätten, sie hätten nichts korrigiert. Nur die Erfahrung und die Übung korrigieren die Fehler, und die Erwerbung der verschiedenen Fähigkeiten verlangt lange Übung. Wenn ein Kind undiszipliniert ist, wird es diszipliniert, indem es in der Gemeinschaft mit anderen Kindern arbeitet, und nicht, weil es sagen hört, daß es undiszipliniert ist. Wenn ihr einen Schüler darauf aufmerksam macht, daß er etwas nicht kann, ist es möglich, daß er euch antwortet: „Warum sagst du mir das, das wußte ich bereits!" Das ist kein Verbessern, sondern ein einfaches Aufzeigen der Tatsachen. Besserung und Vervollkommnung treten nur dann ein, wenn sich das Kind, so viel und so lange es will, üben kann.

Es kann auch geschehen, daß Fehler unterlaufen, ohne daß das Kind es merkt. Aber auch der Lehrer kann sich irren, ohne zu wissen, daß er einen Fehler begeht. Leider geht der Lehrer immer von dem Gesichtspunkt aus, daß er nie irrt und ein Vorbild ist. Wenn er aber einen Fehler begeht, wird er es sicherlich nicht vor dem Kind zugeben. Seine Würde beruht auf dem Rechthaben. Der Lehrer muß unfehlbar sein. Das ist nicht Schuld der Lehrer, die durch die Umstände zu dem beschriebenen Verhalten gezwungen sind, sondern der schulischen Erziehung, die sich auf falsche Grundlagen stützt.

Betrachten wir den Fehler an sich. Es muß zugegeben werden, daß alle irren können; es ist eine Lebensrealität; und wird das zugegeben, ist das ein bedeutender Schritt auf dem Weg zum Fortschritt. Wenn wir den Weg der Wahrheit und der Realität beschreiten wollen, müssen wir zugeben, daß alle irren können, denn sonst wären wir alle vollkommen. So wird es besser sein, dem Fehler gegenüber ein freundschaftliches Verhalten an den Tag zu legen und ihn als einen Gefährten zu betrachten, der mit uns lebt und einen Sinn hat – und den hat er wirklich. Viele Fehler korrigieren sich spontan im Laufe des Lebens. Das kleine einjährige Kind läuft unsicher, schwankt und fällt, aber schließlich läuft es richtig. Es verbessert seinen Fehler, *indem es wächst und seine Erfahrung macht*. Wir geben uns der Illusion hin, im Leben der Vervollkommnung entgegenzugehen: In Wirklichkeit machen wir Fehler über Fehler und verbessern sie nicht; wir erkennen sie nicht und leben in einer Illusion und außerhalb der Wirklichkeit. Der Lehrer, der davon ausgeht, vollkommen zu sein und seine eigenen Fehler nicht zugibt, ist kein guter Lehrer. Wohin wir auch schauen, treffen wir immer auf den Herrn Fehler! Und wenn wir der Vollkommenheit entgegengehen wollen, müssen wir auf die Fehler achten; denn die Vollkommenheit wird nur durch deren Verbessern erreicht. Man muß sie bei vollem Licht betrachten und sich vor Augen halten, daß sie existieren, so wie das Leben selbst existiert.

Die exakten Wissenschaften (Mathematik, Physik, Chemie usw.) lenken die Aufmerksamkeit auf die Fehler, denn es sind Wissenschaften, die zur Aufgabe haben, Fehler deutlich zu machen. Das wissenschaftliche Studium der Fehler hat mit den positiven Wissenschaften begonnen, die als gegen Fehler immun betrachtet werden, denn sie messen genau und können den Fehler abschätzen. Zwei Dinge sind wichtig: 1. eine gewisse Exaktheit zu erreichen, 2. den Fehler mit Exaktheit abzuschätzen. Die Wissenschaft gibt uns stets annähernde und nie absolute Werte; und diese annähernden Werte werden im Resultat berücksichtigt. Zum Beispiel gibt eine Spritze gegen Mikroben in 95% der Fälle ein sicheres Ergebnis, aber es ist wichtig, zu wissen, daß zu 5% eine Unsicherheit besteht. Auch ein Maß wird bis zu einer gewissen Zahl von Tausendstel als genau betrachtet. In der Wissenschaft wird nichts ohne den Hinweis auf den möglichen Fehler gegeben oder angenommen, und die Berechnung der Fehler gibt den Elementen ihre

Bedeutung. Keine Daten werden ernst genommen, wenn dem Ergebnis nicht der mögliche Fehler, der ebenso wichtig wie das Ergebnis selbst ist, beigefügt wird. Wenn die Berechnung des Fehlers für die exakten Wissenschaften von so großer Wichtigkeit ist, dann noch mehr für unsere Arbeit, wo dem Fehler ein besonderes Interesse gilt und man ihn kennen muß, um ihn zu korrigieren und zu kontrollieren.

Wir gelangen also zu einem wissenschaftlichen Prinzip, das auch ein Prinzip der Wahrheit ist, die „Fehlerkontrolle". Was auch immer in der Schule von Lehrern, Kindern oder anderen getan wird, immer treten Fehler auf. Im Leben der Schule muß das Prinzip eingeführt werden, daß nicht das *Korrigieren*, sondern *die individuelle Kontrolle* des Fehlers von Bedeutung ist, die uns darauf hinweist, ob wir recht haben oder nicht. Ich muß wissen, ob ich gut gearbeitet habe oder schlecht, und wenn ich vorher den Fehler leicht genommen habe, wird er jetzt interessant für mich. In den normalen Schulen macht ein Schüler Fehler, ohne es zu wissen, unbewußt und mit Gleichgültigkeit, denn er muß ja nicht seine eigenen Fehler korrigieren, sondern das ist Aufgabe des Lehrers. Wie weit ist dieses Vorgehen vom Bereich der Freiheit entfernt! Wenn ich nicht die Fähigkeit habe, meine Fehler zu kontrollieren, muß ich mich an jemand anders wenden, der es möglicherweise nicht besser kann als ich. Wieviel wichtiger ist es, seine Fehler zu kennen und sie kontrollieren zu können. Die Erkenntnis, daß wir einen Fehler begehen können und ihn ohne Hilfe sehen und kontrollieren können, ist eine der größten Errungenschaften der psychischen Freiheit. Wenn es etwas gibt, das den Charakter unentschlossen macht, dann ist es die Tatsache, nicht etwas ohne fremde Hilfe kontrollieren zu können. Daraus entspringt ein Minderwertigkeitsgefühl, das sich in einem Mangel an Selbstvertrauen auswirkt. Die Kontrolle des Fehlers wird zur Richtschnur, die zeigt, ob wir uns auf dem rechten Weg befinden.

Angenommen, ich will irgendwohin gehen und kenne den Weg nicht, was oft im Leben passiert. Um sicher zu sein, werde ich eine Landkarte mitnehmen, und längs der Straße werde ich Schilder antreffen, die mir anzeigen, wo ich mich befinde. Ich kann ein Schild gesehen haben mit der Aufschrift: „Ahmedabad zwei Meilen". Wenn ich hingegen plötzlich ein Schild sehe, was besagt: „Bombay 50 Meilen", merke ich, daß ich mich geirrt habe. Die Karte und die Beschilderung haben mir geholfen. Wenn ich die Karte nicht gehabt hätte, hätte ich fragen müssen und hätte widersprüchliche Auskünfte erhalten. Ohne Führer oder Kontrolle ist ein Vorankommen unmöglich.

Was also bei den positiven Wissenschaften und im praktischen Leben notwendig ist, muß in der Erziehung von Beginn an als Notwendigkeit vorausgesetzt werden: die Möglichkeit den Fehler zu kontrollieren. So ist *zugleich* mit dem Unterricht und dem Material die Fehlerkontrolle wesentlich. Die Möglichkeit fortzuschreiten liegt zum großen Teil in der Freiheit, in einem sicheren Weg und in der Fähigkeit, selbst festzustellen, wenn wir einen Fehler begangen haben. Wenn es uns gelingt, in der Schule und im praktischen Leben diesem Prinzip zu folgen, kommt es nicht darauf an, ob der Lehrer oder die Mutter vollkommen sind oder nicht. Die von den Erwachsenen begangenen Fehler haben etwas Interessantes an sich, und die Kinder nehmen daran Anteil, aber mit vollkommenem Abstand. Es wird für sie ein Aspekt der Natur, und die Tatsache, daß sich alle irren können, erweckt in ihrem Herzen eine große Zuneigung: Es ist eine neue Ursache für die Einheit zwischen Mutter und Kind. Die Fehler bringen uns näher und machen uns zu Freunden. Die Brüderlichkeit entsteht eher auf dem Weg der Fehler als auf dem der Perfektion. Wenn jemand perfekt[74] ist, kann er sich nicht mehr ändern. Wenn zwei perfekte Personen zusammen sind, streiten sie sich meistens, weil es keine Möglichkeit mehr gibt, sich zu ändern und sich zu verstehen.

Betrachten wir zum Beispiel eine der ersten Übungen der Kinder mit dem Material. Es gibt Zylinder, die alle gleich hoch sind, aber mit unterschiedlichem Durchmesser, die sich in Blöcke mit entsprechenden Öffnungen einfügen lassen. Die erste Übung besteht darin, zu erkennen, daß sich einer vom anderen unterscheidet; und die zweite darin, sie mit drei Fingern zu halten. Das Kind beginnt, sie in ihren Block zu stecken; aber wenn es fertig ist, merkt es, daß es einen Fehler gemacht hat, denn ein Zylinder ist zu groß für die kleine Öffnung, die übriggeblieben ist; und die anderen wackeln in ihrer Fassung. So betrachtet es sie mit größerer Aufmerksamkeit. Es steht vor dem Problem des als Beweis für den Fehler übriggebliebenen Zylinders. Gerade dadurch wächst sein Interesse an der Übung und läßt es sie öfter wiederholen. Somit verfolgt das genannte Material zwei Zwecke: 1. die Sinne des Kindes zu schärfen, 2. ihm die Möglichkeit zu geben, die Fehler zu kontrollieren.

Unser Material hat die Besonderheit, eine sichtbare und greifbare Fehlerkontrolle zu bieten; ein zweijähriges Kind kann es benutzen, sich Kenntnis

---

[74] Gegenüber Montessoris Begriffen „perfezione" und „perfezionamento" schlägt hier in der Verwendung des Wortes „perfekt" die unbefangenere Auffassung von dem Zusammenhang zwischen menschlicher Unvollkommenheit und Zuneigung durch (d. Hrsg.).

über die Fehlerkontrolle aneignen und die Vervollkommnung anstreben. Aufgrund der täglichen Erfahrung durch solche Übungen eignet es sich die Möglichkeit an, seine Fehler zu korrigieren und seiner selbst sicher zu werden. Das bedeutet nicht Vollkommenheit, sondern das Abschätzen der eigenen Möglichkeiten. Dadurch wird es fähig, etwas zu leisten. Es könnte sagen: „Ich bin weder vollkommen noch allmächtig, aber ich bin zu diesem fähig, ich kenne meine Kraft, ich weiß auch, daß ich Fehler machen kann und mich korrigieren kann. So kenne ich meinen Weg." Darin liegen Klugheit, Sicherheit und Erfahrung, sichere Hilfsmittel in Richtung auf die Vollkommenheit. Diese Sicherheit zu erreichen, ist nicht so einfach, wie man es sich vorstellen könnte, noch ist es leicht, den Weg der Vervollkommnung zu beschreiten. Jemandem zu erklären, er sei albern, dumm, mutig, gut oder schlecht, ist eine Art von Verrat. Das Kind muß sich selbst darüber klarwerden, was es tut; und es ist nötig, ihm mit der Möglichkeit, sich zu entwickeln, auch die an die Hand zu geben, die eigenen Fehler zu kontrollieren.

Betrachten wir ein wenig später ein Kind, das auf diese Weise erzogen wurde. Es wird arithmetische Übungen durchführen, wobei ihm immer die Möglichkeit gegeben ist, diese Operationen zu prüfen. Das Kind wird sich daran gewöhnen, von sich aus sein eigenes Tun zu kontrollieren. Diese Kontrolle ist anziehender als die Übung selbst. Dasselbe gilt fürs Lesen. Das Kind muß eine Übung durchführen, die darin besteht, beschriftete Kärtchen zu den entsprechenden Gegenständen zu legen. Etwas abseits sind andere Kärtchen, auf denen die gleichen Gegenstände mit den dazugehörigen Bezeichnungen abgebildet sind, und zwar zur Kontrolle. Das große Vergnügen des Kindes besteht nun darin, festzustellen, ob es einen Fehler gemacht hat oder nicht.

Wenn wir in der Praxis des Schullebens diese Fehlerkontrolle immer ermöglichen, sind wir auf dem Weg der Vervollkommnung. Das Interesse für das Sich-Verbessern und die ständigen Überprüfungen und Kontrollen sind so wichtig für das Kind, daß sie geradezu den Fortschritt sicherstellen. Von Natur aus tendiert es zur Genauigkeit, und die Art und Weise, sie in die Wirklichkeit umzusetzen, zieht es an. In einer unserer Schulen sah ein Mädchen einen geschriebenen Befehl, der folgendermaßen abgefaßt war: „Gehe hinaus, mache die Türe zu und komm zurück." Es las ihn aufmerksam, dann wollte es gehorchen, aber auf halbem Weg kehrte es um und ging zur Lehrerin: „Wie kann ich wieder hereinkommen, wenn ich die Türe zumache?" „Du hast recht", sagte die Lehrerin, „ich habe mich geirrt", und korrigierte den Satz. Darauf das Kind mit einem Lächeln: „Ja, jetzt kann ich es tun."

Aus dieser Fehlerkontrolle entspringt eine Form der Brüderlichkeit; Fehler trennen die Menschen, aber die Kontrolle über diese ist eine Möglichkeit, sie zu vereinen. Einen Fehler zu korrigieren, kann, in welchem Bereich auch immer, zu einem allgemeinen Interesse werden. Der Irrtum selber wird interessant; er wird zu einer Bindung und sicherlich zu einem Bindemittel der Menschen untereinander, aber besonders zwischen Kindern und Erwachsenen. Einen kleinen Fehler beim Erwachsenen zu entdecken ruft nicht mangelnden Respekt beim Kind oder eine Verminderung der Würde des Erwachsenen hervor, der Irrtum wird eine Sache an sich, der einer Kontrolle unterworfen werden kann.

So bringen uns die kleinen Schritte zu großen Dingen.

25. Die drei Stufen des Gehorsams

In der gewöhnlichen Erziehung des Charakters gilt die hauptsächliche Aufmerksamkeit dem Willen und dem Gehorsam. Im allgemeinen sind dies zwei entgegengesetzte Begriffe im Verständnis der Menschen. Eine der Hauptaufgaben der Erziehung ist immer noch die, den Willen des Kindes zu brechen und ihn durch den des Erwachsenen zu ersetzen, der Gehorsam verlangt.

Ich möchte diese Ideen klären, indem ich mich auf meine Erfahrung stütze und nicht auf eine Meinung. Zuerst müssen wir zugeben, daß auf diesem Gebiet eine große Unklarheit besteht. Die biologischen Studien zeigen uns, daß der Wille des Menschen Teil einer universalen Kraft ist (horme), und diese universale Kraft ist nicht physischer Natur, sondern die Kraft des in der Entwicklung befindlichen Lebens. Jede Lebensform neigt unwiderstehlich zur Entwicklung, und den Impuls dazu gibt die Horme. Die Entwicklung wird von festliegenden Gesetzen geleitet und nicht vom Glück und vom Zufall: Diese Lebensgesetze zeigen uns, daß der Wille des Menschen ein Ausdruck dieser Kraft ist und das Verhalten gestaltet. Diese Kraft wird in der Kindheit teilweise bewußt, sobald das Kind eine von ihm selbst beschlossene Handlung vollendet, und entwickelt sich dann in ihm weiter, aber nur aufgrund der Erfahrung. Somit können wir sagen, daß der Wille etwas ist, das sich entwickeln muß, und insofern er natürlich ist, gehorcht er natürlichen Gesetzen.

Die Unklarheit auf diesem Gebiet rührt auch von der Meinung her, daß die willentlichen Handlungen des Kindes von Natur aus ungeordnet und manchmal heftig sind. Das ist darauf zurückzuführen, daß die Menschen Handlungen dieser Art beim Kind beobachten und glauben, sie seien Ausdruck seines Willens. Aber das ist nicht so: Diese Handlungen gehören nicht in den Bereich der universalen Kraft (horme). Es wäre offensichtlich widersinnig, wenn wir beim Verhalten der Erwachsenen Krämpfe oder

Zornesausbrücke als vom Willen geleitete Äußerungen ansehen würden. Tatsächlich verstehen wir unter Willen etwas, das einen zu erreichenden Zweck und eine zu überwindende Schwierigkeit einschließt. Wenn man hingegen die willentlichen Handlungen als Bewegungen betrachten würde, die fast immer ungeordnet sind, würde daraus die Notwendigkeit erwachsen, den Willen zu zähmen oder, wie man früher sagte, „den Willen zu brechen". Wird das als notwendig empfunden, würde sich daraus logischerweise ergeben, daß der Wille des Kindes durch unseren ersetzt wird, indem man es zwingt „zu gehorchen".

In Wirklichkeit führt der Wille nicht zur Unordnung und Gewalt; sondern das sind Zeichen der Abweichung und des Leidens. In seinem natürlichen Bereich ist der Wille eine Kraft, die zu wohltätigen Handlungen dem Leben gegenüber anregt. Die Natur teilt dem Kind die Aufgabe zu zu wachsen; und der Wille ist eben eine Kraft, die das Wachstum und die Entwicklung anregt.

Ein Wille, der das will, was das Individuum tut, geht den Weg der bewußten Entwicklung. Unsere Kinder wählen sich spontan ihre Arbeit, und indem sie die gewählte Übung wiederholen, entwickeln sie das Bewußtsein ihrer Handlungen. Das, was zu Beginn nur ein vitaler Impuls (horme) war, wird eine Handlung des Willens: Zuerst handelte das Kind instinktiv, jetzt handelt es bewußt und willentlich. Das ist ein Erwachen des Geistes.

Das Kind selbst hat diesen Unterschied verstanden und verleiht ihm auf eine Weise Ausdruck, die immer eine wertvolle Erinnerung unserer Erfahrungen sein wird. Eine vornehme Dame besuchte eines Tages unsere Schule, und aufgrund ihrer veralteten Mentalität sagte sie zu einem Kind: „Hier könnt ihr also tun, was ihr wollt, nicht wahr?" Und das Kind antwortete: „Nein, wir tun nicht das, was wir wollen, sondern wir wollen das, was wir tun." Das Kind fühlte den feinen Unterschied zwischen Tun, was einem gefällt, und Lieben, was man tut.

Eines muß klarsein: Der bewußte Wille ist eine Macht, die sich durch die Übung und die Arbeit entwickelt. Unsere Aufgabe ist es, den Willen auszubilden, und nicht die, ihn zu brechen. Der Wille kann fast in einem Moment gebrochen werden. Seine Entwicklung hingegen ist ein langsamer Prozeß, der sich durch eine ständige Tätigkeit in Beziehung zur Umgebung vollzieht. Es ist einfach zu zerstören. Ein Haus kann in wenigen Sekunden durch eine Bombardierung oder ein Erdbeben vernichtet werden; aber wie schwierig ist hingegen der Aufbau! Er verlangt Kenntnis der Statik, der

Haltbarkeit des Materials und auch der Kunst, damit der Bau harmonisch ist.

Wenn all das für einen unbelebten, materiellen Aufbau notwendig ist, wieviel mehr verlangt der Aufbau des menschlichen Geistes! Dieser findet im Innern statt. Die Erbauer können daher weder die Mutter noch die Lehrerin sein: Sie sind nicht die Architekten, sondern können nur das schöpferische Werk, das vom Kind selbst ausgeht, unterstützen. Zu helfen, das müßte ihre Aufgabe und ihr Ziel sein; aber sie haben auch die Macht, durch Unterdrückung zu zerstören und zu zerbrechen. Dieser Punkt, der durch viele Vorurteile unklar geworden ist, muß geklärt werden.

Das verbreitetste Vorurteil in der normalen Erziehung besagt, daß alles durch Belehrung erreicht werden kann, das heißt, indem man sich an das Gehör des Kindes wendet oder indem man sich selbst zu Nachahmung als Beispiel hinstellt (eine Art visueller Erziehung). Die Personalität kann jedoch nur durch selbsttätige Übungen entwickelt werden. Das Kind wird allgemein als ein rezeptives statt als ein aktives Individuum betrachtet. Das geschieht auf jedem Gebiet. Sogar die Entwicklung der Vorstellungskraft wird nach diesen Gesichtspunkten behandelt: Dem Kind werden Märchen von Feen, bezaubernden Prinzen und Prinzessinnen erzählt, und man glaubt auf diese Weise das Vorstellungsvermögen des Kindes zu entwikkeln; aber indem es diese und andere Geschichten hört, *empfängt* es nur Eindrücke, entwickelt jedoch nicht im geringsten sein eigenes Vorstellungsvermögen – eine der höchsten Qualitäten der Intelligenz. Beim Willen ist dieser Fehler noch schwerwiegender, denn die übliche Erziehung nimmt nicht nur dem Willen die Gelegenheit, sich zu entwickeln, sondern behindert diese Entwicklung und hemmt auf direkte Weise seinen Ausdruck. Jeder Versuch von seiten des Kindes, Widerstand zu leisten, wird als eine Art Rebellion unterdrückt; man könnte sagen, daß der Lehrer alles mögliche versucht, um den Willen des Schülers zu zerstören. Andererseits versetzt das Prinzip, durch Beispiel zu lehren, den Lehrer in die Lage, sich den Schülern als Vorbild hinzustellen, indem er die Welt der Phantasie ausschließt. Somit bleiben Vorstellungsvermögen und Wille untätig, und die Tätigkeit des Kindes beschränkt sich darauf, dem Lehrer zu folgen, sei es, er erzählt ihm Geschichten, oder er handelt.

Wir müssen uns endlich von diesen Vorurteilen befreien und uns mutig der Wirklichkeit stellen.

In der traditionellen Erziehung stellt der Lehrer Überlegungen an, die einigermaßen logisch erscheinen mögen. Er denkt: ‚Um erziehen zu können, muß ich gut und vollkommen sein. Ich weiß, was man tun und nicht tun darf; daher genügt es, wenn die Kinder mich nachahmen und mir gehorchen.' Der Gehorsam ist die geheime Grundlage für den Unterricht. Ich kann mich nicht entsinnen, welcher berühmte Erzieher diesen Grundsatz aufstellte: „Alle Tugenden des Kindes fassen sich in einer zusammen: dem Gehorsam."

Auf diese Weise wird die Aufgabe des Lehrers leicht und erhebend. Er sagt: „Ich habe vor mir ein Wesen, das leer ist oder voller Fehler. Ich werde es umformen und nach meinem Vorbild neu erschaffen." Er schreibt sich so die Kräfte zu, die in den biblischen Worten ausgedrückt sind: „Und Gott schuf den Menschen nach seinem Bild und Gleichnis."

Der Erwachsene ist sich natürlich nicht darüber im klaren, daß er sich an die Stelle Gottes rückt; er vergißt vor allem einen anderen Teil der biblischen Geschichte, die besagt, wie der Teufel zum Teufel wurde, gerade weil ihn sein Stolz dazu trieb, den Platz des Schöpfers einzunehmen.

Das Kind trägt in sich das Werk eines Schöpfers, der viel größer ist als der Lehrer, der Vater und die Mutter, und dennoch muß es sich unterwerfen. In anderen Zeiten benutzten die Lehrer den Stock, um ihren Zweck zu erreichen, und auch noch vor kurzer Zeit erklärten die Lehrer in einem Land, das unter anderen Gesichtspunkten hoch zivilisiert ist: „Wenn wir auf die Peitsche verzichten müssen, verzichten wir darauf, zu erziehen." Auch in der Bibel finden wir unter den Sprüchen Salomons den berühmten, daß die Eltern, die nicht den Stock für ihre Kinder benützen, schlechte Eltern seien, da sie dadurch ihre Kinder zur Hölle verdammen. Die Disziplin stützt sich auf Drohungen und Angst. Und damit kommt man zu der Schlußfolgerung, daß das ungehorsame Kind schlecht und das gehorsame gut sei.

Wenn man über diese Haltung des Lehrers in unserer Zeit der demokratischen Theorien und der Freiheit nachdenkt, kommt man zwangsläufig zu dem Schluß, daß in dem noch bestehenden Erziehungsschema der Lehrer dazu verurteilt ist, ein Tyrann zu sein. Nur daß die Tyrannen – schon an sich viel intelligenter – mit der Willenskraft auch ein wenig Originalität und eine gewisse Dosis Vorstellungsvermögen verbinden, während die Lehrer des alten Typs nur Illusionen und Vorurteile haben und unvernünftige Regeln vertreten. Zwischen dem Tyrann und dem Lehrer besteht auch folgender Unterschied: Während der erste harte Mittel zum Aufbau anwendet, wendet der zweite die gleichen Mittel an, um sein Ziel zu verfehlen. Es ist ein grundlegender Irrtum, zu glauben, daß der Wille des Individuums zerstört werden muß, damit es Gehorsam leisten kann, das heißt, das anzunehmen und auszuführen, was ein anderer beschließt. Wenn wir die gleiche Überlegung auf die geistige Erziehung übertragen würden, müßten wir sagen, daß man die Intelligenz zerstören muß, um dem Kind unsere Kultur beibringen zu können.

Es ist etwas ganz anderes, wenn wir Gehorsam bei Individuen erreichen, die bereits ihren Willen entwickelt und sich frei dazu entschlossen haben, dem unseren zu folgen. Diese Art Gehorsam ist eine Huldigung, ein Anerkennen der Überlegenheit des Lehrers, die ihm Genugtuung bringen sollte.

Wille und Gehorsam sind untereinander verbunden, da der Wille die Grundlage ist und der Gehorsam eine zweite Phase im Entwicklungsprozeß bezeichnet. Dann erlangt der Gehorsam eine höhere Bedeutung, als sich der Erzieher im allgemeinen vorstellt: Er kann als *Sublimation* des individuellen Willens betrachtet werden.

Der Gehorsam kann auch als ein Phänomen des Lebens und ein Charakteristikum der Natur betrachtet werden. Tatsächlich haben wir bei unseren Kindern die Entwicklung des Gehorsams wie eine Art Evolution beobachtet; er offenbart sich spontan und überraschend und ist das Endziel eines langen Vervollkommnungsprozesses.

Die Gesellschaft könnte nicht existieren, wenn in der menschlichen Seele nicht diese Eigenschaft vorhanden wäre, wenn die Menschen sich nicht im Laufe des Evolutionsprozesses die Fähigkeit, Gehorsam zu leisten, aneignen würden. Es genügt ein oberflächlicher Blick auf das, was in der Welt geschieht, um zu sehen, inwieweit die Menschen Gehorsam leisten. Diese Art des Gehorsams ist gerade der Grund dafür, warum enorme Gruppen von Menschen in den Abgrund der Zerstörung fallen: ein Gehorsam ohne Kontrolle, ein Gehorsam, der ganze Nationen ins Unglück stürzt. Es fehlt nicht an Gehorsam in der Welt, ganz im Gegenteil! Der Gehorsam als natürliche Folge der Entwicklung der menschlichen Seele ist wirklich offensichtlich, aber das, was leider weithin fehlt, ist die Kontrolle des Gehorsams.

Das, was wir bei Kindern in einer Umgebung, die ihre natürliche Entwicklung unterstützt, beobachten konnten, hat uns klar gezeigt, wie der Gehorsam als einer der hervorstechendsten Faktoren des Charakters Fortschritte macht. Diese Beobachtung wirft ein neues Licht auf die Sache.

Im Laufe unserer Erfahrung haben wir recht gut gesehen, wie sich der Gehorsam analog zu anderen Charaktereigenschaften entwickelt: Zuerst wird er von der Horme befohlen, dann erreicht er das Niveau des Bewußtseins. Dort entwickelt er sich weiter und steigt Stufe um Stufe, bis er vom bewußten Willen kontrolliert werden kann.

Versuchen wir zu definieren, was für einige Gehorsam wirklich bedeutet. Im Grunde ist er das, was er immer bedeutet hat: Der Lehrer und die Eltern befehlen den Kindern das, was diese tun müssen, und die Kinder antworten auf diesen Befehl, indem sie ihn ausführen.

Die natürliche Entwicklung des Gehorsams kann in drei Stufen eingeteilt werden. Auf der *ersten Stufe* gehorcht das Kind nur gelegentlich, nicht immer. Diese Tatsache, die einem launischen Verhalten zugeschrieben werden könnte, muß analysiert werden.

Der Gehorsam ist nicht nur mit dem verbunden, was wir im allgemeinen „guten Willen" nennen. Während der ersten Lebensperiode gehorchen die Handlungen des Kindes vielmehr der Horme. Das ist allen klar bis zum Ende des ersten Jahres. Zwischen dem ersten und sechsten Lebensjahr wird dieses Phänomen weniger offensichtlich im Maße, wie sich im Kind das Bewußtsein und die Kontrolle über sich selbst entwickeln. Während dieser Periode hängt der Gehorsam von Tatsachen der Entwicklung ab. Um die befohlene Handlung durchführen zu können, sind eine gewisse Fähigkeit und ein gewisser Grad an Reife notwendig. Der Gehorsam müßte daher im Zusammenhang mit der Entwicklung und den Lebensbedingungen beurteilt werden. Es ist unsinnig, jemandem zu befehlen, mit der Nase zu laufen, denn das ist physiologisch unmöglich; genauso ist es unmöglich, zu einem, der nicht schreiben kann, zu sagen: „Schreib einen Brief!" Daher ist es notwendig, zuerst die materiellen Möglichkeiten für den Gehorsam zu schaffen in Verbindung mit der erreichten Entwicklung. Daher kann das Kind nicht vor dem dritten Lebensjahr gehorsam sein, wenn der erhaltene Befehl nicht dem Lebensimpuls entspricht. Es ist dazu nicht fähig, denn es hat sich selbst noch nicht aufgebaut: Es ist noch mit der unbewußten Ausarbeitung der Mechanismen seiner Personalität beschäftigt und hat noch nicht den Punkt erreicht, wo sie sich stabilisiert haben und es sich ihrer für seine Vorhaben bedienen und sie bewußt beherrschen kann. Das Beherrschen bedeutet einen Fortschritt in der Entwicklung. Wie Kinder und Erwachsene zusammenleben, macht es verständlich, daß der Erwachsene keinen Gehorsam von einem Zweijährigen erwartet. In diesem Alter wird der Erwachsene aufgrund von Logik, Intuition oder eines mehr als tausendjährigen Zusammenlebens nur mehr oder wenig heftig die Handlungen des Kindes verbieten können, die dieses versuchen wird zu wiederholen.

Der Gehorsam ist jedoch nicht nur eine Unterlassung; er besteht vor allem darin, in Übereinstimmung mit dem Willen einer anderen Person zu handeln. Obwohl sich das größere Kind nicht mehr in der ursprünglichen Vorbereitungsphase, wie wir sie als geheimnisvollen Lebensvorgang beschrieben haben, befindet, wie das Kind von null bis drei Jahren, stehen wir auch in dieser nachfolgenden Periode analogen Tatsachen gegenüber. Auch nach dem dritten Lebensjahr muß das Kind gewisse Eigenschaften entwickelt haben, um gehorchen zu können. Es kann nicht plötzlich nach dem Willen eines anderen Individuums handeln, noch kann es von einem Tag zum anderen den Grund und die Logik erkennen, warum es das tun soll, was man von ihm will. Gewisse Fortschritte sind das Ergebnis einer *inneren Bildung,* die verschiedene Stadien durchläuft. Solange diese Bildungsperiode anhält, kann es geschehen, daß das Kind ab und zu eine befohlene Handlung durchführen kann, aber diese wird einem eben erreichten inneren Reifegrad entsprechen; nur wenn die innere Reife fest und beständig ist, kann der Wille über sie verfügen. Etwas Ähnliches geschieht, wenn das Kind sich bemüht, die ersten mechanischen Elemente der Bewegung zu erlernen. Ungefähr mit einem Jahr versucht das Kind die ersten Schritte zu machen, aber oft fällt es hin und wird es dann eine Weile nicht mehr versuchen. Wenn sich hingegen der Laufmechanismus völlig stabilisiert hat, wird es in jedem Moment darüber verfügen können. Hier liegt ein zweiter, sehr wichtiger Punkt. In diesem zweiten Stadium hängt der Gehorsam des Kindes vor allem von der Entwicklung seiner Fähigkeiten ab. Es kann zum Beispiel geschehen, daß es ihm gelingt, einmal, aber nicht ein zweites Mal zu gehorchen: Diese Unfähigkeit, den Akt des Gehorsams zu wiederholen, wird dem „bösen Willen" zugeschrieben. Wenn das so ist, kann die Erzieherin mit ihrem Insistieren und ihrer Kritik die innere Entwicklung hemmen, die im Gange ist. Bei Pestalozzi, dem berühmten Schweizer Erzieher, der noch immer Einfluß auf die Schulen in der ganzen Welt hat, finden wir ein sehr wichtiges Element. Pestalozzi war der erste, der einen väterlichen Ton in die Behandlung der Schüler einführte. Er war voller Sympathien für sie und stets bereit, ihnen zu verzeihen. Launisches Verhalten wurde jedoch nicht verziehen, das heißt, wenn ein Kind einmal folgte und das andere Mal nicht. Wenn es einmal einen Befehl durchgeführt hatte, bedeutete das, daß es die Fähigkeit dazu besaß; und wenn es sich weigerte, es ein zweites Mal zu tun, gab es für Pestalozzi keine Entschuldigung. Das war der einzige Fall, wo er keine Nachsicht walten ließ. Wenn Pestalozzi auf diese Weise urteilte, wieviel öfter fallen die anderen Lehrer in den gleichen Fehler!

Andererseits gibt es nichts Schädlicheres, als gerade dann zu entmutigen, wenn eine besondere Entwicklung im Gange ist. Wenn ein Kind noch nicht Herr über seine Handlungen ist, wenn es ihm noch nicht gelingt, seinem eigenen Willen zu gehorchen, dann wird es ihm noch weniger gelingen, einem anderen Menschen zu gehorchen. Und das geschieht nicht nur in der Kindheit. Wie oft spielt ein Anfänger ein Stück gut auf seinem Instrument das erste Mal, und wenn man ihn am nächsten Tag darum bittet, es noch einmal zu spielen, wird er es nicht mehr genausogut können; ihm fehlt nicht der Wille, sondern die Übung und die Sicherheit.

Das, was wir als *erste Stufe des Gehorsams* bezeichnen, ist die Zeit, in der das Kind gehorchen kann, es ihm aber nicht immer gelingt: Es ist die Zeit, in der Gehorsam und Ungehorsam Hand in Hand gehen.

Die *zweite Stufe* ist erreicht, wenn das Kind immer folgen kann, das heißt, wenn es keine Hindernisse mehr gibt, die von seinem Entwicklungsstand abhängen. Seine gut gefestigten Fähigkeiten können jetzt nicht nur von seinem Willen angeleitet werden, sondern auch vom Willen anderer Menschen. Das ist auf dem Gebiet des Gehorsams ein großer Schritt vorwärts. Man könnte es mit der Fähigkeit vergleichen, von einer Sprache in die andere zu übersetzen. Das Kind kann den Willen einer anderen Person aufnehmen und dementsprechend handeln: Das ist das höchste Niveau, das die Erziehung anstrebt. Der gewöhnliche Lehrer strebt nach keiner Stufe von Gehorsam, die über das Immer-Gehorchen hinausgeht. Wenn dem Kind hingegen die Möglichkeit gegeben wird, den Gesetzen der Natur zu folgen, übertrifft es bei weitem unsere Erwartungen.

Das Kind bleibt hier nicht stehen, sondern schreitet zur *dritten Stufe des Gehorsams* fort. Hier übersteigt der Gehorsam die Beziehung zu der erlangten Fähigkeit, die ihn in die Verfügbarkeit des Kindes setzt. Der Gehorsam wendet sich einer Persönlichkeit zu, deren Überlegenheit es fühlt. Es ist, als ob das Kind sich darüber klar würde, daß der Lehrer zu größeren Dingen fähig ist als es selbst; es ist, als würde es zu sich selbst sagen: „Dieser Mensch, der mir so überlegen ist, kann durch seine besondere Macht in meine Intelligenz eindringen, damit ich so bedeutend werde wie er. Er wirkt in mir!" Dieses Gefühl scheint dem Kind eine große und tiefe Freude zu geben. Von diesem höhergestellten Wesen Anleitung zu erhalten ist eine unerwartete Entdeckung, die neuen Enthusiasmus mit sich bringt; das Kind wird begierig zu folgen. Womit könnten wir dieses natürliche und wundervolle Phänomen vergleichen? Vielleicht auf einem anderen Niveau mit dem Instinkt des Hundes, der seinen Herrn liebt, und dem

Gehorsam, mit dem er seinen Willen erfüllt. Wenn ihm sein Herr einen Ball zeigt, schaut er ihn intensiv an, und wenn der Herr ihn weit weg wirft, läuft er, bringt ihn triumphierend zurück und erwartet einen anderen Befehl. Der Hund ist begierig darauf, Befehle zu erhalten, und läuft mit vor Freude wedelndem Schwanz, um zu gehorchen. Die dritte Stufe des Gehorsams des Kindes ähnelt ungefähr diesem Verhalten. Gewiß aber gehorcht es immer mit überraschender Bereitwilligkeit und scheint darauf zu warten.

Die Erfahrungen einer Lehrerin nach zehnjähriger Praxis geben uns interessante Beispiele. Sie leitete ihre Klasse sehr gut, aber konnte sich nicht davon zurückhalten, oft Ratschläge zu erteilen. Eines Tages sagte sie: „Räumt alles auf, bevor ihr heute abend nach Hause geht." Die Kinder warteten nicht, bis sie den Satz zu Ende gesprochen hatte, sondern sobald sie vernommen hatten: „Räumt alles auf . . .", beeilten sie sich, dies sorgfältig und schnell zu tun. Dann hörten sie mit Überraschung: „. . . wenn ihr heute abend nach Hause geht." Sie waren so schnell in ihrem Gehorsam geworden, daß die Lehrerin aufpassen mußte, wie sie sich ausdrückte. Tatsächlich hätte sie in diesem Fall sagen sollen: „Bevor ihr heute abend nach Hause geht, räumt alles auf." Sie erzählte, daß ähnliche Fälle sich jedesmal dann ereigneten, wenn sie sich nicht genügend überlegte, wie sie sich ausdrückte, und sie fühlte sich verantwortlich für die unverzügliche Reaktion der Kinder. Das war für sie eine erstaunliche Erfahrung, denn die Befehle schienen natürliche Attribute der Autorität zu sein. Sie fühlte nicht die Last, sondern die Verantwortung ihrer einflußreichen Position. Um Ruhe zu erreichen, genügte es, daß sie das Wort „Stille" an die Tafel schrieb, und alle schwiegen, noch bevor sie den Buchstaben „S" zu Ende geschrieben hatte.

Auch meine Erfahrung, die mich dazu führte, die „Lektion der Stille" einzuführen, beweist diese Neigung zum Gehorsam, der in diesem Fall ein Phänomen gemeinschaftlichen Gehorsams war. Das beweist eine wunderbare und unerwartete Übereinstimmung einer ganzen Gruppe von Kindern, die sich fast mit mir identifizierten.

Um absolute Stille zu erreichen, müssen alle einverstanden sein: Wenn einer es nicht ist, ist die Stille gebrochen; daher muß das Bewußtsein vorhanden sein, gemeinsam zu handeln, um ein Ergebnis zu erreichen. Hier beginnt ein bewußter sozialer Konsens.

An diesen Leiseübungen könnte die Willenskraft dieser Kinder gemessen werden; mit dem Wiederholen der Übung wuchs die Kraft, und die Zeiten der Stille wurden länger. Diese Übung erweiterten wir durch eine Art Appell. Der Name eines jeden Kindes wurde geflüstert, und das Kind, das sich rufen hörte, trat leise hervor, während die anderen unbeweglich sitzen blieben; denn jedes aufgerufene Kind löste sich langsam von der Gruppe und versuchte keinen Lärm zu machen. Man kann sich vorstellen, wie das zuletzt aufgerufene warten mußte, bis es an der Reihe war! Diese Kinder hatten unglaublich ihren Willen entwickelt. Das Hemmen der Impulse sowie die Kontrolle der eigenen Handlungen ist eines der großen Ergebnisse dieser Übung. Von hier leitet sich ein Zug unserer Methode ab: Auf der einen Seite der Wille, auswählen und frei tätig sein zu können, und auf der anderen die Einschränkung. In dieser Umgebung konnten sie ihren Willen üben sowohl im Handeln wie in der Enthaltung zu handeln und bildeten wirklich eine bewundernswerte Gruppe. Der Gehorsam entwickelte sich in den Kindern, weil alle Elemente vorbereitet worden waren.

Die Kraft zu gehorchen ist die letzte Phase in der Entwicklung des Willens, der seinerseits den Gehorsam ermöglicht. Bei unseren Kindern ist das Niveau der erreichten Entwicklung so, daß sie der Lehrerin sofort gehorchen, gleich, was sie befiehlt. Sie fühlt nun, daß sie vorsichtig sein muß und diese große Ergebenheit nicht ausnützen darf, und wird sich darüber klar, welche Charaktereigenschaft ein Führer haben muß. Nicht wer Sinn für große Autorität hat, sondern wer Sinn für große Verantwortlichkeit hat, ist Führer.

26. Die Montessori-Lehrerin und die Disziplin

Eine unerfahrene Lehrerin, voller Enthusiasmus und Glauben an die Ergebnisse dieser inneren Disziplin, die sich in einer kleinen Gemeinschaft entwickeln sollte, steht vor nicht leichten Problemen. Sie versteht und glaubt, daß den Kindern bei der Wahl ihrer Beschäftigung Freiheit gelassen werden soll, so wie man sie auch nie bei einer spontanen Tätigkeit unterbrechen soll. Weder Unterweisungen noch Drohungen, weder Belohnungen noch Strafen sind erlaubt. Die Lehrerin muß sich still und passiv in einer geduldigen Erwartung verhalten, sich fast durch Annullieren ihrer eigenen Personalität zurückziehen, so daß der Geist des Kindes Raum erhält, sich frei zu entfalten. Sie hat den Kindern eine Menge Material, fast alles Material zur Verfügung gestellt. Aber anstatt daß sich die Unordnung vermindert, nimmt sie einen alarmierenden Umfang an.

Sind die Prinzipien, die sie gelernt hat, vielleicht falsch? Nein! Zwischen der Theorie und den Ergebnissen fehlt etwas; und das ist die praktische Erfahrung. Die unerfahrene Anfängerin hat an diesem Punkte Anleitung und Erklärungen nötig. Ähnlich geht es dem jungen Arzt oder jedem, der mit dem Studium in das Reich der Ideen und Prinzipien eingedrungen ist und dann allein vor den Tatsachen des Lebens steht, die geheimnisvoller sind als die Unbekannte in den ungelösten mathematischen Aufgaben.

Wir müssen uns vor Augen halten, daß das Phänomen der inneren Disziplin etwas ist, was vollendet werden muß, nicht etwas, was vorher bereits besteht. Unsere Aufgabe ist es, auf den Weg der Disziplin zu führen. Die Disziplin wird dann entstehen, wenn das Kind seine Aufmerksamkeit auf den Gegenstand konzentriert hat, der es anzieht, der nicht nur eine nützliche Übung, sondern auch die Fehlerkontrolle erlaubt. Dank dieser Übungen wird eine wunderbare Koordination der kindlichen Individualität bewirkt, durch welche das Kind ruhig, strahlend glücklich, beschäftigt und selbstvergessen und infolgedessen gegenüber Preisen und materiellen

Belohnungen gleichgültig wird. Diese kleinen Eroberer ihrer selbst und der Welt, die sie umgibt, sind tatsächlich kleine Übermenschen, die uns die göttliche Seele, die im Menschen ist, offenbaren. Die Lehrerin hat die glückliche Aufgabe, den Weg zur Vollkommenheit zu weisen, indem sie die Mittel dazu zur Verfügung stellt und die Hindernisse aus dem Weg räumt – und hier muß sie bei dem Hindernis beginnen, das sie selbst sein könnte. Denn die Lehrerin kann ein sehr großes Hindernis darstellen. Wenn die Disziplin bereits vorgegeben wäre, wäre unsere Arbeit nicht notwendig, das Kind hätte einen sicheren Instinkt, der es befähigen würde, jede Schwierigkeit zu überwinden.

Aber das Kind, das mit drei Jahren in die Schule kommt, ist ein Kämpfer im Stadium, von Repressionen überwältigt zu werden; es hat bereits eine Verteidigungshaltung entwickelt, die seine tiefste Natur verdeckt. Die starken Energien, die es zu einer friedlichen Disziplin und einer göttlichen Weisheit führen könnten, schlafen noch: Das, was aktiv bleibt, ist eine oberflächliche Personalität, die sich selbst in unkoordinierten Bewegungen erschöpft, in unbestimmten Ideen, im Versuch, gegen die Repressionen der Erwachsenen anzukämpfen oder ihnen zu entfliehen.

Aber Weisheit und Disziplin warten darauf, im Kind geweckt zu werden. Die Repressionen haben gegen das Kind gearbeitet. Aber es ist noch nicht ganz verdorben, und seine Anomalien sind noch nicht fixiert, und damit sind unsere Bemühungen nicht umsonst. Die Schule muß dem Geist des Kindes den Raum und das Vorrecht geben, sich zu entfalten. Gleichzeitig muß die Lehrerin bedenken, daß die Verteidigungsreaktionen und generell die niederen Eigenschaften, die sich das Kind angeeignet hat, bereits bestehende Hindernisse für das sich entfaltende geistige Leben sind und daß sich das Kind davon befreien muß.

Das ist der „Ausgangspunkt" für die Erziehung. Wenn die Lehrerin nicht den puren Impuls von der spontanen Energie unterscheiden kann, die einem ausgeruhten Geist entspringt, wird sie keinen Erfolg haben. Die wahre Grundlage für die Wirkung der Lehrerin liegt darin, zwei Arten der Tätigkeit unterscheiden zu können, die beide den Anschein der Spontaneität haben. Denn in beiden Fällen handelt das Kind mit seinem eigenen Willen, aber sie haben eine ganz entgegengesetzte Bedeutung. Nur wenn die Lehrerin ein Unterscheidungsvermögen erlangt hat, kann sie Beobachter und Führer werden. Die dazu notwendige Vorbereitung ähnelt der eines Arztes: Er muß vor allem lernen, die physiologischen von den pathologischen Faktoren zu unterscheiden. Wenn er nicht fähig ist, die Gesundheit von der Krankheit zu unterscheiden, sondern nur den toten vom lebendigen Menschen unterscheiden kann, wird er nie die immer feineren Unterschiede zwischen den pathologischen Phänomenen feststellen können, und es wird für ihn unmöglich sein, eine richtige Diagnose der Krankheit aufzustellen. Diese Fähigkeit, das Gute vom Bösen zu unterscheiden, ist das Licht, das den verborgenen Weg der Disziplin erleuchtet, der zur Vollkommenheit führt. Ist es möglich, die Symptome oder Kombinationen von Symptomen auf genügend klare und umfassende Weise zu unterscheiden, um auch in der Theorie die verschiedenen Stadien zu erkennen, die die kindliche Seele in ihrem Aufstieg zur Disziplin durchläuft? Das ist möglich, und der Lehrerin kann zur Orientierung ein Richtpunkt gegeben werden.

Das Kind im Zustand der Ungeordnetheit [75]

Betrachten wir das Kind von 3 oder 4 Jahren als noch nicht von den Elementen berührt, die auf es einwirken, um eine innere Disziplin zu schaffen.

Es gibt drei Arten und Eigenschaften, die mit Hilfe einer einfachen Beschreibung leicht erkannt werden können:

1. Die willkürlichen Bewegungen sind ungeordnet. Ich spreche nicht von der Absicht der Bewegungen, sondern von den Bewegungen selbst. Es fehlt eine grundlegende Koordinierung; dieses Symptom, das eher einen Spezialisten für Nervenkrankheiten interessieren sollte als einen Philosophen, ist von großer Bedeutung. Der Arzt beobachtet die kleinsten Einzelheiten, die die willkürlichen Bewegungen eines schwer erkrankten Patienten betreffen; zum Beispiel bei einem Paralytiker in den ersten Stadien der langsamen Lähmung. Der Arzt weiß, daß diese Einzelheiten eine grundlegende Bedeutung haben, und er stützt seine Diagnose eher auf diese als auf die geistigen Abweichungen oder auf das ungeordnete Verhalten, die zu den Symptomen dieser Krankheit gehören. Das in seinen Bewegungen ungeschickte Kind wird auch andere offensichtliche Eigenschaften aufweisen, wie ungeordnete Handlungen, unkontrolliertes Verhalten, Verrenkungen der Glieder und Schreien, aber diese Äußerungen haben einen geringen Indikationswert. Eine Erziehung, die mit Feingefühl die ersten Bewegungen koordiniert, wird von sich aus jede Unordnung in den willkürlichen Bewegungen vermindern. Anstatt zu versuchen, die unzähligen äußeren

---

[75] Das im italienischen Text verwandte Wort „Chaos" ist hier, wie an anderen Stellen ihres Schrifttums, von Montessori nicht als Untergangschaos, sondern als fruchtbares Anfangschaos verstanden (d. Hrsg.).

Manifestationen einer Abweichung vom rechten Weg der Entwicklung zu korrigieren, genügt es, wenn der Lehrer ein interessantes Mittel zur intelligenten Entwicklung harmonischer Bewegungen zur Verfügung stellt.

2. Ein anderes Charakteristikum, das immer die genannte Unordnung begleitet, ist die Schwierigkeit oder Unfähigkeit des Kindes, die Aufmerksamkeit auf reale Dinge zu lenken. Sein Verstand zieht es vor, im Bereich der Phantasie zu schweben. Wenn es mit Steinen oder trockenen Blättern spielt, tut es so, als bereite es die feinsten Festmahle auf prächtigen Tafeln vor, und seine Vorstellungskraft wird wahrscheinlich in die gröbsten Ausschweifungen verfallen, wenn es erwachsen ist. Der Verstand erschöpft sich, je mehr er sich von seiner normalen Funktion trennt, und wird ein nutzloses Instrument des Geistes, der seinem Sinn nach der Entfaltung des inneren Lebens bedarf. Leider glauben viele, daß diese die Personalität zersetzende Kraft die Kraft sei, die das geistige Leben entwickelt. Sie behaupten, daß das innere Leben an sich schöpferisch sei; aber durch sich ist es nichts oder nur Schatten, Steinchen oder tote Blätter.

Das innere Leben baut sich hingegen auf der Grundlage einer einheitlichen Personalität auf, die in der äußeren Welt gut orientiert ist. Der umherschweifende Verstand, der sich selbst von der Wirklichkeit loslöst, trennt sich von seiner normalen Funktion, trennt sich, muß man sagen, von der normalen Gesundheit. In dieser phantastischen Welt, zu der es neigt, gibt es keine Fehlerkontrolle, nichts, was die Gedanken koordiniert. Die Beachtung der realen Dinge mit der daraus folgenden praktischen Anwendung in der Zukunft wird unmöglich. Dieses Leben der Vorstellung – wie es zu unrecht bezeichnet wird – ist ein Schwund der Organe, die wesentlich für das geistige Leben sind. Die Lehrerin, die versucht, die Aufmerksamkeit des Kindes auf etwas Reales zu lenken – indem sie die Wirklichkeit zugänglich und anziehend gestaltet –, und der es gelingt, das Kind daran zu interessieren, einen richtigen Tisch zu decken und eine richtige Mahlzeit zu servieren, ruft den Verstand des Kindes zurück, der fern vom Weg seines eigenen Wohls schweift. Das einzige notwendige Hilfsmittel ist die Koordinierung der vervollkommneten Bewegungen und das Zurückrufen der umherschweifenden Aufmerksamkeit in die Wirklichkeit. Wir müssen nicht eine Seite einer grundlegenden Abweichung nach der anderen korrigieren wollen. Sobald die Fähigkeit erreicht wird, den Verstand auf reale Dinge zu konzentrieren, kehrt der Verstand in den gesunden Zustand zurück und wird normal funktionieren.

3. Das dritte Phänomen, das die anderen beiden begleitet, ist die Neigung

zur Nachahmung, die immer größere Fertigkeit und Schnelligkeit erreicht. Es ist ein Zeichen großer Schwäche und eine Übertreibung der normalen Eigenschaften zweijähriger Kinder. (Die Nachahmung bei kleineren Kindern ist anderer Natur, die wir hier nicht behandeln können.) Diese Neigung ist das Anzeichen für einen Willen, der seine Werkzeuge nicht vorbereitet, noch seinen eigenen Weg gefunden hat, sondern den Spuren anderer folgt. Das Kind hat nicht den Weg der Vervollkommnung eingeschlagen, es befindet sich in der Gewalt der Winde wie ein Schiff ohne Steuer. Jeder, der ein zweijähriges Kind beobachtet, mit einer auf Nachahmung beruhenden, beschränkten Zahl von Gedanken als Inbegriff seines Wissens, wird die entartete Form der Nachahmung erkennen, von der ich spreche. Sie hängt zusammen mit der Unordnung, der geistigen Unbeständigkeit, und neigt dazu, das Kind in die Tiefe zu ziehen, wie jemand, der die Stufen einer Treppe hinabsteigt.

Es genügt, daß ein Kind in der Klasse etwas Schlechtes oder Lautes tut, indem es sich zum Beispiel lachend oder schreiend auf den Boden wirft, und viele oder alle Kinder folgen dem Beispiel oder treiben es noch schlimmer. Eine sinnlose Handlung vermehrt sich in einer Kindergruppe und auch über diese hinaus. Diese Art von Herdeninstinkt führt zur kollektiven Unordnung, dem Gegensatz zum gesellschaftlichen Leben, das sich auf die Arbeit und die Ordnung stützt. Der Geist der Nachahmung verbreitet und erhöht in der Menge die Fehler des Individuums: am Punkt des geringsten Widerstandes beginnt die Entartung.

Je mehr diese Art der Entartung Fuß faßt, um so schwieriger ist es für die Kinder, dem zu gehorchen, der sie zu Besserem führt. Aber sind sie einmal auf den rechten Weg gebracht, wird den verschiedenen Folgen eines Fehlers ein Ende gesetzt.

Der Anruf

Eine Lehrerin, die eine Klasse solcher Kinder zu leiten hat und der nur die grundlegende Idee zur Verfügung steht, den Kindern die Mittel zur Entwicklung zu bieten und sie sich frei ausdrücken zu lassen, kann sich in einer beängstigenden Situation befinden. Die kleine Hölle, die unter den Kindern auszubrechen beginnt, wird alles, was erreichbar ist, mit sich ziehen, und wenn die Lehrerin passiv bleibt, wird sie von einem fast unvorstellbaren Durcheinander und Lärm übermannt werden. Die Lehrerin, die sich aus Unerfahrenheit oder weil sie sich zu streng oder zu einfältig an Prinzipien und Ideen hält, in einer ähnlichen Situation befindet, muß die

Kräfte bedenken, die in diesen kleinen, göttlich reinen und großmütigen Seelen ruhen. Sie muß diesen kleinen Wesen zum Wiederaufsteigen helfen, die auf einen abschüssigen Weg geraten sind. Ein kräftiger Verweis ist nur eine gütige Handlung gegenüber diesen kleinen Seelen. Fürchtet euch nicht davor, das Schlechte zu zerstören. Wir müssen uns nur fürchten, das Gute zu zerstören. So wie wir ein Kind bei seinem Namen rufen müssen, noch bevor es antworten kann, so ist ein kraftvoller Anruf notwendig, damit die Seele erwacht. Die Lehrerin muß ihr Material aus der Schule nehmen und ihre Prinzipien aus dem, was sie gelernt hat, und dann muß sie in der Praxis allein die Frage des Anrufs lösen. Nur ihre Intelligenz kann das Problem lösen, das in jedem einzelnen Fall unterschiedlich sein wird. Die Lehrerin kennt die grundlegenden Symptome und die klaren Heilmittel, die Theorie der Behandlung; *der Rest ist ihre Sache.* Der gute Arzt wie der Lehrer ist ein Individuum und nicht eine Maschine, die Medikamente eingibt oder pädagogische Methoden anwendet. Die Einzelheiten sind der Entscheidung der Lehrerin überlassen, die ebenfalls ihre ersten Schritte auf diesem neuen Weg geht. Sie muß entscheiden, ob es besser ist, im allgemeinen Durcheinander die Stimme zu erheben oder einigen Kindern etwas zuzuflüstern, damit in den anderen Kindern die Neugier erwacht und sie so zur Ruhe gebracht werden. Eine kräftig angeschlagene Klaviersaite beruhigt das Durcheinander wie ein Peitschenhieb.

Die scheinbare Ordnung

Eine erfahrene Lehrerin wird nie eine große Unordnung in ihrer Klasse haben, denn bevor sie zurücktritt, um den Kindern Freiheit zu lassen, wird sie für einige Zeit wachsam sein und die Kinder anleiten, so daß sie sie im negativen Sinn „vorbereitet", d. h., daß sie die unkontrollierten Bewegungen unterdrückt. Zu diesem Zweck gibt es eine Reihe von vorbereitenden Übungen, die sich die Lehrerin merken muß, und die Kinder, deren Sinn von der Wirklichkeit abschweift, werden die starke Hilfe verspüren, die die Lehrerin ihnen bieten kann. Ruhig, fest und geduldig wird ihre Stimme mit Lob und Ermahnung zu den Kindern dringen. Einige Übungen sind besonders nützlich, wie zum Beispiel Tische und Stühle ordentlich hinzustellen, ohne Krach zu machen; eine Reihe Stühle aufzustellen und sich hinzusetzen; von einem Ende der Klasse zum anderen auf Zehenspitzen zu gehen. Wenn die Lehrerin wirklich ihrer selbst sicher ist, wird das genügen, um anschließend sagen zu können: „Jetzt sind wir ruhig", und wie durch Zauber wird sofort Ruhe eintreten. Die einfachsten Übungen des praktischen Lebens werden die kleinen irrenden Geister auf den festen Boden der realen Arbeit zurückführen. Nach und nach wird die Lehrerin das Material anbieten, aber den Kindern nie freie Wahl lassen, solange sie nicht verstanden haben, damit umzugehen.

Jetzt haben wir eine ruhige Klasse vor uns. Die Kinder treten mit der Wirklichkeit in Kontakt; ihre Beschäftigung hat einen besonderen Zweck, wie einen Tisch abzuwischen, einen Fleck zu entfernen, zum Schrank zu gehen, ihm ein Material zu entnehmen und es korrekt zu benutzen usw.

Man sieht, daß sich die Fähigkeit der freien Wahl durch die Übung verstärkt. Im allgemeinen ist die Lehrerin zufrieden, aber sie hat den Eindruck, daß das von der Montessori-Methode bestimmte Material nicht ausreichend ist, und steht vor der Notwendigkeit, anderes hinzuzufügen. In einer Woche hat ein Kind wieder und wieder das ganze Material benutzt. Der Großteil der Schulen überschreitet vielleicht nicht diesen Punkt.

Nur ein Faktor offenbart die Anfälligkeit dieser scheinbaren Ordnung und droht das gesamte Werk zusammenbrechen zu lassen: Die Kinder gehen von einem Ding zum anderen über, führen jede Übung einmal durch und nehmen dann etwas anderes aus dem Schrank. Das Kommen und Gehen vor dem Schrank nimmt kein Ende. Kein Kind hat auf der Erde, auf die es herabgestiegen ist, ein Interesse gefunden, das fähig ist, in ihm die göttliche und starke Natur wiederzuerwecken: Seine Personalität übt sich nicht, noch entwickelt und stärkt sie sich. Bei diesen flüchtigen Kontakten kann die äußere Welt nicht den Einfluß auf es ausüben, der seinen Geist mit der Welt ins Gleichgewicht bringt. Das Kind ist wie eine Biene, die von einer Blume zur anderen fliegt und nicht die findet, auf der sie sich niederläßt, den Nektar saugt und sich befriedigt. Es vertieft sich nicht in die Arbeit, bis es spürt, wie in ihm die wundervolle instinktive Aktivität erwacht, die bestimmt ist, seinen Charakter und seinen Geist aufzubauen.

Die Lehrerin fühlt, daß ihre Aufgabe schwierig ist, wenn die zerstreute Aufmerksamkeit an diesen Punkt gelangt ist; dazu läuft sie noch von einem Kind zum anderen und überträgt ihre Aufregung. Sobald sie den Rücken wendet, spielen viele Kinder müde und gelangweilt mit dem Material und machen den unsinnigsten Gebrauch davon. Während die Lehrerin sich mit einem Kind beschäftigt, machen die anderen Fehler. Der so vertrauensvoll erwartete moralische und geistige Fortschritt entsteht nicht.

Diese scheinbare Disziplin ist wirklich zerbrechlich, und die Lehrerin spürt, wie die Unordnung in der Luft liegt, und ist immer in einem gespannten Zustand. Die große Mehrheit der nicht genügend vorbereiteten und erfahrenen Lehrerinnen glaubt zum Schluß, daß das so sehnsüchtig erwartete „neue Kind", von dem so viel gesprochen wurde, nur eine Illusion, ein Ideal ist. In Wirklichkeit ist eine Klasse, die durch einen nervösen Energieaufwand zusammengehalten wird, für die Lehrerin anstrengend und für die Kinder nicht nutzbringend.

Es ist notwendig, daß die Lehrerin fähig ist, den Zustand der Kinder zu verstehen. Diese kleinen Geister befinden sich in einer Periode des Übergangs. Sie finden nicht die offene Tür und klopfen, damit ihnen jemand öffne. In bezug auf den Fortschritt gibt es wenig zu beobachten! Dieser Zustand ist dem Chaos näher als der Disziplin. Die Arbeit dieser Kinder wird unvollendet sein, die elementaren Koordinierungsbewegungen werden ohne Kraft und Anmut und die Handlungen launenhaft sein. Im Vergleich zur ersten Periode, in der die Kinder nicht im Kontakt mit der Wirklichkeit waren, haben sie nur einen geringen Fortschritt gemacht. Es handelt sich um eine Genesung nach einer Krankheit. Es ist eine entscheidende Periode in der Entwicklung, und der Lehrer muß zwei verschiedene Funktionen ausüben: die Kinder überwachen und individuelle Lektionen erteilen, d. h., das Material regelmäßig vorführen und genau zeigen, wie es gebraucht wird. Das allgemeine Überwachen und die mit Genauigkeit erteilten individuellen Lektionen sind zwei Mittel, mit denen die Lehrerin die Entwicklung des Kindes unterstützen kann. In dieser Periode muß die Lehrerin darauf achten, daß sie nie der Klasse den Rücken zuwendet, während sie sich mit einem einzelnen Kind beschäftigt. Ihre Anwesenheit muß fühlbar sein für alle diese kleinen umherschweifenden Seelen, die auf der Suche nach Leben sind. Die genauen und umfassenden Lektionen, die jedem Kind ganz für sich gegeben werden, sind ein Angebot, das die Lehrerin an die Tiefe des kindlichen Geistes macht. Eines Tages wird dann ein kleiner Geist erwachen, das *Ich* eines Kindes wird sich eines Gegenstandes bemächtigen, die Aufmerksamkeit wird sich auf die Wiederholung einer Übung konzentrieren, die Übung vervollkommnet die Fähigkeit, der strahlende Ausdruck des Kindes, sein zufriedenes Benehmen werden ein Zeichen dafür sein, daß sein Geist wiedergeboren ist.

Die Disziplin

Die freie Wahl ist die höchste Tätigkeit: Nur das Kind, das weiß, was es benötigt, um sich zu üben und sein geistiges Leben zu entwickeln, kann wirklich frei auswählen. Man kann von keiner freien Wahl sprechen, wenn jeder äußere Gegenstand gleichermaßen das Kind lockt und wenn dieses aufgrund mangelnder Willenskraft jedem Anruf folgt und rastlos von einem Ding zum anderen übergeht. Das ist eine der wichtigsten Unterscheidungen, zu der die Lehrerin fähig sein muß. Das Kind, das noch nicht einer inneren Führung gehorchen kann, ist noch nicht das freie Kind, das sich auf den langen und schmalen Weg der Vervollkommnung begibt. Es ist noch Sklave oberflächlicher Empfindungen, die es der Gewalt der Umgebung ausliefern; sein Geist springt wie ein Ball von einem Gegenstand zum anderen. Der Mensch wird *geboren,* wenn seine Seele sich selbst fühlt, sich konzentriert, orientiert und auswählt.

Dieses einfache und große Phänomen offenbart sich in jedem geschaffenen Wesen. Alle Lebewesen haben die Fähigkeit, in einer komplizierten und vielseitigen Umgebung das und nur das auszuwählen, was zur Erhaltung des Lebens notwendig ist.

Die Pflanzenwurzeln wählen im Boden unter den vielen Elementen nur die aus, die sie benötigen; ein Insekt wählt auf bestimmte Weise aus und konzentriert sich auf die Blume, die dazu geschaffen ist, es aufzunehmen. Beim Menschen ist dieses wunderbare Urteilsvermögen kein einfacher Instinkt, sondern etwas, das errungen werden muß. Den Kindern ist, vor allem in den ersten Jahren, eine tiefe Sensibilität als geistige Notwendigkeit eigen, die falsch geleitete Erziehung oder Repressionen zum Verschwinden bringen und durch eine Art Sklaverei der äußeren Sinne gegenüber jedem Gegenstand der Umgebung ersetzen können. Wir selbst haben diese tiefe, vitale Sensibilität verloren, und beim Kind, bei dem wir sie erstehen sehen, stehen wir wie vor der Offenbarung eines Geheimnisses. Sie äußert sich im zarten Akt der freien Wahl, den eine nicht beobachtungsfähige Lehrerin zerstört hätte, noch bevor er Form angenommen hätte, wie ein Elefant die Knospe einer Blume zertreten kann, die sich eben auf einer Wiese öffnet.

Das Kind, das seine Aufmerksamkeit auf einen gewählten Gegenstand fixiert hat und das sich in der Wiederholung einer Übung ganz konzentriert, ist im Sinne der geistigen Gesundheit, von der wir sprechen, eine gerettete Seele. Von diesem Moment an besteht keine andere Notwendigkeit mehr, sich um das Kind zu kümmern, als ihm eine Umgebung vorzubereiten, die seine Bedürfnisse befriedigt, und die Hindernisse auf dem Weg zur Vervollkommnung zu beseitigen.

Bevor sich Aufmerksamkeit und Konzentration verwirklichen, muß die Lehrerin sich selbst in der Gewalt haben, damit sich der Geist des Kindes frei entfalten und ausdrücken kann: Die Bedeutung ihrer Aufgabe liegt darin, das Kind nicht bei seiner Anstrengung zu unterbrechen. Das ist der Moment, wo sich der Takt der Lehrerin zeigt, den sie im Laufe ihrer Vorbereitung erlernt hat. Sie muß lernen, daß es nicht leicht ist, beizustehen oder vielleicht nur zu beobachten. Auch während sie beisteht und dient, muß sie *beobachten;* denn das Entstehen des Phänomens der Konzentration im Kind ist so zart wie eine Knospe, die sich eben entfaltet. Sie beobachtet nicht, damit ihre Gegenwart empfunden wird oder um den Schwächeren mit ihrer Kraft beizustehen; sie beobachtet, um das Kind zu erkennen, das zur Konzentration seiner Aufmerksamkeit gelangt ist, und um die sieghafte Wiedergeburt des Geistes zu schauen.

Das Kind, das sich konzentriert, ist unermeßlich glücklich; es ignoriert den Nachbarn und die, die sich um es herum bewegen. Für einen Moment ist sein Geist wie der des Eremiten in der Wüste; in ihm ist ein neues Bewußtsein entstanden, das seiner eigenen Individualität. Wenn es aus seiner Konzentration erwacht, scheint es die Welt, die es umgibt, das erste Mal zu spüren wie ein unbegrenztes Feld für neue Entdeckungen; es bemerkt auch die Gefährten, denen es ein herzliches Interesse entgegenbringt. In ihm erwacht die Liebe für die Personen und die Dinge. Freundlich und herzlich allen gegenüber ist es bereit, jedes schöne Ding zu bewundern. Der geistige Vorgang ist offensichtlich: es trennt sich selbst von der Welt, um die Kraft zu erringen, sich mit ihr zu vereinen. Wir verlassen die Stadt, um ein ausgedehntes Panorama zu bewundern; im Flugzeug enthüllt sich die Erde in ihren Umrissen besser unserem Auge. So ist es mit dem menschlichen Geist. Um zu existieren und mit den Gefährten in Gemeinschaft zu treten, müssen wir uns in die Einsamkeit zurückziehen und uns festigen. Nur dann werden wir mit Liebe die Wesen betrachten, die um uns sind. Der Heilige bereitet sich in der Einsamkeit darauf vor, mit Weisheit und Gerechtigkeit die sozialen Erfordernisse zu betrachten, die von der Masse der Menschen ignoriert werden. Die Vorbereitung in der Wüste bahnt den Weg für die große Mission der Liebe und des Friedens.

Das Kind begibt sich schlicht in eine Haltung tiefer Isolierung, und in ihm bildet sich ein starker, ruhiger Charakter, der Liebe um sich ausstrahlt. Aus diesem Verhalten entspringt das Opfer seiner selbst, die regelmäßige Arbeit, der Gehorsam und damit zusammen eine Lebensfreude, die so klar wie eine Felsenquelle ist; Freude und Hilfe für alle Wesen, die mit ihm leben.

Das Ergebnis der Konzentration ist das Erwachen des sozialen Gefühls, und die Lehrerin müßte bereit sein, ihm zu folgen; sie wird von den Herzen der Kinder, die eben erwacht sind, geliebt werden. Sie werden sie „entdecken", auf die gleiche Weise, wie sie das Blau des Himmels und den kaum merklichen Duft der im Gras versteckten Blumen entdecken.

Die Erfordernisse dieser Kinder, die reich an Enthusiasmus und explosiv in ihrem erstaunlichen Fortschritt sind, können eine unerfahrene Lehrerin verwirren. Wie sie sich in der ersten Phase nicht mit der Betrachtung der vielen verworrenen Handlungen des Kindes aufhalten darf, sondern nur die Zeichen der grundlegenden Erfordernisse beachten soll, so darf die Lehrerin sich nun nicht von den unzähligen Zeichen dieser moralischen Fülle und Schönheit überwältigen lassen. Sie muß immer etwas Einfaches und Zentrales anstreben, das wie die Angel ist, um die sich die Türe dreht; notwendigerweise verborgen, aber unabhängig und unberührt vom ornamentalen Reichtum des Gegenstandes, dessen Funktion es ermöglicht und reguliert. Ihre Mission strebt immer etwas Beständiges und Genaues an. Sie beginnt sich selbst überflüssig zu fühlen, denn der Fortschritt des Kindes steht in keinem Verhältnis zu dem Anteil, den sie gehabt hat, und zu dem, was sie getan hat. Sie sieht, wie die Kinder immer unabhängiger in der Auswahl ihrer Beschäftigung und in ihrer reichen Ausdrucksfähigkeit werden; ihr Fortschritt scheint manchmal wie ein Wunder zu sein. Sie fühlt, daß sie nur mit der einfachen Aufgabe dient, die Umgebung vorzubereiten und sich in den Schatten zurückzuziehen. Sie hat die Worte von Johannes dem Täufer im Gedächtnis, nachdem sich der Messias ihm offenbarte: „Dieser muß wachsen, und ich muß abnehmen."

Und trotzdem ist dies der Zeitpunkt, in dem ihre Autorität am meisten vom Kind verlangt wird. Wenn das Kind in seiner intelligenten Tätigkeit etwas vollbracht hat – eine Zeichnung, ein geschriebenes Wort oder irgendeine andere kleine Arbeit –, geht es zur Lehrerin und möchte, daß diese ihm sagt, ob es seine Arbeit gut gemacht hat. Das Kind geht nicht fragen, was es tun soll und wie es etwas tun soll, und verteidigt sich gegen jede Hilfe: Die Wahl und die Ausführung sind Vorteile und Errungenschaften der befreiten Seele.

Aber wenn die Arbeit getan ist, verlangt das Kind nach der Bestätigung durch seine Lehrerin.

Der gleiche Antrieb, der die Kinder energisch ihr geistiges Geheimnis verteidigen läßt – ihr geheimnisvoller Gehorsam der Stimme gegenüber, die sie führt und die jeder in sich zu hören scheint –, läßt sie ihre Handlungen einer äußeren Autorität unterbreiten, als ob sie sicher sein wollten, daß sie sich auf dem rechten Weg befinden. Das läßt an die ersten schwankenden Schritte des Kindes denken, wenn es die ausgestreckten Arme eines erwachsenen Menschen vor sich sehen muß, die bereit sind, einem Hinfallen vorzubeugen, obwohl es bereits die Kraft hat, mit dem Laufen zu beginnen und es zu vervollkommnen. Die Lehrerin muß dann mit einem Wort der Zustimmung antworten, mit einem Lächeln ermutigen, wie die Mutter zu den ersten Schritten des Kindes lächelt. Denn Vollkommenheit und Sicherheit müssen sich im Kind aus inneren Quellen entwickeln, mit denen der Lehrer nichts zu tun hat.

Wenn das Kind einmal sicher ist, wird es tatsächlich nicht mehr länger bei jedem Schritt die Zustimmung der Autorität suchen. Es wird fortfahren, fertige Arbeiten zu sammeln, von denen die anderen nichts wissen, einfach dem Bedürfnis folgend, zu erzeugen und die Früchte seiner Arbeit zu vervollkommnen. Es ist daran interessiert, seine Arbeit zu beenden, und nicht daran, daß sie bewundert wird, noch will es sie zu seinem persönlichen Schatz machen: Der edle Antrieb, der es bewegt, ist fern von Stolz oder Geiz. Viele Besucher unserer Schulen werden sich daran erinnern, wie die Lehrer die besten Arbeiten der Kinder zeigten, ohne darauf hinzuweisen, wer sie gemacht hat. Diese scheinbare Vernachlässigung hat ihre Ursache darin, daß die Lehrer durch Gewohnheit wissen, daß es die Kinder nicht kümmert. In jeder anderen Schule würde sich der Lehrer schuldig fühlen, wenn er die schöne Arbeit eines Kindes zeigen würde, ohne auf den kleinen Autor hinzuweisen. Wenn er es vergessen würde, könnte er den kindlichen Protest vernehmen: „Das habe ich gemacht." Das Kind, das in unserer Schule eine bewundernswerte Arbeit vollbracht hat, sitzt wahrscheinlich in einer Ecke der Klasse und ist mit einer neuen wunderbaren Anstrengung beschäftigt und wünscht nichts anderes, als nicht unterbrochen zu werden. Das ist die Periode, in der sich die Disziplin stabilisiert: Eine Art von aktivem Frieden, von Gehorsam und Liebe, in der sich die Arbeit vervollkommnet und vervielfältigt, genauso, wie im Frühjahr die Blüten Farbe annehmen und bereits von Ferne die süßen und erfrischenden Früchte vorbereiten.

27. Die Vorbereitung der Montessori-Lehrerin [76]

Der erste Schritt für eine Montessori-Lehrerin ist die Selbstvorbereitung. Sie muß ihr Vorstellungsvermögen wachhalten, denn in den traditionellen Schulen kennt der Lehrer das unmittelbare Verhalten seiner Schüler und weiß, daß er auf sie aufpassen und was er tun muß, um sie zu unterrichten, während die Montessori-Lehrerin ein Kind vor sich hat, das sozusagen noch nicht existiert. Das ist der prinzipielle Unterschied. Die Lehrerinnen, die in unsere Schulen kommen, müssen eine Art Glauben haben, *daß sich das Kind offenbaren wird* durch die Arbeit. Sie müssen sich von jeder vorgefaßten Meinung lösen, die das Niveau betrifft, auf dem sich die Kinder befinden können. Die verschiedenen mehr oder weniger abgewichenen Typen dürfen sie nicht stören: Sie muß in ihrer Vorstellung den anderen Typ des Kindes sehen, der in einem geistigen Bereich lebt. Die Lehrerin muß daran glauben, daß das Kind, das sie vor sich hat, seine wahre Natur zeigen wird, wenn es eine Arbeit gefunden hat, die es anzieht. Um was soll sie sich also bemühen? Daß das eine oder andere Kind beginnen möge, sich zu konzentrieren. Um das zu erreichen, muß sie ihre Energien aufwenden; ihre Tätigkeit wird von einem Stadium zum anderen wechseln wie in einer geistigen Entwicklung. Für gewöhnlich gibt es drei Aspekte bei ihrem Verhalten.

[76] Das Thema dieses Kapitels wurde von Maria Montessori auf Wunsch des indischen Publikums in einem besonderen Vortrag behandelt. Der Inhalt dieser Seiten ist zusammengefaßt in dem vorangegangenen Kapitel bereits vorweggenommen, aber wir glauben, sie nicht im Buch auslassen zu sollen, weil sie mit Einfachheit und Wärme praktische Ratschläge für die Lehrerinnen bieten, und weil dem Thema Betrachtungen von großem menschlichen Interesse hinzugefügt werden. (Diese Fußnote stammt nicht von Montessori und erscheint erstmals in der englischen Bearbeitung von Claremont; d. Hrsg.)

Erstes Stadium: Die Lehrerin wird zum Wächter und zum Aufseher der Umgebung; sie konzentriert sich auf die Umgebung, anstatt sich von der Unruhe der Kinder ablenken zu lassen. Sie konzentriert sich auf die Umgebung, weil von ihr die Genesung und die Anziehungskraft, die den Willen der Kinder polarisieren wird, ausgehen sollen. In unseren Ländern, wo jede Frau ihre Wohnung hat, macht sie diese für sich und den Mann so anziehend wie möglich, und anstatt sich viel um den Mann zu kümmern, kümmert sie sich in erster Linie um die Wohnung, um eine Umgebung zu schaffen, in der sich ein normales und konstruktives Zusammenleben entfalten kann. Sie wird versuchen, die Wohnung ruhig und bequem, reich an verschiedenen Interessen zu gestalten. Wesentliche Anziehungspunkte in einer Wohnung sind Sauberkeit und Ordnung: Alles gehört an seinen Platz, sauber, glänzend und heiter. Das ist die erste Sorge der Frau. Auch in der Schule müßte das die erste Sorge der Lehrerin sein: Ordnung und Pflege des Materials, damit es immer schön, leuchtend und in perfektem Zustand ist und nichts fehlt, damit dem Kind immer alles neu erscheint, vollständig und bereit für den Gebrauch. Das bedeutet auch, daß die Lehrerin selbst anziehend sein muß: Ihr Äußeres soll durch sorgfältige Sauberkeit anziehend sein, ruhig und voller Würde. Dieses Ideal kann jede Lehrerin verwirklichen, wie sie will; aber halten wir uns stets vor Augen, wenn wir vor die Kinder treten, daß sie *auserwählte* Wesen sind. Das Äußere der Lehrerin ist der erste Schritt zum Verständnis und zur Achtung dem Kind gegenüber. Die Lehrerin sollte ihre Bewegungen beobachten und sie so freundlich und graziös wie möglich gestalten. In diesem Alter idealisiert das Kind seine Mutter. Wir wissen nicht, wie die Mutter ist, aber wir hören oft, daß das Kind sagt, wenn es eine schöne Frau sieht: „Sie ist so schön, genau wie meine Mama!" Es kann sein, daß die Mutter absolut nicht schön ist, aber sie ist es für ihr Kind, und jeder Mensch, den es bewundert, ist schön wie seine Mutter. Somit gehört die Pflege der Person zur Umgebung des Kindes: Die Lehrerin ist der lebendigste Teil der Umgebung.

Die erste Aufgabe der Lehrerin besteht also darin, vor allen anderen Dingen die Umgebung zu pflegen. Das ist eine indirekte Arbeit, und wenn die Umgebung nicht gut gepflegt ist, wird es weder auf physischem noch intellektuellem oder spirituellem Gebiet wirkungsvolle und dauerhafte Ergebnisse geben.

Zweites Stadium: Nachdem wir die Umgebung betrachtet haben, kommen wir zum Verhalten den Kindern gegenüber. Was können wir mit diesen ungeordneten Wesen tun, mit diesem verwirrten und unsicheren Verstand, den wir auf eine Arbeit lenken und konzentrieren wollen? Ich benutze manchmal ein Wort, das nicht immer geschätzt wird: Die Lehrerin muß verführerisch sein, sie muß die Kinder anziehen. Wenn die Umgebung vernachlässigt wäre, die Möbel staubig, das Material abgekratzt und in Unordnung und wenn die Lehrerin in ihrem Äußeren und ihrem Auftreten ungepflegt wäre – und zu den Kindern unfreundlich –, würde die wesentliche Grundlage für ihre Aufgabe, zu der sie bestimmt ist, fehlen. In der Anfangsperiode, wenn die erste Konzentration noch nicht eingetreten ist, muß die Lehrerin wie eine Flamme sein, deren Wärme aktiviert, lebendig macht und einlädt. Sie darf nicht fürchten, einen wichtigen psychischen Vorgang zu stören, denn er hat noch nicht begonnen.

Bevor die Konzentration begonnen hat, kann die Lehrerin mehr oder weniger das tun, was sie will: Wo es notwendig ist, kann sie in die Tätigkeit des Kindes eingreifen.

Ich habe von einem Heiligen gelesen, der versuchte, auf der Straße verlassene Kinder um sich zu sammeln in einer Stadt, in der die Sitten nicht gepflegt waren. Was tat er? Er versuchte, sie zu vergnügen. Das muß die Lehrerin in diesem Moment tun: Sie muß auf Gedichte, Reime, Lieder und Erzählungen zurückgreifen. Die Lehrerin, die die Kinder begeistert, weckt ihr Interesse durch verschiedene Übungen, und wenn diese auch an sich nicht bedeutend sind, haben sie doch den Vorteil, das Kind anzuziehen. Die Praxis hat bewiesen, daß eine lebhafte Lehrerin anziehender ist als eine andere – und alle können lebhaft sein, wenn sie wollen. Jeder kann mit fröhlicher Stimme sagen: „Warum stellen wir heute die Möbel nicht auf einen anderen Fleck?", und mit den Kindern arbeiten, indem sie alle ermutigt und alle anerkennt und eine einnehmende Fröhlichkeit an den Tag legt. Oder: „Wie wär's, wenn wir die schöne Messingvase putzen würden?" Oder auch: „Wollen wir nicht in den Garten gehen und ein paar Blumen pflücken?" Jede Handlung der Lehrerin kann für das Kind ein Aufruf und eine Einladung werden.

Das ist der zweite Aspekt beim Verhalten der Lehrerin. Wenn während dieser Periode einige Kinder fortfahren, die anderen zu belästigen, wird es das einfachste sein, sie dabei zu unterbrechen. Während wir wiederholt gesagt haben, daß man nicht eingreifen darf, wenn ein Kind auf seine Arbeit konzentriert ist, um nicht den Zyklus seiner Aktivität zu unterbrechen und seine volle Entfaltung zu verhindern, ist in diesem Fall die entgegengesetzte Technik gerade die richtige: den Lauf der störenden Aktivität unterbrechen. Die Unterbrechung kann in irgendeinem Ausruf bestehen oder indem dem ungestümen Kind eine besonders liebevolle Aufmerksamkeit gezeigt wird. Diese ablenkenden Beweise der Zuneigung, die sich vermehren mit dem Vermehren der störenden Handlungen, werden für das Kind wie eine Reihe von Elektroschocks sein, die mit der Zeit ihre Wirkung haben. Der Eingriff der Lehrerin kann etwa so aussehen: „Wie geht's, Hans? Komm zu mir, ich habe etwas zu tun für dich." Wahrscheinlich wird Hans nichts davon wissen wollen, und die Lehrerin wird sagen: „Gefällt es dir nicht? Na, das macht nichts, dann gehen wir zusammen in den Garten", und die Lehrerin wird mit ihm gehen oder ihn von der Helferin begleiten lassen; so wird das Kind mit seinen Launen direkt der Helferin anvertraut, und die anderen Kinder werden nicht mehr gestört.

Drittes Stadium: Endlich kommt die Zeit, in der die Kinder beginnen, sich für etwas zu interessieren: Im allgemeinen sind es Übungen des praktischen Lebens, denn die Erfahrung hat bewiesen, daß es zwecklos und schädlich ist, den Kindern Material zur sensorischen und kulturellen Entwicklung zu geben, bevor sie den daraus erwachsenden Nutzen ziehen können.

Um dieses Material einführen zu können, muß man den Zeitpunkt abwarten, zu welchem sich die Kinder auf irgend etwas konzentriert haben. Wie ich bereits gesagt habe, geschieht das durch die Übungen des praktischen Lebens. Wenn das Kind beginnt, sich für eine dieser Übungen zu interessieren, darf die Lehrerin es *nicht* unterbrechen, denn dieses Interesse entspricht den natürlichen Gesetzen und eröffnet einen Zyklus von Aktivität. Aber der Beginn ist so zerbrechlich, so fein, daß eine Berührung genügt, ihn verschwinden zu lassen wie eine Seifenblase und damit die ganze Schönheit dieses Augenblicks.

Die Lehrerin muß sehr aufmerksam sein: Nicht eingreifen bedeutet *in keiner Form* eingreifen. Hier macht die Lehrerin oft Fehler. Das Kind, das bis zu einem bestimmten Moment sehr gestört hat, konzentriert sich endlich auf eine Arbeit. Wenn die Lehrerin im Vorbeigehen nur sagt: „Gut!" Das genügt, damit das Unheil von neuem beginnt. Vielleicht wird das Kind sich zwei Wochen hindurch für keine andere Arbeit interessieren. Ebenso, wenn ein anderes Kind auf Schwierigkeiten stößt und die Lehrerin helfend eingreift, wird es die Arbeit ihr überlassen und weggehen. Das Interesse des Kindes konzentriert sich nicht nur auf die Arbeit, sondern öfters auf den Wunsch, *die Schwierigkeiten zu überwinden.* „Wenn die Lehrerin sie für mich überwindet, dann soll sie es machen, mich interessiert es nicht mehr." Wenn das Kind schwere Gegenstände hebt und die Lehrerin eingreift, um ihm zu helfen, geschieht es oft, daß das Kind den Gegenstand der Lehrerin überläßt und weggeht. Lob, Hilfe und auch nur ein Blick können genügen, um es zu unterbrechen oder die Aktivität zu zerstören. Es hört sich eigenartig an, aber das kann geschehen, auch wenn sich das Kind nur beobachtet fühlt. Schließlich passiert es uns auch, daß wir nicht mit einer Arbeit fortfahren können, wenn jemand kommt und zuschaut, was wir tun. Das Prinzip, das der Lehrerin zum Erfolg hilft, ist folgendes: Sobald die Konzentration beginnt, muß sie tun, als ob das Kind nicht existiere. Sie kann natürlich schauen, was das Kind tut, aber mit einem schnellen Blick, ohne daß sie es merken läßt. Danach wird das Kind, das nicht mehr von der Langeweile von einem Gegenstand zum anderen getrieben wird, ohne sich zu konzentrieren, von einem Vorsatz geleitet, beginnen, seine Arbeit auszuwählen. Das kann in einer Klasse, wo viele Kinder das gleiche Material wünschen, ein Problem darstellen. Auch in die Lösung dieses Problems darf nicht eingegriffen werden, wenn es nicht verlangt wird: Die Kinder lösen es allein. Die Lehrerin hat nur die Aufgabe, neue Gegenstände zu zeigen, wenn sie merkt, daß die Kinder alle möglichen Tätigkeiten mit den zuvor benutzten erschöpft haben.

Die Fähigkeit der Lehrerin, nicht einzugreifen, kommt wie alle anderen mit der Praxis, aber nicht mit der gleichen Leichtigkeit. Sie muß sich zu geistiger Größe erheben. Die wirkliche Geistigkeit besteht darin, zu verstehen, daß auch Hilfe Hochmut sein kann.

Die wahre Hilfe, die eine Lehrerin geben kann, liegt nicht im Befolgen eines impulsiven Gefühls, sondern entspringt der disziplinierten Liebe, die mit Verstand angewandt wird, denn die Liebe gibt größere Genugtuung dem, der sie gibt, als dem, der sie empfängt. Die wirkliche Liebe dient den Armen, ohne sich zu erkennen zu geben, und wenn sie entdeckt wird, gibt sie sich nicht als Hilfe, sondern als eine natürliche, spontane Handlung aus.

Obwohl das Verhältnis zwischen Kind und Lehrerin auf geistigem Bereich liegt, kann die Lehrerin für ihr Verhalten ein Beispiel beim guten Diener finden. Er hält die Bürsten des Herrn in Ordnung, aber er sagt ihm nicht, wann er sie benutzen soll; er bereitet sorgfältig das Essen vor, aber befiehlt ihm nicht, zu essen; er trägt das Mahl auf ohne Kommentar und verschwindet. So muß man sich mit dem in der Bildung befindlichen Geist des Kindes verhalten. Der Herr, dem der Lehrer dient, ist der Geist des

Kindes. Wenn dieser einen Wunsch äußert, muß er bereit sein, ihn zu erfüllen. Der Diener stört den Herrn nicht, wenn dieser allein ist; wenn dieser ihn jedoch ruft, wird er kommen, um zu hören, was gewünscht wird, und wird antworten: „Ja, mein Herr." Er bewundert, wenn man von ihm verlangt zu bewundern, und sagt: „Wie schön!", auch wenn er nichts Schönes sieht. Wenn also ein Kind seine Arbeit mit großer Konzentration durchführt, müssen wir uns nicht einmischen, wenn es aber zu verstehen gibt, daß es unseren Beifall wünscht, geben wir ihn großzügig.

In der seelischen Beziehung zwischen Lehrer und Kind ähneln Verhältnis und Technik denen des Dieners: dienen und gut dienen, dem Geist dienen. Das ist vor allem auf dem Gebiet der Erziehung etwas Neues. Es handelt sich nicht darum, das Kind zu waschen, wenn es schmutzig ist, und seine Kleidchen auszubessern oder zu säubern. Wir dienen nicht dem Körper des Kindes. Wir wissen, daß das Kind diese Dinge allein tun muß, wenn es sich entwickeln soll. Unsere Unterweisung hat zur Grundlage, daß dem Kind *nicht* in diesem Sinn gedient wird. Das Kind muß die physische Unabhängigkeit erlangen, indem es sich selbst genügt; die Unabhängigkeit des Willens durch die eigene und freie Wahl; die Unabhängigkeit des Gedankens durch eine Arbeit, die ohne Unterbrechung von selbst geleistet wurde. Die Kenntnis der Tatsache, daß die Entwicklung des Kindes einen Weg aufeinanderfolgender Unabhängigkeitsgrade durchläuft, muß uns Richtlinie im Verhalten ihm gegenüber sein. Wir müssen dem Kind dazu verhelfen, von sich aus zu handeln, zu wollen und zu denken. Das ist die Kunst des Dieners des Geistes, eine Kunst, die sich vollkommen im Bereich der Kindheit ausdrücken kann.

Wenn das Verhalten der Lehrerin den Erfordernissen der Kindergruppe entspricht, die ihr anvertraut ist, wird sie in ihrer Klasse in überraschender Weise soziale Eigenschaften erstehen sehen und sich daran freuen, diese Äußerungen des kindlichen Geistes zu beobachten. Diese zu sehen ist ein großes Privileg, das Privileg des Pilgers, der die Oase erreicht und die Wasser aus dem sandigen Grund quillen hört, aus dieser Wüste, die vom Feuer ausgedörrt schien, ohne Hoffnung. Da im allgemeinen die höheren Eigenschaften der menschlichen Seele im Kind verfälscht und versteckt sind, begegnet ihnen die Lehrerin, die sie vorausgefühlt hatte, bei ihrem Auftreten mit der Freude belohnten Glaubens. Und in den Eigenschaften des Kindes sieht sie den Menschen, wie er sein sollte: den Arbeiter, der nie ermüdet, weil er von ständiger Begeisterung angetrieben ist; der die größte Anstrengung sucht, da er ständig bemüht ist, die Schwierigkeiten zu überwinden;

der versucht, wirklich den Schwächeren zu helfen, weil er im Herzen die echte Liebe hat, die weiß, wie die anderen respektiert werden müssen. Denn die Achtung vor der geistigen Anstrengung eines jeden Individuums ist das Wasser, das die Wurzeln seiner Seele tränkt. Unter diesen Eigenschaften wird die Lehrerin das wahre Kind erkennen, den Vater des wahren Menschen.

Aber das geschieht allmählich. Die Lehrerin beginnt sich zu sagen: „Ich habe das Kind gesehen, wie es sein sollte, und es hat meine Erwartungen übertroffen." Das bedeutet die Kindheit verstehen: Es genügt nicht zu wissen, daß das Kind Johannes heißt, daß sein Vater Tischler ist oder ähnliches. Die Lehrerin muß das *Geheimnis der Kindheit* kennen und leben. Wenn man in dieses Geheimnis eindringt, erlangt man mit einer tieferen Kenntnis zugleich auch eine neue Art der Liebe, die sich nicht an das Individuum an sich klammert, sondern sich dem zuwendet, was unter der Dunkelheit dieses Geheimnisses verborgen ist. Man versteht vielleicht zum ersten Male, was wirkliche Liebe ist, wenn die Kinder ihren Geist offenbaren. In dem dieser sich offenbart, verändert er die Lehrerin.

Man ist bewegt und verändert sich langsam. Man kann nicht aufhören, zu sprechen und zu schreiben von dem, was man gesehen hat. Man vergißt die Namen der Kinder, aber man kann nicht den Eindruck auslöschen, den die Äußerungen ihres Geistes in uns hervorrufen, und die Liebe, die sie erwecken.

Es gibt zwei Stufen der Liebe. Wenn man von Liebe zu den Kindern spricht, bezieht man sich oft auf das Umsorgen, die Liebkosungen, die man den Kindern zuwendet, die wir kennen und die in uns Zärtlichkeit hervorrufen – und wenn wir in einer geistigen Verbindung zu ihnen stehen, drückt sie sich darin aus, sie beten zu lehren.

Aber die Stufe, von der ich spreche, ist eine andere. Hier ist die Liebe nicht mehr persönlich oder materiell: Wer den Kindern dient, fühlt, daß er dem Geist des Menschen dient, dem Geist, der sich befreien muß. Der Niveauunterschied wurde wirklich ausgeglichen, aber nicht von der Lehrerin, sondern vom Kind: Die Lehrerin fühlt sich auf ein Niveau getragen, das sie noch nicht kannte. Das Kind hat sie bis zu seiner Sphäre wachsen lassen.

Vor diesem Zeitpunkt fühlte die Lehrerin, daß sie eine vornehme Aufgabe zu erfüllen hatte, aber sie freute sich über die Ferien und strebte wie alle Menschen, die für andere arbeiten, weniger Arbeitsstunden und bessere Bezahlung an. Ihre Genugtuung war vielleicht die Autorität und das

Gefühl, ein ideales Wesen zu sein, dem die Kinder nachstreben und dem sie folgen, und ihr Glück, Leiterin oder vielleicht Inspektorin zu werden. Aber wer von dem einen Niveau auf das andere übergeht, versteht, daß das nicht das wahre Glück ist. Wer von der Quelle des geistigen Glücks getrunken hat, läßt spontan von der Genugtuung, die ein höherer Grad in der schulischen Rangordnung gibt. Das beweist die Tatsache, daß viele Leiterinnen oder Inspektorinnen ihre Laufbahn unterbrochen haben, um sich den kleinen Kindern zu widmen und das zu werden, was die anderen wegwerfend als „Kindergärtnerinnen" bezeichnen. Ich weiß von zwei Ärzten in Paris, die ihren Beruf aufgaben, um sich unserer Arbeit zu widmen und in die Wahrheit dieser Phänomene einzudringen. Sie hatten das Gefühl, von einem niederen auf ein höheres Niveau gestiegen zu sein.

Was ist für die so veränderte Lehrerin das beste Zeichen ihres Erfolges? Wenn sie sagen kann: „Die Kinder arbeiten jetzt, als ob ich nicht da wäre."

Vor ihrer Umwandlung empfand sie das Gegenteil; sie empfand, daß sie es sei, die lehrte, daß sie es sei, die die Kinder von einem niederen auf ein höheres Niveau brachte; aber jetzt, angesichts der Äußerungen des kindlichen Geistes, drückt sich der höchste Wert, den sie ihrem Beitrag beimißt, in den folgenden Worten aus: „Ich habe diesem Leben dazu verholfen, seine Schöpfung zu vollbringen", und das ist wirkliche Genugtuung. Die Lehrerin der Kinder bis zu sechs Jahren weiß, daß sie dem Menschsein in einer wesentlichen Periode seiner Bildung geholfen hat. Sie braucht nicht unbedingt die materiellen Bedürfnisse der Kinder zu kennen, obwohl sie einige erfahren wird, denn die Kinder selbst werden sie ihr frei heraus sagen; sie braucht sich auch nicht dafür zu interessieren, was mit diesen Kindern später geschehen wird, ob sie höhere Schulen und die Universität besuchen werden oder ob sie ihr Studium früher abbrechen. Aber sie ist froh darüber, zu wissen, daß sie in der formativen Periode das vollenden konnten, was sie mußten. Sie wird sagen: „Ich habe dem Geist dieser Kinder gedient, und sie haben ihre Entwicklung vollbracht; und ich habe sie bei ihren Erfahrungen begleitet." Abgesehen von den Vorgesetzten, denen sie über ihr Werk Rechenschaft ablegen muß, schlägt sich bei der Lehrerin ihre Arbeit und das vollbrachte Werk in einem erfüllten geistigen Leben nieder, das unaufhörliches Leben ist und in sich selbst Gebet von einem Morgen zum anderen. Das ist schwer zu verstehen für den, der nicht in dieses Leben eingetreten ist. Viele glauben, daß es auf einer Opferbereitschaft beruht, und sagen: „Wie sind diese Lehrerinnen demütig, sie sind überhaupt nicht an ihrer Autorität interessiert", und viele sagen: „Wie kann eure Methode Erfolg haben, wenn ihr verlangt, daß die Lehrerinnen auf die natürlichsten und gebräuchlichsten Handlungen verzichten?" Was fast niemand versteht, ist die Tatsache, daß es sich nicht um Opfer, sondern um Befriedigung handelt, daß es kein Verzicht ist, sondern ein neues Leben, in dem die Werte anders sind, wo wahre bisher unbekannte Lebenswerte existieren. Übrigens sind alle Prinzipien anders: Nehmen wir zum Beispiel das der Gerechtigkeit: In der Schule wie in der menschlichen Gesellschaft und auch in den demokratischen Ländern will Gerechtigkeit oft nur besagen, daß es ein Gesetz für alle gibt: für den mächtigen und reichen Menschen und für den, der Hungers stirbt. Die Gerechtigkeit ist im allgemeinen mit Prozessen, Gefängnissen und Urteilen verbunden. Das Gericht wird als Gerichtspalast bezeichnet, und wenn man sagt: „Ich bin ein ehrlicher Mensch", bedeutet das, daß ich nichts mit der Gerechtigkeit zu tun habe (Polizei oder Gericht). Auch in der Schule muß die Lehrerin sich davor hüten, ein Kind zu liebkosen, sonst müßte sie alle liebkosen, denn sie muß gerecht sein. Das ist eine Gerechtigkeit, die alle auf das niedrigste Niveau versetzt, als ob wir, in einem geistigen Sinne, den größeren den Kopf abschneiden würden, damit alle gleich groß sind.

Auf dem höheren Niveau der Erziehung ist die Gerechtigkeit wirklich geistiger Art und bemüht sich darum, daß jedes den höchsten Grad seiner Möglichkeiten erreicht. Die Gerechtigkeit besteht darin, jedem menschlichen Wesen die Hilfe zu geben, die es seine volle geistige Gestalt erreichen läßt. Wer dem Geist in jedem Alter hilft, muß die Energien unterstützen, die das vollbringen. Das wird vielleicht die Organisation der zukünftigen Gesellschaft sein. Keiner dieser geistigen Schätze, im Vergleich zu denen die wirtschaftlichen Schätze ihren Wert verlieren, dürfte verlorengehen. Es ist unbedeutend, ob ich arm oder reich bin: Wenn ich meine volle Personalität erreichen kann, löst sich das wirtschaftliche Problem von allein. Wenn die Menschheit in der Lage sein wird, ihren Geist ganz zu vervollkommnen, wird sie produktiver werden, und der wirtschaftliche Aspekt wird seinen übergewichtigen Wert verlieren. Die Menschen erzeugen nicht mit den Füßen oder mit dem Körper, sondern mit dem Geist und der Intelligenz, und wenn sich diese richtig entwickeln, werden alle ungelösten Probleme gelöst werden.

Die Kinder erbauen ohne Hilfe eine geordnete Gesellschaft. Wir Erwachsenen benötigen dazu Polizei, Gefängnisse, Soldaten und Kanonen. Die Kinder lösen ihre Probleme friedlich; sie haben uns bewiesen, daß Freiheit und Disziplin zwei Seiten derselben Medaille sind, denn die wissenschaftliche Freiheit führt zur Disziplin. Im allgemeinen haben die Münzen zwei Seiten, eine schönere, die fein mit einem Kopf oder einem allegorischen Bild graviert ist, und eine weniger geschmückte, nur mit einer Schrift oder einer Zahl versehen. Die einfache Seite kann mit der Freiheit verglichen werden und die andere so fein eingravierte mit der Disziplin. Das ist wahr, denn wenn eine Klasse undiszipliniert wird, ist das für die Lehrerin die Kontrolle für einen begangenen Fehler, den sie sucht und verbessert. Die Lehrerin der traditionellen Schule würde das als eine Demütigung empfinden; aber es ist nicht so, sondern es ist eine der Techniken der neuen Erziehung. Indem man dem Kind dient, dient man dem Leben; indem man die Natur unterstützt, steigt man auf die nächste Stufe der Super-Natur auf. Der ständige Aufstieg ist ein Naturgesetz. Dieses schöne Bauwerk, das sich in die Höhe hebt, wurde von den Kindern erbaut. Die Ordnung ist ein Naturgesetz, und wenn sich die Ordnung spontan bildet, wissen wir, daß wir in die universale Ordnung eintreten. Unter die Missionen, die die Natur dem Kind anvertraut, ist offensichtlich auch die einbeschlossen, die erwachsene Menschheit auf ein höheres Niveau zu heben. Die Kinder führen uns auf ein höheres geistiges Niveau und lösen die Probleme der materiellen Ebene. Lassen Sie mich als Gruß einige Worte sagen, die uns geholfen haben, all die Dinge zu behalten, von denen ich gesprochen habe. Es handelt sich nicht um ein Gebet, sondern eher um ein Memorandum und für unsere Lehrerinnen um eine Anrufung, eine Art Programm, unser einziges Abc:

„Hilf uns, o Gott, in das Geheimnis des Kindes einzudringen, damit wir es erkennen, lieben und ihm dienen können nach deinen Gesetzen der Gerechtigkeit und indem wir deinem göttlichen Willen folgen."

28. Die Quelle der Liebe – das Kind

Bei unseren Zusammenkünften versammeln sich immer typisch montessorische Arbeiter. Sie bringen oft Verwandte, Freunde oder Bekannte mit sich, so daß man in unseren Gruppen Kinder, Jugendliche, Erwachsene, Fachleute und Laien, gebildete und ungebildete Menschen beieinander sitzen sehen kann, ohne daß von uns aus jemand diese Gruppen leitet oder zur Ordnung anhält. Unsere Zusammenkünfte unterscheiden sich augenscheinlich von den gewöhnlichen Bildungskursen. Die einzige Bedingung ist, daß die Teilnehmer einen gewissen Bildungsgrad besitzen: Es können sich Studenten und Professoren, Advokaten und Doktoren und deren eventuelle Klienten zusammenfinden. In Europa hatten wir Menschen aus allen Ländern und in Amerika sogar einmal einen Anarchisten. Obwohl die Gruppen derartig gemischt waren, gab es nie Auseinandersetzungen zwischen den Teilnehmern. Wie kam das? Weil wir alle durch ein gemeinsames Ideal verbunden waren. In Belgien, einem Land, das so klein ist, daß es in ein Eckchen von Indien passen würde, gibt es zwei Sprachen: Französisch und Flämisch: das Volk ist politisch gespalten, und die Spaltung wird durch die Unterschiede zwischen Katholiken und Sozialisten und anderen politischen Richtungen vertieft. Es ist daher selten, daß Menschen, die einerseits so gespalten und andererseits so eng an ihre Gruppe gebunden sind, gemeinsam an Kongressen teilnehmen; aber bei den „Montessori-Kursen" geschah das. Das war so außergewöhnlich, daß es von den Zeitungen kommentiert wurde: „Über Jahre hinaus haben wir uns darum bemüht, daß Personen aus unterschiedlichen Parteien an den gleichen kulturellen Veranstaltungen teilnehmen, und siehe, das hat sich in diesen Kursen verwirklicht, wo die Kinder studiert werden." Das ist die Macht des Kindes: Alle stehen ihm nahe, was immer auch ihre religiösen oder politischen Gefühle sein mögen, alle lieben es. Aus dieser Liebe entspringt die Kraft des Kindes, alle Menschen zu vereinen. Die Gruppen der Erwachsenen sind durch harte und manchmal grausame Ansichten getrennt, und wenn sie untereinander diskutieren, kommt es vor, daß sie sich bekämpfen. Aber in einem Punkt – dem Kind – hegen alle das gleiche Gefühl. Wenigen ist die soziale Bedeutung des Kindes klar.

Natürlich muß meditiert und geforscht werden, will man Harmonie in der Welt schaffen. Nur in einem Punkt treffen von allen Seiten Zartgefühl und Liebe aufeinander: Wenn man vom Kind spricht, besänftigen sich die Seelen; die gesamte Menschheit teilt die tiefe Emotion, die vom Kind ausgeht. Das Kind ist eine Quelle der Liebe. Kommt man mit ihm in Berührung, berührt man die Liebe. Es ist eine schwer zu definierende Liebe. Alle verspüren sie, aber keiner kann ihre Wurzeln beschreiben, die Fülle ihrer Konsequenzen abschätzen oder ihre Vereinigungskraft unter den Menschen absehen. Trotz unserer Verschiedenheit in Rasse, Religion und sozialer Position fühlten und fühlen wir uns nach und nach durch brüderliche Empfindungen vereint, während wir von dem Kind sprachen; sie überwinden das Mißtrauen und Ablehnung, die unter Menschen und Menschengruppen immer im praktischen Leben wach sind.

In der Nähe des Kindes zerstreut sich das Mißtrauen. Wir werden zärtlich und freundlich; denn wenn wir um das Kind vereint sind, wärmt uns die Flamme des Lebens, die dort ist, wo das Leben seinen Ursprung hat. In den Erwachsenen bestehen nebeneinander das Gefühl der Ablehnung und der Impuls der Liebe. Von den beiden ist die Liebe das fundamentale Gefühl, das andere ist darübergelagert. Die Liebe, die wir für das Kind empfinden, muß potentiell auch zwischen den Menschen existiert haben, denn es hat sich eine menschliche Vereinigung gebildet, und es gibt keine Vereinigung ohne Liebe.

Versuchen wir uns über das Wesen der Liebe klarzuwerden. Betrachten wir das, was die Propheten und Dichter über sie gesagt haben, denn sie haben dieser starken Energie Form und Ausdruck verliehen, die wir Liebe nennen. Sicher gibt es nichts Schöneres und Erhebenderes als diese dichterischen Worte, die, indem sie die Liebe – Grundlage jeglicher Existenz – besingen, auch die Herzen der Barbaren und der Gewalttätigen zum Schwingen bringen. Auch die, die ganzen Völkern Tod und Zerstörung bringen, fühlen sich von der Schönheit dieser Worte berührt. Das ist ein Zeichen dafür, daß sie trotz der Praxis ihres Lebens in sich diese Energie bewahrt haben, die, vom Worte erweckt, ihren Geist in Schwingung versetzt. Wäre dem nicht so, könnten sie nicht die Schönheit dieser Worte wahrnehmen, sondern würden sie als leer und sinnlos betrachten.

Sie empfinden die Schönheit, weil sie – obwohl die Liebe nicht zu ihrem Leben zu gehören scheint – davon beeinflußt werden und, ohne es zu wissen, danach dürsten.

In Zeiten wie den unseren, in denen der Krieg als Zerstörung ohnegleichen auch den entferntesten Teil der Erde erreicht hat und man meinen könnte, daß es reine Ironie sei, von der Liebe zu sprechen, ist es seltsam, zu beobachten, daß die Menschen nicht aufhören, von ihr zu sprechen. Es werden Pläne gemacht, sich zu vereinen, was bedeutet, daß die Liebe nicht nur existiert, sondern auch eine grundlegende Kraft ist. Heute scheint den Menschen alles dahin zu bringen, daß er sagt: „Schluß mit dem Traum, den wir Liebe nennen. Schauen wir der Wirklichkeit ins Auge, die, wie wir sehen, nur Zerstörung bedeutet. Hat man vielleicht nicht Städte, Wälder, Frauen und Kinder vernichtet?" Und doch spricht man heute noch von Wiederaufbau und Liebe. Man spricht sogar davon, während die Zerstörung noch am Werk ist. Es sprechen davon bedeutende Politiker, es sprechen davon die Kirche und die, die gegen die Kirche sind, der Rundfunk, die Zeitungen, die Gespräche derer, die an uns vorbeigehen, die Gebildeten und Ungebildeten, die Reichen und die Armen, die Anhänger jedes Glaubens und jeder Theologie, alle, alle sprechen von „Liebe"[77]. Und wenn das so ist (und es könnte keinen größeren Beweis für diese Kraft der Liebe geben), warum sollte die Menschheit dann nicht dieses große Phänomen studieren? Warum spricht man nur davon, während der Haß Verheerung anrichtet? Warum wird sie nicht immer studiert und analysiert, damit ihre Kraft sich zum Guten auswirken kann? Und warum fragen wir uns nicht, wieso man sich nicht darum bemüht hat, diese Energie schon vorher zu studieren und mit den anderen Kräften zu vereinen, die wir bereits kennen? Der Mensch hat so viel Intelligenz auf das Studium anderer Faktoren der Natur verwendet, er hat sie gesichtet und bis ins kleinste untersucht und hat viele Entdeckungen gemacht: Warum verwendet er nicht einen Teil dieser Kraft auf das Studium einer Macht, die die Menschheit vereinen könnte? Jeder Beitrag, der den Wert der Liebe ans Licht rückt, ist Liebe in sich, müßte begierig aufgenommen werden und mit besonderem

---

[77] Hier ist in der italienischen Ausgabe eine typische (nicht von Montessori selbst stammende) Verwischung des ursprünglichen Wortlauts zu vermerken. Es heißt in der englischen Erstausgabe: Wenn wir um uns herumblicken und hören: der Rundfunk, die Zeitungen, das öffentliche Gespräch, der Papst, Truman, Churchill, die Leiter der Kirchen, die Gegner der Kirchen, die Gebildeten und die Ungebildeten, die Reichen und die Armen, die Anhänger aller der „Ismen" und Theologien, alle sagen „Liebe".

Interesse betrachtet werden. Ich sagte, daß die Dichter und die Propheten von der Liebe als einem Ideal gesprochen haben; aber sie ist kein Ideal, sie ist Wirklichkeit, die immer war und stets sein wird.

Wir müssen uns darüber klarwerden, daß wir diese Liebe nicht deshalb empfinden, weil sie uns in der Schule gelehrt wurde.

Auch wenn man von uns verlangt hätte, die Werke der Dichter und Propheten auswendig zu lernen, sind ihre Worte doch nur wenige, und wir hätten sie im Geschehen des Lebens vergessen. Wenn die Menschen mit Ungestüm nach Liebe verlangen, dann tun sie dies nicht, weil sie davon sprechen gehört oder darüber gelesen haben. Die Liebe und das Streben nach Liebe sind nicht Dinge, die gelernt werden, sie gehören zum Vermächtnis des Lebens. Das Leben spricht, nicht die Dichter und Propheten.

Die Liebe kann tatsächlich von einem anderen Gesichtspunkt aus betrachtet werden als von dem der Religion und der Dichtkunst. Wir müssen sie vom Standpunkt des Lebens selbst betrachten; dann ist sie nicht nur eine Vorstellung oder ein Streben, sondern die Realität einer ewigen Energie, die durch nichts zerstört werden kann.

Ich möchte einige Worte über diese Wirklichkeit und auch über die Dinge sagen, von denen die Dichter und Propheten gesprochen haben. Diese Kraft, die wir als Liebe bezeichnen, ist die größte Energie des Universums. Aber diese Bezeichnung ist nicht angemessen, denn sie ist mehr als nur eine Energie: Sie ist die Schöpfung selbst. Besser wäre zu sagen: „Gott ist die Liebe."

Ich möchte alle Dichter, alle Propheten und Heiligen zitieren, aber ich kenne sie nicht alle. Auch wäre es mir unmöglich, sie in ihren verschiedenen Sprachen zu zitieren, die mir nicht alle bekannt sind. Lassen Sie mich die Worte eines anführen, den ich kenne und der über die Liebe mit einer solchen Kraft sprach, daß heute diese seine Worte nach zweitausend Jahren noch in den Herzen aller Christen stark wiederklingen: „Wenn ich die Sprache der Menschen und der Engel redete, hätte aber die Liebe nicht, so wäre ich ein tönendes Erz und eine klingende Schelle. Und wenn ich die Gabe der Weissagung hätte und alle Geheimnisse wüßte und alle Wissenschaft, und wenn ich eine Glaubenskraft hätte, daß ich Berge versetzen könnte, hätte aber die Liebe nicht, so wäre ich nichts. Und wenn ich meine ganze Habe zur Speisung der Armen austeilte und meinen Leib zum Verbrennen hingäbe, hätte aber die Liebe nicht, so nützte es mir nichts" (Paulus an die Korinther, 1, 13).

Man könnte zum Apostel sagen: „Du hast so tiefe Gefühle, du weißt sicher, was die Liebe ist; es muß etwas Außerordentliches sein, offenbare es uns." Denn wenn wir versuchen, uns dieses hohe Gefühl zu erklären, merken wir, daß es nicht einfach ist. Seine Worte können wir in unserer Zivilisation verwirklicht sehen, die Berge verrücken und auch die größten Wunder vollbringen kann, denn man kann uns von einer Ecke der Erde zur anderen hören, auch wenn wir flüstern. Aber das alles ist nichts, wenn die Liebe nicht ist. Wir haben große Einrichtungen geschaffen, um die Armen zu nähren und zu kleiden, aber wenn wir es nicht mit Liebe tun, ist es, als würden wir eine Trommel schlagen, die nur Lärm macht, weil sie leer ist. Was ist also diese Liebe? Paulus, der uns diese Beschreibung ihrer Größe gegeben hat, fährt fort, aber gibt uns keine philosophische Theorie. Er schreibt: „Die Liebe ist geduldig, ist gütig; die Liebe beneidet nicht, handelt nicht prahlerisch, bläht sich nicht auf, sie ist nicht ehrgeizig, nicht selbstsüchtig; sie läßt sich nicht erbittern, sie denkt nichts Arges; sie freut sich nicht am Unrecht, sondern hat Freude an der Wahrheit; sie erträgt alles, glaubt alles, hofft alles, duldet alles" (ebd.).

Es handelt sich um eine lange Aufzählung von Tatsachen, eine lange Beschreibung von Bildern, aber alle diese Bilder erinnern uns überraschend an die Eigenschaften des Kindes: Sie scheinen die Macht des *absorbierenden Geistes* zu beschreiben. Dieser Geist, der alles aufnimmt, der nicht urteilt, nicht zurückstößt, nicht reagiert. Er absorbiert alles und inkarniert alles im Menschen. Das Kind vollbringt die Inkarnierung, um den anderen Menschen gleich zu werden, um sich an das Leben mit ihnen anzupassen. Das Kind erträgt alles: Es kommt auf die Welt, und in welcher Umgebung es auch geboren wird, bildet es sich und paßt sich an, um dort zu leben. Und der Erwachsene, der es eines Tages werden wird, wird in dieser Umgebung glücklich sein. Und wenn er in einem trockenen, heißen Gebiet zur Welt kommt, baut er sich auf eine Weise auf, daß er in keinem anderen Klima leben und glücklich sein kann. Er kommt in die Wüste oder in die vom Meer gebildeten Ebenen, an die steilen Hänge der hohen Berge oder auf die vereiste Erde der arktischen Gebiete, über alles freut er sich, und nur dort, wo er geboren und aufgewachsen ist, erreicht er sein höchstes Wohlsein.

Der *absorbierende Geist* nimmt alles auf, hofft alles; akzeptiert die Armut wie den Reichtum, akzeptiert jeden Glauben, die Vorurteile und Gebräuche seiner Umgebung: Er inkarniert alles.

Das ist das Kind!

Und wenn es nicht so wäre, würde die Menschheit nicht in jedem der so verschiedenen Teile der Erde Seßhaftigkeit erreichen, noch würde sie den ständigen Fortschritt der Kultur vollbringen, wenn sie stets von vorne beginnen müßte.

Der *absorbierende Geist* ist die Basis der vom Menschen geschaffenen Gesellschaft. Er erscheint uns unter der Form des zarten und kleinen Kindes, das die geheimnisvollen Schwierigkeiten des menschlichen Schicksals mit der Kraft der Liebe überbrückt.

Wenn wir das Kind eindringlicher studieren, als wir es bis jetzt getan haben, entdecken wir Liebe in allen ihren Aspekten. Die Liebe ist nicht von den Dichtern und den Propheten analysiert worden, sondern von der Realität, die jedes Kind offenbart.

Betrachten wir die Beschreibung des Paulus und dann das Kind, müssen wir sagen: „In ihm befindet sich das, was er beschrieben hat; hier ist der Schatz verkörpert, der alle Formen der Liebe in sich einschließt."

Dieser Schatz findet sich von Ursprung her also nicht nur in den wenigen, die sich in der Dichtkunst oder in der Religion darstellten, sondern in jedem menschlichen Wesen. Es ist ein Wunder, das allen angeboten ist; überall begegnen wir der Personifizierung dieser immensen Kraft. Der Mensch schafft eine Wüste der Uneinigkeit und des Kampfes, und Gott fährt fort, diesen fruchtbaren Regen zu schicken. So ist leicht zu verstehen, daß alles, was der Erwachsene schafft, auch wenn es als Fortschritt bezeichnet werden kann, ohne Liebe zu nichts führt. Aber wenn diese Liebe, die in jedem kleinen Kind gegenwärtig und mitten unter uns ist, in ihrer Potentialität oder in ihren entwickelten Werten verwirklicht wird, werden unsere bereits großen Errungenschaften unermeßlich sein. Der Erwachsene und das Kind müssen sich vereinen; der Erwachsene muß demütig werden und vom Kind lernen, groß zu werden. Es ist eigenartig, daß die Menschheit nur eines der von ihr vollbrachten Wunder nicht in Betracht gezogen hat: das Wunder, das Gott von Beginn an geschaffen hat: das Kind.

Aber die Liebe ist weit mehr, als wir bisher in Erwägung gezogen haben. Die Menschheit preist sie mit Phantasie, aber wir sehen in ihr den Aspekt einer umfassenden Energie, die ausgedrückt mit den Worten „Attraktion" und „Affinität" das Universum regiert, die Sterne in ihren Bahnen laufen läßt, die Atome untereinander vereint, um neue Substanzen zu bilden, und die Dinge auf der Erdoberfläche festhält. Sie ist die Energie, die die beseelte und die unbeseelte Welt reguliert und ordnet, die im Wesen allen Seins verkörpert wird als Richtschnur, die zur Rettung und zur Ewigkeit in der

Evolution führt. Im allgemeinen ist sie unbewußt; im Leben der Menschen nimmt sie manchmal bewußte Formen an und dringt in das Bewußtsein ein. Von ihm hat sie den Namen „Liebe" empfangen.

Alle Tiere überfällt zu einem bestimmten Zeitpunkt der Instinkt der Vermehrung, der eine Form von Liebe ist. Diese Form der Liebe ist ein Befehl der Natur, denn ohne sie gäbe es keine Fortsetzung des Lebens. So wurde ihnen ein kleines Teilchen dieser universalen Energie verliehen, damit ihre Art nicht aussterben soll.

Sie fühlen sie für eine Weile, und dann verschwindet sie aus ihrem Bewußtsein. Das beweist, daß die Natur sparsam und gemessen in der Verteilung der Liebe ist; wie wertvoll daher diese Energie ist, die sie in so kleinen Dosen austeilt, fast befehlsweise. Wenn die Kleinen auf die Welt kommen, wird das Geschenk der Liebe für die Eltern erneuert; eine besondere Liebe, die sie dazu führt, ihre Neugeborenen zu ernähren, zu wärmen und zu verteidigen bis in Gefahr und Tod. Die Anhänglichkeit der Mutter an die Kleinen hält sie Tag und Nacht in ihrer Nähe. Das ist die Form der Liebe, die das Überleben sichert, die Rettung und das Wohlsein der Kleinen. Unter diesem besonderen Aspekt hat die Energie eine bestimmte Aufgabe: „Die Art muß beschützt werden, und du wirst dich diesem Beschützen widmen, bis die dir anvertrauten Wesen nicht mehr der Hilfe bedürfen." Und siehe da, sobald die Jungen gewachsen sind, verschwindet von einem Moment zum anderen die Liebe. Die, die bis dahin durch ein unauslöschliches Gefühl vereint schienen, trennen sich. Wenn sie sich später wiedertreffen, tun sie, als hätten sie sich nie gekannt; und wenn das Junge sich erlaubt, einen Bissen vom Futter der Mutter zu nehmen, greift diese, die ihm vorher alles gegeben hat, es mit Wildheit an.

Was bedeutet das? Daß der kleine Strahl der Energie die Dunkelheit des Bewußtseins durchdringt, die jedem Wesen mitgegeben wird, und zurückgezogen wird, sobald ihr Zweck erreicht ist.

Beim Menschen ist das nicht so: Die Liebe vergeht nicht, sobald die Kinder gewachsen sind; und nicht nur das, sie überschreitet die Grenzen der Familie. Wir haben sie in uns gefunden, bereit zu erscheinen und uns zu vereinen, sobald ein Ideal unser Herz berührt.

Bei der Menschheit hält die Liebe an, und ihre Folgen gehen über das individuelle Leben hinaus. Was ist sonst die soziale Organisation, die sich ausbreitet, um die gesamte Menschheit zu umarmen, wenn nicht die Folge der Liebe, die andere in vergangenen Jahrhunderten verspürten?

Wenn die Natur diese Energie zu einem bestimmten Zweck austeilt;

wenn sie sie anderen Lebensformen in so abgemessener Weise gibt, kann die Großzügigkeit, die sie dem Menschen gegenüber erweist, nicht ohne Zweck sein.

Wenn diese Energie unter jedem ihrer Aspekte zur Rettung tendiert, ist es bestimmt, daß es zur Zerstörung führt, wenn man sie nicht beachtet. Der Wert dieser uns erteilten Menge an Energie ist unermeßlich höher als die materiellen Errungenschaften der Zivilisation, an denen der Mensch so hängt. Diese sind nichts anderes als zeitliche Äußerungen der gleichen Energie, die nach einer Weile durch neue Errungenschaften überholt werden und verschwinden. Aber die Energie selbst wird weiterhin ihre Aufgabe der Schöpfung, des Beschützens und der Rettung erfüllen, auch nachdem vom Menschen keine Spur mehr im Universum geblieben sein wird.

Die Liebe ist dem Menschen erteilt wie ein Geschenk, das zu einem bestimmten Zweck, einem besonderen Plan bestimmt ist, wie alles, was dem Lebewesen vom kosmischen Bewußtsein mitgegeben ist. Sie muß bis zum höchsten Grad ihrer Möglichkeiten gesammelt, entwickelt und vergrößert werden. Der Mensch ist das einzige Wesen, das diese ihm gegebene Kraft sublimieren und sie mehr und mehr entwickeln kann, und es ist seine Aufgabe, sie zu sammeln; weil diese Kraft das Universum zusammenhält.

Mit ihr kann auch der Mensch all das zusammenhalten, was er mit seinen Händen und seiner Intelligenz geschaffen hat: Ohne sie wird alles, was er schafft, zu Unordnung und Zerstörung verkehrt (wie es fast immer geschieht); ohne sie wird trotz des Vermehrens der eigenen Macht nichts bestehen bleiben, alles wird einstürzen.

Jetzt können wir die Worte des Heiligen verstehen: „Alles ist nichts, wenn die Liebe nicht ist." Die Liebe gilt mehr als die Elektrizität, die Licht in die Dunkelheit bringt, mehr als die Ätherwellen, durch die unsere Stimme den Raum durchdringt, mehr als jede Energie, die der Mensch entdeckt und ausgenützt hat: Von allen Dingen ist die Liebe das wichtigste. Alles, was der Mensch mit seinen Entdeckungen vollbringen kann, hängt vom Gewissen dessen ab, der sie verwendet. Diese Energie der Liebe hingegen ist uns gegeben, damit jeder sie in sich habe. Sie ist die größte Kraft, über die der Mensch verfügt. Der bewußte Teil, den wir davon besitzen, wird jedesmal erneuert, wenn ein Kind geboren wird. Wenn sie auch durch die Umstände später eingeschläfert wird, fühlen wir in uns ein sehnliches Verlangen nach ihr; wir müssen sie daher mehr als jede andere Energie, die uns umgibt, studieren und verwenden, denn sie ist nicht wie die anderen Kräfte der Umgebung verliehen, sondern uns verliehen. Das Studium der

Liebe und ihrer Anwendung führt uns zur Quelle, aus der sie entspringt: das Kind.

Das ist der Weg, den der Mensch in seinen Leiden und Qualen einschlagen muß, wenn er die angestrebte Rettung und Einheit der Menschheit erreichen will.

Literaturübersicht

Die wichtigsten Schriften Maria Montessoris in deutscher Sprache

Die Entdeckung des Kindes, Freiburg [17]2004 (früher: Selbsttätige Erziehung im frühen Kindesalter, Stuttgart 1913)
Mein Handbuch, Stuttgart 1922
Das Kind in der Familie, Stuttgart 1954 (früher: Wien 1923)
Schule des Kindes, Freiburg [8]2002 (früher: Montessori-Erziehung für Schulkinder, Stuttgart 1926)
Entwicklungsmaterialien in der Schule des Kindes, Dörfles 2003 (Übersetzung des 2. Teils von Montessoris „L'autoeducazione nelle scuole elementari" von 1916)
Grundlagen meiner Pädagogik, in: Handbuch der Erziehungswissenschaft, 3. Teil, Bd. 1, München 1934, S. 265–285
Kinder sind anders, Stuttgart [13]1993
Kinder, die in der Kirche leben, Freiburg 1964
Von der Kindheit zu Jugend, Freiburg [3]1979
Über die Bildung des Menschen, Freiburg 1966
Das kreative Kind – Der absorbierende Geist, Freiburg [16]2005
Frieden und Erziehung, Freiburg 1973
Spannungsfeld Kind – Gesellschaft – Welt, Freiburg 1979
Kleine Schriften Maria Montessoris, Freiburg: 1. „Kosmische Erziehung", [6]2004; 2. Die Macht der Schwachen, [3]2001; 3. Dem Leben helfen, 1992; 4. Gott und das Kind, [3]2002; 5. Erziehung für eine neue Welt, [3]1998

Ausgewählte Literatur zur Montessori-Pädagogik

Böhm, Winfried, Maria Montessori, Bad Heilbrunn 1969, [2]1991
Buytendijk, F. J. J., Erziehung zur Demut, Ratingen 1962 (bearb. von Günter Schulz-Benesch), Neuausgabe: Montessori-Werkbrief, Beiheft 4, Aachen/Eschweiler 1990
Cavalletti, Sofia, Das religiöse Potential des Kindes. Religiöse Erziehung im Rahmen der Montessori-Pädagogik, Wien 1994
Esser, Barbara/Wilde, Christiane, Montessori-Schulen. Zu Grundlagen und pädagogischer Praxis, Hamburg 1989
Fähmel, Ingrid, Zur Struktur schulischen Unterrichts nach Maria Montessori, Frankfurt/Bern 1981
Fischer, Reinhard, Lernen im non-direktiven Unterricht, Frankfurt/Bern 1982
Günnigmann, Manfred, Montessori-Pädagogik in Deutschland. Bericht über die Entwicklung nach 1945, Freiburg 1979
Haberl, Herbert, Montessori und die Defizite der Regelschule. Internationale Krimmler Montessori-Tage, Wien 1994
Hebenstreit, Sigurd, Maria Montessori – Eine Einführung in ihr Leben und Werk, Freiburg 1999
Heiland, Helmut, Maria Montessori, Hamburg [5]1996
Heimbring, Darko, Montessori-Pädagogik und naturwissenschaftlicher Unterricht, Aachen 1990
Hellbrügge, Theodor, Unser Montessori-Modell, München 1977
Hellbrügge, Theodor, und Montessori, Mario (Hrsg.), Die Montessori-Pädagogik und das behinderte Kind, München 1978

Helming, Helene, Montessori-Pädagogik. Ein moderner Bildungsweg in konkreter Darstellung, Freiburg ¹⁶1977
Holtstiege, Hildegard, Modell Montessori, Grundsätze und aktuelle Geltung der Montessori-Pädagogik, Freiburg ⁶1991
Holtstiege, Hildegard, Studien zur Montessori-Pädagogik. 1: Maria Montessori und die „reformpädagogische Bewegung", Freiburg 1986 – 2: Maria Montessoris Neue Pädagogik: Prinzip Freiheit – Freie Arbeit, Freiburg 1987
Holtstiege, Hildegard, Erzieher in der Montessori-Pädagogik. Bedeutung – Aufgaben – Probleme, Freiburg 1991
Holtstiege, Hildegard, Das Menschenbild bei Maria Montessori – Grundzüge ihrer Anthropologie im Kontext der aktuellen Diskussion, Freiburg 1999
Jühlke, Karl Josef, Montessori und Freud. Versuch einer Verhältnisbestimmung von Montessori-Pädagogik und pädagogisch relevanten Konzeptionen der Psychoanalyse Freudscher Tradition. Dissertation Münster 1980
Klein-Landeck, Michael, Freie Arbeit bei Maria Montessori und Peter Petersen, Reihe: Impulse der Reformpädagogik, hg. von H. Ludwig, Bd. 1, 3. Aufl. Münster 2001
Konrad, Franz-Michael: Kindergarten oder Kinderhaus? – Montessori Rezeption und pädagogischer Diskurs in Deutschland bis 1939, Freiburg 1997
Kramer, Rita, Maria Montessori. Leben und Werk einer großen Frau, München 1977; Frankfurt/M. (Fischer Tb) 1995
Kratochwil, Leopold, Pädagogisches Handeln bei Hugo Gaudig, Maria Montessori und Peter Petersen, Donauwörth 1992
Ludwig, Harald, Montessori-Pädagogik und Hochbegabtenförderung, in: Ludwig, Harald (Hrsg.) 1999, S. 87–111 (a)
Ludwig, Harald, Montessori-Schulen und ihre Didaktik, Baltmannsweiler 2004
Ludwig, Harald (Hrsg.), Erziehen mit Maria Montessori, 5. erw. Aufl., Freiburg 2003
Montessori, Maria – Texte und Diskussion – Hrsg. von Winfried Böhm, Bad Heilbrunn ⁵1996
Montessori, Reihe: Wege der Forschung, Band CC, Hrsg. von Günter Schulz-Benesch, Darmstadt 1970 (Sammlung von Sekundär-Literatur 1910–1968)
Montessori-Pädagogik und die Erziehungsprobleme der Gegenwart, hrsg. von Brigitta Fuchs u. Waltraud Harth-Peter, Würzburg 1989
Oswald, Paul und Schulz-Benesch, Günter, Grundgedanken der Montessori-Pädagogik, Freiburg ¹⁴1996
Schmutzler, Hans-Joachim, Spiel, Phantasie und Arbeit bei Fröbel und Montessori, Dissertation, Münster 1975
Schulz(-Benesch), Günter, Der Streit um Montessori, Freiburg 1961
Schulz-Benesch, Günter, Montessori, Reihe „Erträge der Forschung", Bd. 129. Darmstadt 1980
Standing, E. M., Maria Montessori, Leben und Werk, Neuauflage Oberursel i. T. (o. J.) (früher Stuttgart 1959)
Steenberg, Ulrich (Hrsg.), Handlexikon zur Montessori-Pädagogik, 4. erw. Aufl., Ulm 2003
Stein, Barbara, Theorie und Praxis der Montessori-Grundschule, Freiburg 1998
Suffenplan, Wilhelm, Untersuchungen zur Makroperiodik von Lernaktivitäten bei Neun- bis Elfjährigen in einer Schulsituation mit freier Arbeitswahl, Dissertation, Dortmund 1974

Personenverzeichnis

Alexander der Große 214
Assisi, Franz von 135
Baer, K.E.v. 32
Bahnsen 172
Benedict, Dr. Ruth 53
Bergson 77
Boring, E.G. 88
Brown Sherbon, Florence 91
Bühler, Ch. 16
Buytendijk, F.J.J. 82, 132
Byrd 191
Cambridge 211
Carrel, A. 3, 74
Child, C.M. 37
Christus 218
Churchill 261
Claparède 9
Claremont 249
Coghill, G.F. 48, 66, 166, 210
Darwin 43, 49f
de Vries, Hugo 43f, 47, 88f
Dewey 151f
Douglas, A.C. 37
Fabre, J.H. 30
Freud 16, 62, 70, 77, 171
Gandhi 8, 212
Gesell, Arnold 16, 48, 86ff
Gibran, Kahlil 185
Hitler 214
Huxley, J.S. 35, 41, 46, 51
Jennings, H.S. 86
Jesus 66
Johannes der Täufer 247

Jones, E. 16
Itard, J.M. 87
Jung 171
Katz, D. 78
Langfeld, H.S. 88
Laren 207
Lyell, Charles 50
McDougall, W. 77, 212
Mendel 34
Messias 215
Montessori, Mario 167
Mussolini 214
Nunn, Percy 57, 77
Pascal 165
Paulus 262, 264
Pestalozzi 233
Rank, Otto 62
Ratzel, Friedrich 50
Révész, G. 101
Ross, J.S. 17
Rümke, H.C. 171f
Salomon 230
Schulz-Benesch, G. 132
Semon, Richard 57
Stern, W. 16, 103
Stoppani, Antonio 50
Theophrast 171
Truman 261
Washburne, Carleton 211
Watson 47
Weld, H.P. 88
Wells, G.P. 51
Wolff, G.F. 31, 52

Sachverzeichnis

Einige Stichworte sind in dieses Register nicht aufgenommen, obwohl sie für die pädagogische Konzeption Montessoris besonders charakteristisch sind. Sie bestimmen das Denken Montessoris aber so sehr, daß sie den ganzen Text so durchziehen, daß es wenig sinnvoll erscheint, auf alle vorkommenden Stellen zu verweisen. Es sind das die Stichworte: Entwicklung, Erziehung, Individuum, Natur, Sprache, Übung, Umgebung, Umwelt.

abschreiben 217
absorbieren 3 ff, 21 ff, 52 ff, 71 ff, 91 ff, 102 ff, 119, 150 ff, 168 f
Abstraktion, materialisierte 166
Abweichungen 175, 182 ff, 228, 239 f
Aggression 176
Aktivität, aktiv 4 ff, 28, 44, 57 ff, 73 f, 85, 93 f, 105 ff, 115, 123, 129, 133, 144, 147 ff, 177 ff, 209, 216 ff, 229, 238, 251 ff
Aktivitätspunkt 88
Altersgruppen 202
Altersheim 203
Altersklassen 205
Angst 71, 79, 86, 122, 176 ff, 230
Animalkulist 31
Anomalie 74, 121 f, 238
Anpassung, anpassen 51, 56 ff, 85, 92 ff, 109, 161, 166, 170 ff, 188, 201
Anpassungsperiode 118
Antrieb, vitaler 75
Appell, Anruf 108, 111, 241 f, 251, 236
Arbeit, arbeiten, Arbeiter 14, 18, 24 ff, 39 f, 65, *82*, 84 ff, 103, 107, 112, 123, 130 ff, 149, 154 f, 160 ff, 172, 178 ff, 194 ff, 208 ff, 228, 241 ff
Arbeitsgemeinschaft 202
Aufbau, aufbauen 4, 13 ff, 28 ff, 35, 45 ff, 52, 58 ff, 90, 107, 142, 149, 161 f, 169 ff, 194 ff, 200 ff, 209 ff, 219, 229, 243
Aufbau der Persönlichkeit 184
Aufbau der Sprache 4
Aufbauprinzip 194
Aufbauprozeß 194
Aufbau, psychischer oder geistiger 3, 106, 164, 192
Aufmerksamkeit, aufmerksam 113, 138, 163, 176, 184, 194 f, 237, 240 ff
Ausdauer 123 f, 171, 181, 187, 195
Ausdruck 114, 119 f, 129, 138, 142
Ausdrucksfreiheit 119
Autorität 14, 121, 210 ff, 235 f, 247 f, 255 f

Baumeister des Menschen, Erbauer des Menschen 13 f, 152, 198
Bauplan 45
Begeisterung, begeistert 22, 154, 208, 254
Behaviorismus 48
Beispiel 142 f, 173 f, 179, 186 ff, 208, 229
Belehrung, belehren 211, 219, 229
Belgien 259
Belohnung 237 f
Beobachtung, beobachten 129, 138, 155 ff, 205, 246
Beschützerinstinkt 29 f, 63, 72
Bewegung, siehe auch: Koordination der Bewegung 13, 21 ff, 66 ff, 93, 108 ff, 126, 134 ff, 160 ff, 228, 233, 239, 242
Bewegungsmechanismus 110
Bewußtsein, bewußt 21, 24 ff, 59, 77, 103 ff, 138, 148 ff, 175, 198, 209, 215, 228 ff, 265
Bewußtsein, kosmisches 266
Bewußtsein, moralisches 173 ff
Bewußtsein, soziales 173, 209 f
Bildung 2, 5 ff, 18, 121, 156, 196, 233, 253
Bildung der Personalität 212 ff
Bildungsform 163
Bildungsgüter 5
Bildungswesen 8, 17 f
biologisch 87
Böse, böse 173 ff, 186 ff, 206, 217, 239
Brüderlichkeit 224 ff
Bürger, vergessener 152
Chaos 133, 239, 244
Charakter 13, 19, 25, 119 ff, 152 ff, 171 ff, 180 ff, 195 ff, 211, 219, 227 ff, 243 ff
Charaktererziehung 171
Child Guidance Clinics 85, 183
Degeneration 85
Demokratie, demokratisch 40, 230, 257
demütig 256
Deszendenz 43
Disziplin, diszipliniert 201, 210, 221, 230, 243 ff, 257 f

Disziplin, spontane 181, 185
Ehre der Gruppe 209 ff
Einbildungskraft, Einbildungsvermögen;
 siehe auch Phantasie 33, 153, 157 ff, 165 ff
Eindruck 21 ff, 63, 72, 93 ff, 108 ff, 118,
 162 f
eingreifen 201, 253
Einheit der Menschheit 267
Einheit der Personalität 148
Einheit, psychische 47
Einwortsätze 115
Einzelkind 203
Élan vital 49, 77
Eltern 14, 29, 96, 159, 177, 232, 265
Embryo, Embryologie, embryonal 27 f, 31 ff,
 43 ff, 62 ff, 85 ff, 148 ff, 166 ff
Embryo, geistiger od. psychischer 55, 69,
 148, 215
Embryo, sozialer 211
Empfängnis 174 f
Energie, potentielle 65
Energie, psychische 62
Energie, schöpferische 13, 25
Engrams 57
Entwicklungsgesetze 146 f, 153
Entwicklungsperiode 24, 86, 148
Entwicklungsprozeß 231
Entwicklung, soziale 199 ff
Entwurf 66, 166 ff
Entzücken 22
Erbmuster 73
Ererbtes, erblich 14, 53, 59, 73 ff, 88 f, 174 f
Erfahrung 71, 86, 201 f, 221 f, 227
Erfahrung, aktive 68, 74
Erfahrung, soziale 201 f, 212
Erfahrungen in der Umgebung 6, 24 ff, 130,
 149 ff, 178
erforschen 145 ff, 163
Ermahnung 242
ermutigen 207, 217, 248, 251
Erzählungen 251
Erzieher 125, 143, 192
Erziehungsmethode 8 f, 69, 153 f, 185
Erziehungsreform 6
Evolution 51, 74, 231, 265
Evolutionstheorie 166
Examen 9, 19
Explosion der Entdeckungen 105
Explosion der Gedanken 118
Explosion der Sätze 118 f
Explosion des Schreibens 153 f, 208
Explosion der Sprache 119, 142

Explosion der Worte 117 f
explosiv 247
Extra-Sozialer, Anti-Sozialer 75, 187 ff, 216
Familie 10 ff, 29, 76 ff, 96, 151, 202 f, 212, 265
Familien- oder Stammesgeist 209
Fehler 125, 171 ff, 180 ff, 196, 217 ff, 241
Fehlerkontrolle 220 ff, 237, 240
Fleisch, geistiges 23
Fortschritt 72, 105, 187, 191, 207, 243, 247,
 264
Frage, soziale 96, 133
Freiheit, frei 80 ff, 140, 181 ff, 196 ff, 201 ff,
 219 ff, 230, 242, 257 f
Freude 24, 28 f, 71, 144, 152 ff, 161, 181, 191,
 208, 234, 246, 254
Frieden 70, 122, 246 ff
Führer, Anführer 41, 190, 211 ff, 223, 236 ff
Führung 93, 184, 196
Füße 134 ff
Ganze 21, 39 f, 87, 130 ff, 157
Gebet, beten 255 f
Geburt 2, 13, 62 ff, 176
Geburtstrauma, Geburtsangst 62 ff, 118, 174
Gedächtnis 23 ff, 60, 148
Geduld 123
Gefühl 59 ff, 136, 168 ff, 207 ff, 217, 253, 260 ff
Gefühle, soziale 4, 185 f, 203 f
Geheimnis, geheimnisvoll 45, 68, 102, 110,
 118, 214 f, 245 ff, 262
Geheimnis der Gesellschaft 205
Geheimnis der Kindheit 255 ff
Geheimnis des Menschseins 15
Gehen auf der Linie 201
Gehör 21
Gehörmechanismus 110
Gehorsam, gehorchen 19, 137, 145, 184, 212,
 227, 246 ff
Geist 3 ff, 16, 21 ff, 56, 90, 99, 129, 136, 143 f,
 150, 157 ff, 178, 182 ff, 198, 209, 215 ff,
 228 f, 238 ff, 253 ff
Geist, absorbierender 23, 25, 46, 89 f, 166,
 209, 215, 263 f
Geist des Kindes 122 ff
Geistesform 16 f, 21 ff, 56, 122, 157, 165, 173,
 203
Geist, mathematischer 162 ff
Geisteskranke 188
Gemeinschaft 209 ff, 220 f, 237, 246
Genauigkeit 114, 143, 160 ff, 187, 225, 244
Gerechtigkeit 257 f
Geschichte 60, 105, 135 ff, 191, 214
Gesellschaft 7 ff, 39 f, 61, 72, 83 f, 92, 97 ff, 106,

116, 127, 133, 150, 166, 187 ff, 201 ff, 231, 257, 264
Gesellschaft, geordnete 257
Gesellschaft, organisierte 211 ff
Gesetze 11, 86, 103, 205, 211 ff
Gestaltpsychologie 78
Gesundheit 18 f, 127 ff, 238
Gesundheit, physische 90
Gewalt 15, 121 ff, 190 ff, 228
Gewissen 186, 266
Glaube 59, 214, 249, 254
Glück, glücklich 28, 58, 70 ff, 95, 146 ff, 246, 256, 263
Gott 191, 214 ff, 230, 258 ff
Grundschule 6, 18
Gruppe, 39, 65, 97 ff, 161 ff, 200 ff, 236, 254, 259
Gute, gut 173 ff, 218 f, 230, 239, 242
Hand 24, 134 ff, 149 ff, 181 ff, 266
Harmonie 49, 52, 94, 100, 130, 162, 201 ff, 260
Heilige 246, 251, 266
Hemmungen 119
Herdentrieb, Herdeninstinkt 212, 241
Hilfe, helfen 2 ff, 12 ff, 25, 69, 82, 107, 122 ff, 139 ff, 205 f, 217 ff, 242 ff
Hindernis 25, 117 ff, 139, 149, 165 ff, 206, 238, 245
Hochmut 253
Hoffnung 61, 122
Horme 57, 74 ff, 227 ff
Hunger, psychischer od. geistiger 96, 99, 178
Hygiene, hygienisch 2, 9 ff, 61 ff, 92 ff
Impuls 52, 78, 178, 228
Indien, indisch 59, 61, 185, 249
Individualität 83 f, 137, 246
Inkarnierung, inkarnieren 23 f, 57 ff, 161 ff, 263
Instinkt 29 f, 47, 63 ff, 93, 138, 146, 167, 196, 218
Institut „Opera Montessori" 114
Integration, soziale 211
Intellekt, intellektuell 126, 197 f, 220
Intelligenz 4, 6, 13, 20 ff, 28 ff, 46, 56, 66, 106, 113 f, 129, 134, 149 ff, 157, 162 ff, 175, 185 f, 205, 214, 229 ff, 242, 257, 266
Interpret 122 f
Interesse 21, 84 ff, 138 ff, 178 ff, 210 ff, 243 ff
Italien 58
Jugendliche 19, 79, 186, 212 ff
Kind, neue 244
Kinderbetreuerin 114

Kindergärtnerin 256
Kindergesellschaft 202
Kindersprache 115
Kinderhaus 5, 210
Kinderspielplatz 144
Klasse, soziale 161, 183
Kodaikanal 156
Kohäsionsgesellschaft 209 ff
kontemplativ 149
Konzentration, konzentrieren 154, 165 ff, 178 ff, 212, 220, 237 ff
Koordinierung der Bewegung, Koordination der Bewegung 67, 130 ff, 145, 160, 176, 184, 237 ff
korrigieren 221 ff, 240
kosmische Kraft (globale, universale) 46, 52, 211, 227
Krankheit 175 ff, 206, 239
kreativ 33
Krieg 1, 261
Kriminelle 188
Kultur 3 ff, 97 ff, 135 ff, 153 ff, 214, 264
Kulturniveau 60, 74, 97, 136
Kunst 136 f
Laufen, Gehen 80 ff, 119, 134, 137 ff, 248
Laune 115, 176
Leben, geistiges 124, 128, 135, 175 ff, 238 ff, 256
Leben, psychisches 10, 20 ff, 61 ff, 130 ff, 153
Leben, soziales 8, 84, 100, 132, 151 f, 183, 202, 216
Lebensform 27 f, 62, 185, 211
Lebensfreude 77
Lebensgesetze 70, 83, 169, 227
Lebensperiode 20, 57, 63, 78 ff, 102 ff, 154 ff, 232
Lehrer(in) 6, 18 f, 124, 142, 156 ff, 181 ff, 201 ff, 210, 216 ff, 229 ff
Lehrerbildung 121, 160
Lehrmeister, innerer 4, 15, 112, 114
Lehrplan, Lehrprogramm 9, 19
Leiseübungen 235
Lektion, individuelle 244
Lernen 175, 197, 216
Libido 77
Liebe, lieben 24, 28 ff, 58, 71, 78, 94 ff, 112, 122, 185, 197 f, 204, 209, 217 f, 228, 246 ff
Liebe für die Umwelt 75, 85
Liebkosung, liebkosen 255 ff
Lob, loben 217, 220, 242, 253
Lohn 220 f
lügen 176

Märchen 157ff, 229
marxistisch 14
Mekka 214
Mensch 6, 20, 24, 107, 113, 145, 245
Menschenrechte 12
Menschheit 1ff, 12ff, 39, 52, 61, 79, 97ff, 181ff, 216, 257ff
Methode 51, 69, 114, 153ff, 200ff, 220, 236ff
Mimese 53
Minderwertigkeitskomplex 141, 192, 205ff, 223
Mneme 57ff, 72, 111
Montessori-Kurse 259
Montessori-Lehrerin 237ff, 249ff
Montessori-Material 162ff, 200, 205, 220ff, 237ff
Montessori-Schule 5, 59, 114, 120, 175ff, 194ff, 220ff, 248f
Moral, moralisch 27, 166ff, 186ff, 201, 216ff, 247
Mutter 10ff, 28, 62ff, 91ff, 116ff, 142, 151, 174ff, 202, 224ff, 248ff, 265
Muttersprache 22, 57, 73, 103f, 119, 169
Nachahmung, nachahmen 142ff, 151, 161, 174, 229, 241
Nahrung, geistige 178
Naturgesetz 87, 172, 195f, 258
Nebule 65, 72ff, 117, 216
Neugeborene, soziale 211
Normalität, normal 15, 70f, 77ff, 96, 118, 173ff, 196, 200ff
Ohr 109f
Ökonomie, universale 127ff
Ontogenese 43, 60
Ordnung 50, 116, 124, 164ff, 182ff, 219, 241ff, 250, 258
Ordnungssinn 115
Osmose, geistige 203
Ovulist 31
Oxford 211
Pädagogik 85, 171
Papst 261
Passivität, passiv 93, 149, 158, 176ff, 237, 241
Perfektion 224
Periode, formative (konstruktive) 55, 69, 150, 161, 169, 192, 256
Periode, psycho-embryonale 68, 148, 168
Periode, schöpferische 20, 118f, 148, 187
Peripherie 187, 216ff
Personalität 2, 4ff, 10, 20, 27, 39, 53, 57ff, 125, 142ff, 161ff, 168ff, 210ff, 229ff, 257
Pfadfinder 212

Pflege 12, 76, 92, 118, 183
Phantasie, siehe auch: Einbildungskraft 158, 168, 176, 180, 229, 240, 264
Philosophie, indische 56
Phobie 122
Phylogenese 43
Plan, kosmischer, Plan der Natur 41, 84, 133
Politik 9
Potentialität 52, 65ff, 87, 163, 264
Präformation 31, 52
Prästabilisierung 90
Probleme, soziale 10, 92, 97
Psychoanalyse 119, 149, 183
Rebellion, rebellisch 176, 212, 229
Regression, regressiv 70ff, 85ff, 118ff, 172ff
Reife 17, 67f, 81, 86, 139, 173, 232f
Religion 1, 24, 59, 75, 95, 137, 167f, 186, 198, 214f, 260ff
Repression, repressiv 70, 184, 238, 245
Revolution, revolutionär 15, 25, 95ff, 193
Sauberkeit 250
Schlaf 70
Schlechte 177, 180, 217f, 230, 242
Schlüssel 163, 165, 211
Schöpfer 6, 68, 148, 198, 230
Schöpfung, schöpferisch 21, 25, 31, 46ff, 64, 73, 85ff, 102, 109, 114, 130ff, 163ff, 195ff, 211ff, 229, 240, 256, 266
Schöpfungsplan 46
Schule 5, 8ff, 18f, 61, 116, 144ff, 156, 166, 184, 199ff, 211, 216ff, 238, 248f, 257, 262
Schulen, weiterführende 6, 18
schulreif 18
Schwangerschaft 174f
scouting 146
Selbsterhaltungstrieb 29f
Selbstvertrauen 223
Selbstverwirklichung, Selbstaufbau 154, 193
Sensibilität, sensibel (sensitiv) 21, 46f, 57, 63, 75f, 88ff, 109ff, 117, 120ff, 150ff, 169, 245
Sinne, Sinnesorgane 78, 93f, 108, 126ff, 138, 162f
Sinnesmaterial 154ff, 162ff
Sitte 58ff, 160ff
Sorgfalt 197
Spiel, spielen 24, 128, 132, 150f, 158f, 160f, 183
Spieltherapie 85, 183
Spielzeug, Spielsachen 150ff, 157f, 200
Spiritualität 136
Spontaneität, spontan 5f, 106f, 150ff, 165, 178, 186, 210ff, 221ff, 237f, 253, 258

Sprachmechanismus 103f, 108, 111, 120
Sprachzentren 110
Staat 10, 12, 40
stehlen 176
Stillzeit 98
Strafe, strafen 217, 220f, 237
Strenge 177f
Stummheit, psychische 119
Stundenplan 218
Super-Natur 258
Symbole 168
Tabus 167
Takt 160, 246
Tanz 131ff
Tiefenpsychologie 62
Tier 20, 29, 43, 47f, 55, 59, 64ff, 73, 80, 93f, 126ff, 178, 196, 207, 265
Trägheit 176
Trauma 121, 174
Tugend 171, 189ff, 201, 230
Übungen des praktischen Lebens 160, 242f, 252
Übungen, geistliche 185
Umgebung, vorbereitete 5f, 201, 220
Umweltserfahrung 67f, 82ff, 88, 181, 210
Unabhängigkeit, unabhängig 75, 77ff, 92, 115ff, 129, 139, 152, 184, 196, 254
unbewußt 21ff, 57, 73, 104ff, 122, 131, 148, 160, 168ff, 187, 206, 215, 265
Ungehorsam 176, 184
Ungeordnetheit, ungeordnet 176, 184, 227f, 239
Universität 6, 9ff, 19f, 256
Universum, universal 50, 78, 110, 196, 258ff
Unordnung 228, 240ff, 251, 266
Unterbewußtsein, unterbewußt 25, 58ff, 70ff, 106, 113f
Unterbrechung, unterbrechen 252ff
Unterdrückung 149
Unterricht 4f, 12, 105, 155, 203, 230
Vater 12, 15, 28, 230
Vater des Menschen 255
Verantwortlichkeit 236
verbessern 220, 222

Vererbung, siehe auch Ererbtes 48ff, 59, 65ff, 74, 109, 168ff
Verhalten 43ff, 59ff, 73f, 82, 93, 97, 127, 133, 161, 168, 173, 177ff, 187, 191, 198ff, 219, 239
Verstand 60ff, 74, 83, 128f, 154ff, 178ff, 215, 240
Vervollkommnung, vervollkommnen 25, 28, 49ff, 68, 77ff, 84f, 150ff, 175, 185, 202, 221ff, 241ff, 257
Vollkommenheit, vollkommen 128, 143, 174, 187ff, 216, 222ff, 238f, 248
Vorbild 143, 189, 221, 229
Vorschulalter, vorschulisch 6, 10, 20
Vorstellung, Vorstellungskraft; siehe auch Einbildungskraft 157f, 164ff, 229, 240
Wachstum, wachsen 16f, 28, 80ff, 96, 105, 149, 219, 228
Wachstumsgesetz 52
Wachstumsperiode, -phase 47, 51, 69
Wachstumsprozeß 79
Wahl, freie 70, 120, 153, 183ff, 200, 237ff, 254
weinen 21, 70f, 176
Werte 171, 209, 216, 257
Wetteifer, Wettstreit 28, 204, 210, 217f
Wiederholung, wiederholen 88, 131, 160, 195, 235, 244f
Wilde aus dem Aveyron 87, 111
Wille 21, 67, 77, 83, 130f, 143, 149, 169, 184, 195ff, 227ff, 250ff
Wille, böser 233
Wissen 23ff, 185, 198, 205
Wolfskinder 110
Würde 6, 14, 221, 226, 250
Zärtlichkeit, zärtlich 28f, 97, 113, 255
Zensuren 9, 221
Zentrum 108ff, 129, 187, 191f, 216
Zerstörungstrieb 176
Zivilisation 1, 100, 150, 216, 263, 266
zugreifen 138, 140
Zwang 6, 173, 184, 217
Zyklus, Zyklus der Aktivität 128f, 143f, 178, 251